Die gebotene Kontrolldichte bei der gerichtlichen Prüfung der Richtlinien des Bundesausschusses der Ärzte und Krankenkassen

Frankfurter Schriften zur Gesundheitspolitik und zum Gesundheitsrecht

Herausgegeben von Ingwer Ebsen
und Roland Eisen

Band 1

PETER LANG
Frankfurt am Main · Berlin · Bern · Bruxelles · New York · Oxford · Wien

Dominik Roters

Die gebotene Kontrolldichte bei der gerichtlichen Prüfung der Richtlinien des Bundesausschusses der Ärzte und Krankenkassen

PETER LANG
Europäischer Verlag der Wissenschaften

Bibliografische Information Der Deutschen Bibliothek
Die Deutsche Bibliothek verzeichnet diese Publikation in der Deutschen Nationalbibliografie; detaillierte bibliografische Daten sind im Internet über <http://dnb.ddb.de> abrufbar.

Zugl.: Frankfurt (Main), Univ., Diss., 2002

Gedruckt auf alterungsbeständigem,
säurefreiem Papier.

D 30
ISSN 1610-899X
ISBN 3-631-50241-9

Printed in Germany 1 2 4 5 6 7

www.peterlang.de

Vorwort

Dieses Buch wurde als Doktorarbeit geschrieben. Nur wenige Leser wird dies zur Lektüre ermuntern. Dissertationen haben keinen guten Ruf. Sie gelten als zu ausführlich, zu theoretisch und zu schwer lesbar. Manches Exemplar, das ich in der Hand hatte, zeigte mir aber, dass bei ihrer Bewertung ein Aspekt oft nicht gewürdigt wird: Keine andere Gattung wissenschaftlicher Arbeiten (abgesehen von Habilitationsschriften) wird mit so viel Eifer und Beharrlichkeit geschrieben.

Wäre nicht die Überzeugung gewesen, etwas mitteilen zu haben, wertvolle Gedanken in anderer Form wiedergeben und einige neue, eigene Ideen hinzufügen zu können, wäre diese Arbeit nicht entstanden. Es freut mich deshalb sehr, dass sie nun als Buch erscheint. Dies ist den ersten Lesern der Arbeit zu verdanken. Stellvertretend für sie zitiere ich aus dem Zweitgutachten von Herrn Professor Dr. Georg Hermes:

> „Hinter dem bescheiden daherkommenden Titel der vorliegenden Dissertation verbirgt sich nicht nur ein zentrales und aktuelles Problem rechtlicher Steuerung des Gesundheitssystems. Die Arbeit liefert darüber hinaus aus Anlaß dieses konkreten Ausgangspunktes einen Beitrag zu der allgemeinen Fragestellung, mit welchen Instrumenten eine staatliche Steuerung komplexer gesellschaftlicher Subsysteme erreicht werden kann."

Promovierende möchte ich ermutigen. Als ich diese Arbeit schrieb, las ich aus Neugier selbst einige Vorworte zu Doktorarbeiten und fand dort meist Ernüchterndes. Die meisten schienen rückblickend betrachtet den Entschluss für die Promotion bereut zu haben. Für mich gilt das sicher nicht. Zweifellos hat mich keine andere Tätigkeit soviel Selbstdisziplin in Arbeitsorganisation und strukturiertem Denken gekostet. Dass diese Erfahrung den wesentlichen Wert der Promotion für den Bearbeiter ausmacht, ist zwar bekannt, klang für mich jedoch, als ich mich gerade quälte, wie falscher Trost. Eine Dissertation kann aber auch konkreteren Ertrag bringen. Seit Beginn dieses Jahres darf ich als Justitiar der Arbeitsgemeinschaft Koordinierungsausschuss den Bundesausschuss der Ärzte und Krankenkassen rechtlich beraten und vertreten. Es steht außer Frage, dass ich diese Aufgabe ohne meine Doktorarbeit nicht übertragen bekommen hätte und auch nicht bewältigen könnte.

Dieses Buch ist mit mir wichtigen Menschen verbunden; an erster Stelle mit meiner Frau Natasha. Sie war mir mit ihrer Geduld und Ungeduld (meist zum rechten Zeitpunkt) Ansporn und Ruhekissen. Auch dafür liebe ich sie. Meinen Eltern danke ich. Sie waren zwar gegen die Doktorarbeit, haben mich aber dennoch nach Kräften unterstützt. Zum Gelingen wesentlich beigetragen haben auch meine Freunde; vor allem Gert Brandner, Erik Lüth, Julia und Torsten Heilshorn und Reinhard Sparwasser.
Meine besondere Dankbarkeit gilt Herrn Professor Dr. Ingwer Ebsen, der mit kritischer Distanz zu meinen Thesen, aber immer vom guten Gelingen der Arbeit überzeugt, meine Promotion begleitete. Als mein zeitweiliger Dienstgeber war er auch um die finanzielle Seite besorgt und mir somit ein wirklicher Doktorvater.

Siegburg, im September 2002 Dominik Roters

Inhaltsverzeichnis

Abkürzungsverzeichnis

a. E.	am Ende
Abs.	Absatz
AcP	Archiv für die civilistische Praxis (Zeitschrift)
AöR	Archiv des öffentlichen Rechts (Zeitschrift)
Art.	Artikel
ArztR	Arztrecht (Zeitschrift)
Aufl.	Auflage
Aus-Begr.	Ausschussbegründung
BAnz	Bundesanzeiger (Zeitschrift)
BauR	Baurecht (Zeitschrift)
BB	Betriebs-Berater (Zeitschrift)
Bd.	Band
Bearb.	Bearbeiter
Begr.	Begründer
Beil.	Beilage
BFAH	Bundesfachverband der Arzneimittelhersteller
BG	Bonner Grundgesetz
BGB	Bürgerliches Gesetzbuch
BGBl.	Bundesgesetzblatt
BGH	Bundesgerichtshof
BGHZ	Entscheidungen des Bundesgerichtshofs in Zivilsachen
BK	Bonner Kommentar
BKK	Die Betriebskrankenkasse (Zeitschrift)
Breith	Breithaupt, Sammlung von Entscheidungen aus dem Sozialrecht
BSG	Bundessozialgericht
BSGE	Entscheidungen des Bundessozialgerichts
BSG-SozR	Sozialrecht, Entscheidungssammlung, bearbeitet von den Richtern des Bundessozialgerichts
BStBl	Bundessteuerblatt (Zeitschrift)
BT-Drucks.	Bundestag Drucksache
Buchholz	Buchholz, Sammel- und Nachschlagewerk der Rechtsprechung des Bundesverwaltungsgerichts
BVerfG	Bundesverfassungsgericht
BVerfGE	Entscheidungssammlung des Bundesverfassungsgerichts
BVerwG	Bundesverwaltungsgericht
BVerwGE	Entscheidungen des Bundesverwaltungsgerichts
bzw.	Beziehungsweise

DOK	Die Ortskrankenkassen (Zeitschrift)
DÖV	Die öffentliche Verwaltung (Zeitschrift)
DVBl	Deutsches Verwaltungsblatt (Zeitschrift)
e. V.	eingetragener Verein
EBM	Einheitlicher Bewertungsmaßstab
Einl.	Einleitung
EuGH	Gerichtshof der Europäischen Gemeinschaften
f.	Folgende
ff.	Fortfolgende
FG	Festgabe
FS	Festschrift
G+G	Gesundheit und Gesellschaft (Zeitschrift)
gem.	gemäß
Gesamtred.	Gesamtredaktion
GG	Grundgesetz
GK	Gemeinschaftskommentar
GKV	Gesetzliche Krankenversicherung
GRG	Gesundheits-Reformgesetz
GS	Gedenkschrift
GSG	Gesundheitsstrukturgesetz
H/H	Hauck/Haines
HBAR	Handbuch des Arztrechts
HB-KAR	Handbuch des Kassenarztrechts
HBStR	Handbuch des Staatsrechts
HBSV	Handbuch der Sozialversicherung
Hrsg.	Herausgeber
HS.	Halbsatz
i. d. F.	in der Form
i. S. v.	im Sinne von
insbes.	insbesondere
JA	Juristische Arbeitsblätter
Jura	Juristische Ausbildung (Zeitschrift)
JuS	Juristische Schulung (Zeitschrift)
JZ	Juristenzeitung (Zeitschrift)
KAR	Kassenarztrecht
KÄV	Kassenärztliche Vereinigung
KBV	Kassenärztliche Bundesvereinigung
KdÖR	Körperschaft des öffentlichen Rechts
KHG	Krankenhausfinanzierungsgesetz
KK	Kasseler Kommentar
KTA	Kerntechnischer Ausschuß

KV	Krankenversicherung
KVLG	Gesetz über die Krankenversicherung für Landwirte
l. Sp.	linke Spalte
Losebl.-Ausg.	Loseblattausgabe
LVK	Landesverband der Krankenkassen
m. Sp.	mittlere Spalte
m. w. Nachw.	mit weiteren Nachweisen
M/D	Maunz/Dürig
MDR	Monatschrift für Deutsches Recht
MedR	Medizinrecht (Zeitschrift)
NDV	Nachrichtendienst des Deutschen Vereins für Öffentliche und Private Fürsorge (Zeitschrift)
NJW	Neue Juristische Wochenschrift (Zeitschrift)
NOG	Neuordnungsgesetz
NORANUK	Notgemeinschaften der Radiologen und Nuklearmediziner Deutschlands
NuR	Natur und Recht (Zeitschrift)
NVwZ	Neue Zeitschrift für Verwaltungsrecht (Zeitschrift)
NWVBl	Nordrhein-Westfälische Verwaltungsblätter (Zeitschrift)
NZS	Neue Zeitschrift für Sozialrecht
OLG	Oberlandesgericht
OLGE	Entscheidungen der Oberlandesgerichte
PrOVGE	Entscheidungssammlung des Preußischen Oberverwaltungsgerichts
r. Sp.	rechte Spalte
RABl.	Reichsarbeitsblatt
rd.	Rund
RegE	Regierungsentwurf
RGBl	Reichsgesetzblatt
Rn.	Randnummer
RT-Drucks.	Reichstags-Drucksache
S.	Satz
s.	Siehe
SDSRV	Schriftenreihe des Sozialrechtsverbandes
SGb	Die Sozialgerichtsbarkeit (Zeitschrift)
SGB IV	Sozialgesetzbuch 4. Buch: Gemeinsame Vorschriften
SGB V	Sozialgesetzbuch 5. Buch Gesetzliche Krankenversicherung
sog.	sogenannte(r)
SozR	Sozialrecht
SozVers	Die Sozialversicherung (Zeitschrift)
StaatsR	Staatsrecht
u. a.	und andere

UPR	Umwelt- und Planungsrecht (Zeitschrift)
USK	Urteilssammlung für die gesetzliche Krankenversicherung
v.	Von
VersR	Versicherungsrecht
VerwArch	Verwaltungsarchiv
VerwR	Verwaltungsrecht
VerwR-AT	Allgemeines Verwaltungsrecht
VG	Verwaltungsgericht
VGH	Verwaltungsgerichtshof
vgl.	Vergleiche
Vorb.	Vorbemerkung
VSSR	Vierteljahresschrift für Sozialrecht
VVDStRL	Berichte und Diskussionen auf der Tagung der Vereinigung der Deutschen Staatsrechtslehrer (Zeitschrift)
VwGO	Verwaltungsgerichtsordnung
VwVfG	Verwaltungsverfahrensgesetz
z. B.	zum Beispiel
ZfS	Zeitschrift für Schadensrecht
ZSR	Zeitschrift für Sozialrecht

Literaturverzeichnis

Achterberg, Norbert — Allgemeines Verwaltungsrecht, 7. Aufl. 1988 (zitiert: Achterberg, VerwR-AT, 1988)

Alexy, Robert — Theorie der juristischen Argumentation, 1978

Alexy, Robert — Ermessensfehler, JZ 1986, S. 701

Axer, Peter — Normsetzung der Exekutive in der Sozialversicherung: ein Beitrag zu den Voraussetzungen und Grenzen untergesetzlicher Normsetzung im Staat des Grundgesetze, 2000 (zitiert: Axer, Normsetzung, 2000)

Baader, Emil — Zum normlogischen Zusammenhang zwischen rechtlicher Regel und rechtlicher Ausnahme, JZ 1990, S. 409

Bachof, Otto — Beurteilungsspielraum, Ermessen und unbestimmter Rechtsbegriff im Verwaltungsrecht, JZ 1955, S. 97

Bachof, Otto — Aussprachebeitrag, VVDStRL 34 (1976), S. 107

Badura, Peter — Gestaltungsfreiheit und Beurteilungsspielraum der Verwaltung, bestehend aufgrund und nach Maßgabe des Gesetzes, in: Püttner, Günter (Hrsg.) Festschrift für Otto Bachof, 1984, S. 169 (zitiert: Badura in FS für Bachof, 1984)

Beckmann, Martin — Das Verhältnis der verwaltungsgerichtlichen Kontrolldichte zur gesetzlichen Regelungsdichte, DÖV 1986, S.505

Bender, Bernd / Sparwasser, Reinhard / Engel, Rüdiger — Umweltrecht, 4. Aufl. 2000

Bethge, Herbert — Parlamentsvorbehalt und Rechtssatzvorbehalt für die Kommunal-verwaltung, NVwZ 1983, S. 577

Bettermann, Karl August — Die Rechtsweggarantie des Art. 19 Abs. 4 GG in der Rechtsprechung des Bundesverfassungsgerichts, AöR 96 (1971), S. 528

Bettermann, Karl August — Rechtsprechung, rechtsprechende Gewalt, in: Kunst, Hermann u. a. (Hrsg.): Evangelisches Staatslexikon, Bd. 2, 3. Aufl. 1987

Biehl, Stephan / Ortwein, Heinz — Sind Außenseitermethoden Maßnahmen außerhalb des Leistungskatalogs der gesetzlichen Krankenversicherung (GKV)?, SGb 1991, S. 529

Bloch, Eckhard — Versicherung kraft Gesetzes, in: Schulin, Bertram (Hrsg.), Handbuch des Sozialversicherungsrechts, Bd. 1: Krankenversicherungsrecht, § 16, S. 490 (zitiert: Bloch in HBSV-KV, 1994, § 16)

Bloch, Eckhard — Allgemeines, in: Schulin, Bertram (Hrsg.), Handbuch des Sozialversicherungsrechts, Bd. 1: Krankenversicherungsrecht, § 15, S. 485 (zitiert: Bloch in HBSV-KV, 1994, § 15)

Böckenförde, Ernst-Wolfgang — Staat, Verfassung, Demokratie: Studien zur Verfassungstheorie und zum Verfassungsrecht, 1991

Böckenförde, Ernst-Wolfgang — Mittelbare / repräsentative Demokratie als eigentliche Form der Demokratie, in: Müller, Georg (Hrsg.), Staatsorganisation und Staatsfunktion im Wandel, Festschrift für Kurt Eichenberger, 1982, S. 301 (zitiert: Böckenförde in FS für Eichenberger, 1982)

Böckenförde, Ernst-Wolfgang — Demokratie als Verfassungsprinzip, in: Isensee, Josef / Kirchhof, Paul (Hrsg.): Handbuch des Staatsrechts der Bundesrepublik Deutschland, Bd. 1 (Grundlagen von Staat und Verfassung), 1987, § 22, S. 887 (zitiert: Böckenförde in HBStR I, 1987, § 22)

Breuer, Rüdiger — Direkte und indirekte Rezeption technischer Regeln durch die Rechtsordnung, AöR 101 (1976), S. 46

Breuer, Rüdiger — Das Wasserhaushaltsgesetz nach der 5. Novelle, NuR 1987, S. 49

Brockhaus	Enzyklopädie in 24 Bänden, Bd. 12, 19. Aufl. 1990
Brohm, Winfried	Verwaltung und Verwaltungsgerichtsbarkeit als Steuerungsmechanismen in einem polyzentrischen System der Rechtserzeugung, DÖV 1987, S. 265
Brohm, Winfried	Sachverständige Beratung des Staates, in: Isensee, Josef / Kirchhof, Paul (Hrsg.): Handbuch des Staatsrechts der Bundesrepublik Deutschland, Bd. 2 (Demokratische Willensbildung - Die Staatsorgane des Bundes), 2. Aufl. 1998, § 36, S. 207 (zitiert: Brohm in HBStR II, 1998, § 36)
Brohm, Winfried	Strukturen der Wirtschaftsverwaltung, 1969
Buchborn, Eberhard	Ärztliches Ermessen, MedR 1987, S. 221
Bull, Hans Peter	Allgemeines Verwaltungsrecht, 6. Aufl. 2000 (zitiert: Bull, VerwR-AT, 2000)
Clemens, Thomas	Normenstrukturen im deutschen Recht, in: Grawert, Rolf u. a. (Hrsg.), Offene Staatlichkeit, Festschrift für Ernst-Wolfgang Böckenförde, 1995, S. 260 (zitiert: Clemens in FS für Böckenförde, 1995)
Clemens, Thomas	Verfassungsrechtliche Anforderungen an untergesetzliche Rechtsnormen, MedR 1996, S. 432
Clemens, Thomas	Normenstrukturen im Sozialrecht - Unfallversicherungs-, Arbeitsförderungs- und Kassenarztrecht, NZS 1994, S. 337
Creifelds, Carl (Begr.) / Weber, Klaus (Hrsg.)	Rechtswörterbuch, 16. Aufl. 2000 (zitiert: Creifelds, Rechtswörterbuch, 2000)
Czermak, Fritz	Verwaltungsgerichtliche Nachprüfbarkeit der unbestimmten Rechtsbegriffe, NJW 1961, S. 1905
Deppe, Volker	Die verwaltungsgerichtliche Kontrolldichte der atomrechtlichen Genehmigung, 1981

Di Fabio, Udo — Verwaltungsvorschriften als ausgeübte Beurteilungsermächtigungen, DVBl 1992, S. 1338

Di Fabio, Udo — Risikoentscheidungen im Rechtsstaat, 1994

Di Fabio, Udo — Verlust der Steuerungskraft der klassischen Rechtsquellen, NZS 1996, S. 449

Dolzer, Rudolf / Vogel, Klaus (Hrsg.) — Bonner Kommentar zum Grundgesetz, Losebl.-Ausg., Stand: Dezember 1999 (zitiert: *Bearb.* in BK)

Dreier, Horst (Hrsg.) — Grundgesetz, Kommentar, Bd. 1 (Artikel 1 - 19), 1996 (zitiert: *Bearb.* in Dreier, GG, 1996)

Ebsen, Ingwer — Autonome Rechtssetzung in der Sozialversicherung und der Arbeitsförderung als Verfassungsproblem, VSSR 1990, S. 57

Ebsen, Ingwer — Der Behandlungsanspruch des Versicherten in der gesetzlichen Krankenversicherung und das Leistungserbringungsrecht, in: Gitter, Wolfgang (Hrsg.), Festschrift für Otto Ernst Krasney zum 65. Geburtstag, 1997, S. 81 (zitiert: Ebsen in FS für Krasney, 1997)

Ebsen, Ingwer — Selbstverwaltung und Autonomie der Bundesanstalt für Arbeit, in: Leßmann, Herbert (Hrsg.), Festschrift für Rudolf Lukes zum 65. Geburtstag, 1989, S. 321 (zitiert: Ebsen in FS für Lukes, 1989)

Ebsen, Ingwer — Rechtsquellen, in: Schulin, Bertram (Hrsg.), Handbuch des Sozialversicherungsrechts, Bd. 1: Krankenversicherungsrecht, § 7, S. 249 (zitiert: Ebsen in HBSV-KV, 1994, § 7)

Ebsen, Ingwer — Rechtliche Instrumente der Freiheitssicherung und Steuerung bei der Leistungserbringung im Gesundheitswesen, in: Schulin, Bertram (Gesred.), Freiheit und Bindung bei der Leistungserbringung im Gesundheitswesen, SDSRV Nr. 38 (1994), S. 7

Ebsen, Ingwer — Verfassungsrechtliche Implikationen der Ressourcenknappheit im Gesundheitswesen, NDV 1997, S. 71

Ebsen, Ingwer — Phänomenologie und Problemfelder der Rechtsquellen, in: Schnapp, Friedrich E. (Hrsg.), Probleme der Rechtsquellen im Sozialversicherungsrecht, Teil I; Tagungsband zum 5. Fachkolloquium des Instituts für Sozialrecht am 25./26. Juni 1997 in Bochum, 1998, S. 13 (zitiert: Ebsen in Problemfelder der Rechtsquellen I, 1998)

Ebsen, Ingwer — Öffentlich-rechtliches Handeln von Krankenkassen als Gegenstand des Wettbewerbrechts? Probleme materiellrechtlicher und kompentenzrechtlicher Koordinierung, ZSR 2000, S. 298

Ehlers, Dirk — Die Grenzen der Mitbestimmung im öffentlichen Unternehmen, JZ 1987, S. 218

Ehmke, Horst — „Ermessen" und „unbestimmter Rechtsbegriff" im Verwaltungsrecht, 1960

Eiberle-Herm, Viggo — Rechtliche Rezeption technischer Bewertungskriterien am Beispiel des Atomrechts, UPR 1994, S. 241

Eichenhofer, Eberhard — Sozialrecht, 2. Aufl. 1997 (zitiert: Eichenhofer, SozR, 1997)

Emde, Ernst Thomas — Die demokratische Legitimation der funktionalen Selbstverwaltung, 1986

Enderlein, Wolfgang — Der Begriff „allgemein anerkannter Stand der medizinischen Erkenntnisse" im SGB V, VSSR 1992, S. 123

Engelhard, Wolfgang — Finanz- und Risikostrukturausgleiche, in: Schulin, Bertram (Hrsg.), Handbuch des Sozialversicherungsrechts, Bd. 1: Krankenversicherungsrecht, § 56, S. 1409 (zitiert: Engelhard in HBSV-KV, 1994, § 56)

Engelmann, Klaus — Untergesetzliche Normsetzung im Recht der gesetzlichen Krankenversicherung durch Verträge und Richtlinien (Teil 1), NZS 2000, S. 1

Engisch, Karl — Logische Studien, 3. Aufl. 1963

Erichsen, Hans-Uwe — Die sog. unbestimmten Rechtsbegriffe als Steuerungs- und Kontrollmaßgaben im Verhältnis von Gesetzgebung, Verwaltung und Rechtsprechung, DVBl 1985, S. 22

Erichsen, Hans-Uwe — Höchstrichterliche Rechtsprechung zum Verwaltungsrecht, VerwArch 70 (1979), S. 249

Erichsen, Hans-Uwe — Unbestimmter Rechtsbegriff und Beurteilungsspielraum, VerwArch 63 (1972), S. 337

Erichsen, Hans-Uwe (Hrsg.) — Allgemeines Verwaltungsrecht, 11. Aufl. 1998 (zitiert: *Bearb.* in Erichsen, VerwR-AT, 1998)

Esser, Josef — Möglichkeiten und Grenzen des dogmatischen Denkens im modernen Zivilrecht, AcP 172 (1972), S. 97

Estelmann, Martin / Eicher, Wolfgang — Die Leistungspflicht der gesetzlichen Krankenkassen vor dem Hintergrund der Pluralität ärztlicher Therapien, SGb 1991, S. 247

Eyermann, Erich / Fröhler, Ludwig — Verwaltungsgerichtsordnung, Kommentar, 10. Aufl. 1998 (zitiert: Eyermann/Fröhler, VwGO, 1998)

Forsthoff, Ernst — Lehrbuch des Verwaltungsrechts, 1. Bd., Allgemeiner Teil, 8 Aufl. 1961 (zitiert: Forsthoff, VerwR-AT, 1961)

Franssen, Everhardt — (Un)bestimmtes zum unbestimmten Rechtsbegriff, in: Fürst, Walther (Hrsg.), Festschrift für Wolfgang Zeidler, 1987, Bd. 1, S. 429 (zitiert: Franssen in FS für Zeidler, 1987, Bd. 1)

Frieß, Bernhard — Die Steuerungsinstrumente der Selbstverwaltung im Sozialgesetzbuch, 1992

Fuss, Ernst-Werner — Gleichheitssatz und Richtermacht, JZ 1959, S. 329

Geis, Max-Emanuel — Josefine Mutzenbacher und die Kontrolle der Verwaltung, NVwZ 1992, S. 25

Gitter, Wolfgang — Sozialrecht, 4. Aufl. 1996 (zitiert: Gitter, SozR, 1996)

Götz, Volkmar — Handlungsspielraum der Verwaltung und Kontrolldichte gerichtlichen Rechtsschutzes - Nachwort, in: Götz, Volkmar / Klein, Hans Hugo / Starck, Christian (Hrsg.): Die öffentliche Verwaltung zwischen Gesetzgebung und richterlicher Kontrolle, 1985 (zitiert: Götz in Götz/Klein/Starck (Hrsg.): Die öffentliche Verwaltung zwischen Gesetzgebung und richterlicher Kontrolle, 1985)

Grafe, S. / Bruns, W. — Richtlinien - Leitlinien - Standards, ArztR 1998, S. 181

Greipl, Christian — Art. 19 IV GG und Entscheidungen von unabhängigen Sachverständigenausschüssen, 1988 (zitiert: Greipl, Sachverständigenausschüsse, 1988)

Gross, Thomas — Das Kollegialprinzip in der Verwaltungsorganisation, 1999 (zitiert: Gross, Kollegialprinzip, 1999)

Grupp, Klaus — Rechtliche Probleme alternativer Behandlungsmethoden, MedR 1992, S. 256

Häberle, Peter — Öffentliches Interesse als juristisches Problem, 1970

Hänlein, Andreas — Rechtsquellen im Sozialversicherungsrecht, 2001

Hamann, Andreas — Autonome Satzungen und Verfassungsrecht, 1958

Hart, Dieter — Ärztliche Leitlinien – Definition, Funktion, rechtliche Bewertung, MedR 1998, S. 8

Hart, Dieter — Rechtliche Grenzen der „Ökonomisierung“, MedR 1996, S. 60

Hauck, Karl	Sozialgesetzbuch, Kommentar, Bd. 4: Gemeinsame Vorschriften für die Sozialversicherung, Losebl.-Ausg., Stand: 1. 4. 2000 (zitiert: *Bearb.* in H/H SGB IV)
Hauck, Karl / Schirmer, Horst Dieter / Gerlach Werner (Hrsg.)	Sozialgesetzbuch, Kommentar, Bd. 5: Gesetzliche Krankenversicherung, Losebl.-Ausg., Stand: 1. 6. 2000 (zitiert: *Bearb.* in H/H SGB V)
Haueisen, Fritz	Die Rechtsgrundlage der Beziehungen zwischen Kassenarzt und Kassenpatient, NJW 1956, S. 1745
Heck, Phillip	Das Problem der Rechtsgewinnung, Gesetzesauslegung und Interessenjurisprudenz (u. a.), 1968 (Ausgabe von Roland Dubescher)
Heinze, Helmut (Hrsg.)	Gesamtkommentar, Bd. 3 (SGB V), Die neue Krankenversicherung, Losebl.-Ausg., Stand: Juni 1999 (zitiert: *Bearb.* in GesK-SGB V)
Hendler, Reinhard	Selbstverwaltung als Ordnungsidee, 1984
Hepting, Reinhard	Die gesetzliche Krankenversicherung nach dem Gesundheitsreformgesetz, Jura 1990, S. 561
Hermes, Georg	Das Grundrecht auf Schutz von Leben und Gesundheit, 1987
Hesse, Konrad	Funktionelle Grenzen der Verwaltungsgerichtsbarkeit, in: Badura, Peter (Hrsg.): Recht als Prozeß und Gefüge, Festschrift für Hans Huber zum 80. Geburtstag, 1981, S. 261 (zitiert: Hesse in FS für Huber, 1981)
Heun, Werner	Staatshaushalt und Staatsleitung, 1989
Hoppe, Werner	Gerichtliche Kontrolldichte bei komplexen Verwaltungsentscheidungen, in: Bachof, Otto (Hrsg.): Verwaltung zwischen Freiheit, Teilhabe und Bindung; Festgabe aus Anlaß des 25jährigen Bestehens des Bundesverwaltungsgerichts, 1978, S. 295 (zitiert: Hoppe in FG für BVerwG, 1978)

Hoppe, Werner — Verwaltungsverantwortung und Verwaltungsgerichtsbarkeit, DVBl 1975, S. 684

Huber, Ernst Rudolf — Wirtschaftsverwaltungsrecht, Bd. 1, 2. Aufl. 1953

Ibler, Martin — Rechtspflegender Rechtsschutz im Verwaltungsrecht; zur Kontrolldichte bei wertenden Behördenentscheidungen - vom Preußischen Oberverwaltungsgericht bis zum modernen Gerichtsschutz im Prüfungsrecht, 1999 (zitiert: Ibler, Rechtspflegender Rechtsschutz, 1999)

Ipsen, Jörn — Die Genehmigung technischer Großanlagen - Rechtliche Regelung und neuere Judikatur, AöR 107 (1982), S. 259

Isensee, Josef — Gemeinwohl und Staatsaufgaben im Verfassungsstaat, in: Isensee, Josef / Kirchhof, Paul (Hrsg.): Handbuch des Staatsrechts der Bundesrepublik Deutschland, Bd. 3 (Das Handeln des Staates), 2. Aufl. 1996, § 57, S. 3 (zitiert: Isensee in HBStR III, 1996, § 57)

Jellinek, Walter — Gesetz, Gesetzesanwendung und Zweckmäßigkeitserwägung, 1913

Jesch, Dietrich — Gesetz und Verwaltung, 1961

Jesch, Dietrich — Auslegung gegen den Wortlaut und Verordnungsgebung contra legem?, JZ 1963, S. 241

Jesch, Dietrich — Unbestimmter Rechtsbegriff und Ermessen in rechtstheoretischer und verfassungsrechtlicher Sicht, AöR 82 (1957), S. 163

Jestaedt, Matthias — Demokratieprinzip und Kondominialverwaltung, 1993

Jörg, Michael — Das neue Kassenarztrecht, 1993

Jung, Karl — Gegenwind für den Bundesausschuß der Ärzte und Krankenkassen, KrV 1999, S. 252

Kellner, Hugo — Neue Erkenntnisse zum sogenannten Beurteilungsspielraum?, DÖV 1972, S. 801

Kirchhof, Paul — Mittel staatlichen Handelns, in: Isensee, Josef / Kirchhof, Paul (Hrsg.), Handbuch des Staatsrechts, Bd. 3 (Das Handeln des Staates), 2. Aufl. 1996, § 59, S. 121 (zitiert: Kirchhof in HBStR III, 1996, § 59)

Kirsten, Peter — Unorthodoxe Krankenbehandlung, Sachleistungsprinzip und Beschaffungsweg, SGb 1991 S. 257

Kleine-Cosack, Michael — Berufsständische Autonomie und Grundgesetz, 1983

Kluth, Winfried — Funktionale Selbstverwaltung: verfassungsrechtlicher Status - verfassungsrechtlicher Schutz, 1997 (zitiert: Kluth, Funktionale Selbstverwaltung, 1997)

Korbmacher, Günther — Ermessen - unbestimmte Rechtsbegriffe – Beurteilungsspielraum, DÖV 1965, S. 696

Krasney, Otto-Ernst — Zum Krankheitsbegriff in der Entwicklung der gesetzlichen Krankenversicherung, ZSR 1976, S. 411

Krauskopf, Dieter / Schroeder-Printzen, Günther (Hrsg.) — Soziale Krankenversicherung, Kommentar, Losebl.-Ausg. Stand: August 2000 (zitiert: *Bearb.* in Krkpf, SGB V)

Krauskopf, Dieter — Rechtsstellung des Kassenarztes, in: Laufs, Adolf (Gesamtred.): Handbuch des Arztrechts, 2. Aufl. 1999, § 24, S. 156 (zitiert: Krauskopf in HBAR, 1999, § 24)

Krauskopf, Dieter — Voraussetzungen und Formen der Teilnahme von Ärzten an der kassenärztlichen Versorgung, in: Laufs, Adolf (Gesamtred.): Handbuch des Arztrechts, 2. Aufl. 1999, § 26, S. 161 (zitiert: Krauskopf in HBAR, 1999, § 26)

Krauskopf, Dieter — Sicherstellung der kassenärztlichen Versorgung, in: Laufs, Adolf (Gesamtred.): Handbuch des Arztrechts, 2. Aufl. 1999, § 27, S. 172 (zitiert: Krauskopf in HBAR, 1999, § 27)

Krauskopf, Dieter — Das kassenärztliche Vergütungssystem, in: Laufs, Adolf (Gesamtred.): Handbuch des Arztrechts, 2. Aufl. 1999, § 32, S. 190 (zitiert: Krauskopf in HBAR, 1999, § 32)

Krebs, Walter — Kontrolle in staatlichen Entscheidungsprozessen, 1984 (zitiert: Krebs, Kontrolle, 1984)

Kriele, Martin — „Stand der medizinischen Wissenschaft" als Rechtsbegriff, NJW 1976, S. 355

Krüger, Herbert — Allgemeine Staatslehre, 2. Aufl. 1966

Kübler, Freidrich — Kodifikation und Demokratie, JZ 1969, S. 645

Kuhl, Thomas — Der Kernbereich der Exekutive, 1993

Kuhns, Richard R. — Das gesamte Recht der Heilberufe II, 1958

Kutscheid, Ernst — Verfahrensbeschleunigung und richterliche Kontrolldichte, NWVBl 1995, S. 121

Larenz, Karl — Methodenlehre der Rechtswissenschaft, 6. Aufl. 1991 (zitiert: Larenz, Methodenlehre, 1991)

Laufs, Adolf — Arztrecht, 5. Aufl. 1993

Leitherer, Stephan — Mitgliedschafts- und Versicherungsverhältnis, in: Schulin, Bertram (Hrsg.), Handbuch des Sozialversicherungsrechts, Bd. 1: Kranken-versicherungsrecht, § 19, S. 541 (zitiert: Leitherer in HBSV-KV, 1994, § 19)

Lerche, Peter — Übermaß und Verfassungsrecht, 1961

Link, Christoph / de Wall, Heinrich — Rechtsgutachten über die Verfassungsmäßigkeit der seit dem ersten Quartal 1996 für Radiologen und Nuklearmediziner geltenden Regelungen über die vertragsärztliche Honorarfestsetzung am Beispiel der Kassenärztlichen Vereinigung Nordbaden, erstattet im Auftrag der NORANUK Deutschland e. V., 1998, Umdruck (zitiert: Link/de Wall, Rechtsgutachten für die NORANUK, 1998)

Lüke, Gerhard — Beiträge zum neuen Kassenarztrecht, 1980

Marburger, Peter	Die Regeln der Technik im Recht, 1979
Martens, Joachim	Beurteilungsspielraum zur Quantifizierung unbestimmter Rechtsbegriffe - BSGE 55, 245, JuS 1987, S. 103
Matthiessen, Peter	Unkonventionelle Behandlungsmethoden im Kontext medizinischer Versorgung, ZSR 1994, S. 520
Maunz,Theodor / Dürig, Günter (Hrsg.)	Grundgesetz, Kommentar, Losebl.-Ausg., Stand: Oktober 1999 (zitiert: *Bearb.* in M/D)
Maurer, Hartmut	Staatsrecht, 1999 (zitiert: Maurer, StaatsR, 1999)
Maurer, Hartmut	Allgemeines Verwaltungsrecht, 12 Aufl. 1999 (zitiert: Maurer, VerwR-AT, 1999)
Meyer, Hans / Borgs-Maciejewski, Hermann	Verwaltungsverfahrensgesetz, Kommentar, 2. Aufl. 1982 (zitiert: *Bearb.* in Meyer/Borgs, VwVfG, 1982)
Meyn, Karl-Ulrich	Autonome Satzung und demokratische Legitimation, DVBl 1977, S. 593
Mittelstaedt, Ekkehard	Häusliche Krankenpflege und die Richtlinien zur Verordnung Häuslicher Krankenpflege nach § 92 SGB V, Pflegen Ambulant, 2000, S. 55
Müller, Friedrich / Pieroth, Bodo	Gerichtliche Kontrolle von Entscheidungen der Bundesprüfstelle für jugendgefährdende Schriften, in: Hoffmann-Riem, Wolfgang (Hrsg.), Sozialwissenschaften im öffentlichen Recht, 1981, S. 213
Müller, Friedrich	Juristische Methodik, 7. Aufl. 1997
Müller, Horst Joachim	Das Ermessen in der Rechtsprechung des Bundesverfassungsgerichts, DÖV 1969, S. 119
Natter, Eberhard	Der Arztvertrag mit dem sozialversicherten Patienten, zugl. ein Beitrag zum Naturalleistungsprinzip in der gesetzlichen Krankenversicherung, 1987

Niesel, Klaus (Gesamtred.)	Kasseler Kommentar Sozialversicherungsrecht, Losebl.-Ausg., Stand: April 2000 (zitiert: *Bearb.* in KK)
Noftz, Wolfgang	Leistungsrecht und Leistungserbringungsrecht nach Inkrafttreten des 2. GKV-Neuordnungsgesetzes, VSSR 1997, S. 393
Nolte, Rüdiger	Rechtliche Anforderungen an die technische Sicherheit von Kernanlagen, 1984 (zitiert: Nolte, Rechtliche Anforderungen, 1984)
Oebbecke, Janbernd	Demokratische Legitimation nicht-kommunaler Selbstverwaltung, VerwArch 81 (1990), S. 349
Oldiges, Franz Josef	Kurfürst, König, Kaiser gar?, G+G 1999, S. 28
Oppermann, Thomas	Europarecht, 2. Aufl. 1999
Ossenbühl, Fritz	Verwaltungsvorschriften und Grundgesetz, 1968
Ossenbühl, Fritz	Verfassungsrechtliche Fragen des Regelungsinstrumentariums in der gesetzlichen Krankenversicherung, Rechtsgutachten erstattet dem Bundesfachverband der Arzneimittelhersteller e. V., Bonn, Umdruck 1998 (zitiert: Ossenbühl, Gutachten für den BFAH, 1998)
Ossenbühl, Fritz	Zur Renaissance der administrativen Beurteilungsermächtigung, DÖV 1972, S. 401
Ossenbühl, Fritz	Gedanken zur Kontrolldichte in der verwaltungsgerichtlichen Rechtsprechung, in: Bender, Bernd (Hrsg.), Rechtsstaat zwischen Sozialgestaltung und Rechtsschutz: Festschrift für Konrad Redeker zum 70. Geburtstag, 1993, S. 55 (zitiert: Ossenbühl in FS für Redeker, 1993)
Ossenbühl, Fritz	Vom unbestimmten Gesetzesbegriff zur letztverbindlichen Verwaltungsentscheidung, DVBl 1974, S. 309

Ossenbühl, Fritz — Richterliches Prüfungsrecht und Rechtsverordnungen, in: Badura, Peter (Hrsg.): Recht als Prozeß und Gefüge, Festschrift für Hans Huber, 1981, S. 283 (zitiert: Ossenbühl in FS für Huber, 1981)

Ossenbühl, Fritz — Rechtsverordnung, in: Isensee, Josef und Kirchhof, Paul (Hrsg.): Handbuch des Staatsrechts, Bd. 3 (Das Handeln des Staates), 2. Aufl. 1996, § 64, S. 387 (zitiert: Ossenbühl in HBStR III, 1996, § 64)

Ossenbühl, Fritz — Richtlinien im Vertragsarztrecht, NZS 1997, S. 497

Ossenbühl, Fritz — Satzung, in: Isensee, Josef und Kirchhof, Paul (Hrsg.): Handbuch des Staatsrechts, Bd. 3 (Das Handeln des Staates), 2. Aufl. 1996, § 66, S. 463 (zitiert: Ossenbühl in HBStR III, 1996, § 66)

Papier, Hans-Jürgen — Rechtsschutzgarantie gegen die öffentliche Gewalt, in: Isensee, Josef und Kirchhof, Paul (Hrsg.): Handbuch des Staatsrechts, Bd. 6 (Freiheitsrechte), 1989, § 154, S. 1233 (zitiert: Papier in HBStR VI, 1989, § 154)

Papier, Hans-Jürgen — Der Wesentlichkeitsgrundsatz am Beispiel des Gesundheitsreformgesetzes, VSSR 1990, S. 123

Péntek, Markus — Die Leistungspflicht der Gesetzlichen Krankenversicherung bei der Anwendung von Außenseitermethoden in der Medizin, 1996

Peter Kirsten — Unorthodoxe Krankenbehandlung, Sachleistungsprinzip und Beschaffungsweg, SGb 1991, S. 257

Peters, Horst — Die Geschichte der sozialen Versicherung, 3. Aufl. 1978 (zitiert: Peters, Geschichte, 1978)

Plantholz, Michael — Verfassungsmäßige Wirkung der Richtlinien im Vertragsarztrecht auf Außenseiter, SGb 1997, S. 549

Pschyrembel — Wörterbuch Naturheilkunde, 2. Aufl. 2000

Redeker, Konrad — Fragen der Kontrolldichte verwaltungsgerichtlicher Rechtsprechung, DÖV 1971, S. 757

Redeker, Konrad / von Oertzen, Hans-Joachim — Verwaltungsgerichtsordnung, Kommentar, 12. Aufl. 1997 (zitiert: Redeker/v. Oertzen, VwGO, 1997)

Rehkopf, Helmut — Geschichte und Reformperspektiven der Ersatzkassen, in: Schulin, Bertram (Hrsg.), Handbuch des Sozialversicherungsrechts, Bd. 1: Krankenversicherungsrecht, § 2, S. 48 (zitiert: Rehkopf in HBSV-KV, 1994, § 2)

Rehkopf, Helmut — Ersatzkassen, in: Schulin, Bertram (Hrsg.), Handbuch des Sozialversicherungsrechts, Bd. 1: Krankenversicherungsrecht, § 50, S. 1224 (zitiert: Rehkopf in HBSV-KV, 1994, § 50)

Reiter, Heinrich — Die Rechtsnatur der Beziehungen der gesetzlichen Krankenkassen untereinander und zu deren Leistungserbringern, in: Franssen, Everhardt u. a. (Hrsg.), Bürger - Richter - Staat, Festschrift für Horst Sendler, 1991, S. 519 (zitiert: Reiter in FS für Sendler, 1991)

Reuß, Hermann — Urteilsanmerkung zu Urteil des BVerwG vom 10. 3. 1954, DÖV 1954, S. 535

Rupp, Hans Heinrich — Grundfragen der heutigen Verwaltungsrechtslehre: Verwaltungsnorm und Verwaltungsrechtsverhältnis, 2. Aufl. 1991 (zitiert: Rupp, Grundfragen, 1991)

Rupp, Hans Heinrich — Ermessensspielraum und Rechtsstaatlichkeit, NJW 1969, S. 1237

Rüthers, B. — Die unbegrenzte Auslegung, 1968

Sachs, Michael (Hrsg.) — Grundgesetz, Kommentar, 2. Aufl. 1999 (zitiert: *Bearb.* in Sachs, GG, 1999)

Saekel, Rüdiger — Ordnungspolitische Reformen im Gesundheitswesen, SozVers 1985, S. 175

Salzwedel, Jürgen — Gemischt-interdisziplinäre Tatbestände im Umweltrecht und verwaltungsgerichtliche Kontrolldichte in: Bender, Bernd (Hrsg.), Rechtsstaat zwischen Sozialgestaltung und Rechtsschutz, Festschrift für Konrad Redeker zum 70. Geburtstag, 1993, S. 421 (zitiert: Salzwedel in FS für Redeker, 1993)

Schewe, Dieter — Die Beschwörung des „Wirtschaftlichen" im neuen SGB V - ein Vergleich der 65 Nennungen des „Wirtschaftlichen" und 35 ähnlicher Begriffe, SGb 1989, S. 410

Schimmelpfeng-Schütte, Ruth — „Richtliniengebung durch den Bundesausschuß der Ärzte und Krankenkassen und demokratische Legitimation", NZS 1999, S. 530

Schirmer, Helmut — Gesetzliche Krankenversicherung und private Krankenversicherung, in: Schulin, Bertram (Hrsg.), Handbuch des Sozialversicherungsrechts, Bd. 1: Krankenversicherungsrecht, § 14, S. 448 (zitiert: Schirmer in HBSV-KV, 1994, § 14)

Schirmer, Horst Dieter — Verfassungsrechtliche Probleme der untergesetzlichen Normsetzung im Kassenarztrecht, MedR 1996, S. 404

Schlenker, Rolf-Ulrich — Geschichte und Reformperspektiven der gesetzlichen Krankenkassen, in: Schulin, Bertram (Hrsg.), Handbuch des Sozialversicherungsrechts, Bd. 1: Krankenversicherungsrecht, § 1, S. 1 (zitiert: Schlenker in HBSV-KV, 1994, § 1)

Schlenker, Rolf-Ulrich — Die besonderen Therapierichtungen und die Naturheilkunde im Amalgam-Urteil des BSG, BKK 1994, S. 284

Schmeling, Günter — Das Gesundheits-Reformgesetz, Teil III: Die Leistungserbringer, ZfS 1989, S. 257

Schmidt, Walter — Organisierte Einwirkung auf die Verwaltung; zur Lage der zweiten Gewalt, VVDStRL 33 (1974), S. 183

Schmidt, Walter	Gesetzesvollziehung durch Rechtssetzung, 1969 (zitiert: Schmidt, Gesetzesvollziehung, 1969)
Schmidt-Aßmann, Eberhard	Die kommunale Rechtssetzung im Gefüge der administrativen Handlungsformen und Rechtsquellen, 1981
Schmidt-Aßmann, Eberhard	Der Rechtsstaat, in: Isensee, Josef / Kirchhof, Paul (Hrsg.): Handbuch des Staatsrechts der Bundesrepublik Deutschland, Bd. 1 (Grundlagen von Staat und Verfassung), 1987, § 24, S. 987 (zitiert: Schmidt-Aßmann in HBStR I, 1987, § 24)
Schmidt-Aßmann, Eberhard	Die Kontrolldichte der Verwaltungsgerichte; Verfassungsgerichtliche Vorgaben und Perspektiven, DVBl 1997, S. 281
Schmidt-Aßmann, Eberhard	Das allgemeine Verwaltungsrecht als Ordnungsidee, 1999 (zitiert: Schmidt-Aßmann, Ordnungsidee, 1999)
Schmidt-Aßmann, Eberhard	Verwaltungsorganisationsrecht als Steuerungsressource - Einleitende Problemskizze -, in: Schmidt-Aßmann, Eberhard und Hoffmann-Riem, Wolfgang (Hrsg.), Verwaltungsorganisationsrecht als Steuerungsressource, 1997, S. 249 (zitiert: Schmidt-Aßmann in Schmidt-Aßmann/Hoffmann-Riem (Hrsg.): Verwaltungsorganisationsrecht als Steuerungsressource, 1997)
Schmidt-Aßmann, Eberhard / Groß, Thomas	Zur verwaltungsgerichtlichen Kontrolldichte nach der Privatgrundschul-Entscheidung des BVerfG, NVwZ 1993, S. 617
Schmidt-Bleibtreu, Bruno / Klein, Franz (Hrsg.)	Kommentierung zum Grundgesetz, 8. Aufl. 1995 (zitiert: *Bearb.* in Schmidt-Bleibtreu/Klein, GG, 1995)
Schmidt-Jortzig, Edzard	Kommunalverwaltung und Verwaltungsgerichtsbarkeit, NJW 1983, S. 967
Schmidt-Rögnitz, Andreas	Die Gewährung von alternativen sowie neuen Behandlungs- und Untersuchungsmethoden durch die gesetzliche Krankenversicherung, 1996

Schmidt-Salzer, Joachim — Der Beurteilungsspielraum der Verwaltungsbehörden, 1968

Schmitt, Jochem — Einführung, in: Schulin, Bertram (Hrsg.), Handbuch des Sozialversicherungsrechts, Bd. 1: Krankenversicherungsrecht, § 28, S. 811 (zitiert: Schmitt in HBSV-KV, 1994, § 28)

Schnapp, Friedrich E. — Organisation der gesetzlichen Krankenversicherung, in: Schulin, Bertram (Hrsg.), Handbuch des Sozialversicherungsrechts, Bd. 1: Krankenversicherungsrecht, § 49, S. 1179 (zitiert: Schnapp in HBSV-KV, 1994, § 49)

Schnapp, Friedrich E. — Die Richtlinien im Kassenarztrecht (§ 92 SGB V) auf dem verfassungsrechtlichen Prüfstand, in: Gitter, Wolfgang (Hrsg.), Festschrift für Otto Ernst Krasney zum 65. Geburtstag, 1997, S. 437 (zitiert: Schnapp in FS für Krasney, 1997)

Schnapp, Friedrich E. — Aktuelle Rechtsquellenprobleme im Vertragsarztrecht - Am Beispiel von Richtlinien und Einheitlichem Bewertungsmaßstab, SGb 1999, S. 63

Schnapp, Friedrich E. — Geltung und Auswirkungen des Gesetzesvorbehaltes im Vertragsarztrecht, MedR 1996, S. 418

Schneider, Günther — Kassenarztrecht, 1983

Schneider, Günther — Konfliktlösung: ärztliche Berufsfreiheit versus Regelungen der Qualitätssicherung – Vorschläge aus juristischer Sicht, MedR 1998, S. 151

Schneider, Günther — Handbuch des Kassenarztrechts, 1994 (zitiert: Schneider, HB-KAR, 1994)

Schoch, Friedrich K. / Schmidt-Aßmann, Eberhard / Pietzner, Rainer — Verwaltungsgerichtsordnung, Kommentar, Losebl.-Ausg., Stand: Januar 2000 (zitiert: *Bearb.* in Schoch/Schmidt-Aßmann/Pietzner, VwGO)

Schulin, Bertram / Igl, Gerhard	Sozialrecht, 6. Aufl. 1999 (zitiert: Schulin/Igl, SozR, 1999)
Schulin, Bertram	Alternative Medizin in der gesetzlichen Krankenversicherung, ZSR 1994, S. 546
Schulin, Bertram	Rechtliche Grundprinzipien der gesetzlichen Krankenversicherung und ihre Probleme, in: Schulin, Bertram (Hrsg.), Handbuch des Sozialversicherungsrechts, Bd. 1: Krankenversicherungsrecht, § 6, S. 177 (zitiert: Schulin in HBSV-KV, 1994, § 6)
Schulin, Bertram	Die Leistungspflicht der gesetzlichen Krankenkasse bei der Anwendung von Außenseiter-Methoden, SGb 1984, S. 45
Schwerdtfeger, Gunther	Verfassungsrechtliche Grenzen der Freiheit und Bindung bei der Leistungserbringung im Gesundheitswesen, in: Schulin, Bertram (Gesamtred.), Freiheit und Bindung bei der Leistungserbringung im Gesundheitswesen, SDSRV Nr. 38 (1994), S. 27
Schwerdtfeger, Gunther	Grenzen vertragsärztlicher Selbstverwaltung aus der Sicht der Versicherten, in: Gitter, Wolfgang (Hrsg.), Festschrift für Otto Ernst Krasney zum 65. Geburtstag, 1997, S. 499 (zitiert: Schwerdtfeger in FS für Krasney, 1997)
Schwerdtfeger, Gunther	Die Leistungsansprüche der Versicherten im Rechtskonkretisierungskonzept des SGB V, NZS 1998, S. 49 (Teil 1) und S. 97 (Teil 2)
Sendler, Horst	Skeptisches zum unbestimmten Rechtsbegriff, in: Blümel, Willi u. a. (Hrsg.), Verwaltung im Rechtsstaat, Festschrift für Carl Hermann Ule, 1987, S. 337 (zitiert: Sendler in FS für Ule, 1987)
Sendler, Horst	Normkonkretisierende Verwaltungsvorschriften im Umweltrecht, UPR 1993, S. 321
Siewert, Joachim	Das Vertragsarztrecht, 5. Aufl. 1994

Sodan, Helge — Leistungsauschlüsse im System der gesetzlichen Krankenversicherung und Grundrechtsschutz von Leistungsanbietern, SGb 1992, S. 200

Sodan, Helge — Normsetzungsverträge im Sozialversicherungsrecht, in: Schnapp, Friedrich E. (Hrsg.), Probleme der Rechtsquellen im Sozialversicherungsrecht, Teil 1, 1998, S. 37 (zitiert: Sodan in Probleme der Rechtsquellen I, 1998)

Spellbrink, Wolfgang — Wirtschaftlichkeitsprüfung im Kassenarztrecht nach dem Gesundheitsstrukturgesetz, 1994 (zitiert: Spellbrink, Wirtschaftlichkeitsprüfung, 1994)

Spellbrink, Wolfgang — Die Rechtsstellung des Psychotherapeuten nach dem Psychotherapeutengesetz – zugleich eine Einführung in das Psychotherapeutengesetz, NZS 1999, S. 1

Spielmeyer, Günther — Zum Krankheitsbegriff der Sozialversicherung, DOK 1971, S. 836

Stelkens, Paul u.a. — Verwaltungsverfahrensgesetz, Kommentar, 5. Aufl. 1998 (zitiert: *Bearb.* in Stelkens/ Bonk/ Sachs, VwVfG, 1998)

Stern, Klaus — Das Staatsrecht der Bundesrepublik Deutschland, Bd. 1 (Grundbegriffe und Grundlagen des Staatsrechts, Strukturprinzipien der Verfassung) 2. Aufl. 1984 (zitiert: Stern, StaatsR I, 1984)

Stern, Klaus — Das Staatsrecht der Bundesrepublik Deutschland, Bd. 2 (Staatsorgane, Staatsfunktionen, Finanz- und Haushaltsverfassung, Notstandsverfassung) 1980 (zitiert: Stern, StaatsR II, 1980)

Stettner, Rupert — Grundfragen einer Kompetenzlehre, 1983

Tempel-Kromminga, Helke — Die Problematik der Richtlinien des Bundesausschusses der Ärzte und Krankenkassen nach dem neuen Recht des SGB V, 1994 (zitiert: Tempel-Kromminga, Problematik der Richtlinien, 1994)

Tennstedt, Florian — Sozialgeschichte der Sozialpolitik in Deutschland, 1981

Tettinger, Peter J. — Rechtsanwendung und gerichtliche Kontrolle im Wirtschafts-verwaltungsrecht, 1980

Tettinger, Peter J. — Überlegungen zu einem administrativen „Prognosespielraum", DVBl 1982, S. 421

Teubner, Gunther — Organisationsdemokratie und Verbandsverfassung, 1978

Tilch, Horst (Hrsg.) — Münchener Rechts-Lexikon, Bd. 3, 2. Aufl. 1992

Trute, Hans-Heinrich — Funktionen der Organisation und ihre Abbildung im Recht, in: Schmidt-Aßmann, Eberhard und Hoffmann-Riem, Wolfgang (Hrsg.), Verwaltungsorganisationsrecht als Steuerungsressource, 1997, S. 249 (zitiert: Trute in Schmidt-Aßmann/Hoffmann-Riem (Hrsg.): Verwaltungsorganisationsrecht als Steuerungsressource, 1997)

Uhlenbruck, Wilhelm — Die Parteien des Arztvertrages, in: Laufs, Adolf (Gesamtred.): Handbuch des Arztrechts, 2. Aufl. 1999, § 40, S. 353 (zitiert: Uhlenbruck in HBAR, 1999, § 40)

Ule, Carl Hermann — Zur Anwendung unbestimmter Rechtsbegriffe im Verwaltungsrecht, in: Bachof, Otto (Hrsg.), Forschungen und Berichte aus dem Öffentlichen Recht, Gedächtnisschrift für Walter Jellinek, 1955, S. 309 (zitiert: Ule in GS für Jellinek, 1955)

Ule, Carl Hermann / Laubinger, Hans-Werner — Verwaltungsverfahrensrecht, 4. Aufl. 1998

Vieweg, Klaus — Atomrecht und technische Normung - der Kerntechnische Ausschuß (KTA) und die KTA-Regeln, 1982 (zitiert: Vieweg, Atomrecht und technische Normung, 1982)

von Arnim, Hans Herbert — Gemeindliche Selbstverwaltung und Demokratie, AöR 112 (1988), S. 1

von Danwitz, Thomas — Der Grundsatz funktionsgerechter Organstruktur, Der Staat 35 (1996), S. 329

von Danwitz, Thomas — Die Gestaltungsfreiheit des Verordnungsgebers, 1989

von Mangoldt, Hermann / Klein, Friedrich / Starck, Christian (Hrsg.) — Das Bonner Grundgesetz, Kommentar, Bd. 1, 4. Aufl. 1999 (zitiert: *Bearb.* in v. Mangoldt/Klein/Starck, BG, 1999)

von Mangoldt, Hermann / Klein, Friedrich (Hrsg.) — Das Bonner Grundgesetz, Kommentar, Bd. 3, 2. Aufl. 1974 (zitiert: *Bearb.* in v. Mangoldt/Klein, BG, Bd. 3, 1974)

von Maydell, Bernd (Hrsg.) — Gemeinschaftskommentar zum Sozialgesetzbuch, gesetzliche Kranken-versicherung, Losebl.-Ausg., Stand: Juni 1996 (zitiert: *Bearb.* in GK-SGB V)

von Münch, Ingo (Begr.) / Kunig, Philip (Hrsg.) — Grundgesetz-Kommentar, Bd. 1 (Präambel bis Art. 20), 5. Aufl. 2000 (zitiert: *Bearb.* in v. Münch/Kunig, GG, Bd. 1, 2000)

von Münch, Ingo / Kunig, Philip (Hrsg.) — Grundgesetz-Kommentar, Bd. 3 (Art. 70 bis Art. 146), 3. Aufl. 1996 (zitiert: *Bearb.* in v. Münch/Kunig, Bd. 3, 1996)

von Mutius, Albert — Unbestimmter Rechtsbegriff und Ermessen im Verwaltungsrecht, Jura, 1987, S. 92

von Wulffen, Matthias — Besondere Therapiemethoden in der Rechtsprechung des Bundessozialgerichts, SGb 1996, S. 250

Wagner, Hellmut — Die Risiken von Wissenschaft und Technik als Rechtsproblem, NJW 1980, S. 665

Wahl, Rainer — Verwaltungsverfahren zwischen Verwaltungseffizienz und Rechtsschutzauftrag, VVDStRL 41 (1983), S. 151

Wahl, Rainer — Risikobewertung der Exekutive und richterliche Kontrolldichte – Auswirkungen auf das Verwaltungs- und gerichtliche Verfahren, NVwZ 1991, S. 409

Wannagat, Georg — Lehrbuch des Sozialversicherungsrechts Bd. I, 1965

Wasem, Jürgen — Sozialpolitische Grundlagen der gesetzlichen Krankenversicherung, in: Schulin, Bertram (Hrsg.), Handbuch des Sozialver-sicherungsrechts, Bd. 1: Krankenversicherungsrecht, § 3, S. 80 (zitiert: Wasem in HBSV-KV, 1994, § 3)

Weber, Karl-Heinz — Regelungs- und Kontrolldichte im Atomrecht, 1984

Weßelmann, Gerhard — Unkonventionelle Behandlungsmethoden aus der Sicht der Schulmedizin, ZSR 1994, S. 537

Westbomke, Konrad — Der Anspruch auf Erlaß von Rechtsverordnungen und Satzungen, 1976

Weyreuther, Felix — Rechtliche Bindung und gerichtliche Kontrolle planender Verwaltung im Bereich des Bodenrechts, BauR 1977, S. 293

Wieacker, Franz — Zur praktischen Leistung der Rechtsdogmatik, in: Bubner, Rüdiger u. a. (Hrsg.): Hermeneutik und Dialektik, Festschrift für Hans-Georg Gadamer, Bd. 2, 1970, S. 311 (zitiert: Wieacker in FS für Gadamer II, 1970)

Wigge, Peter — Die Stellung der Ersatzkassen im gegliederten System der gesetzlichen Krankenversicherung nach dem GRG vom 20. 12 1988, 1991

Wilke, Dieter — Die gerichtliche Kontolle unbestimmter Rechtsbegriffe im Umweltrecht, insbes. im Atomrecht, Jura 1992, S. 186

Wimmer, Raimund — Rechtsstaatliche Defizite im vertragsärztlichen Berufsrecht, NJW 1995, S. 1577

Wimmer, Raimund — Verfassungsrechtliche Anforderungen an untergesetzliche Rechtssetzung im Vertragsarztrecht, MedR 1996, S. 425

Wimmer, Raimund — Grenzen der Regelungsbefugnis in der vertragsärztlichen Selbstverwaltung, NZS 1999, S. 113

Windeler, Jürgen — Der Wirksamkeitsnachweis für neue medizinische Behandlungsmethoden, MedR 1997, S. 265

Wolff, Hans J. — Verwaltungsrecht, Bd. 1, 8. Aufl. 1971 (zitiert: Wolff, VerwR I, 1971)

Wolff, Hans J. / Bachof, Otto / Stober, Rolf — Verwaltungsrecht II, Besonderes Organisations- und Dienstrecht, 5. Aufl. 1987 (zitiert: Wolff/Bachof/Stober, VerwR II, 1987)

Wolff, Hans J. / Bachof, Otto / Stober, Rolf — Verwaltungsrecht I, 10. Aufl. 1994 (zitiert: Wolff/ Bachof/ Stober, VerwR I, 1994)

Wölk, Wolfgang — Paramedizinische Therapie und Rechtsprechung, MedR 1995, S. 492

Würtenberger, Thomas — Rechtliche Optimierungsgebote oder Rahmensetzungen für das Verwaltungshandeln?, VVDStRL 58 (1999), S. 139

Zimmer, Gerhard — Funktion - Kompetenz - Legitimation; Gewaltenteilung in der Ordnung des Grundgesetzes, 1979 (zitiert: Zimmer, Funktion, 1979)

Zuck, Rüdiger — Der Standort der besonderen Therapierichtungen im deutschen Gesundheitswesen, NJW 1991, S. 2933

Zuck, Rüdiger — Die neue Wissenschaftlichkeitsklausel, VersR 1994, S. 505

Zuck, Rüdiger — Die Behandlungsmethoden, Arznei- und Heilmitteltherapien der (anerkannten) Besonderen Therapierichtungen, NZS 1999, S. 313

Zuck, Rüdiger — Gehört Viagra zur vertragsärztlichen Versorgung?, NZS 1999, S. 167

Einleitung

Der Bundesausschuß der Ärzte und Krankenkassen steht auf rechtsdogmatisch ungesichertem Terrain. Und es gibt einige gewichtige Stimmen, nach denen der Bundesausschuß verfassungswidrig ist. Andere haben begonnen, die rechtsdogmatischen Unsicherheiten um den Bundesausschuß zu beseitigen. Für diese hat sich die Problematik der Kontrolldichte bei der gerichtlichen Prüfung der Richtlinien des Bundesausschusses zu einem der wesentlichen klärungsbedürftigen Themen im Vertragsarztrecht entwickelt. Warum?

1. Bundesausschuß - Richtlinien - Kontrolldichte?

Der Bundesausschuß der Ärzte und Krankenkassen ist ein Gremium der gesetzlichen Krankenversicherung (GKV). Er beschließt im Rahmen der gesetzlichen Bestimmungen, welche Leistungen dem Versicherten zustehen, wenn er krank ist. Seine Regelungen erfolgen in Form von Richtlinien. Obwohl diese Regelungen abstrakt-generell sind, bestimmen sie doch recht genau, was der Arzt dem Versicherten zu Lasten der gesetzlichen Krankenkassen leisten darf. Außerdem gibt es praktisch keinen Bereich ambulanter ärztlicher Behandlung, in dem der Bundesausschuß nicht die relativ vagen gesetzlichen Bestimmungen über die von der GKV zu erbringenden Leistungen inhaltlich bestimmt. Seine Bedeutung kann deshalb kaum überschätzt werden.

Ein Beispiel mag dies verdeutlichen. Mitte des Jahres 1998 beschloß der Bundesausschuß, „Mittel zur Behandlung der erektilen Dysfunktion und Mittel, die der Anreizung und Steigerung der sexuellen Potenz dienen“ aus dem Leistungskatalog der GKV auszuschließen.[1] Grund dafür war die „Potenzpille Viagra“. Ihre bevorstehende Zulassung als Arzneimittel drohte den Krankenkassen eine nur schwer schätzbare, aber jedenfalls immense Kostenlast aufzubürden. Die Entscheidung mag deshalb gesundheitsökonomisch einleuchten. Rechtlich gesehen ist sie fragwürdig. Denn erektile Dysfunktion ist - wenn auch nicht immer, so doch oft - körperlich bedingt und damit eine Krankheit. Viagra verschafft bei dieser Krankheit eine Linderung der Beschwerden. Und auf diese hat der Versicherte laut Gesetz Anspruch. Also ein klarer Fall der gesetzwidrigen Entscheidung des Bundesausschusses?

Manche gehen noch weiter und sprechen von der generellen Verfassungswidrigkeit der Richtlinien. Dies liegt zunächst an der Zusammensetzung des Bundesausschusses. Der Bundesausschuß ist besetzt mit Vertretern der Ärzte und Krankenkassen sowie drei unabhängigen Mitgliedern. Zwar sind die Versicherten

---

[1] F 17.1 f. der Arzneimittel-Richtlinien i. d. F. vom 3. 8. 1998

durch die Sozialwahlen berechtigt, über die Besetzung der Selbstverwaltungsgremien der Krankenkassen mitzuentscheiden. Im Vergleich zum Einfluß der Ärzte und der Arbeitgeber und bei Berücksichtigung der Zahlenverhältnisse der Betroffenen sind sie aber stark unterrepräsentiert. Zu recht wird deshalb (und aus weiteren Gründen) die demokratische Legitimation des Bundesausschusses in Frage gestellt. Denn wenn der Bundesausschuß, wie das Beispiel „Viagra" zeigte, gesundheitspolitisch bedeutsame Entscheidungen für sich beansprucht, dann muß er auch die verfassungsrechtlich vorgesehene Legitimation dazu aufweisen.

Es spricht aber vieles dafür, die Frage der Entscheidungsgewalt des Bundesausschusses nicht auf die Alternative „Bundesausschuß - verfassungsgemäß oder nicht" zu beschränken. Es fehlen nämlich nicht nur überzeugende Konzepte, wer die Aufgaben an seiner Stelle wahrnehmen könnte. Es wurde bisher insbesondere nicht ausreichend durchdacht, in welchem rechtlichen Rahmen der Bundesausschuß seine Richtlinien erläßt, und ob bei richtiger Anwendung dieser Rahmenbedingungen der Bundesausschuß verfassungsgemäß ist.

Eine dieser Rahmenbedingungen ist das Ausmaß der gebotenen Kontrolle bei der gerichtlichen Prüfung der Richtlinien. Eine inhaltlich enge Kontrolle der Richtlinien anhand eines durch Auslegung vedichteten Normprogramms würde vieles von der verfassungsrechtlich bedenklichen Machtfülle des Bundesausschusses relativieren. Die Folge wäre nicht nur ein verbesserter Rechtsschutz für den Versicherten (dem es möglicherweise nicht nur um die Stärkung seiner Potenz geht). Folge wäre auch eine mittelbare Disziplinierung des Bundesausschusses, der sich der höchstrichterlichen Rechtsprechung zur Auslegung der gesetzlichen Bestimmungen und zu seinen Entscheidungsbefugnissen anpassen müßte.

Der dogmatische Weg bis zu einem überzeugenden Kontrolldichtekonzept für die Richtlinien ist aber weit. Und das BSG scheint mit seiner derzeitigen Grundlinie, der Bundesausschuß stehe diesbezüglich dem Verordnungsgeber gleich, erst am Anfang. Denn mit dem Verordnungsgeber hat er wesentlich weniger gemein als mit einer Mischung aus Sachverständigengremium und Interessenvertretung. Ist der Bundesausschuß aber tatsächlich ein solches Mischgremium, sind die Richtlinien eine atypische Rechtssetzungsform, auf die die Grundsätze der gerichtlichen Kontrolle für die Prüfung der „klassischen" Rechtssetzungstypen Satzung und Rechtsverordnung nicht übertragen werden können. Dann bedarf es eines - bisher nicht entwickelten - Kontrolldichtekonzepts, das der besonderen Gefahr der Durchsetzung von Einzelinteressen zu Lasten der Versicherten (oder anderer Interessengruppen) auf gerichtlicher Ebene wirksam begegnet, ohne die Judikative mit prozessual kaum lösbaren medizinisch-ökonomischen Fragestellungen zu überfordern.

2. Zum Aufbau

Kapitel 1 enthält die notwendigen Grundlagen des Rechts der GKV. Rechte und Pflichten der Versicherten, Krankenkassen und Vertragsärzte werden ebenso erläutert wie das System der autonomen Gestaltung der Rechtsbeziehungen zwischen Vertragsärzten und Krankenkassen mit ihren verschiedenen Einrichtungen (die sog. gemeinsame Selbstverwaltung).

Das zweite Kapitel stellt den Bundesausschuß dar, insbesondere dessen Zusammensetzung und Richtlinienkompetenz. Die verfassungsrechtliche Problematik der Richtlinienkompetenz wird auf dem aktuellen Stand der Diskussion in der Literatur und der neuesten Rechtsprechung des BSG erörtert.

In Kapitel 3 folgt nach Abklärung des Begriffs der Kontrolldichte die systematische Darstellung der verschiedenen Modelle zur Bestimmung der Kontrolldichte. Ausgehend vom kleinsten gemeinsamen Nenner, der Normativen Ermächtigungslehre, werden die wesentlichen in der Literatur vertretenen Grundmodelle zur Kontrolldichte bei der gerichtlichen Prüfung untergesetzlicher Rechtsnormen einer kritischen Betrachtung unterzogen. Dadurch treten dogmatische Ungereimtheiten zu Tage, denen ein eigenes Modell zur Ermittlung der gebotenen Kontrolldichte, der „Lehre vom Vorbehaltsbereich der Gerichte", gegenübergestellt wird.

Das vierte Kapitel entwickelt die gebotene gerichtliche Kontrolldichte für die Richtlinien des Bundesausschusses der Ärzte und Krankenkassen mittels der „Lehre vom Vorbehaltsbereich der Gerichte" und anhand der gesetzlichen Regelung der Versichertenansprüche. Dabei wird auch ausführlich auf das Problem der „Außenseitermethoden" sowie die Leistung von Heilversuchen bei schweren Krankheiten eingegangen.

Im fünften Kapitel erfolgt eine Zusammenfassung der wesentlichen Ergebnisse der Dissertation.

Kapitel 1: Der Versicherte, die Krankenkassen, die Vertragsärzte und deren Rechtsbeziehungen

Die Richtlinien des Bundesausschusses der Ärzte und Krankenkassen sind eingebettet in ein komplexes Rechtssystem. Durch dieses System werden die Leistungen der GKV – teils normativ, teils vertraglich – festgelegt. Seine „Nervenstränge" sind die Rechtsbeziehungen der Versicherten, der Krankenkassen und der Vertragsärzte. Sie sind die wesentlichen Akteure und zugleich Betroffenen. Wir wollen deshalb mit der Bestimmung ihrer Rechtspositionen beginnen.

A. Der Versicherte, die Krankenkassen und die Vertragsärzte

I. Der Versicherte als Anspruchsberechtigter

Die Versicherten sind die Anspruchsberechtigten auf die Leistungen der gesetzlichen Krankenversicherung, § 11 SGB V. Die Versicherten entrichten Beiträge und erhalten im Falle der Verwirklichung eines durch die GKV abgesicherten Risikos die vorgesehenen Leistungen. Der Beitrag wird durch die jeweilige Krankenkasse als Prozentsatz vom beitragspflichtigen Einkommen erhoben.[2] Er ist somit an der finanziellen Leistungsfähigkeit des Versicherten und nicht - wie bei den privaten Krankenversicherungen - am finanziellen Risiko der Leistungspflicht gegenüber dem Versicherten orientiert.[3]

Die GKV kennt drei Gruppen von Versicherten: die Pflichtversicherten, die freiwillig Versicherten und die Familienversicherten.

1. Die Pflichtversicherten

Pflichtversicherte werden in dem Zeitpunkt, in dem sie einen der gesetzlichen Tatbestände des § 5 SGB V erfüllen, Mitglied der GKV, § 186 Abs. 1 SGB V. Damit werden sie beitragspflichtig und genießen den Versicherungsschutz der GKV.[4] Ein Zutun ihrerseits - insbesondere der Abschluß eines Versicherungs-

---

2 Vgl. §§ 3 S. 2, 223 Abs. 2 und 226 ff. SGB V und s. Schulin in HBSV-KV, 1994, § 6 Rn. 180; der Beitragssatz wird in der Satzung der Krankenkasse festgelegt, § 241 Abs. 1 S. 1 SGB V; zur Beitragsbemessung im einzelnen s. Schulin in HBSV-KV, 1994, § 6 Rn 188 ff.

3 S. Schulin in HBSV-KV, 1994, § 6 Rn. 48 f.; zur Beitragsbemessung in der privaten Krankenversicherung s. Schirmer in HBSV-KV, 1994, § 14 Rn. 110 ff.

4 Vgl. §§ 19 Abs. 1, 249 Abs. 1 SGB V

vertrages - ist dazu nicht notwendig.[5] Insofern ist es genauer, von einer „Zwangsversicherung“[6] und nicht von einer Pflichtversicherung zu sprechen.

Die Versicherungspflicht ist vor allem für Arbeitnehmer im entgeltlichen Beschäftigungsverhältnis, für Arbeitslose und für Rentner vorgesehen (§ 5 SGB V). Die enge Beziehung dieser Personengruppen zur abhängigen Arbeit[7] zeigt die auf dem Sozialstaatsprinzip fußende Intention der GKV, den vom Gesetzgeber als schutzbedürftig angesehenen sozialen Gruppen[8] eine ausreichende medizinische Versorgung zu garantieren. Eines wirksamen Arbeitsvertrages bedarf es nicht, um ein Versicherungsverhältnis zur GKV zu begründen. Es genügt für die Entstehung des Versicherungsverhältnisses, daß der Arbeitnehmer tatsächlich nichtselbständige Arbeit leistet.[9] Aber auch umgekehrt reicht ein wirksames Arbeitsverhältnis selbst dann, wenn tatsächlich keine Arbeit geleistet wird.[10] Die GKV besteht somit grundsätzlich für alle, die in persönlicher Abhängigkeit von einem Dienstberechtigten (insbes. Arbeitgeber) infolge Eingliederung in dessen Wirtschaftsbetrieb stehen.[11] Auf die weiteren Gruppen Versicherungspflichtiger, zu denen neben den genannten auch die Studenten gehören,[12] soll hier nicht näher eingegangen werden.

Ausgenommen von der Versicherungspflicht sind die in den §§ 6 und 7 SGB V genannten Personengruppen. Für die dort aufgeführten Gruppen wird vermutet, daß ein gesetzlicher Zwang zur Versicherung nicht notwendig ist. Sei es, weil sie in andere soziale Sicherungssysteme eingebunden sind (z. B. Beamte),[13] oder sei es, weil ihr hohes Einkommen sie nicht als schutzbedürftig erscheinen läßt.

Außerdem können Personen, die der Versicherungspflicht grundsätzlich unterliegen, - unter den Voraussetzungen des § 8 SGB V - auf Antrag vom Versicherungszwang befreit werden. Die Befreiungsmöglichkeit besteht aber nur für die Personengruppen, „die zwar aufgrund ihres Status als schutzbedürftig gelten, indes im Einzelfall anderweitig und gleichwertig gesichert sind“.[14] Die mit der

---

[5] S. Merten in GK-SGB IV, § 2 Rn. 51

[6] S. Peters in KK SGB V, vor § 1 Rn. 24 und § 1 Rn. 6; vgl. a. Merten in GK-SGB IV, § 2 Rn. 57

[7] Schulin/Igl, SozR, 1999, Rn. 129

[8] Bloch in HBSV-KV, 1994, § 16 Rn. 4 m. w. Nachw.

[9] Schulin/Igl, SozR, 1999, Rn. 122

[10] Schulin/Igl, SozR, 1999, Rn. 135

[11] S. BSG, BB 1992, 2437 (r. Sp.) m. w. N.

[12] S. § 5 Abs. 1 Nr. 9 SGB V

[13] Dies ist auch der Grund, warum geringfügig Beschäftigte nicht der Ver-sicherungspflicht unterliegen, § 7 SGB V. Bei ihnen wird vorausgesetzt, daß sie aufgrund ihrer Hauptbeschäftigung sozial abgesichert sind, s. Hepting, Jura 1990, S. 561 (564, l. Sp.)

[14] Eichenhofer, SozR, Rn. 273

Befreiungsmöglichkeit verbundene Berechtigung, sich gegen die GKV zu entscheiden, vermag aber nicht den Charakter der GKV als Zwangsversicherung zu ändern, weil sie auf wenige bestimmte Personengruppen begrenzt bleibt.

2. Die freiwillig Versicherten

Neben der Zwangsmitgliedschaft der Pflichtversicherten sieht das SGB V die Möglichkeit der freiwilligen Versicherung vor. Nachdem zeitweilig eine Tendenz zur weitgehenden Öffnung der GKV für alle Bevölkerungsschichten verfolgt wurde und die GKV zur „Volksversicherung" avancierte,[15] sind die Möglichkeiten zum freiwilligen Beitritt heute wieder stärker beschränkt. Damit soll verhindert werden, daß die GKV zum Auffangbecken für Personen mit hohem Krankheitsrisiko wird, die von den privaten Versicherungen mit den Risiken entsprechenden Versicherungsbeiträgen abgeschreckt ihre überproportionalen Krankheitskosten auf die Solidargemeinschaft der GKV abwälzen, ohne daß dazu ein sozialer Grund bestünde.[16] Deshalb steht die GKV als freiwillige Versicherung im Wesentlichen nur Arbeitnehmern zur Weiter- und Wiederversicherung offen.[17] Aus Gründen der Billigkeit sollen ehemals Zwangsversicherte das Recht haben, ihre Krankenversicherung beizubehalten.[18]

3. Die Familienversicherten

Der Ehegatte und die Kinder von Mitgliedern sind unter den näheren Voraussetzungen des § 10 SGB V mit versichert, ohne daß sie einen eigenen Beitrag zahlen müssen oder der Beitrag des Mitglieds sich erhöht (sog. Familienversicherte).[19] Ihnen stehen grundsätzlich die gesamten gesetzlichen Leistungen der GKV zu. Im Unterschied zu den beitragspflichtigen Pflichtversicherten und freiwillig Versicherten werden sie aber keine Mitglieder der Krankenkasse.[20] Die Familienversicherten haben somit kein Teilhaberecht an der Selbstverwaltung der GKV und deshalb kein Wahlrecht für die Selbstverwaltungsgremien der Krankenkassen wie die Mitglieder, §§ 46, 47 Abs. 1 Nr. 1 SGB IV.[21]

4. Statistische Verteilung

---

15 S. Bloch in HBSV-KV, 1994, § 15 Rn. 7 f.; Schirmer in HBSV-KV, 1994, § 14 Rn. 8 und Gitter, SozR, 1996, § 4 IV, S. 59

16 Vgl. Schulin/Igl, SozR, 1999, Rn. 188 und Bloch in HBSV-KV, 1994, § 16 Rn. 7

17 Vgl. § 9 Abs. 1 Nr. 1 SGB V und vgl. Hepting, Jura 1990, S. 561 (564, l. Sp.)

18 S. Schulin/Igl, SozR, 1999, Rn. 189

19 S. § 3 S. 3 SGB V und Schulin/Igl, SozR, 1999, Rn. 191

20 Vgl. §§ 186 Abs. 1 und 188 Abs. 1 SGB V und s. Schulin/Igl, SozR, 1999, Rn. 191 und 209 sowie Leitherer in HBSV-KV, 1994, § 19 Rn. 14

21 Vgl. Schulin/Igl, SozR, 1999, Rn. 209 ff.

Die prozentuale Verteilung der Versichertengruppen lag 1998 bei:

70,7 % Pflichtversicherter
8,6 % Freiwillig Versicherter
20,6 % Familienversicherter[22]

Die Anzahl der gesetzlich Versicherten in Deutschland zeigt, wie weitreichend die vom Gesetz genannten Versicherungsgruppen in der Bevölkerung repräsentiert sind. 1998 waren insgesamt 71,7 Millionen Personen bei einer deutschen GKV versichert.[23] Dies entspricht rund 87 % der Gesamtbevölkerung.

5. Zusammenfassung

Diese knappen Ausführungen zeigen, daß die gesetzliche Auswahl der Versicherten stark sozialstaatlich geprägt ist. Sie erfolgt mit der Zielsetzung, insbesondere finanzschwache Bevölkerungsschichten vor den gesundheitlichen und finanziellen Krankheitsrisiken zu schützen. Einkommensorientierte Beiträge für die Mitglieder und die kostenlose Versicherung ihrer Familienangehörigen führen zu einer solidarischen Finanzierung der GKV. Das Prinzip der Äquivalenz zwischen Beitrag und versichertem Risiko wird dadurch zugunsten des Solidarprinzips teilweise verdrängt.[24] Der Staat hat sich somit durch den Zwang zur Teilhabe an der GKV und durch die Regelung der Beiträge die Versicherung weiter Teile der Bevölkerung gegen Krankheit zu eigen gemacht und ein System „sozialstaatlicher Zwangsvorsorge“ errichtet.

II. Die Krankenkassen als Leistungsträger der GKV

1. Die gesetzliche Aufgabe der Krankenkassen

Die Krankenkassen sind die Leistungsträger der GKV. Diese stellen den Versicherten die Leistungen der GKV zur Verfügung, § 2 Abs. 1 S. 1 SGB V. Sie tun dies nur ausnahmsweise durch eigene Einrichtungen,[25] sondern bedienen sich insbesondere der zugelassenen Ärzte, die gegen Honorar die Ansprüche der Versicherten für die Krankenkassen erfüllen.

---

22 Quelle: Statistik der KBV, Bundesarbeitsblatt 2000, S. 114 ff.

23 7,2 Millionen Versicherte hatten im gleichen Jahr die Privaten Krankenversicherungen und 3,2 Millionen waren über besondere Kostenträger (wie z. Bsp. das Bundesministerium für Verteidigung für die Bundeswehrbediensteten) abgesichert; Quelle: Statistik der KBV, Bundesarbeitsblatt 2000, S. 114 ff.

24 Vgl. Begr. zu RegE-GRG, BT-Drucks. 11/2237 S. 146 (l. Sp.)

25 Vgl. § 140 SGB V und Schulin in HBSV-KV, 1994, § 6 Rn. 226

Dadurch entsteht im Grunde ein Auftragsverhältnis zwischen der Krankenkasse und dem zugelassenen Arzt zugunsten des Versicherten.[26] Daß zwischen der einzelnen Krankenkasse und dem Arzt kein vertragliches (Auf-trags-) Verhältnis besteht, liegt allein daran, daß im heutigen GKV-System die Beziehungen zwischen Krankenkasse und Leistungserbringern kollektivvertraglich geregelt werden, worauf noch im einzelnen einzugehen sein wird.[27]

Die Krankenkasse ist aber nicht nur Finanzierungsinstitution; im Gegensatz zur privaten Krankenversicherung, die - im Rahmen des Versicherungsvertrages - verpflichtet ist, die Kosten zu ersetzen, die dem Versicherten durch den Behandlungsvertrag mit dem konsultierten Arzt entstanden sind.[28] Vielmehr ist es wesentliches Element der gesetzlichen Versorgung des Versicherten, daß die im Krankheitsfall notwendigen Leistungen von der Krankenkasse als Naturalleistungen zur Verfügung gestellt werden (sog. Sachleistungsprinzip[29]). Dadurch kommt - wie bereits in der Einrichtung der Zwangsversicherung - ein gewisses Fürsorgeverständnis des Staates für die Krankenversicherten zum Ausdruck.

2. Das „gegliederte System“

Die gesetzliche Krankenversicherung ist in 7 Kassenarten gegliedert, § 4 Abs. 2 SGB V („gegliedertes System“):

- (Allgemeine)[30] Ortskrankenkassen (AOK),
- Betriebskrankenkassen (BKK),
- Innungskrankenkassen (IKK),
- die See-Krankenkasse,
- Landwirtschaftliche Krankenkasse,
- die Bundesknappschaft und die
- Ersatzkassen.

Die GKV kennt somit keine Einheitskrankenkasse, was für die Gleichbehandlung aller Versicherten möglicherweise sinnvoll wäre. Dies hat historische

---

26 Zu den Rechtsbeziehungen zwischen den Krankenkassen, den Vertragsärzten und den Versicherten im einzelnen s. Kapitel 1:B

27 S. Kapitel 1:B.I.2.c

28 Vgl. § 1 Abs. 1 der Musterbedingungen 1976 des Verbandes der privaten Krankenversicherungen (MB/KK 76)

29 S. § 2 Abs. 2 S. 1 und im einzelnen: Kapitel 1:B.I.2.a

30 Bis zum 1.1.1973 gab es neben den „Allgemeinen“ auch die „Besonderen Ortskrankenkassen“ (vgl. Peters in KK SGB V, § 4 Rn. 5). Seit deren Wegfall ist es eigentlich überflüssig die Ortskrankenkassen - wie in § 4 Abs. 2 SGB V – mit dem Zusatz „allgemein“ zu bezeichnen (und wurde z. B. in den §§ 143 ff. SGB V bereits aufgegeben).

Gründe. Bereits vor Errichtung der GKV im Jahre 1883[31] hatten Zünfte und Innungen in Selbsthilfe Krankenkassen eingerichtet, die später als IKK und BKK fortgeführt wurden.[32] 1884 wurden die Kommunen ermächtigt aufgrund Ortsstatuts, die in ihrem Gebiet ansässigen Arbeiter zur Mitgliedschaft in Ortskrankenkassen zu verpflichten, woraus die AOK entstanden. Diese drei Kassenarten (AOK, IKK und BKK) wurden von der RVO später als „Pflichtkassen" geregelt, § 225 Abs. 1 RVO (sog. „Primärkassen").[33] Die übrigen Kassenarten (die See-Krankenkasse, die Landwirtschaftliche Krankenkasse und die Bundesknappschaft) wurden gar nicht, nur am Rande oder gesondert geregelt.[34] Heute sind sie den früheren Pflichtkassen gleichgestellt, bleiben aber im Gegensatz zu diesen in ihrem Mitgliederkreis grundsätzlich auf spezifische Berufsgruppen beschränkt.[35]

Eine Sonderstellung nehmen bis heute die Ersatzkassen ein. Auch dies hat geschichtliche Gründe. Die Ersatzkassen gehen zurück auf vor Errichtung der GKV bestehende Hilfskassen, bei denen es sich um freiwillige, privatrechtliche Zusammenschlüsse in Selbstorganisation handelte.[36] Sie wurden bei der Einführung der gesetzlichen Krankenkassen als „Ersatz" für diese anerkannt[37] und 1937 als Körperschaften des öffentlichen Rechts errichtet.[38] Bis heute zeigt sich die Besonderheit der Entwicklung in der Selbstverwaltung der Ersatzkassen. Die Selbstverwaltung in den Ersatzkassen wird ausschließlich durch Vertreter der Versicherten wahrgenommen, während die Selbstverwaltungsorgane der übrigen gesetzlichen Krankenkassen zur Hälfte (bei der Bundesknappschaft zu einem Drittel) mit Vertretern der Arbeitgeber besetzt sind.[39]

---

31 Durch das Gesetz betreffend die Krankenversicherung der Arbeiter v. 15. 6. 1883 (RGBl. 1883, 73) in Kraft getreten am 1. 12. 1884

32 S. Tennstedt, Sozialgeschichte der Sozialpolitik in Deutschland, 1981, S. 165 und Schlenker in HBSV-KV, 1994, § 1 Rn. 10 ff.

33 Weggefallen sind zwischenzeitlich die Besonderen Ortskrankenkassen und die Baukrankenkassen, s. Peters in KK SGB V, § 4 Rn. 5

34 Peters in KK SGB V, § 4 Rn. 6

35 Vgl. §§ 173 Abs. 2, 176 Abs. 1, 177 Abs. 1 SGB V und § 2 KVLG 1989 i. V. m. § 166 SGB V

36 S. Rehkopf in HBSV-KV, 1994, § 2 Rn. 2 ff. und 24

37 S. Rehkopf in HBSV-KV, 1994, § 2 Rn. 20

38 S. Rehkopf in HBSV-KV, 1994, § 2 Rn. 72

39 S. § 44 Abs. 1 Nr. 1, 3 und 4 SGB IV

3. Die Krankenkassen als KdÖR mit Selbstverwaltungsrecht

Die Krankenkassen sind rechtsfähige Körperschaften des öffentlichen Rechts (KdÖR), § 4 Abs. 1 SGB V. Sie erfüllen ihre Funktion der Umsetzung der staatlichen Fürsorge im GKV-System somit als rechtlich selbständige Organisationen, die von einer Personenmehrheit getragen werden und eine verbandsmäßige Struktur haben.[40] Soweit das SGB V die Gründung neuer Krankenkassen vorsieht (für BKK und IKK), bedarf es dazu der Genehmigung der Aufsichtsbehörde.[41] Die Krankenkassen unterliegen der staatlichen Rechtsaufsicht.[42] Sie sind dadurch Teil der mittelbaren Staatsverwaltung.[43]

Die Krankenkassen haben das Recht zur Selbstverwaltung, § 4 Abs. 1 S. 1 SGB V. Sie sind befugt, im Rahmen des maßgeblichen Rechts ihre Aufgaben in eigener Verantwortung, also frei von fachlichen Weisungen durch staatliche Stellen auszuführen, § 29 Abs. 3 SGB IV.[44] Die Selbstverwaltung umfaßt das Recht zum Erlaß von „Satzungen", § 34 Abs. 1 S. 1 SGB IV.[45] Die Satzungsbefugnisse für die Gestaltung des Verhältnisses zum Versicherten bleiben jedoch im wesentlichen auf die Festlegung des Beitragssatzes, § 241 S. 1 SGB V und bestimmter vom Gesetz vorgesehener Zusatzleistungen[46] beschränkt, § 194 SGB V.[47] Ausgeübt wird die Selbstverwaltung durch die jeweiligen Kranken-

---

40 Noftz in H/H SGB V, § 4 Rn. 3; zum Begriff der KdÖR s. Wolff/Bachof/Stober, VerwR II, 1987, § 84 II

41 Vgl. §§ 148 Abs. 1 S. 1 und 158 Abs. 1 S. 1 SGB V

42 S. § 87 Abs. 1 SGB IV

43 S. BVerfGE 39, 302 (313 f.); Noftz in H/H SGB V, § 4 Rn. 3, m. w. Nachw. und vgl. zum Begriff der mittelbaren Staatsverwaltung: Maurer, VerwR-AT, 1999, § 23 Rn. 1

44 Noftz in H/H SGB V, § 4 Rn. 4

45 Zum Satzungsbegriff des § 34 Abs. 1 S. 1 SGB IV s. u. Fn. 47

46 Auch Satzungsleistungen genannt, vgl. §§ 20 Abs. 2 (Schutzimpfungen) und 38 Abs. 1 (Haushaltshilfe) SGB V

47 Das Erfordernis spezifischer gesetzlicher Ermächtigungen zu Regelungen, die nicht allein die interne Organisation der Krankenkasse statuieren, ergibt sich aus den folgenden Überlegungen: § 194 SGB V ist keine Ermächtigungsnorm, sondern setzt die Befugnis zum Erlaß von Satzungen gem § 34 Abs. 1 S. 1 SGB IV voraus. Diese Vorschrift versteht unter dem Begriff der Satzung aber das Organisationsstatut des Versicherungsträgers – vergleichbar mit der kommunalen Hauptsatzung -, wie insbesondere die Unterscheidung zwischen Satzungen und dem „sonstigen autonomen Recht" in § 34 Abs. 2 S. 2 SGB IV zeigt (so Ebsen in HBSV-KV, 1994, § 7 Rn. 48). Auch § 194 Abs. 2 S. 2 SGB V weist darauf hin, daß die Generalermächtigung zum Erlaß von Satzungen nicht über den Regelungsbereich der „inneren Verfassung" hinausgeht. Nur angedeutet werden kann hier, daß die andere Auffassung, Krankenkassen seien berechtigt auch ohne spezifische gesetzliche Ermächtigung satzungsrechtlich das Versicherungsverhältnis zu regeln, wohl kaum mit dem Demokratiegebot zu vereinbaren wäre. Mit gutem Grund kann dagegen nämlich eingewandt werden, daß der beschließende Verwaltungsrat über keine ausreichende „autonome" Legitimation verfügt (vgl. die Problembeschreibung bei Engelmann, NZS 2000,

kassenmitglieder und deren Arbeitgeber, §§ 29 Abs. 2 i. V. m. 47 Abs. 1 Nr. 1 und Abs. 2 Nr. 1 SGB IV. Eine Ausnahme bilden die Ersatzkassen, deren Selbstverwaltungsorgane allein durch deren Mitglieder gewählt werden, § 44 Abs. 1 Nr. 4 SGB IV. Die Wahl der Selbstverwaltungsorgane erfolgt zusammen mit denen der anderen Sozialversicherungsträger in den Sozialversicherungswahlen, die turnusmäßig alle 6 Jahre stattfinden.[48]

4. Pflicht zur Zusammenarbeit und zum Risikostrukturausgleich

Das gegliederte System der Krankenkassen bringt Nachteile im Informationsfluß mit sich und birgt die Gefahr der unerwünschten Ungleichbehandlung der Versicherten.[49] Deswegen hat der Gesetzgeber für die Krankenkassen eine Pflicht zur Zusammenarbeit statuiert.[50] Diese Pflicht findet ihre konkreten Ausprägungen in der Bildung von Landes- und Bundesverbänden, die u.a. dem internen Austausch unter den Krankenkassen, aber auch der Unterstützung der staatlichen Behörden in Fragen der GKV dienen.[51]
Zur Beseitigung von Beitragssatzunterschieden, die sich aus einem krankheitsanfälligen und damit kostenintensiveren Versichertenkreis ergeben, sind die Krankenkassen außerdem zum Risikostrukturausgleich verpflichtet.[52] Die Risikostruktur der einzelnen Krankenkasse wird dazu anhand standardisierter Parameter (wie z. B. Alter und Geschlecht der bei ihr Versicherten) erfaßt. Der kassenartübergreifende Ausgleich soll eine Mitgliederabwanderung zu Lasten der Krankenkassen verhindern, die ohne ihn durch ihre Mitgliederstruktur gezwungen wären, überdurchschnittliche Beitragssätze zu erheben.[53] Gleichzeitig soll der mit der Errichtung der Wahlfreiheit für den Versicherten zwischen den Krankenkassen[54] erhoffte Wettbewerb nicht behindert werden.[55]

S. 76, 78, l. Sp.). Zur Gesamtproblematik s. ausführlich Ebsen in HBSV-KV, 1994, § 7 Rn. 48 ff.

48 § 58 Abs. 2 SGB IV und Hauck in H/H SGB IV, § 45 Rn. 1

49 Noftz in H/H SGB V, § 4 Rn. 6

50 S. § 4 Abs. 3 SGB V und vgl. Begr. des RegE-GRG, BT-Drucks 11/2237, S. 158

51 Vgl. §§ 211 und § 217 SGB V

52 S. §§ 266, 267 SGB V; im einzelnen: Peters in KK SGB V, § 266 Rn. 1 ff. und (z. T. nicht mehr aktuell) Engelhard in HBSV-KV, 1994, § 56 Rn. 44 ff.

53 Vgl. Begr. zu RegE-GSG, BT-Drucks. 12/3608, S. 74 f. u.117

54 §§ 173 ff. SGB V

55 S. Schlenker in HBSV-KV, 1994, § 1 Rn. 196 f.; zur Durchführung im einzelnen s. Engelhard in HBSV-KV, 1994, § 56 Rn. 66 ff.

5. Ergebnis

Zusammengefaßt sind die Krankenkassen durch die folgenden Merkmale geprägt:

Sie sind die Leistungsträger der GKV und erfüllen die staatliche Aufgabe der Leistungsversorgung, zu deren Erfüllung sie sich der Leistungserbringer bedienen.
Ihre Organisation ist innerhalb eines historisch gewachsenen gegliederten Systems durch Aufgabenerfüllung in mittelbarer Staatsverwaltung in Form der Körperschaft des öffentlichen Rechts mit Selbstverwaltung geprägt.
Durch die Pflicht zur Zusammenarbeit findet ein inhaltlicher und finanzieller Ausgleich statt, der bei der Verpflichtung zur Erbringung der gleichen Versorgungsleistungen eine Ungleichbehandlung der Versicherten vermeiden und einen fairen Wettbewerb zwischen den Krankenkassen ermöglichen soll.

III. Die Vertragsärzte als Leistungserbringer

Die Leistungserbringer sind die Personen und Einrichtungen, die an den oder für die Versicherten Leistungen der GKV erbringen.[56]

Unter den Leistungserbringern sind folgende Gruppen zu unterscheiden:[57]

- die zugelassenen und ermächtigten Ärzte und Zahnärzte (sog. Vertrags(zahn)ärzte),
- die zugelassenen Krankenhäuser und
- die übrigen Leistungserbringer (Apotheken, Krankengymnasten, Augenoptiker etc.)

Die folgenden Darstellungen und Erörterungen beschränken sich allerdings fast ausschließlich auf die Vertragsärzte. Diese haben nicht nur aufgrund des detaillierten Zulassungssystems und des Arztvorbehalts eine besondere Stellung innerhalb der GKV. Sie sind die einzigen Leistungserbringer, die im Bundesausschuß der Ärzte und Krankenkassen vertreten sind (ausgenommen die Psychotherapeuten, wenn der Bundesausschuß Richtlinien mit Bezug auf die psychotherapeutische Versorgung beschließt[58]).

---

[56] Ähnlich: Reiter in FS für Sendler, 1991, S. 519 (521); Schmeling, ZfS 1989, S. 257
[57] Vgl. § 69 S. 1 SGB V
[58] Vgl. § 91 Abs. 2 a SGB V

Zu erwähnen bleibt der Bundesausschuß der Zahnärzte und Krankenkassen. Daß dieser - wie auch die Gruppe der Zahnärzte selbst - ebenfalls kaum genannt wird, liegt daran, daß er hinsichtlich der hier erörterten Thematik keine Besonderheiten gegenüber dem Bundesausschuß der Ärzte und Krankenkassen aufweist.[59] Deshalb gelten die Ausführungen zu dem Bundesausschuß der Ärzte und Krankenkassen weitestgehend entsprechend für den der Zahnärzte.

1. Die Zulassung

Die Berechtigung, zu Lasten der Krankenkassen tätig zu werden, ergibt sich bei den Ärzten aus der Zulassung, § 95 Abs. 3 S. 1 SGB V, oder der zeitweiligen Ermächtigung, § 95 Abs. 4 S. 1 SGB V.[60] Die Zulassung ergeht gem. § 95 SGB V i. V. m. der Zulassungsverordnung für Ärzte.[61] Voraussetzung für die Zulassung ist, daß sie im Gebiet der Zulassung nicht zu einer Überversorgung an Ärzten der jeweiligen Gruppe führt.[62] Zur Feststellung des Bedarfes an Ärzten werden gebietsbezogene Bedarfspläne erstellt, § 99 SGB V, die für jede Arztgruppe getrennt in absoluten Zahlen angeben, mit wie vielen Ärzten der bereichsbezogene Bedarf gedeckt ist. Wird dieser Bedarf um 10 % überschritten, ist eine Überversorgung anzunehmen, § 101 Abs. 1 S. 2 SGB V und die Zulassung weiterer Ärzte wird für diesen Bereich beschränkt, § 103 Abs. 1 und 2 SGB V.[63] Die Erstellung des Bedarfs-planes[64] sowie die Zulassung selbst erfolgen im Rahmen der gemeinsamen Selbstverwaltung von Ärzten und Krankenkassen.[65]
Auch für die übrigen Leistungserbringer ist in der Regel eine Zulassung erforderlich.[66] Die Krankenhäuser werden durch die Aufnahme in den Krankenhausbedarfsplan (§ 6 KHG) oder den Abschluß eines Versorgungsvertrages mit den

59 Vgl. § 72 Abs. 1 S. 2 SGB V
60 S. im einzelnen: Krauskopf in HBAR, 1999, § 26
61 In der Form der Art. 18 GRG vom 20. 12. 1988 (BGBl. I 1988, 2572)
62 Vgl. § 102 Abs. 1 S. 5 SGB V
63 S. im einzelnen: Krauskopf in HBAR, 1999, § 27 Rn. 17 ff.
64 Als Grundlage der Bedarfsplanung dienen noch die vom Bundesausschuß erstellten Bedarfsplanungsrichtlinien (BAnz 1993, 110 Beil. 110a, zuletzt geändert BAnz 2000, S. 4603), vgl. § 101 Abs. 1 Nr. 4 und 5 SGB V. Ab dem 1. 1. 2003 werden die für die Bedarfsplanung erforderlichen Verhältniszahlen gesetzlich festgelegt (§ 102 Abs. 1 S. 1 SGB V); das Bundesministerium für Gesundheit hat durch Beauftragung eines geeigneten wissenschaftlichen Instituts die dafür erforderliche Datengrundlage zu verschaffen, § 102 Abs. 2 SGB V
65 Vgl. insbes. § 96 SGB V (Zulassungsausschüsse) und § 103 Abs. 1 SGB V (Zulassungsbeschränkungen durch die Landesausschüsse)
66 Vgl. §§ 124 Abs. 5 und 126 Abs. 3 SGB V

Verbänden der Kranken- und Ersatzkassen zur Leistungserbringung berechtigt, § 109 Abs. 1 S. 1 und Abs. 4 SGB V.[67]

2. Die Aufgabe der Leistungserbringer

Die Aufgabe der Leistungserbringer besteht in der Erfüllung der Ansprüche der Versicherten gegen die Krankenkasse, soweit diese nicht ausnahmsweise durch eigene Einrichtungen der Krankenkasse erbracht werden.[68] Der gesetzliche Auftrag an die Krankenkassen, die gesundheitliche Versorgung der Versicherten sicherzustellen (Sicherstellungsauftrag), § 2 Abs. 1 S. 1 HS. 1 SGB V, geht mit der Inanspruchnahme des Leistungserbringers durch den Versicherten auf diesen über und verpflichtet ihn, den gesetzlichen Leistungsanspruch zu konkretisieren und durch die Leistung zu erfüllen.[69] Die Leistungserbringung erfolgt in Selbständigkeit, § 17 Abs. 3 S. 1 SGB I,[70] die aber durch gesetzliche sowie vertragliche und sonstige verbindliche Bestimmungen eingeschränkt wird, die Ärzte und Krankenkassen im Rahmen ihrer „gemeinsamen Selbstverwaltung“ festlegen.[71]

3. Der Arztvorbehalt

Unter den Leistungserbringern haben die Vertragsärzte eine hervorragende Stellung. Die meisten der gesetzlichen Leistungen erfordern eine ärztliche oder zahnärztliche Behandlung. Hierzu zählen vor allem die Behandlung im Krankheitsfall (§ 27 Abs. 1 S. 2 Nr. 1 und 2 SGB V), aber auch die Gesundheitsuntersuchung nach § 25 SGB V (s. dort Abs. 1) und die medizinische Vorsorgeleistungen, § 23 Abs. 1 SGB V. Diese Behandlungen sind von den Vertragsärzten in eigener Person zu erbringen, Hilfeleistungen anderer Personen dürfen nur erbracht werden, wenn sie vom Arzt angeordnet und von ihm verantwortet werden, § 15 Abs. 1 SGB V. Damit steht der größte Teil der gesetzlichen Leistungen, nämlich die ärztliche Behandlung, aber auch die Erbringung von Heil- und Hilfsmitteln, unter dem Vorbehalt ärztlicher An- oder Verordnung (sog. Arztvorbehalt).[72]

---

[67] Der Versorgungsvertrag entsteht bei Hochschulkliniken und den sog. Plankrankenhäusern, die im Krankenhausbedarfsplan eingetragen sind, durch Gesetz, § 109 Abs. 1 S. 2 SGB V

[68] Vgl. § 140 SGB V und Schulin in HBSV-KV, 1994, § 6 Rn. 226

[69] Vgl. § 94 Abs. 3 S. 1 SGB V

[70] S. Schulin in HBSV-KV, 1994, § 6 Rn. 232; Krauskopf in HBAR, 1999, § 24 Rn. 17 ff.

[71] S. dazu Kapitel 1:B.I.2.c

[72] S. Schulin in HBSV-KV, 1994, § 6 Rn. 234 ff.

4. Ergebnis

Die Vertragsärzte haben unter den Leistungserbringern eine besondere Bedeutung, weil praktisch die gesamte ambulante Versorgung der Versicherten wegen des Arztvorbehalts durch sie oder unter ihrer An- oder Verordnung erfolgt. Rechtstechnisch erbringen sie als Freiberufler die Leistungen zugunsten der Krankenkassen. Die besondere Verantwortung für die Qualität der Leistungen - aber auch die Ausgaben der GKV - hat den Gesetzgeber zu weitreichenden Bindungen der Vertragsärzte veranlaßt. Zum einen wird einer kostenintensiven Überversorgung an Vertragsärzten mit einem Zulassungssystem begegnet. Zum anderen ist die Therapiefreiheit der Vertragsärzte durch die inhaltliche Ausgestaltung der Leistungen und die Berufsfreiheit durch die Verpflichtung zur Behandlung eingeschränkt. Zwar sind die Vertragsärzte berechtigt, auf Zulassung und inhaltliche Einschränkungen ihrer Leistungen im Rahmen der gemeinsamen Selbstverwaltung Einfluß zu nehmen. Der öffentlich-rechtliche Charakter dieser Regelungen bleibt dadurch aber unberührt.

IV. Zusammenfassung der Ergebnisse

Die GKV ist eine Zwangsversicherung für sozial Schutzbedürftige. Der Staat hat sich durch die GKV des Krankenversicherungsschutzes der in abhängiger Arbeit stehenden und weiterer Bevölkerungsgruppen mit niedrigen Einkommen sowie ihrer engsten Familienangehörigen angenommen. Seine wesentlichen Merkmale sind: ein solidarisches Finanzierungssystem, das sich an den Einkommen der Versicherten orientiert, und ein öffentlich-rechtliches Versorgungssytem, in dem die Krankenkassen und Leistungserbringer dem Versicherten die benötigten Gesundheitsleistungen in natura zur Verfügung stellen (Sachleistungsprinzip). Die ambulante Versorgung ist in die Hände der Krankenkassen und Vertragsärzte gelegt. Zur Ausgestaltung dieser Aufgabe sind diese berechtigt, wesentliche Eckpunkte der ambulanten Versorgung (wie Umfang und Vergütung der ärztlichen Leistungen) in sog. gemeinsamer Selbstverwaltung zu entscheiden. Durch die Verbindlichkeit der selbst bestimmten Regelungen für die Vertragsärzte und Krankenkassen ergibt sich ein komplexes Geflecht von Rechtsbeziehungen, auf das im folgenden Abschnitt näher eingegangen wird.

B. Die Rechtsbeziehungen

I. Die Grundsätze der Rechtsbeziehungen

Die Rechtsbeziehungen zwischen den Versicherten, den Krankenkassen und den Leistungserbringern sind geprägt durch den Ausschluß der Krankenkassen von der faktischen Leistungserbringung.

1. Das vereinfachende Modell des „leistungsrechtlichen Dreiecks“

Der Versicherte schuldet seiner Krankenkasse Beiträge zur Abdeckung der Risiken von Krankheit. Bei Eintritt des versicherten Risikos (Versicherungsfall) steht dem Versicherten ein Leistungsanspruch gegen die Krankenkasse zu. Die Krankenkasse erfüllt diesen aber in aller Regel[73] nicht selbst, sondern bedient sich der sog. Leistungserbringer, zu denen insbesondere die Vertragsärzte zählen.
In einer ersten Annäherung stellen sich die Rechtsbeziehungen als Dreiecksverhältnis dar.[74]

Übersicht 1: Das „Leistungsrechtliche Dreieck“

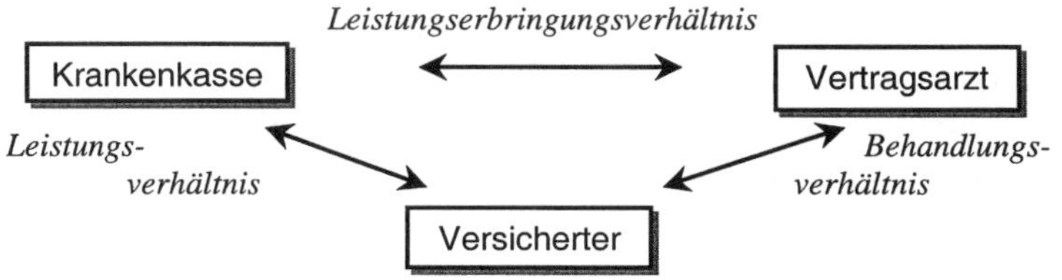

Besonders interessant in diesem Dreieck ist das Leistungserbringungsverhältnis zwischen Krankenkasse und Vertragsarzt. Dieses erschöpft sich nämlich nicht – wie man vielleicht vermuten möchte - in Regelungen zur Honorierung der vertragsärztlichen Leistungen, sondern enthält auch Bestimmungen über den Umfang der Leistungen, die der Vertragsarzt zu Lasten der Krankenkasse erbringen darf. Und – hier liegt die zweite Besonderheit – das Leistungserbringungsverhältnis ist keine konkret-individuelle Rechtsbeziehung zwischen dem einzelnen Vertragsarzt und der Krankenkasse des Versicherten. Vielmehr wird sie – von

[73] S. o. Kapitel 1:A.II.1
[74] Nach Ebsen in FS für Krasney, 1997, S. 81 (82)

einzelnen Ausnahmen abgesehen -[75] kollektiv auf Verbandsebene und in durch deren Vertreter besetzten Ausschüssen im Rahmen der „gemeinsamen Selbstverwaltung“ bestimmt, worauf noch ausführlich einzugehen sein wird.[76] Zuvor ist aber zumindest in Grundzügen das Verhältnis zwischen dem Versicherten und seiner Krankenkasse (Leistungsverhältnis) sowie seine Beziehung zum Vertragarzt (Behandlungsverhältnis) zu klären.

a. Die Rechtsbeziehungen des Versicherten zu den Krankenkassen (das Leistungsverhältnis)

Versicherte und Krankenkassen stehen in einem synallagmatischen Verhältnis von Risikoabdeckung und Beitragspflicht.

aa. Die Leistungsansprüche

Bei Eintritt des Versicherungsfalles hat der Versicherte Anspruch auf die gesetzlichen Leistungen der GKV gegenüber seiner Krankenkasse, § 2 Abs. 1 S. 1 HS. 1 SGB V. Arten und Umfang der Leistungsansprüche des Versicherten sind im 3. Kapitel (§§ 11 - 66 SGB V) geregelt.

Der wichtigste Anspruch ist der auf Krankenbehandlung nach § 27 Abs. 1 S. 1 SGB V. Danach hat der gesetzlich Krankenversicherte „Anspruch auf Krankenbehandlung, wenn sie notwendig ist, um eine Krankheit zu erkennen, zu heilen, ihre Verschlimmerung zu verhüten oder Krankheitsbeschwerden zu lindern.“ Die Versorgung der Krankheit durch ärztliche Behandlung und die Bereitstellung von Mitteln, die für die Krankenbehandlung erforderlich sind, wie Arzneimittel, Heilmittel oder Hilfsmittel (§§ 31 – 34 SGB V), stehen hier im Vordergrund.

§ 27 Abs. 1 SGB V begründet im Grundsatz eine umfassende Leistungspflicht der GKV bei Krankheit.[77] Die Krankenkassen haben dem Versicherten deshalb prinzipiell für jede Art von Krankheit kostenfreie Leistungen zu erbringen, um diese zu erkennen und zu heilen oder zumindest zu lindern oder ihre Verschlimmerung zu verhüten. Das Prinzip umfassender Leistungspflicht wird allerdings eingeschränkt durch die Eigenverantwortung des Versicherten (§ 1 S. 2 SGB V), die sich insbesondere in Zuzahlungspflichten bei Medikamenten äu-

---

[75] S. u. Fn. 110

[76] S. insbesondere Kapitel 1:B.I.2.c und Kapitel 1:B.II

[77] S. BSGE 63, 102 (103) und BSGE 55, 188 (193) m. w. Nachw.

ßert,[78] und dem Wirtschaftlichkeitsgebot, § 12 Abs. 1 S. 1 SGB V. Nach dem Wirtschaftlichkeitsgebot müssen die Leistungen ausreichend, zweckmäßig sowie wirtschaftlich sein und dürfen das Maß des Notwendigen nicht überschreiten. Damit ist klargestellt, daß die umfassende Leistungspflicht der GKV nicht bedeutet, daß der Versicherte alles beanspruchen kann, was positiv auf seine Beschwerden wirkt, sondern nur das, was nicht übermäßig oder überteuert ist. Was dies genau bedeutet, wird noch ausführlich zu erörtern sein, da die Richtlinien des Bundesausschusses der Ärzte und Krankenkassen eine wesentliche Bedeutung für die Konkretisierung des Wirtschaftlichkeitsgebotes haben.[79]

Neben dem Anspruch auf Krankenbehandlung stehen dem Versicherten Leistungen zu, die mittelbar durch die Krankheit verursachte Nachteile kompensieren sollen. So kann er z. B. eine Haushaltshilfe verlangen (gem. § 38 Abs. 1 SGB V), die an seiner Stelle die notwendige Versorgung eines Kindes während seiner Krankheit übernimmt, oder er kann Krankengeld bei krankheitsbedingter Arbeitsunfähigkeit beanspruchen, § 44 Abs. 1 S. 1 SGB V.

Außer den Leistungen, die eine Krankheit des Versicherten voraussetzen, sind solche vorgesehen, die der Vermeidung der Krankheit dienen, wie z. B. die Früherkennung (§§ 25 ff. SGB V)und die Verhütung von Krankheiten (§§ 20 ff. SGB V), die Information der Versicherten zur Erhaltung ihrer Gesundheit und der Selbsthilfe zur Prävention und Rehabilitation in Gruppen und Kontaktstellen (§ 20 Abs. 3 SGB V).

Das SGB V stellt außerdem Leistungen im Zusammenhang mit Mutterschaft und Empfängnis sowie das Sterbegeld beim Tod des Versicherten zur Verfügung. Während die Mutterschaftshilfe gem. §§ 195 ff. RVO traditionell zu den Leistungen der GKV gehört,[80] wurden die Leistungen zur Empfängnisverhütung und des Schwangerschaftsabbruchs als flankierende Maßnahmen im Rahmen der Strafrechtsreform des § 218 StGB eingeführt.[81]

Ein Leistungsanspruch kann sich für den Versicherten auch aus der Satzung seiner gesetzlichen Krankenversicherung[82] und im Zusammenhang mit sog. Mo-

---

78 S. § 31 Abs. 3 SGB V und weitere Zuzahlungspflichten: §§ 23 Abs. 6, 24 Abs. 3, 25 a Abs. 2, 32 Abs. 2, 39 Abs. 3, 40 Abs. 5 und 6, 41 Abs. 2 und 60 Abs. 2 SGB V

79 S. u. Kapitel 4:C

80 Schulin/Igl, SozR, 1999, Rn. 269

81 Schulin/Igl, SozR, 1999, Rn. 270

82 Die Krankenkassen sind gesetzlich befugt, neben den gesetzlichen Leistungen bestimmte Zusatzleistungen in ihrer Satzung zu gewähren. Nach § 23 Abs. 9 SGB V kann die Krankenkasse Schutzimpfungen in ihrer Satzung vorsehen und gem. § 38 Abs. 2 SGB V kann sie eine Haushaltshilfe auch über den gesetzlichen Rahmen der Kinder- oder Behinder-

dellvorhaben[83] ergeben. So können etwa Schutzimpfungen von der Krankenkasse aufgrund Satzung zu erstatten sein, § 23 Abs. 9 SGB V. Tatsächlich haben die Satzungsleistungen bisher nur geringe Bedeutung.

Übersicht 2: Die Leistungen der GKV

Gesetzliche Hauptleistungen	Krankenbehandlung (§§ 27 ff. SGB V) Krankengeld (§§ 44 ff. SGB V) Mutterschaftshilfe (§§ 195 ff. RVO) Sterbegeld (§§ 58 f. SGB V)
Gesetzliche Präventionsleistungen	Verhütung von Krankheiten (§§ 20 ff. SGB V) Früherkennung von Krankheiten (§§ 25 f. SGB V) Verbraucher- und Patientenberatung (§ 65 b SGB V)
Gesetzliche Nebenleistungen	Empfängnisverhütung (§ 24 a SGB V) Sterilisation (§ 24 b SGB V) Schwangerschaftsabbruch (§ 24 b SGB V)
Satzungsleistungen	z.B. Schutzimpfungen (§ 20 Abs. 2 SGB V)

bb. Die Beitragspflicht

Im Gegenzug ist der Versicherte verpflichtet, der Krankenkasse einen Beitrag zu zahlen, soweit er nicht als Familienmitglied mitversichert ist. Die Beitragshöhe bemißt sich nicht nach dem individuellen Krankheitsrisiko oder der Anzahl der mitversicherten Familienmitglieder, was dem adäquaten Ausgleich für die Ausgabenrisiken des Versicherers entspräche (und wie es bei den privaten Kranken-

tenversorgung (vgl. § 38 Abs. 1 SGB V) zur Verfügung stellen. Außerdem können die Krankenkassen gemäß ihrer Satzung sog. Vorsorgekuren unterstützen, § 23 Abs. 2 SGB V; zu den Satzungsleistungen im einzelnen s. Schulin/Igl, SozR, 1999, Rn. 286

83 Im Rahmen der §§ 63 ff. SGB V können die Krankenkassen zu Erprobungszwecken u. a. Leistungen gewähren, die gesetzlich keiner gesonderten Ermächtigung bedürfen. Dadurch soll nach dem Willen des Gesetzgebers die „Innovationsfähigkeit des Gesundheitswesens“ verbessert werden, s. Begr. zu 2. GKV-NOG, BT-Drucks. 13/6087, S. 18 (l. Sp.)

versicherungen gehandhabt wird[84]), sondern wird - in der Regel - als Prozentsatz von den beitragspflichtigen Einnahmen des Mitglieds erhoben, § 3 S. 2 SGB V.[85] Dieser Prozentsatz unterscheidet sich je nach Krankenkasse, was auf die Pflicht der Krankenkassen zurückzuführen ist, ihre Ausgaben allein aus den Beiträgen zu finanzieren, § 3 S. 1 SGB V.[86]

cc. Ergebnis

Das Rechtsverhältnis zwischen Krankenkasse und Versichertem entsteht grundsätzlich durch Gesetz (Zwangsversicherung),[87] und auch die gegenseitigen Pflichten im Versicherungsverhältnis sind weitestgehend gesetzlich geregelt und damit der privatautonomen Verhandlungsfreiheit entzogen. Es handelt sich deshalb um ein Rechtsverhältnis öffentlich-rechtlicher Art.[88]

b. Die Rechtsbeziehung zwischen dem Vertragsarzt und dem Versicherten (das Behandlungsverhältnis)

Der Vertragsarzt erbringt gegenüber dem Versicherten die im Krankheitsfall erforderlichen Sach- und Dienstleistungen „in natura"; entweder in eigener Person oder durch An- bzw. Verordnung. Er erfüllt damit den gesetzlichen Leistungsanspruch des Versicherten gegen seine Krankenkasse. Dieser Anspruch ist öffentlich-rechtlich; womit aber noch nicht gesagt ist, daß der Vertragsarzt mit seinem Patienten nicht (auch) privatrechtliche Vereinbarungen trifft. Denn es unterliegt grundsätzlich der Gestaltungsfreiheit des Verwaltungsträgers, in welcher Form er öffentlich-rechtliche Ansprüche erfüllt.[89]

In der Literatur ist die Rechtsbeziehung zwischen Vertragsarzt und Versichertem sehr umstritten.[90] Die herrschende sozialrechtliche Meinung vertritt eine

---

84 S. Spellbrink, Wirtschaftlichkeitsprüfung, 1994, Rn. 12, m. w. Nachw.

85 Die Zahlung erfolgt durch Einzug des Gesamtsozialversicherungsbeitrages (§ 28 d SGB IV) von der Krankenkasse als Einzugsstelle (§ 28 h SGB IV) bei dem Arbeitgeber (§ 28 e SGB IV), der vom Arbeitsentgelt abgezogen wird (§ 28 g SGB IV). Zu den Einzelheiten der Beitragszahlung, auf die hier nicht näher eingegangen werden soll, s. Schulin/Igl, SozR, 1999, Rn. 238-267

86 Eine Pflicht, die allerdings durch den Finanz- und Risikostrukturausgleich (s. u. Kapitel 1:A.II.4), sowie durch finanzielle Unterstützungen des Staates im Einzelfall merklich gedämpft ist.

87 S.o. Kapitel 1:A.I.1

88 Vgl. Schulin/Igl, SozR, 1999, Rn. 121; Merten in GK-SGB IV, § 2 Rn. 51 ff.

89 Vgl. statt aller: Maurer, VerwR-AT, 1999, § 14 Rn. 8 ff.

90 S. Natter, Der Arztvertrag mit dem sozialversicherten Patienten, 1987 (insbes. S. 22 f.); Uhlenbruck in HBAR, § 40 Rn. 31 und Haueisen, NJW 1956, S. 1745 ff.

differenzierende Auffassung.[91] Werden Leistungen von der Krankenkasse nicht als Sachleistungen erbracht (sondern deren Kosten gem. § 13 SGB V erstattet), schließen Vertragsarzt und Versicherter bei Behandlungsbeginn nach überwiegender Auffassung einen zivilrechtlichen Vertrag.[92] Im Normalfall hingegen, nämlich bei Erbringung einer Sachleistung (ohne Vergütungsanspruch des Arztes gegen den Versicherten) sieht die herrschende Meinung die öffentlich-rechtlichen Regelungen als Rechtsgrund an.[93]

Auf die Einzelheiten des Streits soll hier nicht eingegangen werden. Denn selbst bei Annahme eines zivilrechtlichen Behandlungsverhältnisses haben Vertragsarzt und Versicherter keine Befugnis zur autonomen Gestaltung des Sachleistungsumfangs.[94] Was dem Versicherten zusteht, wird bereits durch das Gesetz und die – wie noch zu zeigen sein wird – für beide Seiten verbindlichen Richtlinien bestimmt. Zwar verbleibt dem Vertragsarzt das Recht, im Rahmen dieser verbindlichen Bestimmungen die dem Versicherten zustehenden Leistungen zu konkretisieren. Faktisch ist der Konkretisierungsspielraum aufgrund der dichten Bestimmungen der Richtlinien aber in den meisten Behandlungsfällen weitreichend eingeschränkt und ist darüberhinaus vom Vertragsarzt nach gesetzlichen Vorgaben[95] zu nutzen. Nur in Ausnahmefällen, wie der bereits angesprochenen Leistungserbringung durch Kostenerstattung und bei Heilversuchen[96], besteht deshalb für Arzt und Patient die Möglichkeit, über die von der GKV zu erbringende Leistung zu disponieren. Mit zulässiger Vereinfachung kann deshalb gesagt werden: Dem Versicherten bleibt in der Regel nur die Wahl, ob und bei wem er sich in Behandlung begibt (vgl. § 76 SGB V).
Weitreichende Regelungen gelten aber nicht nur für Art und Umfang des Versichertenanspruchs gegen die Krankenkasse. Ähnlich dicht wird der Vergütungsanspruch des Vertragsarztes für die erbrachten Sachleistungen durch den Einheitlichen Bewertungsmaßstab (EBM) und den Honorarverteilungsmaßstab (HVM) geregelt.[97]

Damit weist das Behandlungsverhältnis zwischen Versichertem und Vertragsarzt weitgehende öffentlich-rechtliche Bindungen auf. In aller Regel ruft der

---

91 Vgl. statt aller: Höfler in KK SGB V, § 15 Rn. 21 ff., m. w. Nachw.

92 S. BSGE 55, 120 (123)

93 S. BSGE 59, 172 (177); mit bloß dem Zivilrecht entlehntem Haftungsverhältnis, § 76 Abs. 4 SGB V

94 So auch Uhlenbruck in HBAR, § 40 Rn. 31

95 Insbesondere der §§ 2 Abs. 1 S. 3 und 12 Abs. 1 S. 1 SGB V, s. u. Kapitel 4:C

96 S. dazu Kapitel 1:A

97 Ein Überblick zum komplexen Vergütungssystem findet sich bei Krauskopf in HBAR, 1999, § 32

Versicherte deshalb durch die Abgabe seiner Chipkarte ein in Leistungsumfang und Honorierung vorgeprägtes Leistungsverhältnis ab.

2. Die besonderen Merkmale der Rechtsverhältnisse

Das „leistungsrechtliche Dreieck" beschreibt die Wege der Ansprüche grundsätzlich zutreffend, wird aber den Besonderheiten der GKV nicht gerecht. Diese Besonderheiten lassen sich anhand der folgenden drei Merkmale beschreiben, die das Dreiecksverhältnis kennzeichnen:

(1) Das Sachleistungsprinzip
(2) Der Autonomiestatus der Leistungserbringer
(3) Die verbindliche Ausgestaltung des Leistungsverhältnisses von Krankenkasse und Leistungserbringer durch deren übergeordnete Verbände

a. Das Sachleistungsprinzip

Die Versicherten erhalten die Leistungen nach § 2 Abs. 2 S. 1 SGB V als Sach- und Dienstleistungen. Die Krankenkasse hält somit die Leistungen bereit, auf die der Versicherte Anspruch hat, und leistet diese in Form von Naturalleistungen.[98] Für diesen Grundsatz hat sich der Name Sachleistungsprinzip eingebürgert, obwohl es sich nicht nur um Sachleistungen, sondern auch - und vor allem - um Dienstleistungen handelt.[99] Damit liegen die Versicherungsleistungen der Krankenkasse - im Gegensatz zur privaten Krankenversicherung - grundsätzlich nicht in der Erstattung der Kosten, die dem Versicherten aufgrund eines Behandlungsvertrages mit einem Arzt entstanden sind, sondern zielen auf eine unmittelbare Befriedigung des Bedarfs an Gesundheitsleistungen.[100] Zwar sieht auch die GKV Kostenerstattung vor, § 13 SGB V. Jedoch kann der Versicherte grundsätzlich[101] keine anderen Kosten erstattet bekommen als für die Leistungen, die ihm eigentlich aufgrund des Sachleistungsprinzip ohne finanzielle Vorlage zugestanden hätten.[102] Die Kostenerstattung ist somit nur für den Fall vorgesehen, in dem aus besonderen Gründen, die zu einem Versagen des Sachleistungsprinzip im Einzelfall führten, nicht in natura geleistet werden konnte.

---

98 BSGE 69, 170 (173)

99 Die Bezeichnung „Naturalleistungsprinzip" wäre deshalb genauer. Wegen des allgemeinen Gebrauchs soll aber auch hier an dem Begriff „Sachleistungsprinzip" festgehalten werden; vgl. a. Noftz in H/H SGB V, § 2 Rn. 78

100 S. Noftz in H/H SGB V, § 2 Rn. 79; Höfler in KK SGB V, § 13 Rn. 2; BSGE 55, 188 (193 f.)

101 Vgl. § 13 Abs. 1 SGB V und Höfler in KK SGB V, § 13 Rn. 4 ff.

102 S. BSGE 73, 271 (273 f. und 276 ff.) und Höfler in KK SGB V, § 13 Rn. 5 f.

Hintergrund des Sachleistungsprinzips ist die staatliche Vor- und Fürsorge der GKV. Die Idee ist: Der Versicherte erhält, was er benötigt, ohne selber die Leistungen auswählen oder Geld vorleisten zu müssen. Das Sachleistungsprinzip hat somit den Vorteil, einer „kostenfreien, vorfinanzierungs- und risikolosen“ Versorgung des Versicherten.[103] Andererseits führt es zu einer Entmündigung des Patienten und beeinträchtigt möglicherweise die Effizienz der GKV.[104] Denn diese erhalten keinerlei Information über die Abrechnung der Leistungen. Dadurch sind eine Kontrolle durch die Versicherten und die Bildung eines Kostenbewußtseins bei den Versicherten praktisch ausgeschlossen.

b. Der Autonomiestatus der Leistungserbringer

Der Autonomiestatus der Leistungserbringer, § 17 Abs. 3 S. 2 SGB I, ist insbesondere für die Rechtsbeziehung der Krankenkassen zu den Vertragsärzten bedeutsam. Die Vertragsärzte erbringen die Leistungen selbständig. Sie stehen in keinem vertraglichen (Beschäftigungs-)Verhältnis zur Krankenkasse.[105] Die Krankenkasse ist nicht Dienstherr des Vertragsarztes. Der Krankenkasse stehen auch keine öffentlich-rechtlichen Weisungsrechte zu. Ob und wie die Vertragsärzte tätig werden, unterliegt nicht der Aufsicht der einzelnen Krankenkasse, für die sie die Ansprüche des einzelnen Versicherten erfüllen.

Die Krankenkasse hat auch nicht die Möglichkeit auf dem Wege der Honorarvergütung der Leistungen, die Leistungserbringung durch den Vertragsarzt faktisch zu beeinflussen. Denn das Honorar für die Leistungen bemißt sich im wesentlichen nach Punktwerten, die einem Anteil an der sogenannten Gesamtvergütung entsprechen. Die Gesamtvergütung bezahlen die Krankenkassen der Ärzteschaft in einem Bezirk für deren Gesamtleistung innerhalb eines Quartals. Auf die Einzelheiten des komplexen ärztlichen Vergütungssystems soll hier nicht eingegangen werden.[106] Eine direkte Vergütung des Arztes durch die Krankenkasse findet jedenfalls nicht statt.[107]

---

103 Noftz in H/H SGB V, § 2 Rn. 79; BSGE 69, 170 (173)

104 Wasem in HBSV-KV, 1994, § 3 Rn. 162 ff.; Sodan in Probleme der Rechtsquellen I, 1998, S. 37 (59 f.) und Noftz in H/H SGB V, § 2 Rn. 85 ff.

105 S. Spellbrink, Wirtschaftlichkeitsprüfung, 1994, Rn. 23

106 S. dazu Krauskopf in HBAR, 1999, § 32 und Spellbrink, Wirtschaftlichkeitsprüfung, 1994, Rn. 48 ff.

107 Vgl. § 85 Abs. 1 SGB V; über ihre Verbände haben die Krankenkassen lediglich die Möglichkeit bei der Aushandlung des sog. Einheitlichen Bewertungsmaßstabes (EBM) in einem gemeinsam mit den ärztlichen Verbänden gebildeten Bewertungsausschuß, Einfluß zu nehmen auf die abrechnungsfähigen Leistungen und deren jeweiligen Punktwert, vgl. § 87 Abs. 1 S. 1 und Abs. 2 S. 1 SGB V.

Die Selbständigkeit des Vertragsarztes bedeutet aber nicht, daß er die Entscheidung darüber, was der Versicherte an Leistungen erhält, in völliger Therapiefreiheit fällt. Er ist zum einen durch die gesetzlichen Bestimmungen gebunden. Mit seiner Zulassung wird er zur Teilnahme an der vertragsärztlichen Versorgung nicht nur berechtigt, sondern auch verpflichtet, § 95 Abs. 3 S. 1 SGB V. Er muß dem Versicherten im Bedarfsfall nach Maßgabe der Bedingungen der GKV und im Rahmen seiner Möglichkeiten die erforderlichen gesetzlichen Leistungen erbringen.[108]

Im Leistungsumfang ist er an die gesetzlichen Grundsätze der Qualität, Humanität und Wirtschaftlichkeit, § 70 Abs. 1 SGB V, sowie die gesetzlichen Rahmenbestimmungen in Bezug auf die einzelnen Leistungen gebunden. Diese Bestimmungen bleiben aber inhaltlich sehr vage.[109] Der Gesetzgeber hat darauf verzichtet, eine für die Qualitätssicherung und Gewährleistung der Wirtschaftlichkeit der Leistungen erforderliche stärkere Bindung des Vertragsarztes durch entsprechende Gesetze oder Rechtsverordnungen zu erzielen. Statt dessen wurde diese Aufgabe in die Hände der bereits historisch entstandenen gemeinsamen Selbstverwaltung von Ärzten und Krankenkassen gelegt.

c. Die Ausgestaltung des Leistungserbringungsverhältnisses durch die gemeinsame Selbstverwaltung

Die Krankenkasse und der Vertragsarzt stehen in keinem direkten Rechtsverhältnis zueinander. Die Rechtsbeziehung zwischen ihnen (das Leistungserbringungsverhältnis) wird abstrakt-generell über deren Verbände geregelt, ohne daß die Notwendigkeit oder das Recht zu konkreten oder abweichenden Regelungen zwischen der einzelnen Krankenkasse und dem einzelnen Vertragsarzt bestünde.[110]
Die Ausgestaltung der Rechtsbeziehung über deren Verbände und Vereinigungen wird in ihrer Gesamtheit als „Gemeinsame Selbstverwaltung" bezeichnet.[111]
Die Besonderheit der gemeinsamen Selbstverwaltung liegt darin, daß zwei Inte-

108 S. Hess in KK SGB V, § 95 Rn. 60

109 Ebsen in FS für Krasney, 1997, S. 71 (85) und BSGE 81, 54 (61)

110 Ausnahmsweise können Vereinbarungen bei Modellvorhaben (vgl. §§ 63 f. SGB V) und Integrierten Versorgungsformen (s. §§ 140 a ff. SGB V) auch zwischen der Krankenkasse und dem einzelnen Vertragsarzt geschlossen werden (vgl. § 64 Abs. 1 S. 2 und § 140b Abs. 2 SGB V). Wegen ihrer – bisher - geringen Bedeutung in der Praxis soll auf diese Verträge aber nicht näher eingegangen werden.

111 Zum Begriff der Gemeinsamen Selbstverwaltung s. Siewert, Das Vertragsarztrecht, 1994, S. 53 und Schulin in HBSV-KV, 1994, § 6 Rn. 97 ff. Zu Recht wird er als ungenau kritisiert, denn er verschleiert Elemente von Fremdverwaltung und mangelnder Repräsentanz der von den Entscheidungen Betroffenen; s. dazu Schulin in HBSV-KV, 1994, § 6 Rn. 106 und Ebsen, VSSR 1990, S. 57 (65).

ressengruppen zu Einigungen gezwungen werden, die ihre Rechtsbeziehungen regeln. Sowohl Vertragsärzte als auch Krankenkassen haben ihre eigene Autonomie. Wie bereits dargestellt, sind die Krankenkassen Körperschaften des öffentlichen Rechts mit Selbstverwaltungsrecht. Aber auch die Ärzteschaft ist berechtigt, eigene Belange durch ihre Kassenärztlichen Vereinigungen (KÄV) und deren übergeordneten Verband auf Bundesebene ohne inhaltliche Einflußnahme durch den Staat und mit Verbindlichkeit für ihre Mitglieder zu regeln.

In der gemeinsamen Selbstverwaltung „spannt" das SGB V diese beiden Autonomiestränge zusammen.[112] Die Vertragsärzte und Krankenkassen einigen sich über ihre gemeinsamen Belange in Kollektivverträgen und in gemeinsamen Ausschüssen. Dabei werden die an den Vertragsverhandlungen beteiligten oder in den Ausschüssen entscheidenden Vertreter durch Selbstverwaltungsorgane gestellt oder bestimmt, die auch die jeweiligen Eigenbelange der Vertragsärzte und der Krankenkassen regeln.

Zur Beteiligung an der Gemeinsamen Selbstverwaltung sind aber nicht nur die Vertragsärzte sondern auch andere Leistungserbringer berechtigt. Krankenhäuser, sowie Vorsorge- und Reha-Einrichtungen schließen mit den Krankenkassen Versorgungsverträge[113] und zweiseitige Vertäge über die Krankenhausbehandlung, die Wirtschaftlichkeitsprüfung im Krankenhaus sowie die Errichtung einer Landesschiedsstelle[114]. Auch die Erbringer von Heil – und Hilfsmitteln, Apotheker, pharmazeutische Unternehmen, Pflegekräfte, Soziotherapeuten, Rettungsdienst- und Krankenhaustransportorganisationen regeln ihre Beziehung zu den Krankenkassen weitgehend auf vertraglicher Basis.[115] Die Beteiligung dieser Leistungserbringer an der gemeinsamen Selbstverwaltung unterscheidet sich aber von der der Vertragsärzte in einem wesentlichen, nicht unproblematischen Punkt: Sie sind nicht im Bundesausschuß vertreten.[116]

Der folgende Abschnitt beschränkt sich auf die Beschreibung der vertragsärztlichen Selbstverwaltung. Er stellt Aufgabe und Organisation der gemeinsamen und ihre Ausgestaltung der Rechtsbeziehungen zwischen Vertragsärzten und Krankenkassen näher dar.

---

112 Vgl. Ebsen VSSR 1990, S. 57 (61)

113 S. §§ 107 ff. SGB V

114 S. §§ 112 – 114 SGB V

115 Verträge und Rahmenempfehlungen werden vom SGB V geregelt in § 125 (Heilmittelerbringer), § 127 (Hilfsmittelerbringer), § 130 (Apotheker), § 131 (pharmazeutische Unternehmen), §§ 132 f. (Pflegekräfte), § 132 b (Soziotherapeuten), § 133 (Rettungsdienst- und Krankenhaustransportorganisationen)

116 Auf die Problematik der fehlenden Partizipation nicht-ärztlicher Leistungserbringer wird deshalb noch ausführlich einzugehen sein; s. Kapitel 2:C.IV.6

II. Die Grundlagen der gemeinsamen Selbstverwaltung

Die gemeinsame Selbstverwaltung besteht aus einer Reihe von Institutionen, die in einem unübersichtlichen Geflecht von Rechtsbeziehungen miteinander verwoben sind. Der Bundesausschuß der Ärzte und Krankenkassen ist eines der zentralen Organe der gemeinsamen Selbstverwaltung. Er regelt in seinen Richtlinien auf Bundesebene abstrakt-generell den Umfang der ärztlichen Versorgung und legt damit die wesentliche Grundlage der Rechtsbeziehung zwischen Vertragsärzten und Krankenkassen. Das Verständnis der Reichweite seiner Kompetenz und der mit ihr verbundenen Gestaltungs- und Beurteilungsspielräume erfordert die Betrachtung seiner Einbindung in das System der gemeinsamen Selbstverwaltung.

1. Das vereinfachende Modell des „leistungserbringungsrechtlichen Vierecks"

Die Beziehungen zwischen den Krankenkassen und den Vertragsärzten werden kollektiv über deren Verbände geregelt. Dadurch entsteht - bei stark vereinfachender Beschreibung - ein Vierecksverhältnis.

Übersicht 3: Das „Leistungserbringungsrechtliche Viereck"

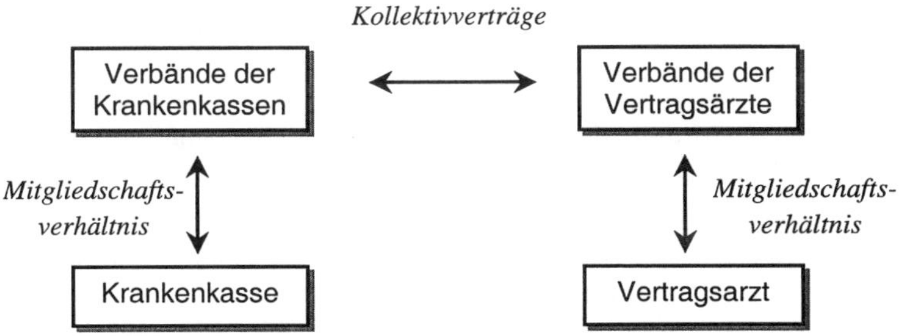

Das Rechtsverhältnis zwischen der Kasse und dem Arzt wird somit vermittelt über deren Mitgliedschaften in ihren Verbänden und die rechtliche Beziehung zwischen den Verbänden.

Im Zentrum der Rechtsbeziehung zwischen den Verbänden steht der Gesamtvertrag. Dieser wird geschlossen zwischen der Kassenärztlichen Vereinigung (KÄV) und den Landesverbänden der Krankenkassen (LVK) sowie den Verbänden der Ersatzkassen, § 83 Abs. 1 S. 1 SGB V. Die LVK und KÄV sind die Gremien der in § 207 Abs. 1 SGB V aufgeführten Kassenarten (AOK, BKK und

IKK)[117] und der Vertragsärzte, die auf Landesebene bestehen § 77 Abs. 1 S. 1 SGB V.[118] Die Ersatzkassen bilden privatrechtliche Verbände zur Wahrnehmung auch der Aufgaben des LVK.[119] Gegenstand der Gesamtverträge ist die vertragsärztliche Versorgung, § 83 Abs. 1 S. 1 SGB V, und damit die Gesamtheit der Rechtsbeziehungen zwischen Krankenkassen und zugelassenen Ärzten, vgl. §§ 72 Abs. 1 S. 1 und 73 Abs. 2 SGB V.[120] Dabei werden allerdings Regelungen antizipiert, die durch andere Institutionen der gemeinsamen Selbstverwaltung getroffen wurden, insbesondere die Richtlinien des Bundesausschusses, §§ 92 Abs. 8 i. V. m. 82 Abs. 2 SGB V, ohne daß diese den Vertragsparteien im Gesamtvertrag zur Disposition stünden. Tatsächlich wird deshalb nur ein Teil der Rechtsbeziehungen im Gesamtvertrag ausgehandelt. Andere Regelungsgegenstände sind weiteren Verträgen und Ausschüssen vorbehalten, und die diesbezüglichen Regelungen werden vom Gesamtvertrag übernommen.[121]

Die Fixierung der Rechtsbeziehung zwischen den Krankenkassen und Vertragsärzten in einem (Gesamt-)Vertrag darf aber nicht zu dem Fehlschluß verleiten, diese handelten ihr Verhältnis - über Verbände - privatautonom aus. Sowohl die Krankenkassen als auch die Vertragsärzte sind Zwangsmitglieder ihrer Verbände.[122] Die KÄV und die LVK sind Körperschaften des öffentlichen Rechts.[123] Die Vertragsabschlußbefugnisse der Verbände und die Rechtsgeltung des Vertrages für deren Mitglieder (Kassen und Ärzte) beruhen nicht auf privatautonomer Vertretungsberechtigung, sondern auf gesetzlicher Anordnung.[124] Im Gesamtvertrag fixieren die Krankenkassen und Vertragsärzte die zur Erfüllung ihrer gemeinsamen öffentlich-rechtlichen Aufgabe der Sicherstellung der vertragsärztlichen Versorgung der Versicherten[125] nach den näheren Bestimmungen des § 72 Abs. 2 SGB V. Es kann deshalb keine Rede von einer privatrechtlichen

---

117 Für die knappschaftliche Krankenversicherung nimmt die Bundesknappschaft die Aufgabe eines Landesverbandes wahr, § 212 Abs. 3 SGB V

118 Die Zuständigkeiten der LVK und KÄV erstrecken sich grundsätzlich auf ein Bundesland (Bundeslandprinzip); vgl. §§ 207 Abs. 1 S. 1 und 77 Abs. 1 S. 2 SGB V; zu den Ausnahmen und Abweichungen s. Peters in KK SGB V, § 207 Rn. 7 (für die LVK) und Hess in KK SGB V, § 77 Rn. 4 (für die KÄV)

119 S. § 212 Abs. 5 SGB V und Rehkopf in HBSV-KV, 1994, § 50 Rn. 22, m. w. Nachw.

120 S. Stiller in GK-SGB V, §§ 82, 83 Rn. 8; Hess in KK SGB V, § 82 Rn. 9 und § 83 Rn. 3 ff.

121 Dadurch existiert zur Regelung der Rechtsbeziehungen zwischen Krankenkassen und Vertragsärzten ein schwer überschaubares Regelungsdickicht, welches aus Gründen der Übersichtlichkeit erst an späterer Stelle dargestellt werden soll; s. u. 0

122 Vgl. §§ 207 Abs. 1 S. 3 und 77 Abs. 3 S. 1 SGB V und s. Hauck in H/H SGB V, § 207 Rn. 5

123 Vgl. §§ 77 Abs. 5 und 207 Abs. 1 S. 2 SGB V;

124 Vgl. §§ 83 Abs. 1 S. 1 und 95 Abs. 3 S. 2 und Abs. 4 S. 2 SGB V

125 S. §§ 72 Abs. 1 S. 1 und 83 Abs. 1 S. 1 SGB V

Rechtsbeziehung zwischen den Vertragsärzten und Krankenkassen sein. Vielmehr erschöpft sich deren Rechtsbeziehung in der Erfüllung einer öffentlich-rechtlichen Pflicht (Sicherstellungsauftrag), festgelegt durch Körperschaften des öffentlichen Rechts (KÄV und LVK) in Form des öffentlich-rechtlichen Vertrages (Gesamtvertrag).[126]

Es bleibt in dieser ersten Übersicht zu erklären, warum hier von einem „leistungserbringungsrechtlichen Vierecksverhältnis“ die Rede ist, das offenbar isoliert vom „leistungsrechtlichen Dreiecksverhältnis“ besteht, obwohl das Rechtsverhältnis von Krankenkasse und Vertragsärzten doch bereits Teil des letzteren ist.

2. Leistungsrecht und Leistungserbringungsrecht

Die Unterscheidung von Leistungsrecht und Leistungserbringungsrecht nimmt die getrennte Regelung der gesetzlichen Leistungsansprüche der Versicherten einerseits und der Rechtsbeziehungen zwischen den Krankenkassen und Leistungserbringern andererseits auf. Im dritten Kapitel des SGB V werden die Leistungsarten bestimmt, die der Versicherte beanspruchen kann (§§ 11 und 20 - 69 SGB V). Zusammen mit den allgemeinen Grundsätzen zur Bestimmung der Leistungsansprüche in den §§ 12 - 19 des dritten Kapitels und dem § 2 im ersten Kapitel („Allgemeine Vorschriften“) des SGB V bilden sie die gesetzlichen Vorschriften zur Bestimmung der Leistungsansprüche des Versicherten, das Leistungsrecht.

Das Leistungserbringungsrecht regelt die Rechtsbeziehung zwischen den Krankenkassen und den Leistungserbringern.[127] Weil das vierte Kapitel des SGB V diese Rechtsbeziehung zum Regelungsgegenstand hat, wird es zum Teil mit dem Begriff Leistungserbringungsrecht gleichgesetzt.[128] Das Leistungserbringungsrecht erschöpft sich aber nicht in diesen Vorschriften, da weitere Normen unmittelbar für die Rechtsbeziehung zwischen Krankenkassen und Leistungserbringern einschlägig sind. Hierzu gehören - neben den allgemeinen Vorschriften des ersten Kapitels des SGB V - insbesondere die Verträge und Richtlinien, die im Rahmen der gemeinsamen Selbstverwaltung mit verbindlicher Wirkung für die Leistungserbringer vereinbart bzw. beschlossen werden. Das SGB V legt im vierten Kapitel nur einen allgemeinen Rahmen fest. Die verbindliche Konkreti-

---

[126] So auch Axer, Normsetzung, 2000, S. 266

[127] Das Vertragsarztrecht ist eine Teilgruppe des Leistungserbringungsrechts, das allein die Normen bezeichnet, die zur Regelung der Rechtsbeziehung zwischen Vertragsärzten und Krankenkassen erlassen wurden; vgl. Siewert, Das Vertragsarztrecht, 1994, S. 36

[128] So z. Bsp. bei Klückmann in H/H SGB V, § 69 Rn. 23a

sierung der gesetzlichen Grundsätze der Leistungserbringung[129] erfolgt in Richtlinien und Kollektivverträgen, die dadurch zur eigentlichen, weil konkreteren Rechtsquelle des Leistungserbringungsrechts werden. Richtiger ist deshalb, unter dem Leistungserbringungsrecht die Gesamtheit der für die Leistungserbringer verbindlichen Bestimmungen zu verstehen, die die Krankenkassen und Leistungserbringer in Ausgestaltung ihrer Rechtsbeziehung zur Erfüllung der Leistungen der GKV zu beachten und festzulegen haben.[130]

Die getrennte Regelung des Leistungsrechts und des Leistungserbringungsrechts im SGB V mag nicht besonders ungewöhnlich erscheinen. Schließlich berührt das Leistungsrecht nach dem ersten Anschein nur die Rechtsverhältnisse des Versicherten zur Krankenkasse und zum Leistungserbringer, die die Erfüllung der Leistungsansprüche des Versicherten zu besorgen haben. Während das Leistungserbringungsrecht das Verhältnis zwischen Krankenkassen und Leistungserbringern regelt und damit grundsätzlich andere Regelungsgegenstände (wie Zulassung und Honorierung der Vertragsärzte) betrifft.

Die Problematik der getrennten Regelung liegt aber darin, daß das Leistungserbringungsrecht ebenfalls Regelungen enthält, die die Leistungsansprüche der Versicherten betreffen, ohne daß das SGB V diese mit den Bestimmungen des Leistungsrechts harmonisiert.[131] Denn das Leistungserbringungsrecht wird weitreichend von Institutionen (gemeinsamen Ausschüssen und Kollektivverträgen) der sog. „gemeinsamen Selbstverwaltung“ der Ärzte und Krankenkassen bestimmt. Ein Großteil der Regelungen ist unproblematisch, weil in ihnen Modalitäten der Zulassung und Honorierung der Leistungserbringer festgelegt werden, die den Leistungsanspruch des Versicherten nicht unmittelbar betreffen. Anders hingegen die Richtlinien des Bundesausschusses der Ärzte und Krankenkassen: Diese bestimmen zum großen Teil abstrakt-generell, welche Leistungen von den Vertragsärzten zu erbringen und dementsprechend von den Krankenkassen zu honorieren sind.[132] Die Richtlinien sind für die Vertragsärzte und Krankenkassen verbindlich.[133] Schließt etwa die Arzneimittel-Richtlinie des Bundesausschusses ein Medikament von der Leistung aus, so darf der Vertragsarzt dieses nicht zu Lasten der GKV verschreiben und die Krankenkasse die Kosten nicht übernehmen.

---

129 Vgl. insbesondere §§ 70 und 71 SGB V
130 Vgl. BSGE 63, 102 (103)
131 S. Ebsen in FS für Krasney, 1997, S. 81 (83 f.)
132 Vgl. § 92 Abs. 1 S. 2 und § 135 Abs. 1 und 2 SGB V
133 S. u. Kapitel 2:B.II

Erbringt der Vertragsarzt eine Krankenbehandlung, ist er zwar an die Richtlinien des Bundesausschusses in Bezug auf die Behandlung und damit an Bestimmungen des Leistungserbringungsrechts gebunden. Gleichzeitig erfüllt er aber den Leistungsanspruch des Versicherten nach § 27 Abs. 1 S. 1 SGB V. Er hat deshalb auch diese leistungsrechtliche Vorschrift zu beachten. Oder anders gesagt: Seine Leistung ist nicht rechtmäßig, wenn er nur die verbindlichen Bestimmungen der Richtlinien beachtet, aber dabei gegen § 27 SGB V verstößt. Das SGB V gibt keine direkte Auskunft darüber, welche Bedeutung die Richtlinien für die Versicherten haben sollen. Leistungsrecht und Leistungserbringungsrecht stehen somit wegen ihrer unterschiedlichen Rechtsquellen abstrakt nebeneinander.

Gleichzeitig ist aber eine Abstimmung oder Harmonisierung zwischen ihnen herzustellen, da eine Diskrepanz zur Rechtsunwirksamkeit in einem der beiden Rechtsgebiete führen muß. Das Prinzip der Rechtseinheitlichkeit gebietet deshalb eine Harmonisierung von Leistungsrecht und Leistungserbringungsrecht.[134] Wie dies Harmonisierung konkret auszusehen hat, ist freilich sehr umstritten, worauf noch einzugehen sein wird.[135] Aus dem bisher Dargestellten läßt sich aber bereits absehen, daß die Frage der Wirkung der Richtlinien des Bundesausschusses auf die Leistungsansprüche in engem Zusammenhang steht mit dem Recht der Ärzte und Krankenkassen, ihr Rechtsverhältnis weitgehend selbst zu regeln. Grund genug, einen näheren Blick auf Grundprinzipien und Organisation dieser „gemeinsamen Selbstverwaltung“ zu werfen.

3. Die Grundprinzipien der gemeinsamen Selbstverwaltung

a. Die Aufgabe der gemeinsamen Selbstverwaltung

Das SGB V formuliert die Grundaufgabe der gemeinsamen Selbstverwaltung in § 72 Abs. 1 S. 1: Ärzte und Krankenkassen wirken zur Sicherstellung der vertragsärztlichen Versorgung der Versicherten zusammen (sog. gemeinsamer Sicherstellungsauftrag).[136] Die gemeinsame Selbstverwaltung hat über die Sicherstellung hinaus gesetzliche Zielvorgaben zu erfüllen, die in § 72 Abs. 2 SGB V so formuliert sind:[137] Die vertragsärztliche Versorgung ist (...) so zu regeln, daß eine ausreichende, zweckmäßige und wirtschaftliche Versorgung der Versicherten unter Berücksichtigung des allgemeinen Standes der medizinischen Erkennt-

---

[134] Ebsen, VSSR 1990, S. 57 (69)

[135] S. u. Kapitel 2:B.II.2

[136] Der Sicherstellungsauftrag aber wird zum Teil auch allein durch die Selbstverwaltungsorgane der Vertragsärzte erfüllt (vgl. § 83 Abs. 2 SGB V); s. Hess in KK SGB V, § 72 Rn. 17

[137] Zu den Zielvorgaben s. Klückmann in H/H SGB V, § 72 Rn. 8 ff. und Hess in KK SGB V, § 72 Rn. 19 ff.

nisse gewährleistet ist und die ärztlichen Leistungen angemessen vergütet werden. Dazu werden in der gemeinsamen Selbstverwaltung die wesentlichen Materien der Beziehung zwischen Ärzten und Krankenkassen geregelt, welche sind:

- die Zulassung der Ärzte,
- die abrechnungsfähigen Leistungen
- Qualitätssicherung
- das Leistungshonorar und
- die Überprüfung der Wirtschaftlichkeit ärztlicher Leistungen.

b. Die Regelungsstruktur der gemeinsamen Selbstverwaltung

Zur Regelung dieser Materien existiert ein komplexes System von Einrichtungen und Vertragsbeziehungen.[138] Diesen ist gemeinsam: Die Verhandlungen erfolgen nicht durch die einzelnen Krankenkassen oder Ärzte, sondern durch deren Verbände (auf verschiedenen Gebietsebenen). Und: Die Verhandlungen erfolgen im Kräftegleichgewicht der beiden Gruppen, d.h. entweder durch Vertrag oder durch Beschluß eines paritätisch besetzten Ausschusses. Ziel ist, die jeweiligen Sachkompetenzen der beiden Gruppen zu nutzen, die in der medizinischen Fachkenntnis der Ärzteschaft und der Beherrschung ökonomischen Faktoren der Gesundheitsvorsorge durch die Krankenkassen bestehen.

Die prinzipiell konträren Interessen der Krankenkassen und Vertragsärzte werden so – idealtypisch - in der gemeinsamen Selbstverwaltung zum Ausgleich gebracht.[139] Während die Krankenkassen darauf bedacht sind, ihre Attraktivität durch ein möglichst umfangreiches Leistungsangebot für die Versicherten bei möglichst geringen Beiträgen zu steigern, liegt das Interesse der Ärzteschaft vor allem in einer möglichst guten Honorierung ihrer Leistungen. Die gesetzliche Befugnis zur verbindlichen Regelung der Materien beruht auf der Vermutung, daß dem Kräftegleichgewicht der beiden Interessengruppen eine sowohl akzeptierte als auch angemessene Einigung entspringt (Richtigkeitsvermutung).

---

[138] S. Übersicht a. E. des Abschnitts unter Kapitel 1:C.III.5

[139] S. Klückmann in H/H SGB V, § 72 Rn. 7

C. Überblick zur Organisation der gemeinsamen Selbstverwaltung

Bisher wurde die gemeinsame Selbstverwaltung - vereinfachend - auf das Aushandeln der Gesamtverträge durch die KÄV und die LVK reduziert. Tatsächlich ist die Organisation der gemeinsamen Selbstverwaltung ein verschachteltes System von Institutionen, innerhalb dessen eine Vielzahl von Rechtsbeziehungen bestehen. Dies soll nun - im Überblick - dargestellt werden.

I. Die Organisationen auf Landesebene

Auf Landesebene existieren die bereits genannten Landesverbände der Krankenkassen (LVK) und die Kassenärztlichen Vereinigungen (KÄV).

1. Die Kassenärztliche Vereinigung (KÄV)

Die KÄV ist eine gesetzlich eingerichtete Institution der zugelassenen Vertragsärzte[140] mit Pflichtmitgliedschaft gem. §§ 77 Abs. 1 und 3 SGB V.[141] Die örtliche Zuständigkeiten sind grundsätzlich nach Bundesländern aufgeteilt, § 77 Abs. 1 S. 1 SGB V. Zuständigkeitsbereiche, die vor dem 1. 1. 1989 existierten, bestehen aber fort, § 77 Abs. 1 S. 2 SGB V.[142] Die KÄV sind Körperschaften des öffentlichen Rechts, § 77 Abs. 5 SGB V. Sie haben deshalb die Möglichkeit zur Wahrnehmung hoheitlicher Aufgaben.[143] Zu den hoheitlichen Aufgaben gehört insbesondere die Sicherstellung der vertragsärztlichen Versorgung entsprechend den gesetzlichen und vertraglichen Bestimmungen, § 75 Abs. 1 S. 1 SGB V. Während in den Gesamtverträgen zwischen der KÄV und den LVK die Grundsätze der Umsetzung des gesetzlichen Sicherstellungsauftrags (gem. § 72 Abs. 1 S. 1 SGB V) gemeinsam von LVK und KÄV festgelegt werden, § 83 Abs. 1 S. 1 SGB V, hat die jeweilige KÄV für dessen Umsetzung im konkreten Einzelfall zu sorgen, § 75 Abs. 2 S. 2 SGB V. Gleichzeitig sind die KÄV zur Vertretung der Interessen ihrer Mitglieder - auch außerhalb der Verhandlungen

---

[140] Im Arztregister eingetragene, aber nicht zugelassene Ärzte sind außerordentliche Mitglieder der zuständigen KÄV, § 77 Abs. 3 S. 2 SGB V; hingegen sind ermächtigte Ärzte nicht notwendigerweise Mitglieder der KÄV, da die Ermächtigung unabhängig von einer Eintragung im Arztregister ausgesprochen werden kann, vgl. Vahldieck in H/H SGB V, § 77 Rn. 5

[141] Schnapp in HBSV-KV, 1994, § 49 Rn. 205 (m. w. Nachw.); zu den Regelungen für die Beitrittsgebiete gemäß dem Einigungsvertrag, s. § 311 Abs. 4 SGB V

[142] S. Hess in KK SGB V, § 77 Rn. 4

[143] Schnapp in HBSV-KV, 1994, § 49 Rn. 208

zum Gesamtvertrag - gegenüber den Krankenkassen berechtigt, § 75 Abs. 1 S. 1 SGB V.[144]

Die KÄV erfüllen ihre hoheitlichen Aufgaben in Selbstverwaltung. Sie haben das Recht, nach den näheren Bestimmungen des § 81 SGB V eine Satzung zu erlassen. Die staatliche Aufsicht ist Rechtsaufsicht.[145] Ihre Organe sind die Vertreterversammlung, die als „Gesetzgebungsorgan"[146] die grundlegenden Entscheidungen - insbesondere die Satzung - erläßt, und der Vorstand, der als „Vollzugsorgan" fungiert.[147] Die Vertreterversammlung wird von den Mitgliedern der KÄV[148] unmittelbar und geheim gewählt, § 80 Abs. 1 S. 1 SGB V, die ihrerseits - ebenfalls unmittelbar und geheim - den Vorstand und dessen Vorsitzenden wählt, § 80 Abs. 2 S. 1 Nr. 2 und 3 SGB V.

2. Die Landesverbände der Krankenkassen (LVK)

Die Primärkassen (AOK, BKK und IKK)[149] bilden laut § 207 Abs. 1 S. 1 SGB V innerhalb eines Bundeslandes jeweils Landesverbände,[150] deren Mitglieder die Krankenkassen der selben Kassenart mit Sitz im Land sind, § 207 Abs. 1 S. 3 SGB V.[151] Für die Ortskrankenkassen besteht aus einem praktischen Grund keine Notwendigkeit eines Zusammenschlusses: Da es in jedem LVK-Bereich nur eine AOK gibt, nimmt diese die Funktionen des Landesverbandes war, § 207 Abs. 4 SGB V.

Die LVK sind Körperschaften des öffentlichen Rechts mit Selbstverwaltungsrecht.[152] Ihre Selbstverwaltungsorgane sind der Verwaltungsrat und der Vorstand.[153] Der Verwaltungsrat ist je zur Hälfte mit Versicherten- und Arbeitge-

---

144 Hess in KK SGB V, § 77 Rn. 14; zu den weiteren Aufgaben s. §§ 75, 84 Abs. 1 S. 1 und 85 Abs. 4 SGB V

145 Vgl. § 78 Abs. 3 S. 1 SGB V

146 Schnapp in HBSV-KV, 1994, § 49 Rn. 211

147 Im einzelnen s. Schnapp in HBSV-KV, 1994, § 49 Rn. 211 f., m. w. Nachw.; krit. Hess in KK SGB V, § 81 Rn. 9

148 Also auch von den nicht zugelassenen Ärzten

149 Zum Begriff der Primärkasse s. o. Kapitel 1:A.II.2

150 Auch der Bereich des LVK muß nicht mit einem Bundesland identisch sein. Ähnlich wie bei den KÄV kennt das SGB V traditionell kleinere, aber auch länderübergreifende Bereiche, § 207 Abs. 2 - 5 SGB V. Praktisch bedeutsam ist dies in Nordrhein-Westfalen, in dem es zwei Landesverbände (Westfalen-Lippe und Rheinland) gibt; s. Peters in KK SGB V, § 207 Rn. 7

151 Mit Ausnahme der BKK der Dienstbetriebe des Bundes, die Mitglied des Bundesverbandes der BKK ist, § 212 Abs. 1 S. 2 SGB V;

152 Vgl. § 207 Abs. 1 S. 2 und § 209 SGB V; s. a. Hauck in H/H SGB V, § 207 Rn. 1

153 §§ 209 und 209 a SGB V

bervertretern besetzt, § 209 Abs. 2 SGB V, und wird von den Verwaltungsräten der Mitgliedskassen aus deren Reihen gewählt, § 209 Abs. 3 SGB V. Er bestimmt die Satzung gemäß § 210 SGB V und die weiteren wesentlichen Entscheidungen, § 209 Abs. 4 S. 1 i. V. m. § 197 SGB V. Der hauptamtliche Vorstand führt die vom Verwaltungsrat vorgegebenen Leitlinien und Grundsatzentscheidungen aus und vertritt den LVK gerichtlich und außergerichtlich, § 209 a S. 2 SGB V i. V. m. § 35 a Abs. 1-3 SGB IV. Die Aufgaben der LVK bestehen aus den gesetzlich zugewiesenen Aufgaben, § 211 Abs. 1 SGB V[154] und der Aufgabe der Unterstützung und Wahrnehmung der Interessen der Mitgliedskassen nach § 211 Abs. 2 SGB V.

Die übrigen Krankenkassen (See-Krankenkasse, Landwirtschaftliche Krankenkasse, Bundesknappschaft und die Ersatzkassen) besitzen keine Landesverbände. Deren Aufgaben werden von der Bundesknappschaft, § 212 Abs. 3 SGB V, der Landwirtschaftlichen Krankenkasse[155] und von den Verbänden der Ersatzkassen wahrgenommen. Die See-Krankenkasse ist auf Länderebene nicht repräsentiert.[156]

II. Die Organisationen auf Bundesebene

Die LVK und KÄV bilden jeweils Verbände bzw. Vereinigungen auf Bundesebene. Für die KÄV ist dies die Kassenärztliche Bundesvereinigung (KÄBV), § 77 Abs. 4 SGB V. Die LVK verfügen, jeweils getrennt nach den Kassenarten, über Bundesverbände, § 212 Abs. 1 S. 1 SGB V. Neben den Bundesverbänden der Primärkassen AOK, BKK und IKK existieren - mit Ausnahme der See-Krankenkasse[157] - organisatorische Entsprechungen auch für die übrigen Kassenarten, die keine LVK haben. Dies sind die Bundesknappschaft, der Bundesverband der landwirtschaftlichen Krankenkassen und die Verbände der Ersatzkassen, § 212 Abs. 2, 3 und 5 SGB V.[158] Zusammen mit den Bundesverbänden der Primärkassen und der See-Krankenkasse bilden sie die Spitzenverbände der Krankenkassen, § 213 Abs. 1 SGB V.

---

[154] Hierzu gehören insbesondere: Der Abschluß des Gesamtvertrages (§ 83 Abs.1 SGB V), Beteiligung am Zulassungs- und Berufungsausschuß (§§ 96 Abs.1, 97 Abs. 1 S. 1 SGB V), an der Festbetragsfestsetzung (§ 36 Abs. 2 SGB V), am Landesschiedsamt (§ 89 Abs. 2 SGB V) sowie an der Bedarfsplanfestsetzung (§ 99 Abs. 1 SGB V)

[155] S. Schneider, HB-KAR, 1994, Rn. 182

[156] S. Peters in KK SGB V, § 212 Rn. 4

[157] Die See-Krankenkasse ist auf Bundesebene nicht repräsentiert, sie gehört aber zu den Spitzenverbänden (gem. § 213 SGB V); s. Hauck in H/H SGB V, § 212 Rn. 1

[158] Zur Besonderheit der Verbände der Ersatzkassen s. Peters in KK SGB V, § 212 Rn. 5

Die KÄBV sowie die Spitzenverbände der Krankenkassen (mit Ausnahme der Ersatzkassenverbände) sind Körperschaften des öffentlichen Rechts, §§ 77 Abs. 5 und 212 Abs. 4 SGB V.[159] Ihre Mitglieder sind nicht die Vertragsärzte oder Krankenkassen, sondern deren Verbände/Vereinigungen auf Landesebene (soweit existierend).[160]

Die KÄBV und die Spitzenverbände der Krankenkassen haben z. T. gemeinsam die gesetzlich übertragenen Aufgaben wahrzunehmen.[161] Besondere Bedeutung hat die gemeinsame Aushandlung des Bundesmantelvertrages (BMV), § 82 Abs. 1 S. 1 SGB V. Durch diesen wird der allgemeine Inhalt der Gesamtverträge vereinbart, § 82 Abs. 1 S. 1 SGB V. Der BMV dient der bundeseinheitlichen Regelung vertragsärztlichen Versorgung. Die gebotene Gleichheit der Regelungen im Bundesgebiet führt dazu, daß der Inhalt der Gesamtverträge im Wesentlichen in dem BMV ausgehandelt wird.[162]

III. Die Ausschüsse und Schiedsstellen

Sowohl auf Landes- als auch auf Bundesebene existieren gemeinsame Ausschüsse der Krankenkassen und Vertragsärzte. Die Ausschüsse bestehen zu gleichen Teilen aus Vertretern der Krankenkassen und der Vertragsärzte, die nicht gewählt, sondern von deren zuständigen Gremien „bestellt" werden.[163] Außerdem sind sie in der Regel mit drei unparteiischen Vertretern besetzt, über die sich die Gremien der Krankenkassen und der Vertragsärzte zu einigen haben.

---

159 Für die See-Krankenkasse und die Bundesknappschaft ergibt sich dies bereits aus § 4 Abs. 1 SGB V.

160 Bzw. auf Ebene der Bezirke gem. § 77 Abs. 1 S. 2 SGB V. Strukturell ergeben sich aus der Existenz dieser Bezirke keine Besonderheiten. Um die Darstellung der Grundstrukturen des gemeinsamen Selbstverwaltung nicht unnötig komplizierter zu machen wird deshalb im folgenden der Unterschied zwischen KÄV mit dem Bereich eines Landes und solcher mit davon abweichenden Bereichen vernachlässigt und nur noch von der „Landesebene" gesprochen.

161 Vgl. §§ 35 Abs. 3 S. 1 und 2, 112 Abs. 5, 124 Abs. 4 S. 1, 126 Abs. 2, 282 SGB V für die Spitzenverbände der Krankenkassen, § 75 Abs. 1 - 4 und 6 - 8 SGB V für die KÄBV und § 82 Abs. 1 S. 1, 115 Abs. 5 und 76 Abs. 3a SGB V für die gemeinsamen Aufgaben

162 Diese „Hochzonung" der Regelungsbefugnis auf die Dachorganisationen wird zum Teil kritisiert, weil die Gefahr bestehe, daß die Verbände und Vereinigungen auf Landesebene zu deren „geborenen Außenstellen" verkümmern (so Schnapp in HBSV-KV, 1994, § 49 Rn. 181). Das Problem liegt aber wohl weniger in der sinnvollen bundeseinheitlichen Regelung, als vielmehr darin, daß die unmittelbare Beziehung zu den einzelnen Vertragsärzten und Krankenkassen durch die fehlende Mitgliedschaft derselben in den Spitzenorganisationen auf Bundesebene verloren geht.

163 Vgl. §§ 91 Abs. 2 S. 4 und 96 Abs. 2 S. 2 SGB V

Die Ausschüsse haben die Funktion, komplexe Materien zu bearbeiten, deren Arbeitsintensität die Verhandlungen zu den Gesamtverträgen und dem BMV sprengen würde. Im Gegensatz zu den Ausschüssen der Parlamente und Gemeinderäte bereiten sie aber nicht Entscheidungen vor, die von diesen durch Abstimmung zu legitimieren sind, sondern treffen selbst verbindliche Entscheidungen.[164] Die Verbindlichkeit für die einzelnen Krankenkassen und Vertragsärzte wird dabei durch die gesetzliche Verpflichtung zu deren Aufnahme in die Gesamtverträge - nachdem sie z. T. zunächst Bestandteil des BMV wurden - hergestellt.

Neben den Ausschüssen existieren außerdem Schiedsstellen, die nach den gleichen Grundsätzen gebildet werden. Die folgende kurze Übersicht zu den Rechtsgrundlagen und spezifischen Aufgaben der Ausschüsse und Schiedsstellen dient der Komplettierung der Darstellung der gemeinsamen Selbstverwaltung und damit der Einordnung des Bundesausschusses, auf den noch ausführlich einzugehen sein wird.

1. Die Zulassungs- und Berufungsauschüsse, §§ 96, 97 SGB V

Die Zulassungsausschüsse treffen die Entscheidungen in Zulassungssachen, § 96 Abs. 1 S. 1 SGB V,[165] gegen die Widerspruch bei den Berufungsausschüssen eingelegt werden kann, §§ 96 Abs. 4 S. 1, 97 Abs. 3 SGB V. Die Ausschüsse werden durch die KÄV und die LVK sowie die Verbände der Ersatzkassen auf Landesebene errichtet, §§ 96 Abs. 1 S. 1 und 97 Abs. 1 S. 1 SGB V.

2. Die Prüfungs- und Beschwerdeausschüsse, § 106 Abs. 5 SGB V

Die Prüfungsausschüsse sind gem. § 106 Abs. 5 S. 1 SGB V die Einrichtungen zur Kontrolle der Wirtschaftlichkeit der vertragsärztlichen Versorgung nach Prüfung gem. § 106 Abs. 2 und 3 SGB V. Die Beschwerdeausschüsse entscheiden über die Widersprüche gegen deren Entscheidungen, § 106 Abs. 5 S. 3 SGB V. Beide Ausschüsse werden durch die KÄV und die LVK sowie die Verbände der Ersatzkassen auf Landesebene gebildet.[166]

---

164 S. BSGE 64, 78 (84) und Jörg, Das neue Kassenarztrecht, 1993, Rn. 83

165 Zu den Zulassungssachen gehören neben der Zulassung und der Ermächtigung zur vertragsärztlichen Versorgung insbesondere die Entscheidungen über das Ruhen, das Entziehen und das Ende der Zulassung sowie über Zulassungsbeschränkungen; vgl. Hess in KK SGB V, § 96 Rn. 3

166 Offenbar durch einen redaktionellen Fehler verweist § 106 Abs. 4 S. 1 SGB V nicht auf die vormals in Abs. 2 S. 3 genannten Vertragspartner KÄV, LVK und Verbände der Ersatzkassen.

3. Der Bewertungsausschuß, § 87 Abs. 1 S. 1 SGB V

Der Bewertungsausschuß legt im einheitlichen Bewertungsmaßstab (EBM) durch Punktwerte für die jeweilige ärztliche Leistung die Grundlage für die Gesamthonorierung der Krankenkassen gegenüber der KÄV fest, § 87 Abs. 1 S. 1 und Abs. 2 S. 1 SGB V.[167] Der EBM ist Bestandteil des BMV, § 87 Abs. 1 S. 1 SGB V. Der Bewertungsausschuß wird von der KÄBV und den Spitzenverbänden der Krankenkassen (§ 213 Abs. 1 SGB V) - ohne die See-Krankenkasse[168] - bestellt, § 87 Abs. 3 S. 1 SGB V.

4. Die Landesausschüsse und Bundesausschüsse, §§ 90, 91 SGB V

Während die übrigen Ausschüsse die spezifischen Aufgaben der Zulassung, der Wirtschaftlichkeitsprüfung und der Honorierung der vertragsärztlichen Leistungen bearbeiten, haben die Landesausschüsse und die Bundesausschüsse verschiedenartige Kompetenzen. Es existieren zwei Bundesausschüsse: der Bundesausschuß der Ärzte und Krankenkassen und der Bundesausschuß der Zahnärzte und Krankenkassen. Auf den letzteren soll im folgenden nicht im einzelnen eingegangen werden - wegen der rechtlichen Parallelen gelten die Aussagen zum Bundesausschuß der Ärzte und Krankenkassen aber entsprechend.[169]

Nach § 92 Abs. 1 S. 1 HS. 1 SGB V beschließt der Bundesausschuß der Ärzte und Krankenkassen die zur Sicherung der ärztlichen Versorgung erforderlichen Richtlinien über die Gewähr für eine ausreichende, zweckmäßige und wirtschaftliche Versorgung der Versicherten.[170] Die in § 92 Abs. 1 S. 2 SGB V aufgeführte Liste von Zuständigkeiten ist nicht abschließend, wie sich aus dem Wortlaut des Gesetzes ergibt („insbesondere“). Die Entscheidungen des Bundesausschusses ergehen in Form von Richtlinien, § 92 Abs. 1 S. 1 HS. 1 SGB V. Der Bundesausschuß wird von der KÄBV und den Spitzenverbänden der Krankenkassen - wiederum ohne die See-Krankenkasse - gebildet, § 91 Abs. 1 SGB V.
Auch die Landesausschüsse hatten vormals eine dem Bundesausschuß vergleichbare Richtlinienkompetenz,[171] die aber in der Praxis kaum genutzt wurde[172] und deshalb durch das GRG gestrichen wurde. Im Vergleich zum Bunde-

---

167 Zum Honorierungssystem s. Krauskopf in HBAR, 1999, § 32 und Spellbrink, Wirtschaftlichkeitsprüfung, 1994, Rn. 48 ff.

168 Insofern ist § 87 Abs. 1 S. 1 SGB V, in dem pauschal von den „Spitzenverbänden“ die Rede ist, nicht ganz richtig.

169 Vgl. § 72 Abs. 1 S. 2 SGB V

170 Im einzelnen s. u. Kapitel 2:B.I

171 S. § 368 q Abs. 2 RVO

172 Vgl. Schneider, Kassenarztrecht, 1983, S. 153

sausschuß sind die Kompetenzen der Landesausschüsse darum eher gering. Sie erschöpfen sich auf Feststellungen zur Bedarfsplanung und zu Zulassungsbeschränkungen aufgrund von gebietsbezogenen Über - und Unterversorgungen, §§ 99 Abs. 1 S. 1, 101 Abs. 1 und 103 Abs. 1 SGB V. Die Landesausschüsse werden gebildet von den KÄV, den LVK und den Verbänden der Ersatzkassen, § 90 Abs. 1 S. 1 und 2 SGB V.[173]

Landes- und Bundesausschüsse sind öffentlich-rechtliche Einrichtungen.[174] Ihre Rechtsfähigkeit und ihr Rechtscharakter ist umstritten, worauf hier aber nicht weiter eingegangen werden soll.[175]

5. Schiedsstellen, § 89 SGB V

Zur Vermeidung vertragsloser Zustände gibt es auf Landes- und Bundesebene Schiedsstellen, § 89 Abs. 2 - 4 SGB V. Kommt nach Ablauf der Wirksamkeit oder nach Kündigung eines Vertrages keine Einigung zwischen den Vertragsparteien zustande, haben die Schiedsstellen die Befugnis, an deren Stelle die Inhalte des Vertrages festzulegen, § 89 Abs. 1 S. 3 SGB V.[176]

173 In jedem Bundesland - mit Ausnahme von Nordrhein-Westfalen - existiert jeweils ein Landesausschuß; s. Hess in KK SGB V, § 90 Rn. 3

174 Dies ergibt sich insbesondere aus § 51 Abs. 2 S. 1 Nr. 2 SGG (vgl. Schneider, HB-KAR, 1994, Rn. 618 ff. m. w. Nachw. (dort Fn. 19) und Tempel-Kromminga, Problematik der Richtlinien, 1994, S. 28) und § 69 SGB V (vgl. Ebsen, ZSR 2000, S. 298, 307)

175 Zum Streit im einzelnen s. Tempel-Kromminga, Problematik der Richtlinien, 1994, S. 105 ff. und Schneider, HB-KAR, 1994, Rn. 618 ff.

176 Zu den Schiedstellen im einzelnen s. Schnapp in HBSV-KV, 1994, § 49 Rn. 219 m. w. Nachw. und Schneider, HB-KAR, 1994, Rn. 744 ff.

Übersicht 4: „Gemeinsame Selbstverwaltung“

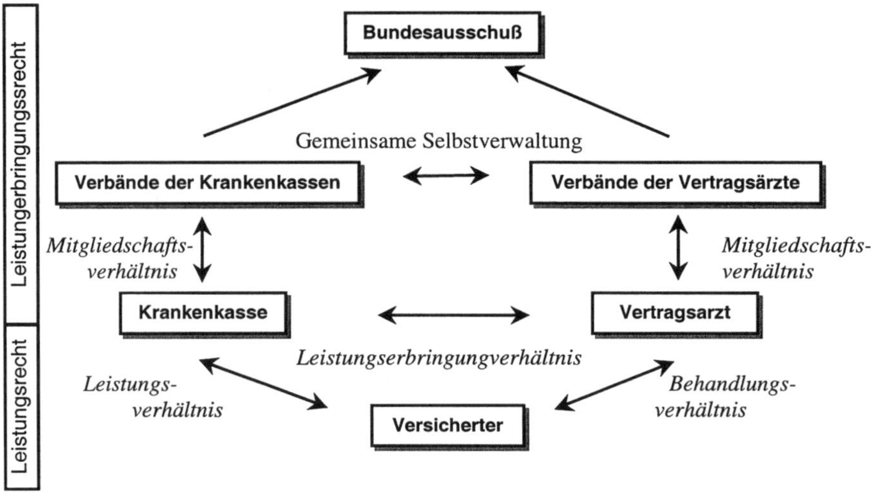

Kapitel 2: Der Bundesausschuß, seine Richtlinien und deren Verfassungsmäßigkeit

A. Der Bundesausschuß der Ärzte und Krankenkassen

Der Bundesausschuß der Ärzte und Krankenkassen ist Organ der gemeinsamen Selbstverwaltung. Als solches ist er befugt, durch verbindliche Richtlinien das Rechtsverhältnis zwischen Vertragsärzten und Krankenkassen zu konkretisieren. Das folgende Kapitel stellt (1.) die geschichtliche Entwicklung des Bundesausschusses und (2.) dessen Organisation und Beschlußverfahren dar.

I. Die geschichtliche Entwicklung des Bundesausschusses

Der Bundesausschuß geht in seinen Wurzeln bis in das Jahr 1913 zurück. Seine geschichtliche Entwicklung zeigt, wie der Gesetzgeber das ursprünglich aus einem Interessenkonflikt zwischen Krankenkassen und Ärzten entstandene Gremium schrittweise zu einem Instrument zur Sicherung der Wirtschaftlichkeit der GKV umfunktioniert hat.

1. Das „Berliner Abkommen" vom 23. 12. 1913

Am 23. 12. 1913 legten Krankenkassen und Ärzte einen seit langem schwelenden Streit um die freie Arztwahl der Versicherten im „Berliner Abkommen"[177] bei. Erstmals in der Geschichte der GKV regelten Krankenkassen und Ärzte darin gemeinsam und selbständig eine ihr Rechtsverhältnis bestimmende Materie und errichteten gleichzeitig gemeinsame Ausschüsse zur Konkretisierung und Durchsetzung der beschlossenen Grundlinien. Das Berliner Abkommen ist deshalb der geschichtliche Einstieg in die gemeinsame Selbstverwaltung.[178] Wie kam es dazu?

Die Krankenkassen hatten nach dem Krankenversicherungsgesetz (KVG) von 1883[179] (i. F. d. Novelle vom 10. 4. 1892)[180] das Recht, durch Statut vorzuschreiben, daß Versicherten nur von bestimmten Ärzten Behandlungen gewährt

---

177 Abgedruckt in Beilage Nr. 5 des Ministerialblattes der Handels- und Gewerbeordnung (PrHMBL), 1914, S. 85 und in Kuhns, Das gesamte Recht der Heilberufe II, 1958, S. 176

178 Vgl. Schlenker in HBSV-KV, 1994, § 1 Rn. 55

179 RGBl. 1883, S. 73

180 RGBl. 1892, S. 379

werden.[181] Diese Ärzte wurden von der Krankenkasse ausgewählt und durch direkten Vertrag zur Leistungserbringung verpflichtet. Diese Oligopolstellung wußten die Krankenkassen zu nutzen, um den Ärzten die Bedingungen der Leistungserbringung zu diktieren.[182] Hinter der Forderung der freien Arztwahl stand deshalb vor allem die Absicht, die Vormachtstellung der Krankenkassen zu brechen.

Daß der Konflikt sich 1913 zuspitzte, lag an der zunehmenden ökonomischen Bedeutung der gesetzlich Versicherten.[183] Bereits um die Jahrhundertwende hatten sich mehrere Interessenorganisationen der Ärzte gebildet.[184] Diese unterstrichen ihre Forderung nach der freien Arztwahl mit der Drohung eines Ärztestreiks.[185] Die Regierung versuchte zunächst, den Streit durch eine gesetzliche Regelung beizulegen, in der die Rechtsbeziehungen der Ärzte zu den Krankenkassen durch einen gemeinsamen Vertragsausschuß geregelt werden sollten.[186] Letztlich bevorzugte sie aber eine Regelung, die einvernehmlich zwischen den Konfliktparteien zustande kommt,[187] und lud deshalb die jeweiligen Interessenorganisationen[188] nach Berlin, wo das gleichnamige Abkommen am 23. 12. 1913 als private Übereinkunft[189] abgeschlossen wurde.

Wesentlicher Inhalt dieses Abkommens war die Schaffung von Ausschüssen zur Gewährleistung einer interessengerechten Zulassung. Dazu wurde einerseits ein

---

181 S. Schneider, HB-KAR, 1994, Rn. 27 und Peters, Geschichte, 1978, S. 85

182 S. Schneider, HB-KAR, 1994, Rn. 27 und Spellbrink, Wirtschaftlichkeitsprüfung, 1994, Rn. 20

183 Zu Beginn der GKV (1883) waren ca. 10% der Bevölkerung gesetzlich versichert; 1913 waren es bereits ca. 62% und für 1914 war eine deutliche Ausweitung des Versichertenkreises beabsichtigt (Zahlen nach Tennstedt, Sozialgeschichte der Sozialpolitik in Deutschland, 1981, S. 169 f.)

184 So z. B. der „Leipziger Verband", der später nach seinem Gründer „Hartmannbund" benannt wurde, im Jahr 1900; s. Schneider, HB-KAR, 1994, Rn. 31, m. w. Nachw.

185 Schneider, HB-KAR, 1994, Rn. 37, m. w. Nachw

186 S. Peters, Geschichte, 1978, S. 85 f.

187 Vgl. die amtliche Begründung zum Entwurf der - geplanten aber nicht umgesetzten - RVO-Änderung: „Eine derartige Vorschrift [eines Zulassungssystems] würde zudem unter allen Umständen stark in das Selbstbestimmungsrecht der Beteiligten eingreifen und eine staatliche Bevormundung gegenüber ihrem Rechte, frei Verträge zu schließen, bedeuten, wie sie auf anderen Gebieten sonst regelmäßig zurückgewiesen zu werden pflegt." (RT-Drucks. Nr. 340, 12. Legislaturperiode II. Session 1909/10; abgedruckt bei Peters, Geschichte, 1978, S. 85)

188 Die Interessen der Ärzte nahmen der Deutsche Ärztevereinsbund e.V. und der Leipziger Verband war; auf Seiten der Krankenkassen waren beteiligt: der Verband zur Wahrung der Interessen der Deutschen Betriebskrankenkassen, der Gesamtverband Deutscher Krankenkassen e.V. und der Hauptverband Deutscher Ortskrankenkassen e.V.

189 Tempel-Kromminga, Problematik der Richtlinien, 1994, S. 9

Registerausschuß gebildet, der für die Zulassung der in dem - ebenfalls neuen - Arztregister eingetragenen Ärzte zuständig war.[190] Der Vertragsausschuß bestimmte den inhaltlichen Rahmen der Verträge zwischen Krankenkassen und Ärzten. Der Zentralausschuß entschied über grundsätzliche Streitfragen bei der Durchführung des Abkommens, während die Schiedsstellen Einzelkonflikte schlichteten.[191] Alle Ausschüsse waren paritätisch mit Vertretern der Ärzte- und der Krankenkassenorganisationen besetzt.

2. Der Reichsausschuß nach der Verordnung vom 23. 10. 1923

Die Weltwirtschaftskrise und die durch sie verursachte Inflation in Deutschland verschärfte nach 1918 den Streit zwischen den Vertragsparteien um eine angemessene Vergütung der Ärzte.[192] Beide Parteien machten deshalb 1923 von ihrem vertraglich vereinbarten Recht Gebrauch, das Berliner Abkommen nach Ablauf von 10 Jahren zu kündigen.[193] Zur Sicherstellung der ärztlichen Versorgung wurden daraufhin von der Reichsregierung zwei Verordnungen erlassen.[194] Die Verordnung über Ärzte und Krankenkassen übernahm die wesentlichen Inhalte des Berliner Abkommens[195] und wurde wenig später in der RVO Gesetz.[196] Insbesondere wurde die Idee der paritätisch besetzten Ausschüsse übernommen und damit die gemeinsame und selbstverantwortliche Regelung der Rechtsbeziehung zwischen den Krankenkassen und Ärzten beibehalten.

Gleichwohl gab es eine wichtige Änderung.[197] In der Verordnung über Ärzte und Krankenkassen wurde der Reichsausschuß für Ärzte und Krankenkassen gebildet.[198] Er war je zur Hälfte besetzt mit Vertretern der Krankenkassen und Ärzte und mit drei weiteren vom Reichsarbeitsminister bestimmten Mitglie-

---

[190] Vom Registerausschuß ausgewählte Ärzte durften von der Krankenkasse nur aus wichtigem Grund abgelehnt werden, Peters, Geschichte, 1978, S. 87

[191] Vgl. Nr. 12 und Nr. 4 Abs. 2 i. V. m. Nr. 5 Abs. 1 des Berliner Abkommens (s. Fn. 177)

[192] S. Peters, Geschichte, 1978, S. 87 und Tempel-Kromminga, Problematik der Richtlinien, 1994, S. 10

[193] S. Lüke, Beiträge zum neuen Kassenarztrecht, 1980, S. 3; Tempel-Kromminga, Problematik der Richtlinien, 1994, S. 11

[194] Nämlich die Verordnung über Ärzte und Krankenkassen vom 30. 10. 1923 (RGBl. I 1923, 1051) und die Verordnung über Krankenhilfe bei den Krankenkassen vom gleichen Tag (RGBl. I 1923, 1054)

[195] S. Peters, Geschichte, 1978, S. 87 und Tempel-Kromminga, Problematik der Richtlinien, 1994, S. 11

[196] Nämlich mit Bekanntgabe vom 15.12.1924 in den §§ 368 a - f RVO (RGBl. I 1924, S. 779)

[197] Zu den Abänderungen des Berliner Abkommens im einzelnen s. Peters, Geschichte, 1978, S. 87 f.

[198] S. § 1 Abs. 1 der Verordnung über Ärzte und Krankenkassen (RGBl. I 1923, 1051)

dern.[199] Der Ausschuß hatte eine allgemeine Kompetenz zur Sicherung gleichmäßiger und angemessener Vereinbarungen zwischen den Kassen und Ärzten.[200] Diesbezügliche Entscheidungen - insbesondere zur Zulassung, zum allgemeinen Inhalt der Arztverträge und zu den Vergütungen für die ärztlichen Leistungen - wurden in Form von Richtlinien festgelegt.[201] Die Ausschüsse des Berliner Abkommens bestanden zwar zunächst weiter fort - nun aufgrund gesetzlicher Ermächtigung.[202] Die grundsätzlichen Entscheidungen für die Rechtsbeziehung der Krankenkassen und Ärzte wurden aber nunmehr durch die Richtlinien gefällt. Der Reichsausschuß machte von seinen Kompetenzen durch Erlaß der Vertragsrichtlinien[203] Gebrauch. Die Vertragsrichtlinien sahen erstmals die Möglichkeit eines Gesamtvertrages zwischen den kassenärztlichen Organisationen[204] und den Krankenkassenverbänden[205] vor.[206]

Außer zur Regelung der internen Beziehung zwischen den Krankenkassen und den Ärzten (Zulassung und Vertragsinhalt) war der Reichsausschuß aber auch befugt, die Leistungen der GKV zu konkretisieren, um die Kassen „gegen eine unnötige und übermäßige Inanspruchnahme der Krankenhilfe“ zu sichern.[207] Dazu erließ er die „Richtlinien für wirtschaftliche Arzneiverordnung“,[208] die sich auf allgemeine Grundsätze beschränkte, und die „Richtlinien für die Anwendung elektro-physikalischer Heilmethoden“,[209] in denen etwa die Behandlung mit künstlicher Höhensonne nur bei bestimmten Krankheiten für zulässig erklärt wurde.[210]

---

199 S. § 1 Abs. 2 S. 1 und Abs. 3 S. 1 der Verordnung über Ärzte und Krankenkassen (RGBl. I 1923, 1051). Die drei vom Arbeitsminister bestimmten Mitglieder tagten allerdings nur im „weiteren Ausschuß“, der die Geschäftsordnung festlegte (§ 4) und die Angelegenheiten von grundsätzlicher Bedeutung entschied (vgl. § 3 S. 2).

200 S. § 5 Abs. 1 der Verordnung über Ärzte und Krankenkassen (RGBl. I 1923, 1051)

201 S. § 5 Abs. 2 der Verordnung über Ärzte und Krankenkassen (RGBl. I 1923, 1051)

202 S. § 18 Abs. 2 der Verordnung über Ärzte und Krankenkassen (RGBl. I 1923, 1054)

203 Vom 14. 11. 1928 (RABl. IV, 1928, S. 409)

204 Obwohl auch auf Landesebene ärztliche Interessenorganisationen bestanden, wurden diese als KÄV erst 1931 gesetzlich anerkannt; s. Schneider, HB-KAR, 1994, Rn. 77

205 Gem. § 407 Nr. 2 RVO

206 S. §§ 2 und 4 der Vertragsrichtlinien (RABl. IV, 1928, S. 409); daneben existierten weiterhin Einzel- und Gruppenverträge zwischen der einzelnen Krankenkasse und den Ärzten, s. § 3 der Vertragsrichtlinien

207 § 5 Abs. 2 der Verordnung über Ärzte und Krankenkassen (RGBl. I 1923, 1052)

208 Vom 15. 5. 1925 (Amtliche Nachrichten des Reichsversicherungsamtes (AN) 1925, S. 262)

209 Vom 15. 5. 1925 (Amtliche Nachrichten des Reichsversicherungsamtes (AN) 1925, S. 260)

210 Vgl. Abschnitt 2 der Richtlinien für die Anwendung elektro-physikalischer Heilmethoden (Amtliche Nachrichten des Reichsversicherungsamtes (AN) 1925, S. 260)

Die Parallelen zum heutigen Bundesausschuß in Kompetenzen und Zusammensetzung sind auffällig. Deshalb wird die Verordnung auch als Geburtsstunde des Bundesausschusses bezeichnet.[211] Im Vergleich zu heute bestanden jedoch zwei wesentliche Unterschiede: Die Rechtsformen, durch die der Reichsausschuß handelte, beschränkten sich nicht auf die Richtlinien. Seine Geschäftsordnung sah außerdem den Erlaß von Beschlüssen und Verordnungen vor. Die Richtlinien zielten auf eine gleichmäßige Ausgestaltung der Rechtsbeziehung zwischen den Krankenkassen und Ärzten. Verbindlichkeit erlangten die Richtlinien allerdings nur, wenn sie in den Einzelvertrag zwischen Krankenkasse und Arzt einbezogen wurden.[212] Soweit die Verträge keine Regelungen enthielten, wurden die Richtlinien zur Auslegung derselben verwandt.[213] Heute ist die Verbindlichkeit der Richtlinien für die Vertragsärzte und Krankenkassen gesetzlich angeordnet.[214] Zweiter wesentlicher Unterschied ist, daß dem Reichsausschuß die Auslegung der Richtlinien zustand.[215] Eine entsprechende Regelung existiert heute nicht.

Auf die Einzelheiten soll hier nicht eingegangen werden. Denn wesentlich für die weiteren Ausführungen ist allein die Tatsache, daß der Bundesausschuß sich historisch aus der Auseinandersetzung zwischen den Krankenkassen und Ärzten um deren Rechtsbeziehung zueinander entwickelt hat. Der Bundesausschuß ist deshalb bis heute bei organisatorischer Betrachtung eine Einrichtung, die die Interessen der beiden Gruppen durch deren Verhandlung ausgleichen soll, während die Auswirkungen auf die Versicherten durch dessen Richtlinien - zumindest historisch gesehen - weitgehend unbeachtet blieben.

3. Der Bundesausschuß

Auch nach der Verordnung der Reichsregierung über Ärzte und Krankenkassen hielten die Konflikte zwischen den beiden Interessengruppen an. Unter dem ökonomischen Druck der Weltwirtschaftskrise verschärfte sich deren Streit um eine angemessene Vergütung der Ärzte.[216] Gegenmaßnahmen durch den Staat[217]

---

211 Vgl. Schneider HB-KAR, 1994, Rn. 626

212 S. Schneider, HB-KAR, 1994, Rn. 43 ff. und vgl. § 1 Abs. 2 der Vertragsrichtlinien; a. A. Tempel-Kromminga, Problematik der Richtlinien, 1994, S. 13 f.

213 S. § 12 Abs. 2 S. 1 der Verordnung über Ärzte und Krankenkassen (RGBl. I 1923, S. 1053)

214 S. u. Kapitel 2:B.II

215 S. § 5 Abs. 4 der Verordnung über Ärzte und Krankenkassen (RGBl. I 1923, S. 1052)

216 S. Schneider, HB-KAR, 1994, Rn. 43 und Tempel-Kromminga, Problematik der Richtlinien, 1994, S. 10

217 Wie die Verordnung zur Behebung finanzieller, wirtschaftlicher und sozialer Notstände vom 26. 7. 1930 (RGBl. I 1930, S. 311)

sowie ein Abkommen durch die Vertreter der Spitzenverbände[218] scheiterten mit ihrem Versuch, den Konflikt langfristig beizulegen.[219] Im Jahre 1932 sah sich die Reichsregierung zu einer Neuordnung des Kassenarztrechts veranlaßt.[220] Diese verfolgte das Ziel, durch Ermächtigung des Reichsausschusses zum Erlaß verbindlicher Ausführungsbestimmungen[221] den Organen der Verbände die Kompetenz zur vertraglichen Aushandlung der wesentlichen Vertragsinhalte zu entziehen und damit ein wesentliches Konfliktfeld zu beruhigen. Sie konnte ihre Wirkung kaum entfalten: Die autoritäre Ideologie des Naziregimes duldete keine dem direkten staatlichen Zugriff entzogene autonome Entscheidungskompetenz, und so wurde bereits 1933 der Reichsausschuß durch die Interventionen des Reichsärzteführers beschlußunfähig.[222]

Nach dem Krieg wurde das Kassenarztrecht 1955 nach dem Modell der gemeinsamen Selbstverwaltung rekonstruiert.[223] Strukturen und Institutionen knüpften an die vor 1932 bestehenden an.[224] Der Bundesausschuß trat an die Stelle des Reichsausschusses und wurde nach § 368 o Abs. 1 RVO durch die Kassenärztliche Bundesvereinigung, die Bundesverbände der Krankenkassen und die Bundesknappschaft gebildet. Ihm wurde wiederum die Kompetenz zum Erlaß von Richtlinien für die wesentlichen Materien der Rechtsbeziehung zwischen den Krankenkassen und Ärzten übertragen.[225]

Mit Beginn der 60er Jahre stiegen die Ausgaben der Krankenkassen dramatisch an[226] (sog. Kostenexplosion im Gesundheitswesen).[227] Als in den 70er Jahren die

---

218 Das Abkommen vom 17. 10. 1931 (abgedruckt in BKK 1931, S. 233) wurde wegen des Widerstands der Betriebs-, Innungs- und Landkrankenkassen nicht wirksam, vgl. Schneider, HB-KAR, 1994, Rn. 63, m. w. Nachw.

219 S. im einzelnen: Schneider, HB-KAR, 1994, Rn. 43 ff.

220 Die Neuordnung erfolgte durch die Verordnung über kassenärztliche Versorgung vom 14. 1. 1932 (RGBl. I 1932, S. 19)

221 Die „Ausführungsbestimmungen" des Reichsausschusses regelten im wesentlichen die gleichen Materien wie die Richtlinien zuvor, aber waren nunmehr für die Krankenkassen und Ärzte unmittelbar verbindlich, s. Art. 1 (§ 368 i RVO) der Verordnung über kassenärztliche Versorgung vom 14. 1. 1932 (RGBl. I 1932, S. 19); vgl. Schneider, HB-KAR, 1994, Rn. 68 und Tempel-Kromminga, Problematik der Richtlinien, 1994, S. 18, m. w. Nachw.

222 S. Schneider, HB-KAR, 1994, Rn. 61 und Tempel-Kromminga, Problematik der Richtlinien, 1994, S. 19 m. w. Nachw.

223 Vgl. Gesetz über Kassenarztrecht; verkündet am 19. 8. 1955 (BGBl. I 1955, S. 513)

224 Vgl. Schneider, HB-KAR, 1994, Rn. 122

225 Er war u. a. befugt zum Erlaß von Wirtschaftlichkeitsrichtlinien (§ 368 p Abs. 1 RVO) und Vertragsrichtlinien (§ 368 p Abs. 4 RVO)

226 Die Gesamtausgaben der GKV stiegen von 9, 5 Milliarden DM im Jahr 1960 auf 51, 8 Milliarden DM im Jahr 1974 (Zahlen nach Peters, Geschichte, 1978, S. 169) zu auch in

steigende Arbeitslosigkeit die Stabilität der Sozialabgaben zum vorrangigen politischen Thema machte, setzten die ersten Reformen ein.[228] 1988 wurde das Recht der gesetzlichen Krankenversicherung im SGB V neu geregelt.[229] Weder dieses noch die folgenden Reformgesetze[230] konnten die Beitragssätze dauerhaft stabilisieren.[231] Auch die letzte wesentliche Neuregelung durch das GKV-Gesundheitsreformgesetz 2000 vom 22. 12. 1999[232] verfolgt vor allem eine Konsolidierung der Finanzen der GKV.
Die gesetzlichen Maßnahmen zur Konsolidierung der Krankenkassenhaushalte hatten Auswirkungen auf das Kassenarztrecht bzw. Vertragsarztrecht, wie es seit dem Gesundheitsstrukturgesetz (GSG) genannt wird.[233] Im Vergleich zu 1955 zeigt sich eine stärkere Einbindung der gemeinsamen Selbstverwaltung: Die Verbände sind - mit Ausnahme der Ersatzkassenverbände - Körperschaften des öffentlichen Rechts,[234] deren Verträge als öffentlich-rechtlich qualifiziert werden. Die Organe unterliegen der Rechtsaufsicht.[235] Der Bundesausschuß erhielt zusätzliche Kompetenzen[236] und - so zumindest die Auffassung des BSG - mit Einrichtung des SGB V das Recht, die Richtlinien als verbindliche Rechtsnormen für Vertragsärzte, Krankenkassen und Versicherte zu erlassen.[237] Andererseits sind die Ähnlichkeiten zum Bundesausschuß von 1955 - ja zum Reichsausschuß von 1923 - in Organisation und bei den zu regelnden Materien deutlich.[238] Wie 1923 wird der Bundes- respektive Reichsausschuß paritätisch mit

---

den folgenden Jahren steigenden Beitragssätzen vgl. Begr. des RegE-GRG, BT-Drucks. 11/2237, Grafik 2, S. 287

227 S. Schirmer in HBSV-KV, 1994, § 14 Rn. 8

228 Die wesentlichen Reformgesetze waren: Das Krankenversicherungs-Kostendämpfungsgesetz vom 27. 6. 1977 (BGBl. I 1977, S. 1069); das Kostendämpfungs-Ergänzungsgesetz vom 22. 12. 1981 (BGBl. I 1981, S. 1578)

229 Durch das Gesundheits-Reformgesetz (GRG) vom 20.12.1988 (BGBl. I 1988, S. 2477); auch dieses zielte auf eine höhere Wirtschaftlichkeit der GKV; vgl. die Begr. des RegE-GRG, BT-Drucks. 11/2237, S. 1

230 Welche sind: das Gesundheitsstrukturgesetz (GSG) vom 21. 12. 1992 (BGBl. I 1992, S. 2266); das Gesetz zur Neuordnung der Selbstverwaltung durch Eigenverantwortung in der GKV (1. GKV-NOG) vom 23. 6. 1997 (BGBl. I 1997, S. 1518) und das Zweite Gesetz zur Neuordnung der Selbstverwaltung durch Eigenverantwortung in der GKV (2. GKV-NOG) vom gleichen Tag (BGBl. I 1997, S. 1520)

231 S. Schneider, HB-KAR, 1994, Rn. 136 und 143 und vgl. Begr. des RegE-GKV-ReformG 2000, BT-Drucks 14/1977, S.1 = M090 in H/H SGB V

232 BGBl. I 1999, S. 2626

233 Vgl. Schneider, HB-KAR, 1994, Rn. 148

234 S. o. Kapitel 1:C.I und II

235 S. u. Kapitel 2:A.II.3

236 Vgl. Begr. des RegE-GRG, BT-Drucks. 11/2237, S. 194 (zu § 92); zum vorherigen Umfang s. §§ 368 p Abs. 1 und 4 - 7 RVO

237 S. u. Kapitel 2:B.II

238 So auch Schneider, HB-KAR, 1994, Rn. 626

Vertretern der Ärzteschaft und der Krankenkassen beschickt.[239] Und seit 1923 regelt er wesentliche Inhalte der Rechtsbeziehung zwischen diesen beiden Interessengruppen, welche sind: Bedarfsplanung[240] und die vom Arzt zu Lasten der GKV erbringbaren Leistungen.[241]

Dennoch hat der Bundesausschuß im Zuge der Reformgesetze schrittweise eine neue Gestalt angenommen, nämlich die eines Funktionsträgers für staatliche Aufgaben. Weniger durch die Ermächtigungsgrundlagen selbst als durch den gesetzlichen Rahmen, innerhalb dessen der Bundesausschuß seine Aufgaben zu erfüllen hat, ist er in zunehmendem Maße dem Gemeinwohlinteresse an der Wirtschaftlichkeit des Gesundheitswesens und hochwertiger Versorgung der Versicherten verpflichtet worden. Gleichzeitig wurde eine Organisation beibehalten, die eigentlich ein anderes Ziel verfolgte: die Schlichtung der gegensätzlichen Partikularinteressen von Ärzten und Krankenkassen.

II. Die Organisation und das Richtlinienbeschlußverfahren des Bundesausschusses

1. Die Mitglieder des Bundesausschusses

Der Bundesausschuß besteht aus einem unparteiischen Vorsitzenden, zwei weiteren unparteiischen Mitgliedern, neun Vertretern der Ärzte, drei Vertretern der Ortskrankenkassen, zwei Vertretern der Ersatzkassen, je einem Vertreter der Betriebskrankenkassen, der Innungskrankenkassen, der landwirtschaftlichen Krankenkassen sowie der knappschaftlichen Krankenversicherung, § 91 Abs. 2 S. 1 SGB V.[242] Die Vertreter der Krankenkassen summieren sich mithin ebenfalls zu neun. Dadurch wird im Bundesausschuß eine Parität zwischen den Interessengruppen Ärzteschaft und Krankenkassen hergestellt. Die ungerade Zahl der unparteiischen Mitglieder sorgt für die Vermeidung von Pattsituationen zwischen den beiden Interessengruppen.

---

[239] Vgl. § 91 Abs. 1 S. 1 SGB V und § 1 Abs. 2 der Verordnung über Ärzte und Krankenkassen (RGBl. I 1923, S. 1052)

[240] Vgl. § 92 Abs. 1 S. 2 Nr. 9 SGB V und § 5 Abs. 3 der Verordnung über Ärzte und Krankenkassen (RGBl. I 1923, S. 1052)

[241] Vgl. § 92 Abs. 1 S. 2 Nr. 1-8 und 10-11 SGB V und § 5 Abs. 2 der Verordnung über Ärzte und Krankenkassen (RGBl. I 1923, S. 1052)

[242] Eine Ausnahme gilt gem. § 91 Abs. 2 a S. 1 SGB V für den Fall, daß sich die Richtlinien auf die psychotherapeutische Versorgung bezieht. Dann ist der Bundesausschuß mit 5 psychotherapeutisch tätigen Ärzten und 5 Psychotherapeuten sowie einem zusätzlichen Vertreter der Ersatzkassen besetzt.

Auf Seiten der Krankenkassen ist die Besetzung nach der Anzahl der Mitglieder der jeweiligen Krankenkassenart gewichtet. Die Gewichtung entspricht allerdings nicht dem tatsächlichen prozentualen Mitgliederverhältnis,[243] die Mitglieder der See-Krankenkasse sind im Bundesausschuß nicht vertreten.

2. Die Bestellung der Mitglieder

Die Mitglieder des Bundesausschusses werden durch die kassenärztliche Bundesvereinigung, die Bundesverbände der Krankenkassen, die Bundesknappschaft und die Verbände der Ersatzkassen „bestellt“, § 91 Abs. 2 S. 4 SGB V. Eine gesetzliche Verpflichtung, die Vertreter durch Wahl zu bestimmen, besteht nicht. Die zur Bestellung der Vertreter berufenen Verwaltungsräte der Spitzenverbände der Krankenkassen[244] - mit Ausnahme der See-Krankenkasse - und der Vertragsärzte können somit frei entscheiden, in welcher Weise sie sich über die Entsendung einigen - eine Regelung, die für die demokratische Legitimation des Bundesausschusses nicht unproblematisch ist, wie noch zu zeigen sein wird.[245]

Über die unparteiischen Mitglieder sowie über deren Stellvertreter sollen sich die im Bundesausschuß vertretenen Verbände einigen, § 91 Abs. 2 S. 2 SGB V. Kommt eine Einigung nicht zustande, werden sie durch den Bundesminister für Gesundheit im Benehmen mit diesen Verbänden bestimmt, § 91 Abs. 2 S. 3 SGB V.

Alle Mitglieder des Bundesausschusses führen ihr Amt als Ehrenamt.[246] Sie sind zwar an keine Weisungen gebunden,[247] können aber von den Körperschaften,

---

243 Am auffälligsten ist die Diskrepanz zwischen Mitglieder- und Stimmenverhältnis beim Vergleich zwischen den Ersatzkassen und den OKK (beide hatten 1998 in etwa die gleiche Mitgliederzahl (rd. 28 Millionen), aber die OKK sind mit einer Stimme mehr im Bundesausschuß vertreten) sowie der IKK und der BKK (beide sind mit einer Stimme im Bundesausschuß vertreten, die BKK hatten aber 1998 ca. 7 mal mehr Mitglieder (rd. 8, 6 Millionen gegenüber 1,1 Millionen); Zahlen nach der Statistik der KBV

244 Vgl. die Satzungen der Bundesverbände der BKK (vom 30./31. 8. 2000) § 10 Abs. 1 Nr. 17, der AOK (vom 05.12.1991; zuletzt geändert am 12.05.1999) § 12 Abs. 2 Nr. 12 und der IKK (vom 27. 3. 1996; zuletzt geändert: 1. 6. 1998). § 6 Abs. 1 Nr. 13

245 S. u. Kapitel 2:C.II.1.b

246 Sie erhalten Auslagenerstattung und Entschädigungen nach §§ 6 - 10 der VO über die Amtsdauer, Amtsführung und Entschädigung der Mitglieder der Bundesausschüsse und Landesausschüsse der Ärzte (Zahnärzte) und Krankenkassen (VO-BA/LA) vom 10. 11. 1956 (BGBl. I 1956, S. 861) i. d. F. der VO vom 12. 3. 1980 (BGBl. 1980 I S. 282)

247 S. § 91 Abs. 2 S. 5 i. V. m. § 90 Abs. 3 S. 1 und 2 SGB V

die sie bestellt haben, abberufen werden.[248] Ihre normale Amtszeit beträgt 4 Jahre.[249]

3. Das Richtlinienbeschlußverfahren

Die Regelung des Beschlußverfahrens für die Richtlinien ist weitestgehend der Geschäftsordnung des Bundesausschusses überlassen.[250] Der Bundesausschuß beschließt grundsätzlich in Sitzungen[251] mit der Mehrheit der anwesenden Stimmberechtigten.[252] Stimmberechtigt sind die Mitglieder oder bei deren Abwesenheit deren vorherbestimmte Stellvertreter.[253] Beschlußfähigkeit besteht grundsätzlich nur, wenn alle Mitglieder oder deren Stellvertreter anwesend sind.[254] In Ausnahmefällen kann das Stimmrecht aber auf einen anwesenden Stimmberechtigten übertragen werden.[255] Fehlen bis zu zwei Mitglieder und deren Stellvertreter, bleibt der Bundesausschuß mit Zustimmung aller anwesenden Stimmberechtigten beschlußfähig.[256]

Die Sitzungen werden vom Vorsitzenden vorbereitet und geleitet.[257] Sie sind nicht öffentlich, und Beratung sowie Stimmabgabe sind vertraulich zu behandeln.[258] Über die Beratung ist eine Niederschrift anzufertigen, in der insbesondere die wesentlichen Ergebnisse der Beratungen wiederzugeben sind.[259]

Der Bundesausschuß setzt zur Vorbereitung seiner Beratungen und Beschlußfassungen Arbeitsausschüsse aus dem Kreis der Mitglieder und Stellvertreter ein, über deren Auftrag und Zusammensetzung er von Fall zu Fall entscheidet.[260] Sie sind wichtige Stützen zur Bewältigung des umfangreichen wissenschaftlichen Materials, das der Bundesausschuß bei der Eruierung der Wirksamkeit medizinischer Leistungen zu sichten hat.

---

248 S. § 3 Abs. 2 S. 1 VO-BA/LA vom 10. 11. 1956 (BGBl. I 1956, S. 861) i. d. F. der VO vom 12. 3. 1980 (BGBl. 1980 I, S. 282)

249 S. § 1 VO-BA/LA vom 10. 11. 1956 (BGBl. I 1956, S. 861) i. d. F. der VO vom 12. 3. 1980 (BGBl. 1980 I, S. 282)

250 Geschäftsordnung des Bundesausschusses der Ärzte und Krankenkassen vom 25. 5. 1994 (BAnz 1994/128, S. 7093) in der Form vom 1. 10. 1997 (BAnz 1997/212, S. 13662)

251 § 2 Abs. 1 S. 1 GO

252 § 10 Abs. 1 GO

253 § 2 Abs. 2 S. 2 GO

254 § 6 Abs. 1 S. 1 GO

255 § 6 Abs. 1 S. 2 und 3 GO

256 § 6 Abs. 2 S. 1 und 2 GO

257 § 3 Abs. 1 S. 1 GO

258 § 8 Abs. 1 GO

259 § 9 Abs. 1 GO

260 § 11 Abs. 1 GO

Für die von Richtlinien betroffenen Interessengruppen (z. B. Arzneimittelhersteller, Apotheker, Rehabilitationseinrichtungen), die im Bundesausschuß nicht vertreten sind, sieht § 92 Abs. 1a S. 6, Abs. 1 b, Abs. 2 S. 4, Abs. 3a, Abs. 5 S. 1, Abs. 6 S. 2 Abs. 7 S. 2 und Abs. 7a SGB V das Recht der Stellungnahme vor, die gegebenenfalls in die Entscheidung einzubeziehen ist.[261] Ein Stellungnahmerecht wird außerdem bei der Beurteilung von Arzneimitteln der besonderen Therapierichtungen den Sachverständigen dieser Therapierichtungen eingeräumt, § 92 Abs. 2 S. 4 HS. 2 SGB V.

Nach Beschluß der Richtlinien sind diese dem Bundesminister für Gesundheit vorzulegen, der das Recht hat, sie zu beanstanden, § 94 Abs. 1 S. 1 und 2 SGB V. Das Beanstandungsrecht umfaßt nach der wohl überwiegenden Ansicht nur rechtliche Unzulänglichkeiten.[262] Der Bundesgesundheitsminister hat außerdem das Recht zur Ersatzvornahme. Kommen die für die Sicherstellung der ärztlichen Versorgung erforderlichen Beschlüsse nicht oder nicht innerhalb einer von ihm gesetzten Frist zustande oder werden seine Beanstandungen nicht innerhalb der von ihm gesetzten Frist behoben, erläßt er selbst die Richtlinien, § 94 Abs. 1 S. 3 SGB V.
Die vom Bundesausschuß beschlossenen Richtlinien werden im Bundesanzeiger bekanntgemacht, § 94 Abs. 2 SGB V.

---

[261] Zu der verfassungsrechtlichen Problematik der Partizipation nicht-ärztlicher Leistungserbringer s.u. Kapitel 2:C.IV.6.

[262] S. Hess in KK SGB V, § 94 Rn. 4 und Vahlendieck in H/H SGB V, § 94 Rn. 4

B. Die Richtlinien

I. Die Richtlinienkompetenz des Bundesausschusses

Die Kompetenz des Bundesausschusses zum Erlaß von Richtlinien findet sich an mehreren Stellen im SGB V. Zentrale Bedeutung hat aber § 92 SGB V.

1. Die generelle Kompetenzzuweisung in § 92 Abs. 1 S. 1 SGB V

Nach § 92 Abs. 1 S. 1 SGB V beschließt der Bundesausschuß der Ärzte und Krankenkassen „die zur Sicherung der ärztlichen Versorgung erforderlichen Richtlinien über die Gewähr für eine ausreichende, zweckmäßige und wirtschaftliche Versorgung der Versicherten". S. 2 der Vorschrift zählt die Sachgebiete auf, für die der Bundesausschuß Richtlinien erlassen soll. Sie betreffen praktisch alle Leistungsarten der GKV (vgl. Übersicht 5 auf der folgenden Seite) sowie die Bedarfsplanung nach § 101 SGB V.

Der Katalog des § 92 Abs. 1 SGB V ist nach dem Gesetzeswortlaut nicht enumerativ, sondern gibt nur die Gebiete an, in denen der Bundesausschuß „insbesondere" tätig werden soll.[263] Demnach hätte der Bundesausschuß eine generelle Kompetenz für alle Richtlinien, die für die Sicherung der ärztlichen Versorgung erforderlich sind, § 92 Abs. 1 S. 1 SGB V.[264]

2. Richtlinienkompetenzen in anderen Vorschriften und weitere Aufgaben

Das SGB V enthält in weiteren Vorschriften ebenfalls Ermächtigungen für den Bundesausschuß zum Erlaß von Richtlinien; nämlich in §§ 25 Abs. 4, 26 Abs. 2, 27 a Abs. 4, 33 Abs. 3, 35 Abs. 1 und 37 a Abs. 2 SGB V. Man mag diesen speziellen Richtlinienermächtigungen eine bloß deklaratorische Bedeutung zuschreiben. Denn nach dem Wortlaut des § 92 Abs. 1 S. 1 SGB V ist der Bundesausschuß ohnehin zum Erlaß aller „zur Sicherung der ärztlichen Versorgung

---

263 S. § 92 Abs. 1 S. 2 vor Nr. 1 SGB V

264 S. Schneider, HB-KAR, 1994, Rn. 629 f.; wann der Erlaß von Richtlinien erforderlich ist, obliegt nicht der Bewertung des Bundesausschusses (anders wohl Schneider, HB-KAR, 1994, Rn. 630). Vielmehr ist er trotz der bloßen „Sollenspflicht" nach dem Wortlaut des § 92 Abs. 1 S. 1 SGB V rechtlich verpflichtet, bei hinreichendem Anlaß Entscheidungen - etwa zu neuen Behandlungsmethoden - zu treffen (vgl. BSG, MedR 1998, S. 230, 235 r. Sp.). Anders wäre auch nicht erklärbar, warum der BMG gem. § 94 S. 3 SGB V auch den Nichterlaß von Richtlinien beanstanden kann, obwohl ihm nur eine Rechtsaufsicht über den Bundesausschuß zusteht (so a. Tempel-Kromminga, Problematik der Richtlinien, 1994, Fn. 147).

Übersicht 5: Die Richtlinienkompetenzen nach § 92 Abs. 1 S. 2 SGB V

Kompetenztitel	Beschlossene Richtlinien
Nr. 1: Ärztliche Behandlung[265]	Psychotherapie-RL[266]
Nr. 3: Maßnahmen zur Früherkennung von Krankheiten	Gesundheitsuntersuchungs-Richtlinien Jugendgesundheitsuntersuchungs-RL Kinder-RL Krebsfrüherkennngs-RL
Nr. 4: Ärztliche Betreuung bei Schwangerschaft und Mutterschaft	Mutterschafts-RL
Nr. 5: Einführung neuer Untersuchungs- und Behandlungsmethoden	BUB-Richtlinien[267]
Nr. 6: Verordnung von Arznei-, Verband-, Heil- und Hilfsmitteln, Krankenhausbehandlung und häuslicher Krankenpflege	Arzneimittel-RL Heilmittel-RL Hilfsmittel-RL Krankenhausbehandlungs-RL Häusliche Krankenpflege-RL
Nr. 7: Beurteilung der Arbeitsunfähigkeit	Arbeitsunfähigkeits-RL
Nr. 8: Verordnung von im Einzelfall gebotenen medizinischen Leistungen und die Beratung über die medizinischen, berufsfördernden und ergänzenden Leistungen zur Rehabilitation	Rehabilitations-RL
Nr. 9: Bedarfsplanung	Bedarfsplanungs-RL
Nr. 10: Medizinische Maßnahmen zur Herbeiführung einer Schwangerschaft nach § 27a Abs. 1	RL über künstliche Befruchtung
Nr. 11: Maßnahmen nach den §§ 24a und 24b	Sonstige Hilfen-Richtlinien

265 Die in § 37 a SGB V vorgesehenen Soziotherapie-RL wurden bisher noch nicht erlassen

266 Alle beschlossenen Richtlinien sind abgedruckt in: Engelmann (Hrsg.) Aichberger Sozialgesetzbuch Ergänzungsband Textsammlung, Losebl.

267 Mit der Neufassung in BAnz 2000 Nr. 56, S. 4603, wurde die Überschrift der Richtlinien nach § 135 SGB V von „Richtlinien über die Einführung neuer Untersuchungs- und Behandlungsmethoden und über die Überprüfung erbrachter vertragsärztlicher Leistungen (NUB-RL)“ geändert in: „Richtlinien über die Bewertung ärztlicher Untersuchungs- und Behandlungsmethoden (BUB-RL)“; die BUB-RL stützen sich außerdem auf die Ermächtigungsnorm des § 135 Abs. 1 SGB V

erforderlichen" Richtlinien befugt.[268] Doch die verfassungsrechtliche Zulässigkeit einer solchen „generellen Befugnis"[269] ist zweifelhaft. Es spricht nämlich vieles dafür, daß die gesetzlichen Richtlinienermächtigungen den Anforderungen des Art. 80 Abs. 1 S. 2 GG entsprechen müssen – worauf an späterer Stelle noch eingegangen wird[270] - und diesen außerhalb der speziellen Ermächtigungen nicht genüge getan wird.[271] Diese Zweifel mögen den Gesetzgeber dazu bewogen haben, die Richtlinienkompetenzen in das Leistungsrecht zu integrieren und dadurch klar zu stellen, daß der jeweilige Leistungsanspruch nur im Rahmen der Richtlinien gewährt wird. Dadurch ist zumindest für diese eindeutig geregelt, daß die Richtlinien auch für die Versicherten verbindlich sind.[272]

Neben dem Erlaß von Richtlinien hat der Bundesausschuß auch die Aufgabe, eine Übersicht über von der Versorgung ausgeschlossene Arzneimittel (Negativliste) zusammenstellen, § 93 SGB V. Diese Aufgabe wird nach Erlaß der noch ausstehenden Positivliste durch Rechtsverordnung gemäß § 33 a Abs. 1 SGB V wegfallen.[273]

Eine gewisse Sonderstellung haben die Richtlinien-Kompetenzen nach §§ 101 Abs. 1, 135 Abs. 1 und 136 a SGB V. Die Richtlinien nach § 101 SGB V sollen eine regionale Überversorgung an zugelassenen Ärzte verhindern. Sie haben damit keine Bedeutung für die Bestimmung der Leistungsansprüche der Versicherten. Demgegenüber enthalten § 135 und § 136 a SGB V eigene Kompetenzvorschriften zur Bewertung von Untersuchungs- und Behandlungsmethoden, auf die an späterer Stelle noch einzugehen sein wird,[274] und zur Regelung der Qualitätssicherung.

II. Die Bedeutung der Richtlinien für die Rechtsverhältnisse

Der Bundesausschuß wird als „die oberste beschließende Einrichtung der gemeinsamen Selbstverwaltung"[275] bezeichnet oder sogar als „kleiner Gesetzge-

---

268 So Schneider, HB-KAR, 1994, Rn. 628

269 So Knittel in Krkpf, SGB V § 92 Rn. 3

270 S. u. Kapitel 2:C.IV.4

271 Auf dieses Problem wird ausführlich eingegangen unter Kapitel 2:C.IV.5.a

272 Zu der umstrittenen Verbindlichkeit der Richtlinien für die Versicherten s. u. Kapitel 2:B.II.2

273 S. Art. 22 Abs. 4 GKV-GRG

274 S. Kapitel 4:C.V

275 BSG SozR 3-2500 § 92 Nr. 6 (S. 35) unter Hinweis auf Begr. des Gesetzes über das Kassenarztrecht, BT-Drucks. I 1955 3904, S. 17

ber".[276] Darin klingt die dominante Stellung des Bundesausschusses für das Leistungserbringungsrecht der GKV an, die mit der Kompetenz, in allen für die Wirtschaftlichkeit der vertragsärztlichen Versorgung erforderlichen Sachbereichen Richtlinien zu erlassen, allein nicht begründet werden kann. Denn eigentlich möchte man meinen, daß „Richtlinien" - entsprechend der regelmäßigen Verwendung des Begriffs[277] - keine verbindliche Wirkung haben. Dies ist aber weit gefehlt. Nach Ansicht der neueren Rechtsprechung des BSG und der wohl herrschenden Auffassung in der Literatur sind die Richtlinien nicht nur für die Vertragsärzte und Krankenkassen verbindlich, sondern auch für die Versicherten.[278] Und dies bedeutet - grob gesagt -, daß praktisch alle Leistungsansprüche der Versicherten nach dem SGB V nur bestehen, wenn der Bundesausschuß diese nicht in seinen Richtlinien ausgeschlossen hat.

Die Richtlinien haben aber nicht nur Bedeutung für die Versichertenansprüche. In den Bedarfsplanungsrichtlinien nach §§ 92 Abs. 1 S. 1 Nr. 9 und 101 SGB V setzt der Bundesausschuß Verhältniszahlen fest, die den bedarfsgerechten Versorgungsgrad innerhalb eines Planungsbereichs bestimmen. Wird dieser aufgrund der Ärztedichte um 10% überschritten, müssen Zulassungsbeschränkungen wegen Überversorgung angeordnet werden, § 103 SGB V. Es spricht alles dafür, die Bedarfsplanungsrichtlinien als Berufswahlregelungen einzuordnen[279] mit entsprechend erhöhten Anforderungen für die Rechtfertigung des Eingriffs in Art. 12 Abs. 1 GG.[280] Sie haben damit eine Sonderstellung im Katalog des § 92 Abs. 1 S. 1 SGB V. Dies wurde wohl auch vom Gesetzgeber als problematisch angesehen, weshalb er die Verhältniszahlen ab dem 01.01.2003 selbst festlegen wird, § 102 SGB V. Auf eine Vertiefung der besonderen verfassungsrechtlichen Problematik und die Bestimmung der Kontrolldichte bei der gerichtlichen Prüfung der Bedarfsplanungsrichtlinien wird deshalb hier verzichtet.

Die Verbindlichkeit der Richtlinien ist aber nicht nur im Bereich der Bedarfsplanung umstritten. Für Ärzte und Krankenkassen wird die bindende Beschränkung der Versichertenansprüche durch die Richtlinien zwar im allgemeinen akzeptiert (1.). Um die unlängst vom BSG anerkannte Verbindlichkeit der Richtlinien auch für die Versicherten ist hingegen ein heftiger Streit entbrannt.[281] Dabei

---

[276] S. Oldiges, G+G 1999, S. 28 (31, l. Sp.)

[277] Vgl. Creifelds, Rechtswörterbuch, 2000, Stichwort: „Richtlinien"

[278] Hess in KK SGB V, § 92 Rn. 4, m. w. Nachw.

[279] Vgl. BVerfGE 11, 30 (42 ff.) und Hänlein, Rechtsquellen im Sozialversicherungsrecht, S. 479

[280] S. dazu Hänlein, Rechtsquellen im Sozialversicherungsrecht, S. 480 und 491 ff. m. w. Nachw.

[281] Für die Verfassungswidrigkeit: Papier, VSSR 1990, S. 123 (128 ff.); Ossenbühl, NZS 1997, S. 497 ff., ders., Gutachten für die BFAH, 1998; Wimmer, MedR 1996, S. 425 ff.;

werden vor allem „verfassungsrechtliche Geschütze" aufgefahren. Hier soll aber zuerst nur erörtert werden, ob dem einfachen Gesetz, also insbes. dem SGB V die Verbindlichkeit der Richtlinien für die Versicherten zu entnehmen ist (2.). Hingegen wird der Frage, ob dieses Ergebnis der einfachgesetzlichen Betrachtung mit der Verfassung vereinbar ist, im folgenden Abschnitt nachgegangen.

1. Die Verbindlichkeit der Richtlinien für Leistungserbringer und Krankenkassen

Die Verbindlichkeit der Richtlinien für Vertragsärzte und Krankenkassen ist gesetzlich angeordnet. Nach § 92 Abs. 8 SGB V sind die Richtlinien Bestandteil des Bundesmantelvertrages (BMV). Dieser ist wiederum gemäß § 82 Abs. 1 S. 2 SGB V inhaltlich in die Gesamtverträge aufzunehmen, die zwischen den KÄV und den LVK abgeschlossen werden, § 83 Abs. 1 S. 1 SGB V. Und die Gesamtverträge sind für die Krankenkassen und Vertragsärzte verbindlich.[282] Für zugelassene und ermächtigte Ärzte wird die Verbindlichkeit der Verträge durch § 95 Abs. 3 S. 2 und Abs. 4 S. 2 SGB V und für die Krankenkassen durch § 83 Abs. 1 S. 1 SGB V angeordnet. Allein deshalb sind Zweifel an der Verbindlichkeit der Richtlinien für die Vertragsärzte und Krankenkassen unberechtigt.[283]

Die Verbindlichkeit der Richtlinien für die Vertragsärzte und Krankenkassen wird aber im SGB V noch über eine zweite Linie begründet.[284] Die Satzungen der KÄV und der LVK haben nach §§ 81 Abs. 3 und 210 Abs. 2 SGB V Bestimmungen zu enthalten, die die Verbindlichkeit der Richtlinien bzw. des BMV (der die Richtlinien beinhaltet), für die KÄV und LVK, sowie deren Mitglieder anordnet.

---

ders., NZS 1999, S. 113 ff. und wohl auch Di Fabio, NZS 1998, S. 449 (451); für die Verfassungsmäßigkeit: Clemens, NZS 1994, S. 337 ff.; ders., MedR 1996, S. 432 ff.; Ebsen, VSSR 1990, S. 57, (63 ff.); ders., FS für Krasney, 1997, S. 81, (88 ff.); Schirmer, MedR 1996, S. 404 ff.; Schnapp, FS für Krasney, 1997, S. 437 ff.; ders., SGb 1999, S. 63 ff.

282 Vgl. Ebsen in HBSV-KV, 1994, § 7 Rn. 115 sowie Wigge, Die Stellung der Ersatzkassen im gegliederten System der gesetzlichen Krankenversicherung nach dem GRG v. 20. 12. 1988, 1991, S. 310; Hess in KK SGB V, § 82 Rn. 7 und BSGE 71, 42 (45 ff.)

283 So auch BSG SozR 3-2500 § 92 Nr. 6 (S. 29 f.), Noftz, VSSR 1997, S. 393 (424 ff.); Ebsen, VSSR 1990, S. 57 (67 f.); ders. in FS für Krasney, 1997, S. 81 (88 ff.); ders. in HBSV-KV, 1994, § 7 Rn. 158

284 Diese doppelte gesetzliche Absicherung der Verbindlichkeit der Richtlinien für die Vertragsärzte und Krankenkassen ist wohl Ausdruck des Mißtrauens des Gesetzgebers gegenüber seinen eigenen Regelungen und läßt sein „schlechtes Gewissen bezüglich der verfassungsrechtlichen Zulässigkeit exekutivischer Regulierung durch die gemeinsame Selbstverwaltung" vermuten (so zutreffend Ebsen in FS für Krasney, 1997, S. 81, 89).

Im Ergebnis gilt somit folgendes: Die Richtlinien des Bundesausschusses sind für die Vertragsärzte und Krankenkassen nach den gesetzlichen Anordnungen des SGB V verbindlich. Die Verbindlichkeit beruht auf der Teilhabe der Richtlinien an der Rechtsnormwirkung der Normsetzungsverträge (Gesamtvertrag und BMV).

Dieses Ergebnis der Analyse der gesetzlichen Regelung ist aber sogleich wieder in Frage zu stellen. Im Gegensatz zur Verbindlichkeit für die Vertragsärzte und Krankenkassen ist die Verbindlichkeit der Richtlinien für die Versicherten nämlich sehr umstritten. Lehnt man aber diese Verbindlichkeit ab, ist fraglich, wie der Versicherte Anspruch auf von den Richtlinien ausgeschlossene Leistungen haben kann, die vom Vertragsarzt nicht erbracht werden dürfen, weil dieser an die Richtlinien gebunden ist. Der nächste Abschnitt wird sich damit näher beschäftigen.

2. Die Bedeutung der Richtlinien für die Versicherten

Die Bedeutung der Richtlinien für die Versicherten wirft schwierige Fragen auf, die aus einem gewissen Spannungsverhältnis zwischen Leistungsrecht und Leistungserbringungsrecht herrühren. Vieles spricht dafür, daß die Richtlinien die Leistungsansprüche der Versicherten verbindlich ausgestalten, weil die normative Wirkung der Richtlinien für die Leistungserbringer auf das Leistungsrecht „durchschlägt".[285]

a. Das Spannungsverhältnis zwischen Leistungsrecht und Leistungserbringungsrecht

Leistungsrecht und Leistungserbringungsrecht werden durch das SGB V in einer gewissen Abstraktion geregelt. Mit den Versicherten als Anspruchsberechtigten des Leistungsrechts und den Vertragsärzten und Krankenkassen als Verpflichteten des Leistungserbringungsrechts weisen die beiden Regelungsbereiche grundsätzlich unterschiedliche Normadressaten aus.[286] Die Systematik des SGB V verdeutlicht in seinen Kapiteln 3 und 4 die prinzipielle Trennung, die sich insbesondere dadurch bemerkbar macht, daß mit dem System gemeinsamer Selbstverwaltung die Vertragsärzte und Krankenkassen gehalten und befugt sind, ihre Rechtsbeziehung verbindlich auszugestalten.[287]

---

285 Ebsen in FS für Krasney, 1997, S. 81 (84)

286 S. Frieß, Die Steuerungsinstrumente der Selbstverwaltung im Sozialgesetzbuch, 1992, S. 81, m. w. Nachw.

287 S. o. Kapitel 1:B.II.2

Leistungsrecht und Leistungserbringungsrecht stehen aber in einem tatsächlichen Verhältnis zueinander, aus dem Spannungen zwischen den beiden Regelungsbereichen resultieren. Dieses tatsächliche Verhältnis wird durch das Sachleistungsprinzip, § 2 Abs. 2 S. 1 SGB V, und durch das Verordnungs- und Verschreibungsmonopol des Vertragsarztes, § 15 Abs. 1 SGB V, erzeugt. Nach diesen Prinzipien erhält der Versicherte die Leistungen, auf die er nach den leistungsrechtlichen Bestimmungen Anspruch hat, als Sachleistungen nach Konkretisierung durch den Vertragsarzt. Wenn der Vertragsarzt durch die leistungserbringungsrechtlichen Regelungen im Rahmen der gemeinsamen Selbstverwaltung rechtlich in seiner Konkretisierungsentscheidung gebunden wird, kann er den Leistungsanspruch des Versicherten nur unter Beachtung dieser Bestimmungen - insbesondere der Richtlinien des Bundesausschusses - erbringen. Oder anders gesagt: Der Versicherte kann schwerlich Leistungen beanspruchen, die der Vertragsarzt aufgrund der Richtlinien nicht erbringen darf.[288]

Daraus folgt, daß das Verhältnis von Leistungsrecht und Leistungserbringungsrecht in Ausgleich zu bringen ist. Andernfalls wäre der Vertragsarzt bei seiner Konkretisierung des Leistungsanspruchs durch zwei sich möglicherweise widersprechende Regelungen gebunden.[289] Dies verstieße gegen das Gebot der Einheitlichkeit der Rechtsordnung.[290] Der Ausgleich zwischen Leistungsrecht und Leistungserbringungsrecht muß also in irgendeiner Form sicherstellen, daß keine Diskrepanzen oder „Friktionen“[291] zwischen den beiden Regelungsbereichen bestehen, die zu einem nicht auflösbaren Widerspruch der Verpflichtungen für den Vertragsarzt führen. Drei Grundoptionen vermögen diesen Ausgleich herzustellen. Sie werden im folgenden dargestellt.

b. Drei Modelle zur Angleichung von Leistungs- und Leistungserbringungsrecht

Drei von EBSEN entwickelte Modelle[292] erklären auf unterschiedliche Weise eine Angleichung des Leistungs- und des Leistungserbringungsrechts.

---

[288] Womit allerdings noch keine Aussage darüber getroffen ist, ob dem Versicherten bei einer Diskrepanz zwischen seinem gesetzlichen Leistungsanspruch und den Richtlinien nicht möglicherweise ein Anspruch nach § 13 SGB V zusteht (vgl. dazu die Ausführungen zum Trennungsansatz unter Kapitel 2:B.II.2.b)

[289] Vgl. BSGE 52, 134 (137); BSGE 63, 163 (165 f.); BSGE 65, 154 (154 f.) m. jeweils w. Nachw.

[290] S. Ebsen VSSR 1990 S. 69

[291] Ebsen in FS für Krasney, 1997, S. 81 (83)

[292] S. Ebsen in FS für Krasney, 1997 S. 81 (94 ff.)

aa. Der Trennungsansatz

Nach dem Trennungsansatz sind Leistungsrecht und Leistungserbringungsrecht zwei getrennte Regelungsbereiche. Der Anspruch des Versicherten richtet sich allein nach dem Leistungsrecht, während sich die Verpflichtungen des Vertragsarztes aus dem Leistungserbringungsrecht ergeben.[293] Dadurch ist es möglich, „daß der Versicherte gegen die Krankenkasse einen Behandlungsanspruch auf eine bestimmte Leistung hat und daß es zugleich im Leistungserbringungverhältnis den Vertragsärzten verboten ist, diese Leistung zu erbringen und zu verordnen".[294] Etwaige Abweichungen des Leistungserbringungsrechts vom Leistungsrecht schlagen auf den Anspruch des Versicherten nicht durch, weil die Bestimmungen des Leistungserbringungsrechts für dessen rechtliche Bestimmung irrelevant sind.[295] Das heißt: der Umfang des Versichertenanspruchs ergibt sich allein aus der Auslegung der einschlägigen leistungsrechtlichen Normen des SGB V.[296]

Die gleichzeitige Verbindlichkeit der Bestimmungen im Rahmen der gemeinsamen Selbstverwaltung (insbesondere der Richtlinien) für die Vertragsärzte führt deshalb nicht zu einer rechtlichen Diskrepanz, weil diese Verbindlichkeit keine Letztverbindlichkeit darstellt. Weder die Aufsichtsbehörde noch die Gerichte sind an die Richtlinien gebunden. Und zwar nicht nur, weil diese das Recht haben, die Richtlinien zu kontrollieren und bei Verstoß gegen höherrangiges Recht aufzuheben, sondern weil sie für die rechtliche Bewertung schlichtweg keine Rolle spielen. Mit anderen Worten: die Richtlinien haben eine normative Wirkung nur für den Innenbereich des Leistungserbringungsrechts. Die Diskrepanzen, die sich aus der Innenverbindlichkeit der Richtlinien und der Letztverbindlichkeit der gesetzlichen Ansprüche ergeben, werden nach dem Trennungsansatz über den Kostenerstattungsanspruch des § 13 Abs. 3 SGB V aufgehoben. Wurde nämlich dem Versicherten eine Leistung entsprechend der Richtlinien, aber zu unrecht verwehrt, weil ihm diese – z. B. nach Auffassung des angerufenen Gerichts – von Gesetzes wegen zusteht, so liegt ein „Systemversagen" vor und die Krankenkasse hat ihm die entstandenen Kosten zu erstatten.[297]

Theoretisch ließe sich eine rein innerrechtliche Wirkung der Richtlinien für die Vertragsärzte damit begründen, daß es sich bei den Richtlinien um eine privatrechtliche Übereinkunft zwischen den Ärzten und Krankenkassen handele. Dem

---

293 So insbesondere: Schimmelpfeng-Schütte, NZS 1999, S. 530 ff.
294 Ebsen in FS für Krasney, 1997, S. 94
295 Vgl. Ebsen in FS für Krasney, 1997, S. 94
296 S. o. Kapitel 1:B.II.2
297 So LSG Niedersachsen, NZS 1996, S. 74; ähnlich Estelmann/Eicher, SGb 1991, S. 247 (256) und die frühere Rechtsprechung des BSG (z. B. BSGE 73, 271, 276)

steht aber entgegen, daß der Bundesausschuß kein aufgrund vertraglicher Ermächtigung handelndes Gremium ist, sondern durch öffentliche Rechtsmacht die Richtlinien erläßt. Näher liegt es da schon, die Richtlinien als Verwaltungsvorschriften einzuordnen.[298] Verwaltungsvorschriften können aber nur im öffentlich-rechtlichen Über-Unterordnungsverhältnis ergehen. Die Vertragsärzte sind aber nicht „Glied der Verwaltung“[299], und deshalb scheiden sie auch als Adressat von Verwaltungsvorschriften aus.[300]

Eine rein innerrechtliche Bindung der Richtlinien für die Vertragsärzte und Krankenkassen, wie sie dem Trennungsansatz entspricht, läßt sich somit nicht begründen.

bb. Der prozedurale Ansatz

Nach dem prozeduralen Ansatz sind die leistungsrechtlichen Normen, die dem Versicherten Leistungen der GKV zusprechen, „subjektiv-öffentliche Rahmenrechte“.[301] Zu einem Anspruch i. S. d. § 194 BGB erwachsen sie erst durch die Konkretisierung des Vertragsarztes im Einzelfall.[302] Da dieser in seiner Konkretisierungsentscheidung durch die Richtlinien des Bundesausschusses gebunden ist, kann der Anspruch des Versicherten nur im Rahmen derselben entstehen. Der Anspruch des Versicherten beschränkt sich vor der Therapieentscheidung mithin auf das Recht auf korrektes Entscheiden des Vertragsarztes im Rahmen rechtswirksam zustande gekommener Richtlinien.[303] Da der behandelnde Vertragsarzt über den Anspruch des Versicherten aber nur korrekt entscheidet, wenn er die für ihn verbindlichen Richtlinien beachtet, kann auch der Leistungsanspruch nur unter dem Regime der Richtlinien entstehen. Die Entscheidung des Vertragsarztes „transportiert“ so die Richtlinien aus der bloßen Innenverbindlichkeit im Leistungserbringungsrecht zur Außenverbindlichkeit für die Versicherten. Sie werden zu untergesetzlichen Rechtsnormen.

cc. Der integrative Ansatz

Auch nach dem integrativen Ansatz wird der Anspruch des Versicherten nach Maßgabe des Leistungserbringungsrechts - also insbesondere der Richtlinien -

---

298 So Frieß, Die Steuerungsinstrumente der Selbstverwaltung im Sozialgesetzbuch, 1992, S. 172, m. w. Nachw.

299 S. bereits BVerwGE 14, 84 (85 ff.) und Maurer, VerwR-AT, 1999, § 24 Rn. 1

300 So auch Schneider, HB-KAR, 1994, Rn. 260

301 So BSGE 73, 271 (280); BSGE 78, 70 (85); BSGE, 81, 54 (61); BSGE 81, 73 (78)

302 S. dazu die Darstellung bei Schwerdtfeger, NZS 1998, S. 49 ff. und ders., NZS 1998, S. 97 ff.

303 S. Ebsen in FS für Krasney, 1997, S. 81 (96)

bestimmt. Das Leistungserbringungsrecht wird aber seinerseits auf seine Vereinbarkeit mit dem höherrangigen Recht überprüft. Die Richtlinien haben deshalb den Anforderungen der leistungsrechtlichen Normen des SGB V zu genügen. Leistungsrecht und Leistungserbringungsrecht werden materiell harmonisiert.[304] Dadurch wird einerseits der Überordnung des Leistungsrechts aufgrund seines Gesetzescharakters gegenüber den untergesetzlichen Bestimmungen des Leistungserbringungsrechts Rechnung getragen, ohne daß dies zu einer Irrelevanz der letzteren führt (wie im Trennungsansatz vertreten). Andererseits wird berücksichtigt, daß der Bundesausschuß durch die Richtlinien die leistungsrechtlichen Normen abstrakt-generell konkretisiert, ohne daß darüber der eigenständige Regelungsgehalt der gesetzlichen Anspruchsnormen vernachlässigt wird, wie im prozeduralen Ansatz.

Der integrative Ansatz steht dem prozeduralen Ansatz näher als dem Trennungsansatz. Er teilt dessen Prämisse, daß der Versichertenanspruch sich zumindest in der Regel nicht direkt aus den leistungsrechtlichen Normen ableiten läßt, sondern erst durch die Konkretisierung des Vertragsarztes der Anspruch auf korrektes Entscheiden in einen Leistungsanspruch umgewandelt wird.[305] Da der Konkretisierungsspielraum des Vertragsarztes bei der Bestimmung des Versichertenanspruchs durch die Richtlinien abstrakt-generell und verbindlich eingeengt wird, sind diese als untergesetzliche Rechtsnormen einzuordnen. Im Gegensatz zum prozeduralen Ansatz, in dem die leistungsrechtlichen Ansprüche als „Rahmenansprüche" lediglich die Ermittlung des konkreten Anspruchs eröffnen, dessen inhaltliche Ausgestaltung praktisch gänzlich im Rahmen der Entscheidungsspielräume des Bundesausschusses und des Vertragsarztes bestimmt wird, mißt der integrative Ansatz den leistungsrechtlichen Normen einen eigenen Regelungsgehalt bei, der diese Entscheidungsspielräume in stärkerem Maße einengt als auf ein bloßes Willkürverbot.

III. Zwischenergebnis

Alle drei Modelle stellen ein - zumindest theoretisch - widerspruchsfreies Verhältnis des Leistungsrechts zum Leistungserbringungsrecht her: Der Trennungsansatz, indem er das Leistungserbringungsrecht für irrelevant bei der Bestimmung der Leistungsansprüche der Versicherten erklärt (und dies über einen Anspruch auf Kostenerstattung absichert), der prozedurale Ansatz, indem er den Leistungsanspruch nur im Rahmen des Leistungserbringungsrechts entstehen läßt, und der integrative Ansatz, indem er das Leistungserbringungsrecht mit den

---

[304] S. Ebsen in FS für Krasney, 1997, S. 81 (97)
[305] Ebsen in FS für Krasney, 1997, S. 81 (96)

leistungsrechtlichen Bestimmungen des SGB V harmonisiert. Aber welcher Ansatz entspricht dem Gesetz und der Verfassung? Klarheit könnte eine verfassungsrechtliche Überprüfung schaffen. Sowohl der prozedurale als auch der integrative Ansatz betrachten die Richtlinien als untergesetzliche Rechtsnormen. Als untergesetzlicher Rechtsnormgeber müßte der Bundesausschuß aber verfassngsrechtliche Anforderungen erfüllen. Und ob er diesen genügt, ist durchaus zweifelhaft und sehr umstritten.

C. Verfassungsgemäße Richtlinienbefugnis

Die Richtlinienbefugnisse des Bundesausschusses haben der Verfassung zu entsprechen. Da die Verbindlichkeit der Richtlinien für die Versicherten vom SGB V nicht ausdrücklich geregelt wird, sondern - wenn überhaupt - nur durch die „Hintertür" der Verbindlichkeit für die Vertragsärzte und Krankenkassen, kann mit der verfassungsrechtlichen Prüfung die Hoffnung verbunden werden, daß mit ihrer Hilfe das Verbindlichkeitsproblem erhellt werden kann. Sei es, daß die Verfassung eine Verbindlichkeit der Richtlinien für die Versicherten untersagt, oder sei es, daß sie Anforderungen an die Verbindlichkeit stellt, die die schwierige rechtsdogmatische Einordnung der Richtlinien greifbarer macht. Ausgegangen werden soll dabei von der These, daß die Richtlinien Verbindlichkeit für die Versicherten besitzen, also untergesetzliche Rechtsnormen sind.

I. Die Problematik der verfassungsrechtlichen Einordnung der Richtlinien

Die Frage, ob der Bundesausschuß - gemäß der vorangestellten These - die Richtlinien als untergesetzliche Rechtsnormen mit Verbindlichkeit für die Versicherten erläßt, soll in zwei Schritten beantwortet werden:

(1) Erlaubt die Verfassung eine Ermächtigung zum Erlaß untergesetzlicher Rechtsnormen in der Form, wie sie das SGB V in der Richtlinienbefugnis für den Bundesausschuß vorsieht? Dabei geht es um eine Auseinandersetzung mit den Formen untergesetzlicher Rechtssetzung, Satzung und Rechtsverordnung. Sind diese beiden Typen der untergesetzlichen Rechtssetzung die einzigen, die die Verfassung erlaubt (Typenzwang), und lassen sich die Richtlinien weder dem Satzungs- noch dem Rechtsverordnungstyp zuordnen, ist von Verfassung wegen ausgeschlossen, daß die Richtlinien die Versicherten binden. Nach diesem Ergebnis wären die Richtlinien für den Versichertenanspruch entweder irrelevant oder sie hätten lediglich beweisrechtliche Konsequenzen.

(2) Lautet das Ergebnis aber, daß die Auffassung der Richtlinien als die Versicherten bindende Rechtsnormen grundsätzlich verfassungsgemäß ist, muß sich die Frage anschließen, welche Anforderungen die Verfassung an die Ermächtigung zu Richtlinien als untergesetzliche Rechtsnormen stellt (s. u. II und III).

1. Befund

Nach der bisherigen Erörterung erscheint eine eindeutige Einordnung der Richtlinien als Satzung oder als Rechtsverordnung schwierig, weil sie - bei oberflächlicher Betrachtung - Elemente beider Rechtsformen in sich vereinigen:

- Historisch und organisatorisch ist der Bundesausschuß eher als Selbstverwaltungsgremium anzusehen. Historisch, weil der Bundesausschuß aus dem System gemeinsamer Selbstverwaltung erwachsen ist, das im Widerstreit der Eigeninteressen der Vertragsärzte und Krankenkassen (nämlich im Berliner Abkommen) seinen Anfang nahm und das später mit leichten Modifikationen ins Gesetz übertragen wurde,[306] und organisatorisch, weil der Bundesausschuß hauptsächlich mit Vertretern besetzt ist, die von den Selbstverwaltungsgremien der Vertragsärzte und Krankenkassen bestellt werden.[307]

- Hingegen erscheint es bei isolierter Betrachtung der Funktion des Bundesausschusses näher liegend, die Richtlinien als Rechtsverordnung einzuordnen. Der Bundesausschuß soll durch die Richtlinien die vertragsärztliche Versorgung auf zweckmäßige und wirtschaftliche Leistungen beschränken.[308] Angesichts eines Anteils gesetzlich Versicherter an der Gesamtbevölkerung Deutschlands von rund 87%[309] kann schlechterdings nicht mehr von einer besonderen Betroffenheit eines „Teilvolkes“ gesprochen werden, der von dem Geltungsbereich einer Satzung umfaßt sein dürfte. Mit der Sicherung der finanziellen Stabilität der GKV ist der Bundesausschuß vielmehr mit einer Gemeinwohlaufgabe betraut worden.[310] Dies spricht eher dafür, die Richtlinien als Rechtsverordnung einzuordnen.

Der Bundesausschuß ist somit ein historisch vorgefundenes Selbstverwaltungsgremium, das funktional zu einem Gremium mit Allgemeinwohlaufgaben erweitert wurde.[311] Es ist diese Ambivalenz von Selbstverwaltung und Allgemeinwohlaufgabe, die die rechtliche Einordnung der Richtlinien so schwierig macht.

---

306 S. o. Kapitel 2:A.I
307 S. o. Kapitel 2:A.II.2
308 Vgl. § 92 Abs. 1 S. 1 SGB V
309 S. o. Kapitel 1:A.I.4
310 S. BVerfGE 68, 193 (218) und s. o. Kapitel 2:B.II
311 Ähnlich Engelmann, NZS 2000, S. 1 (6, l. Sp.) der von einer „funktionellen Erweiterung des herkömmlichen Selbstverwaltungsbegriffs“ spricht

2. Das Erfordernis verfassungsgemäßer Rechtsquellen

Die Schwierigkeit der Einordnung der Richtlinien ist vor allem ein Problem der verfassungsrechtlichen Zulässigkeit. Sind die Richtlinien für die Versicherten verbindlich, konkretisieren sie abstrakt-generell dessen Leitungsansprüche gegen die Krankenkassen. Da die Leistungsansprüche öffentlich-rechtlicher Art sind,[312] müßten die Richtlinien allein deshalb den verfassungsrechtlichen Anforderungen an öffentlich-rechtliche Rechtsnormen genügen.
Außerdem sind die Leistungsansprüche des Versicherten aber auch grundrechtlich fundiert. Einschlägig ist einerseits Art. 2 Abs. 1 GG, weil die Zwangsmitgliedschaft in der GKV die allgemeine Handlungsfreiheit der Versicherten insoweit beschränkt als die Konditionen des Behandlungsverhältnisses durch die Richtlinien ausgestaltet werden.[313] Andererseits ist das durch Art. 2 Abs. 2 S. 1 GG geschützte „gesundheitliche Selbstbestimmungsrecht“[314] des Versicherten betroffen. Durch den Charakter der GKV als Zwangsversicherung[315] ist der Versicherte faktisch den Einschränkungen der Leistungen durch die Richtlinien unterworfen und damit sowohl das Selbstbestimmungsrecht des Versicherten als auch dessen Recht auf körperliche Unversehrtheit berührt.[316]
Der Leistungsanspruch des Versicherten steht somit unter einem öffentlich-rechtlichen Regime. Eine verbindliche Ausgestaltung der Leistungsansprüche durch die Richtlinien ist deshalb nur dann verfassungsgemäß, wenn die Richtlinien als untergesetzliche Rechtsnormen einzuordnen sind.

II. Satzung und Rechtsverordnung nach der klassischen Rechtsquellenlehre

Der Einordnung der Richtlinien als Rechtsnormen könnte entgegenstehen, daß die Verfassung dem Gesetzgeber lediglich die untergesetzlichen Rechtsquellen der Satzung und der Rechtsverordnung zur Verfügung stellt und keiner dieser beiden Typen die Ermächtigung eines autonomen Organs - wie des Bundesausschusses - zur Erfüllung von Allgemeinwohlaufgaben erlaubt. Unproblematisch wäre die verfassungsrechtliche Zulässigkeit der Richtlinien, wenn sie sich als

---

312 S. o. Kapitel 1:B.I.1.a sowie BSGE 73, 271 (280) und Kapitel 1:A.I.5
313 S. Schwerdtfeger in FS für Krasney, 1997, S. 499 (502)
314 S. dazu Hermes, Das Grundrecht auf Schutz von Leben und Gesundheit, 1987, S. 197 ff.; BVerfGE 89, 119 (130) und BVerfG, Pharma Recht 1997, S. 177 (185) und die abweichenden Meinungen der Richter Hirsch, Niebler und Steinberger zu dem Beschluß des BVerfG vom 25. Juli 1979 in BVerfGE 52, 171 (174)
315 S. o. Kapitel 1:A.I.5
316 Vgl. BSG, SGb 1994, S. 527 (529 f.) und zum Schutzgut des Art. 2 Abs. 2 S. 1 GG s. Hermes, Das Grundrecht auf Schutz von Leben und Gesundheit, 1987, S. 222 ff.

Satzung oder Rechtsverordnung in ihrer klassischen, allgemein anerkannten Form darstellten.

1. Die Richtlinien als Satzungen im klassischen Sinn

Im folgenden wird überprüft, ob die Richtlinien dem klassischen Satzungsbegriff entsprechen, wie ihn Rechtsprechung und Lehre entwickelt haben.

a. Die Satzung im klassischen Sinn

Die wesentlichen Merkmale des klassischen Satzungstypus[317] sind vom BVerfG in der sog. Facharztentscheidung beschrieben worden: „Satzungen sind Rechtsvorschriften, die von einer dem Staat eingeordneten juristischen Person des öffentlichen Rechts im Rahmen der ihr gesetzlich verliehenen Autonomie mit Wirksamkeit für die ihr angehörigen und unterworfenen Personen erlassen werden. Die Verleihung von Satzungsautonomie hat ihren guten Sinn darin, gesellschaftliche Kräfte zu aktivieren, den entsprechenden Gruppen die Regelung solcher Angelegenheiten, die sie selbst betreffen und die sie in überschaubaren Bereichen am sachkundigsten beurteilen können, eigenverantwortlich zu überlassen und dadurch den Abstand zwischen Normgeber und Normadressat zu verringern“.[318] Knapper formuliert HENDLER: Die Selbstverwaltung setzt voraus, „daß bestimmte öffentliche Angelegenheiten von den davon besonders berührten Personen, den Betroffenen, eigenverantwortlich (d. h. höchstens unter staatlicher Rechtsaufsicht) verwaltet werden“.[319]

Inhalt und Grenzen der klassischen Satzungsautonomie liegen somit in der Selbstverwaltungsidee begründet.[320] Die Autonomie steht deshalb auf zwei Säulen. Einerseits bedeutet Selbstverwaltung die zumindest teilweise Unabhängigkeit des autonomen Gremiums von staatlicher Einflußnahme (formelle Unabhängigkeit) und andererseits die Legitimation der autonomen Entscheidungen durch einen abgrenzbaren Kreis Betroffener, das sog. „Teilvolk“ (materielle Legitimation). Nur wenn beide Voraussetzungen kumulativ vorliegen, nimmt das ermächtigte Gremium Satzungsgewalt im klassischen Sinne wahr; es handelt -

---

317 Zu den klassischen Satzungen werden gemeinhin die gemeindliche, die anstaltliche und die körperschaftliche Satzung gezählt; vgl. statt aller: Clemens in FS für Böckenförde, 1995, S. 259 (263). Wobei die anstaltliche Satzung eigentlich nicht mehr von der urspünglichen Idee der Verwaltung eigener Angelegenheiten getragen wird; vgl. hierzu die Übersicht zur Geschichte der Selbstverwaltung bei Stern, StaatsR I, 1984, § 12 I 3 (S. 399)

318 BVerfGE 33, 125 (156)

319 S. Hendler, Selbstverwaltung als Ordnungsidee, 1984, S. 284

320 S. auch BVerfGE 12, 319 (325)

um Begriffe von EBSEN zu verwenden - mit „materieller Autonomie“, während die bloße (teilweise) Unabhängigkeit des Gremiums von staatlicher Einflußnahme auf die Entscheidungen als „formelle Autonomie“ bezeichnet werden kann.[321]

Materielle Autonomie erfordert somit einerseits die rechtliche Verselbständigung (formelle Unabhängigkeit) des Satzungsgebers aus der unmittelbaren Staatsverwaltung.[322] Der Staat enthält sich der Besetzung der Selbstverwaltungsgremien und gewährt Freiheit von staatlichen Weisungsbefugnissen.[323] Er entledigt sich mit der Übertragung der Satzungsgewalt des unmittelbaren Zugriffs auf einen Teilbereich hoheitlicher Rechtssetzungsgewalt.[324]

Die formelle Unabhängigkeit läßt sich nach dem Typus der klassischen Satzung aber nur verfassungsrechtlich rechtfertigen, wenn in ihr das Demokratiegebot verwirklicht ist (materielle Legitimation).[325] Art. 20 Abs. 2 GG verbietet eine Ausgliederung aus dem parlamentarischen Verantwortungsbereich, ohne daß die ausgegliederte Satzungsgewalt durch eine autonome Legitimation substituiert wird.[326] Selbstverwaltung wird deshalb durch das Demokratieprinzip begrenzt: Es verbietet grundsätzlich den Beschluß verbindlicher Satzungsentscheidungen für Personen, die durch diese betroffen sind, ohne daß sie den Satzungsgeber durch Wahlen legitimiert haben (sog. Außenseiter).[327] Und es erfordert die Einhaltung bestimmter Wahlrechtsgrundsätze, insbesondere die sich aus Art. 3 Abs. 1 GG ergebende Gleichheit der Wahl.[328]

---

321 Ebsen, Probleme der Rechtsquellen I, 1998, S. 13 (24); ders. in FS Lukes 1989, S. 321 ff.; ders., VSSR 1990 S. 57 ff.

322 S. Wolff/Bachof/Stober, VerwR II, 1987, § 84 Rn. 36; Ebsen in HBSV-KV, 1994, § 7 Rn. 14; ders. in FS für Lukes, 1989, S. 321 (325);

323 Die Freiheit von Weisungsbefugnissen bedeutet eine - zumindest teilweise - Ausgliederung aus der parlamentarischen Verantwortlichkeit so a. Kirchhof in HBStR III, 1996, § 59 Rn. 169

324 Die theoretische Fundierung des Satzungsrechts ist nicht unumstritten, aber hier ohne Relevanz. Denn auch wenn man das Satzungsrecht nicht als staatlich „delegierte“ oder – wie zum Teil (begrifflich unglücklich) – als „derelinquierte“ Macht versteht, sondern von einem „originären“ Recht ausgeht, bleiben die verfassungsrechtlichen Anforderungen – soweit sie in diesem Kontext maßgeblich sind - die gleichen. Vgl. Ossenbühl in HBStR III, 1996, § 66 Rn. 18 ff.

325 Zur Bestimmung der Selbstverwaltungsautonomie durch das Demokratieprinzip s. BVerfGE 33, 125 (157); Hendler, Selbstverwaltung als Ordnungsprinzip, 1984, S. 302 ff.; Meyn, DVBl. 1977, S. 593 (596 f.); von Arnim, AöR 112 (1988), S. 1 (6 ff.)

326 S. Sommermann in v. Mangoldt/Klein/Starck, BG, 1999, Bd. 2, Art. 20 Abs. 2 Rn. 166

327 Vgl. Ossenbühl in HBStR III, 1996, § 66 Rn. 32 und Hendler, Selbstverwaltung als Ordnungsprinzip, 1984, S. 311 ff.

328 S. Sommermann in v. Mangoldt/Klein/Starck, BG, 1999, Bd. 2, Art. 20 Abs. 2 Rn. 171

b. Keine demokratische Legitimation des Bundesausschusses als klassischer Satzungsgeber

Die Richtlinien des Bundesausschusses erfüllen die Anforderungen des Typus der klassischen Satzung nicht, weil die Repräsentation der Versicherten im Bundesausschuß die Verbindlichkeit der Richtlinien für diese nicht ausreichend demokratisch legitimiert. Zwar haben die Mitglieder der Krankenkassen das Recht, die Selbstverwaltungsgremien der Krankenkassen zu wählen,[329] die ihrerseits für die Bestellung der Mitglieder des Bundesausschusses (über deren Landes- und Bundesverbände) mitverantwortlich sind. Um Art. 20 Abs. 2 S. 2 GG zu genügen, müßte dieses Wahlrecht aber sicherstellen, daß zumindest im Grundsatz jeder betroffene Versicherte die gleiche Möglichkeit hat, seine Interessen über die gewählten Vertreter im Bundesausschuß einzubringen.[330] Die tatsächliche Situation ist eine andere:

- Ein beachtlicher Teil der Versicherten ist überhaupt nicht im Bundesausschuß repräsentiert. Das Wahlrecht gem. §§ 49 Abs. 1, 47 Abs. 1 Nr. 1 SGB IV beschränkt sich nämlich zum einen auf die Mitglieder der Krankenkassen. Damit ist die Gruppe der Familienversicherten (rd. 20 % der insgesamt Versicherten),[331] die selbst keine Mitglieder der Krankenkassen sind,[332] im Bundesausschuß nicht vertreten. Aber auch die Versicherten der See-Krankenkasse sind im Bundesausschuß nicht repräsentiert, da die See-Krankenkasse keines der Mitglieder bestellt.[333] Als von den Richtlinien Betroffene ohne Wahlrecht sind die Familienversicherten und Mitglieder der See-Krankenkasse somit Außenseiter. Eine Geltungserstreckung auf Außenseiter wird zwar in Ausnahmefällen als zulässig erachtet. Das Prinzip der Selbstverwaltung ist aber nur dann noch beachtet, wenn die Geltungserstreckung „nach ihrem Gewicht und/oder dem erfaßten Personenkreis lediglich von nachgeordneter Bedeutung ist“.[334] Hinsichtlich des Anteils der Außenseiter von ca. 1/5 der Betroffenen und mit Rücksicht auf die Bedeutung, die die Richtlinien für deren Gesundheitsversorgung haben, erscheint es bereits sehr zweifelhaft, ob die Geltungserstreckung nur nachgeordnete Bedeutung besitzt.

---

329 §§ 49 Abs. 1, 50 Abs. 1 i. V. m. 47 Abs. 1 Nr. 1 SGB IV und vgl. o. Kapitel 1:A.II.3

330 S. BVerfGE 44, 125 (138 ff.); BVerfGE 71, 81 (94) m. w. Nachw. und Oebbecke, VerwArch 81 (1990), S. 349 (364 ff.)

331 S. o. Kapitel 1:A.I.4

332 S. o. Kapitel 1:A.I.3

333 Vgl. § 91 Abs. 1 SGB V

334 S. Ossenbühl in HBStR III, 1996, § 66 Rn. 33 und vgl. a. Böckenförde (Demokratie als Verfassungsprinzip, in: ders., Staat, Verfassung, Demokratie, 1991, S. 320 f.), der eine Betroffenheit der Allgemeinheit „in relevanter Weise“ für unzulässig hält.

Entscheidend dürfte aber sein, daß die Geltungserstreckung auf Außenseiter als Ausnahme vom Selbstverwaltungsprinzip nur dann gerechtfertigt ist, wenn sie sich als praktisch unvermeidbare Folge der Satzungsautonomie darstellt. Selbstverwaltung wäre praktisch unmöglich, wenn Betroffenheiten nicht Wahlberechtigter, die fast mit jeder Satzung notwendigerweise einhergehen, für strikt verfassungswidrig erklärt würden. Die Geltungserstreckung kann deshalb nur gerechtfertigt sein, wenn die Außenseiter einerseits unvermeidbar von Satzungsregelungen mitbetroffen sind und andererseits keine abgrenzbare Gruppe darstellen, die mit Wahlrecht ausgestattet werden könnte, um die mißliche Ausnahmesituation zu vermeiden.[335] Demgegenüber sind die Familienversicherten und die Mitglieder der See-Krankenkasse ein klar abgrenzbarer Personenkreis. Deren Stellung als Außenseiter ist deshalb nicht unvermeidbar und deshalb auch nicht gerechtfertigt.[336]

- Das Prinzip der Wahlgleichheit ist bei der Besetzung des Bundesausschusses nicht beachtet. Bis auf die Ersatzkassen sind die Krankenkassen in ihren Vertreterversammlungen zur Hälfte mit Vertretern der Arbeitgeber besetzt.[337] Außerdem besteht der Bundesausschuß nicht nur aus Vertretern der Krankenkassen sondern in gleichem Maße aus Vertretern der Vertragsärzte.[338] Diese sind zwar von den Richtlinien des Bundesausschusses ebenfalls betroffen, aber quantitativ den Versicherten weit unterlegen.[339] Darüber hinaus hat der Bundesminister für Gesundheit das Recht, die drei unabhängigen Mitglieder des Bundesausschusses zu berufen, wenn sich die KÄBV und die Bundesverbände der Krankenkassen nicht über sie einigen können, § 91 Abs. 2 S. 3 SGB V. Damit steht ihm ein der Selbstverwaltung fremdes Einflußrecht zu.[340]

- Die Bestimmung der Mitglieder des Bundesausschusses durch die Vertreter der Krankenkassen aufgrund demokratischer Wahlen ist nicht gesetzlich gewährleistet, da § 91 SGB V nur von einer „Bestellung“ spricht.

---

335 Ähnlich Kleine-Cosack, Berufsständische Autonomie und Grundgesetz, 1983, S. 209 ff.

336 A. A. wohl Clemens in FS für Böckenförde, 1995, S. 259 (271)

337 S.o. Kapitel 1:A.II.2

338 Vgl. § 91 Abs. 1 SGB V

339 Die Anzahl der an der vertragsärztlichen Versorgung teilnehmenden Ärzte lag 1998 bei 112683 (Quelle: Bundesarztregister der KBV); zum Vergleich: Versichert waren bei der GKV im gleichen Jahr rd. 71. 7 Millionen (Quelle: Bundesarbeitsblatt 2000, S. 114)

340 Die autonome Legitimation hat keine kompensatorische Funktion bei der funktionalen Selbstverwaltung; s. Böckenförde, Demokratie als Verfassungsprinzip in ders., Staat, Verfassung, Demokratie, 1991, S. 320

Von einer demokratischen Legitimation der Richtlinien durch die Versicherten kann bereits aus diesen Gründen keine Rede sein - und weitere Aspekte ließen sich anfügen.[341] Die übliche Bezeichnung der „gemeinsamen Selbstverwaltung" kann deshalb allenfalls damit gerechtfertigt werden, daß das System des Interessenausgleichs zwischen Krankenkassen und Vertragsärzten formell-autonome Züge trägt. Da die Richtlinien aber auch für die Versicherten verbindlich sind, ohne daß diese den Bundesausschuß demokratisch legitimieren ist der Begriff Selbstverwaltung für diese zumindest mißverständlich - wenn nicht sogar eine „Falschetikettierung".[342]

c. Homogene Interessen der Ärzte, Versicherten und Arbeitgeber?

Auch das BSG begründet die Verfassungsmäßigkeit der Richtlinien nicht mit der demokratischen Legitimation des Bundesausschusses durch die von den Normen betroffenen Versicherten.[343] In seiner Entscheidung vom 20. 3. 1996 stützt es die Rechtfertigung der Autonomie vor allem mit der Homogenität der im Bundesausschuß vertretenen Interessen. Nach seiner Auffassung besteht zwischen den dort vertretenen Gruppen der Ärzte, Arbeitgeber und Versicherten „kein prinzipieller Interessengegensatz". Denn im Grunde verfolgten sie das gemeinsame Ziel einer zweckmäßigen und wirtschaftlichen ärztlichen Versorgung.[344] Unabhängig von der Frage, ob diese Homogenität eine Selbstverwaltung im hier erörterten klassischen Sinne legitimieren könnte, scheitert der Versuch bereits daran, daß sie gar nicht vorliegt.

Tatsächlich bringen die Arbeitgeber[345] und die Vertragsärzte - um nur zwei Gruppen herauszugreifen - weitgehend konträre finanzielle Interessen in den Prozeß der Richtlinienentscheidung ein. Die Arbeitgeber möchten möglichst niedrige Beitragssätze, um die Ausgaben für ihre hälftige Beteiligung an dem Krankenkassenbeitrag ihrer abhängig Beschäftigten zu minimieren. Demgegenüber ist ihr Interesse an den Leistungen gering, zumal ein Großteil der Leistungen im Ruhestand des Versicherten erbracht wird und damit in einer Zeit, in der der Arbeitgeber von einer Gesundung keine Vorteile hat. Demgegenüber dürften die Vertragsärzte ein Interesse am eigenen Honorar für die Leistungserbringung haben, welches nicht notwendigerweise mit dem Interesse an wirksamen Leistungen kongruiert. Man denke an eine neue, wirksamere Behandlungsmethode,

---

341 S. dazu Sodan, Probleme der Rechtsquellen I, 1998, S. 37 (49 f.)

342 Ossenbühl, Gutachten für den BFAH, 1998, S. 73; a. A. Engelmann, NZS 2000, S. 1 (6 f.)

343 Vgl. BSG SozR 3-2500 § 92 Nr. 7 (S. 57)

344 S. BSGE 78, 70 (82)

345 Die Arbeitgeber besetzen zur Hälfte der meisten Selbstverwaltungsorgane der Krankenkassen (s. o. Kapitel 1:A.II.3) und haben über diese einen erheblichen Einfluß auf die Besetzung des Bundesausschusses

die zu ihrer Anwendung die Anschaffung eines neuen Geräts erfordert oder ein bereits vorhandenes überflüssig macht. Außerdem werden die Vertreter der Vertragsärzte angesichts der Budgetierung im Gesundheitswesen dazu tendieren, einer Erweiterung der Verdienstmöglichkeiten nicht-ärztlicher Leistungserbringer entgegenzutreten, selbst wenn diese bestimmte Leistungen effizienter erbringen könnten als die Vertragsärzte. Eine Homogenität der Interessen der im Bundesausschuß vertretenen Gruppen kann somit nicht konstatiert und damit auch nicht die ungleiche Verteilung der Wahlrechte auf diese Gruppen gerechtfertigt werden.[346]

2. Die Richtlinien als Rechtsverordnung im klassischen Sinne

Möglicherweise kommt aber eine Einordnung der Richtlinien als Rechtsverordnung im klassischen Sinne in Betracht.

a. Die Rechtsverordnung im klassischen Sinne

Die Rechtsverordnung ist die Form untergesetzlicher Rechtsnormen, die der Ausführung legislativer Entscheidungen durch die staatliche Exekutive dient.[347] Die erlassenden Regierungs- oder Verwaltungsorgane setzen die Direktiven des parlamentarischen Gesetzgebers auf abstrakt-genereller Ebene um, weil dieser sich nicht mit den in der Rechtsverordnung zu regelnden Fragen befassen will oder - wegen seiner quantitativ notorischen Überforderung[348] - nicht befassen kann.[349] Der Verordnungsgeber erhält somit seine Normsetzungsbefugnis nicht wie der Satzungsgeber zur Regelung eigener Belange, sondern zur Erfüllung einer staatlichen Allgemeinwohlaufgabe.[350] Er wird über das Parlament demokratisch legitimiert[351] und ist verpflichtet, die ihm eingeräumten Regelungsbefugnisse im Sinne des originären Entscheidungsträgers, der Legislative, zu nutzen.

Um der Gefahr der Entäußerung von Entscheidungsgewalt[352] des zur verbindlichen Regelung staatlicher Allgemeinwohlaufgaben allein legitimierten Gesetzgebers zu begegnen, stellt die Verfassung an die Ermächtigung zur Rechtsver-

---

[346] So auch Hänlein, Rechtsquellen im Sozialversicherungsrecht, S. 497 f.

[347] Vgl. Maurer, StaatsR, 1999, § 17 Rn. 135

[348] S. Ebsen, VSSR 1990, S. 61

[349] S. Ossenbühl in HBStR III, 1996, § 64 Rn. 2

[350] Vgl. Stern, StaatsR II, 1980, § 38 I 4 a (S. 653)

[351] So Ossenbühl in HBStR III, 1996, § 64 Rn. 17 und Stern, StaatsR II, 1980, § 38 I 4 b (S. 653 f.)

[352] BVerfGE 34, 52 (60) und zur rechtsstaatlichen Sicherung über den Gesetzesvorbehalt: Ossenbühl in HBStR III, 1996, § 64 Rn. 13

ordnung besondere Anforderungen. Nach Art. 80 Abs. 1 GG darf die Ermächtigung nur auf bestimmte Organe delegiert werden und darf nur unwesentliche Entscheidungen umfassen, die durch hinreichend bestimmte gesetzliche Vorschriften vorzuprogrammieren sind.[353] Darüber hinaus werden an die Ermächtigung und den Erlaß der Rechtsverordnungen formelle Anforderungen gestellt.[354]

b. Der Bundesausschuß als Verordnungsgeber

Für eine Einordnung der Richtlinien als Rechtsverordnung müßte der Bundesausschuß möglicher Delegatar i. S. d. Art. 80 Abs. 1 GG sein. Er gehört nicht zu den in Satz 1 der Vorschrift abschließend aufgeführten Regierungsinstanzen.[355] Es könnte aber eine Subdelegation nach Art. 80 Abs. 1 S. 4 GG vorliegen.

Gegen eine Subdelegation spricht, daß der Bundesausschuß unmittelbar durch das Gesetz ermächtigt wird.[356] Nach dem Wortlaut des Art. 80 Abs. 1 S. 4 GG kann die Subdelegation nur durch Rechtsverordnung erfolgen, die ihrerseits vom Gesetz vorgesehen sein muß.[357] Bei Betrachtung von Sinn und Hintergrund der Vorschrift zeigt sich aber, daß eine unmittelbare Ermächtigung durch Gesetz nicht unbedingt ausgeschlossen ist. Die Subdelegation erfolgt nach der Vorstellung des Verfassungsgebers durch einen Delegatar. Satz 4 des Art. 80 Abs. 1 GG soll Bundesregierung, Bundesminister und Landesregierungen - vorbehaltlich einer entsprechenden gesetzlichen Ermächtigung - ein „Weitergeben" der Befugnis zum Erlaß einer Rechtsverordnung ermöglichen.[358] Eine unmittelbare gesetzliche Ermächtigung - wie im Falle des Bundesausschusses - überspringt mithin den Delegatar, indem die Subdelegation vom Gesetzgeber vorweggenommen wird. Das vorrangige Problem ist deshalb, ob die Verfassung diese „vorweggenommene Subdelegation" zuläßt. Mit der wohl überwiegenden Meinung ist diese Konstruktion für verfassungswidrig zu erachten. Denn nur durch die Weitergabe der Ermächtigung an die Exekutivspitzen behalten diese ihren

---

353 Vgl. statt aller: Maurer, StaatsR, 1999, § 17 Rn. 138 f.

354 S. dazu Stern, StaatsR II, 1980, § 38 III 4 (S. 671 f.)

355 Herzog in M/D, Art. 80 GG Rn. 38

356 Vgl. § 92 Abs. 1 S. 1 SGB V

357 Dieses Argument wird gegen eine Rechtsverordnungs-Befugnis des Bundesausschusses angeführt von: Tempel-Kromminga, Problematik der Richtlinien, 1994, S. 85 und Ossenbühl, Gutachten für den BFAH, 1998, S. 58 ff.; und vgl. BSG, NZS 1995, S. 502 (509, l. Sp.) betreffend § 35 Abs. 3 SGB V

358 Bryde in v. Münch/Kunig, GG, Bd. 3, 1996, Art. 80 Rz. 11; Wilke in v. Mangoldt/Klein, BG, 1999, Bd. 3, 1974, Art. 80 Anm. II 1 c

von Art. 80 Abs. 1 S. 4 GG beabsichtigten Einfluß auf den Gesetzesvollzug[359] und bleibt die von der Verfassung gewollte Übersichtlichkeit der Urheber von Rechtsverordnungen gewahrt.[360]

Durch die dem Bundesausschuß eingeräumte formelle Autonomie verfolgt der Gesetzgeber im übrigen ein der Einordnung der Richtlinien als Rechtsverordnungen widersprechendes Konzept.[361] Der Bundesausschuß soll nicht als „verlängerter Arm" der Exekutivspitze fungieren.[362] Sondern er ist Ausdruck der „Neutralität des Staates" in Bezug auf die medizinisch-ökonomischen Entscheidungen bei der Konkretisierung der Leistungsansprüche der Versicherten.[363]

3. Ergebnis

Die Richtlinien des Bundesausschusses sind weder Satzung noch Rechtsverordnung in ihrer klassischen, verfassungsrechtlich unzweifelhaft zulässigen Form. Sie dienen der Allgemeinwohlaufgabe der Rationalisierung des Leistungssystems der GKV, werden aber beschlossen durch ein Selbstverwaltungsgremium. Die Richtlinien sind dadurch funktionell der Rechtsverordnung zugewandt, organisatorisch aber der Satzung verbunden und entziehen sich der Zuordnung zu einer der beiden Formen - zumindest in ihren klassischen Ausprägungen.

Die Einordnung der Richtlinien als untergesetzliche Rechtsnormen mit Verbindlichkeit für die Versicherten ist deshalb ausgeschlossen, wenn die Verfassung keine von diesen Typen abweichende Formen von Rechtsnormen auf untergesetzlicher Ebene zuläßt, was im folgenden erörtert wird.

---

359 So Ossenbühl in HBStR III, 1996, § 64 Rn. 32; Stern, StaatsR II, 1980, § 38 III 2 a (S. 670)

360 S. Stern, StaatsR II, 1980, § 38 III (S. 666 f.)

361 So Clemens, MedR 1996 S. 432 (433, l. Sp.) und wohl auch Tempel-Kromminga, Problematik der Richtlinien, 1994, S. 85 f., die in Anlehnung an Triepel (Delegation und Mandat, S. 58) für die Ermächtigung zur Rechtsverordnung eine „unechte Delegation" fordert, die für den Bundesausschuß nicht vorliege, da diesem eine „dauerhafte Rechtssetzungsmacht" verliehen sei, die dem erforderlichen „Vorbehalt künftiger und jederzeit möglicher eigener Ausübung" durch den Gesetzgeber widerspreche.

362 Die Verordnunggebung dient der Fortführung des Willens des parlamentarischen Gesetzgebers auf untergesetzlicher Ebene durch die bürokratisch-hierarchisch organisierte staatliche Exekutive, vgl. BVerfGE 33, 125 (157)

363 S. BSG, MedR 1998, S. 230 (237, l. Sp.); was sich u.a. in einer bloßen Rechtsaufsicht des BMG gem. § 94 Abs. 1 S.2 SGB V äußert (s. o. Kapitel 2:A.II.3)

III. „Numerus clausus" und Typen der untergesetzlichen Rechtsquellen

Die Verbindlichkeit der Richtlinien ist verfassungswidrig, wenn das Grundgesetz einen abschließenden Katalog („numerus clausus") untergesetzlicher Rechtssetzungsformen aufstellt und die Richtlinien keiner dieser Typen entsprechen. Zwei Fragen sind zur näheren Untersuchung dieser Frage zu trennen[364]:

- Besteht ein abschließender verfassungsrechtlicher Katalog („numerus clausus") der untergesetzlichen Rechtssetzungsformen?

- Konturiert das Grundgesetz diese Rechtstypen, so daß Abweichungen von diesen Vorgaben als verfassungswidrig anzusehen sind (Typenzwang)?

1. Kein „numerus clausus" der untergesetzlichen Rechtsquellen

Das BVerfG neigte zunächst der Ansicht zu, daß das Grundgesetz nur die traditionellen Rechtsformen Verfassung, Gesetz, Rechtsverordnung und Satzung anerkennt.[365] In späteren Entscheidungen hielt es diese Frage aber ausdrücklich offen.[366] Die neuere Zurückhaltung erscheint berechtigt. Eine systematische Behandlung des Grundgesetzes zu exekutiver Normsetzung fehlt. Und es finden sich keine Regelungen, nach denen nur die erwähnten Rechtsquellen zulässig sein sollen.[367]

In dem Versuch, dem Grundgesetz gleichwohl eine Enumeration der Rechtsquellen zu entnehmen, wird einerseits die Gewaltenteilung bemüht. Ein Formfindungsrecht des Gesetzgebers verschiebe in einer von der Verfassung nicht vorgesehenen Weise die Machtverhältnisse zwischen Gesetzgeber und Exekutive.[368] Abgesehen davon, daß dem Grundgesetz keineswegs die Idee einer „reinen" Gewaltenteilung innewohnt,[369] wird auch das Prinzip einer Trennung von Legislative und Exekutive durch andere Rechtsformen nicht stärker berührt als durch die Übertragung von Rechtssetzungsgewalt in den traditionellen Formen der Rechtsverordnung oder der Satzung. Das Grundgesetz stellt sehr wohl inhaltliche Anforderungen, um einer Selbstentmachtung des Parlaments zugunsten der Verwaltung entgegenzuwirken - hier ist insbesondere Art. 80 Abs. 1 S. 2 GG

364 So auch Clemens, MedR 1996, S. 432 (433 f.)
365 S. BVerfGE 8, 274 (322 f.); BVerfGE 24, 184 (199)
366 Vgl. BVerfGE 34, 307 (315 ff.); BVerfGE 44, 322 (346 f.)
367 S. Axer, Normsetzung, 2000, S. 224
368 So insbesondere Hamann, Autonome Satzungen und Verfassungsrecht, 1958, S. 55 ff. und Ossenbühl, Gutachten für den BFAH, 1998, S. 94
369 Vielmehr kennt es eine Vielzahl von Durchbrechungen der Gewaltenteilung in ihrem klassischen Verständnis; so bereits BVerfGE 3, 225 (247)

zu nennen.[370] Ein Typenzwang wird damit aber nicht verbunden und wäre auch ein wenig probates Mittel, um die Machtbalance zwischen Legislative und Exekutive zu sichern.

Auch das zweite Argument für einen „numerus clausus", das GG habe lediglich die bereits präkonstitutionell existierenden Rechtsformen anerkennen wollen,[371] überzeugt nicht. Es machte nicht nur wenig Sinn, die Rechtsentwicklung auf dem Gebiet der untergesetzlichen Normgebung „einzufrieren". Es gibt auch keinerlei Anhaltspunkte für einen entsprechenden Regelungswillen des Verfassungsgebers. Die historisch vorgefundenen Rechtsquellen werden von der Verfassung nur zum Teil genannt[372] oder doch zumindest gemeint[373] und damit in ihrer Existenz bestätigt.[374] Es erscheint aber verwegen, einer solch beiläufigen Regelung die Absicht zur enumerativen Aufzählung zu entnehmen. AXER ist deshalb zuzustimmen, wenn er schreibt: „Die Verfassung mißt den überkommenen Rechtsquellen keine besondere Aufmerksamkeit zu".[375]

Es bleibt als Ergebnis: Das Grundgesetz spricht keinen „numerus clausus" der zulässigen Rechtsformen aus.

2. Verfassungsrechtliche Typen untergesetzlicher Rechtsquellen

Aber selbst wenn nur die traditionellen Rechtsformen erlaubt sein sollten, bliebe die Frage, ob die Verfassung diese so konturiert, daß die Richtlinien sich unter keiner dieser Formen subsumieren lassen. Von einem Typenzwang i. S. eines abschließenden Katalogs verfassungsrechtlich fixierter Normtypen ließe sich nur sprechen, wenn die Verfassung diese Typen auch näher bestimmte. Tatsächlich bleibt die Verfassung aber in ihrer inhaltlichen Beschreibung dessen, was sie unter den jeweiligen Typen versteht, mehr als vage. Besonders augenfällig wird dies bei der Satzung.

Anstelle einer hinreichend bestimmten Beschreibung dessen, was die Verfassung unter einer Satzung versteht, garantiert sie in Art. 28 Abs. 2 S. 1 GG lediglich den Kommunen das Recht zur autonomen Regelung ihrer eigenen Belange. Der oben erläuterte klassische Satzungsbegriff ist deshalb weitestgehend durch die Konkretisierungen der verfassungsrechtlichen Anforderungen für die kom-

---

370 Vgl. hierzu Axer, Normsetzung, 2000, S. 225 ff.

371 S. Ossenbühl, NZS 1997, S. 497 (499 f.)

372 Dies sind Rechtsverordnung und Verwaltungsvorschrift

373 Satzung und Tarifvertrag tauchen begrifflich in dem Grundgesetz nicht auf

374 Andere Rechtsquellen - wie das Gewohnheits- oder das Richterrecht - werden nicht einmal erwähnt.

375 Axer, Normsetzung, 2000, S. 224

munale Satzung durch das BVerfG geprägt und stellt als solcher bereits eine richterliche Entwicklung des Satzungstypus anhand verfassungsrechtlicher Auslegung dar. Neben der kommunalen Satzung sind heute aber weitere Satzungen verfassungsrechtlich anerkannt, die sich von dieser nicht unwesentlich unterscheiden; so etwa die Satzungen über die Benutzung öffentlicher Einrichtungen und Satzungen, wie sie berufsständische Körperschaften zur Regelung der Berufsausübung ihrer Mitglieder erlassen können.[376] Unter dem Begriff „Satzung“ werden dabei „eine ganze Fülle unterschiedlicher Regelungstypen“[377] subsumiert. Von einer abschließenden Regelung untergesetzlicher Rechtssetzungsformen durch das Grundgesetz kann folglich schon deshalb keine Rede sein, weil es zumindest den Typus Satzung nur sehr unbestimmt und nur für den kommunalen Bereich umreißt.

3. Verfassungsrechtliche Grenzen des Formfindungsrechts des Gesetzgebers

Dies bedeutet freilich nicht, daß dem Gesetzgeber in seinem Recht, untergesetzliche Rechtsnormbefugnisse nach den Anforderungen der Aufgabe auszugestalten (Formfindungsrecht), keine verfassungsrechtlichen Grenzen gesetzt sind. Die Übertragung von Rechtssetzungsgewalt steht „im Zentrum der Verantwortungs- und Machtverteilung im Staate“[378] und birgt durch die Befugnis zu verbindlichen abstrakt-generellen Regelungen, die aus der unmittelbaren parlamentarischen Verantwortung ausgegliedert sind und regelmäßig nur einer beschränkten gerichtlichen Kontrolle unterliegen, besondere Gefahren für die Freiheit des Einzelnen.[379] Diesen Gefahren begegnet das Grundgesetz insbesondere durch das Rechtsstaatgebot und das Demokratiegebot, die den gesetzgeberischen Gestaltungsspielraums zur Entwicklung neuer Formen untergesetzlicher Rechtssetzung begrenzen.[380] Für die Richtlinien des Bundesausschusses bedeutet dies, daß sie nur dann verfassungsgemäß Verbindlichkeit für die Versicherten entfalten, wenn Demokratie- und Rechtsstaatgebot dies zulassen - was in den folgenden Abschnitten (IV und V) überprüft werden soll.

---

376 Clemens, MedR 1996, 432 (434, l. Sp.); ders., FS für Böckenförde, 1995, S. 259 (262) mit einer Auflistung der Rechtsprechung des BVerfG; vgl. auch: Ossenbühl in HBStR III, 1996, § 66 Rn. 4 ff.

377 Link/de Wall, Rechtsgutachten für die NORANUK, 1998, S. 23

378 Ossenbühl Gutachten für den BFAH, 1998, S. 94

379 Vgl. BVerfGE 33, 125 (159 f.)

380 So auch Schnapp, MedR 1996, S. 418 (419) und Axer, Normsetzung, 2000, S. 225 ff.

4. Das Scheinproblem der organisationsrechtlichen Einordnung des Bundesausschusses

Dagegen wird der vielfach unternommene Versuch, die verfassungsrechtliche Rechtswidrigkeit des Bundesausschusses damit zu begründen, daß dieser sich weder als Anstalt noch als Körperschaft des öffentlichen Rechts einordnen lasse, hier nicht weiter verfolgt. Denn die Frage der organisationsrechtlichen Einordnung des Bundesausschusses beginnt am falschen Ende. Es ist zwar durchaus richtig, daß die Ermächtigung zu untergesetzlicher Rechtssetzung nur Entscheidungsträgern mit bestimmten organisatorischen Voraussetzungen zukommen kann. Gelangt man aber zu dem Schluß, daß die Befugnis des Bundesausschusses, verbindliche Richtlinien zu erlassen, verfassungskonform ist, kann dieses Ergebnis schwerlich mit dem Argument ausgehebelt werde, daß dieser nicht den traditionellen Formen der zur untergesetzlichen Rechtssetzung befugten Institutionen entspricht.[381] Die organisatorischen Voraussetzungen (insbesondere die Zusammensetzung und die Einsetzung der Gremienmitglieder) sind aus den materiellen Anforderungen an die untergesetzliche Rechtssetzung und nicht durch ein Raster zulässiger Organisationsformen zu bestimmen.

IV. Die Anforderungen des Demokratieprinzips an die Ermächtigung zur untergesetzlichen Rechtssetzung

Nach Art. 20 Abs. 2 GG geht alle Staatsgewalt vom Volke aus. Durch das Demokratieprinzip sichert die Verfassung die Rückbindung der Tätigkeit der Exekutive an den Volkswillen.[382] Als Arten demokratischer Legitimation sind die sachlich-inhaltliche und die personelle zu unterscheiden.[383]

1. Die sachlich-inhaltliche Legitimation

Demokratische Legitimation wird einerseits durch die Bindung an inhaltliche Vorgaben der parlamentarisch getroffenen Willensentscheidung vermittelt.[384] Das Entscheidungsergebnis wird dabei über Recht und Gesetz, sowie Aufsicht und Weisung gesteuert.[385] Zentrale Bedeutung kommt innerhalb dieses Instru-

---

381 Ebenso Axer, Normsetzung, 2000, S. 225 f.

382 Vgl. Sommermann in v. Mangoldt/Klein/Starck, BG, 1999, Bd. 2, Art. 20 Abs. 2 Rn. 161

383 Statt aller: Sommermann in v. Mangoldt/Klein/Starck, BG, 1999, Bd. 2, Art. 20 Abs. 2 Rn. 158 ff.

384 Schmidt-Aßmann, Ordnungsidee, 1999, 2/83

385 S. Böckenförde in HBStR I, 1987, § 22, S. 887, Rn. 21 ff.; Jestaedt, Demokratieprinzip und Kondominialverwaltung, 1993, S. 270 ff.; Sommermann in v. Mangoldt/Klein/Starck, BG, 1999, Bd. 2, Art. 20 Abs. 2 Rn. 161; Schmidt-Aßmann nennt außerdem die

mentariums den gesetzlichen Bestimmungen zu, durch die das Parlament inhaltliche Vorgaben für die konkrete Aufgabe macht. Sie dienen als Entscheidungs- und Kontrollprogramm für die Exekutive und schaffen dadurch eine Rückbindung an die Verantwortlichkeit des Parlaments für die wesentlichen politischen Entscheidungen, die aus dessen unmittelbarer demokratischer Wahl durch das Volk und seiner hervorgehobenen verfassungsrechtlichen Stellung resultieren.

Seiner zentralen Bedeutung darf sich das Parlament nicht entziehen. In der Wesentlichkeitstheorie hat das BVerfG bestätigt, daß sich das Parlament Entscheidungen „in grundlegenden normativen Bereichen“[386] nicht entäußern darf, indem es sie an untergesetzliche Normgeber delegiert.[387] Mit diesen inhaltlichen Anforderungen an die Delegation untergesetzlicher Rechtssetzungsbefugnis ist Art. 80 Abs. 1 S. 2 GG als Ausprägung des Demokratieprinzips anzusehen, die für alle Rechtssetzungsbefugnisse zu gelten hat, die über das Parlament legitimiert werden.[388] Durch diese Anforderungen wird nämlich sichergestellt, daß die für den Betroffenen wesentlichen Entscheidungen der untergesetzlichen Rechtsnormen durch den unmittelbar demokratisch legitimierten Gesetzgeber hinreichend bestimmt vorprogrammiert werden.[389] Das dem Bestimmtheitsgebot und der Wesentlichkeitstheorie entsprechende Normprogramm gewährleistet neben der Vorhersehbarkeit und der Justiziabilität untergesetzlicher Normgebung[390] vor allem, daß das demokratisch legitimierte Parlament die Grundentscheidungen selbst getroffen hat. Erst die Transformierung des Gesetzesvorbehalts zum Parlamentsvorbehalt über die Wesentlichkeitstheorie bindet den untergesetzlichen Normgeber in dem Maße an den Willen des Gesetzgebers, daß seine Entscheidungen insgesamt als vom Parlament getroffen und als von diesem demokratisch legitimiert angesehen werden können.[391]

Andererseits ist aus der Umkehrung von Wesentlichkeitstheorie und Bestimmtheitsgebot zu schließen, daß der Gesetzgeber unwesentliche Entscheidungen dem untergesetzlichen Normgeber übertragen darf und daß aufgrund der ausreichenden bloß „hinreichenden Bestimmtheit“ des Normprogramms dem unterge-

---

Möglichkeit über das Budget Einfluß auf die Entscheidung des jeweiligen Amtswalters zu nehmen (Ordnungsidee, 1999, 2/83 und 85)

386 S. BVerfGE 49, 89 (126 f.), m. w. Nachw.

387 S. statt aller: Nierhaus in BK, Art. 80 I Rn. 89 ff., m. zahlreichen Nachw.

388 S. Axer, Normsetzung, 2000, S. 235

389 Vgl. Ebsen in Probleme der Rechtsquellen I, 1998, S. 13 (25)

390 Dies stellen eher - eine vollständige Trennung ist nicht möglich - Anforderungen des Rechtstaatsgebotes dar, weshalb darauf an späterer Stelle eingegangen werden soll, s. u. Kapitel 2:C.V

391 Ein ausführliche Darstellung zu Entwicklung und Inhalt der Wesentlichkeitstheorie findet sich bei Axer, Normsetzung, 2000, S. 310 ff.

setzlichen Normgeber ein Gestaltungs- und Beurteilungsspielraum zukommen kann, um zu konkretisieren, was der Gesetzgeber offen lassen durfte.

2. Die personelle Legitimation

Neben der inhaltlichen Programmierung bedarf es der personellen Legitimation des Amtsträgers. Die personelle Legitimation thematisiert die Rückbindung der Person des die Staatsgewalt ausübenden Amtswalters an den Träger der Staatsgewalt.[392] Da eine vollständige Steuerung der Entscheidung des Amtswalters über die rechtlichen Vorgaben nicht möglich ist, bleibt mit jeder Ausübung öffentlicher Macht ein Rest treuhänderischer Übertragung von Befugnissen verbunden, die ohne eine Rückbindung an den Souverän Volk in einem Demokratievakuum stünde. Die personelle Legitimation sichert somit eine Anbindung an den Volkeswillen jenseits der konkreten rechtlichen Vorgaben.

Als entscheidend für die personelle Legitimation des Amtswalters wird gemeinhin der Einsetzungsakt gesehen,[393] der als letztes Glied einer „ununterbrochenen Legitimationskette"[394] zum Volk als Souverän erfolgen muß.[395] Darüber darf aber nicht vergessen werden, daß eine von Eigeninteressen geprägte Ausübung öffentlicher Macht weiterer Sicherungsvorkehrungen bedarf, um die persönliche Integrität, i. S. einer Indienststellung des Amtswalters unter die ihm übertragene Allgemeinwohlaufgabe, zu gewährleisten.[396] Diese Sicherungsvorkehrungen werden in der hierarchischen - insbesondere beamtenrechtlichen - Ministerialverwaltung durch eine Reihe von Vorschriften gesichert.[397]

Problematisch ist die personelle Legitimation aber bei Selbstverwaltungsgremien und Mitentscheidungsbefugnissen von Interessenvertretern. Personelle Legitimation kann zwar auch autonom durch die demokratische Wahl eines Teilvolkes konstruiert sein.[398] Und die Mitentscheidung von Interessenvertretern

---

392 Schmidt-Aßmann, Ordnungsidee, 1999, 2/87

393 Vgl. Krüger, Allgemeine Staatslehre, 1966, S. 256 ff.; Böckenförde in FS für Eichenberger, 1982, S. 301 (320 f.)

394 BVerfGE 83, 60 (73), BVerfGE 77, 1 (40)

395 S. Sommermann in v. Mangoldt/Klein/Starck, BG, 1999, Bd. 2, Art. 20 Abs. 2 Rn. 159, m. w. Nachw.

396 So zutreffend Schmidt-Aßmann, Ordnungsidee, 1999, 2/87 und Isensee in HBStR III, 1996, § 57, Rn. 60 ff.

397 Zu nennen sind insbesondere die Befangenheitsvorschriften (§§ 20, 21 VwVfG) und die dienstrechtlichen Pflichten zu parteipolitischer Neutralität und zu uneigennütziger Amtsführung (§§ 35, 36 BRRG)

398 Die autonome Legitimation substituiert dann die fehlenden Rückbindung an das Parlament, vgl. Sommermann in v. Mangoldt/Klein/Starck, BG, 1999, Bd. 2, Art. 20 Abs. 2 Rn. 166 m. w. Nachw.

kann als noch mit dem Demokratiegebot verträglich betrachtet werden, solange die Entscheidungen mehrheitlich von personell demokratisch Legitimierten getroffen werden.[399] Setzt sich ein Gremium aber ganz überwiegend aus Interessenvertretern zusammen und sind diese nicht von den durch die Entscheidung Betroffenen ausreichend demokratisch legitimiert, fehlt es diesem Gremium an der personellen Legitimation.

Dies ist der Fall des Bundesausschusses. Der Bundesausschuß ist in großer Mehrheit besetzt mit Vertretern der Krankenkassen und Ärzte. Diese sind nicht ausreichend durch die betroffenen Versicherten legitimiert.[400] Folglich fehlt dem Bundesausschuß die personelle Legitimation.

3. Das erforderliche Legitimationsniveau

Welche Konsequenzen sind aus der fehlenden personellen Legitimation des Bundesausschusses zu ziehen? Einerseits stehen personelle und sachlich-inhaltliche Legitimation in einem Kompensationsverhältnis.[401] Beschränkt ein inhaltlich verdichtetes Normprogramm die Entscheidungsbefugnisse, ist es konsequent, die Anforderungen an die persönliche Integrität des Entscheidungsträgers entsprechend abzusenken. Andererseits ist die „politische Tragweite"[402] der Entscheidungen des Gremiums bestimmend für seine erforderliche personelle Legitimation. Das BVerfG fordert nämlich kein statisches Legitimationsniveau, sondern eine der „politischen Tragweite" entsprechende „Effektivität der demokratischen Legitimation".[403]

Gleichwohl wird die Möglichkeit einer alleinigen sachlich-inhaltlichen Legitimation zu Recht überwiegend abgelehnt. Auch ein stark verdichtetes Entscheidungsprogramm muß notwendigerweise zumindest die Feststellung des entscheidungserheblichen Sachverhalts, welche eine neutrale und distanzierte Untersuchung erfordert, dem Amtswalter überlassen. Eine sachlich-inhaltliche Legitimation kann deshalb niemals die fehlende personelle Legitimation vollständig kompensieren.[404] Ließe sich in anderen Fällen möglicherweise über diese

399 S. Sommermann in v. Mangoldt/Klein/Starck, BG, 1999, Bd. 2, Art. 20 Abs. 2 Rn. 163

400 S. o. Kapitel 2:C.II.1.b

401 Sommermann in v. Mangoldt/Klein/Starck, BG, 1999, Bd. 2 Rn. 163

402 Zum Begriff der „politischen Tragweite" s. Sommermann in v. Mangoldt/Klein/Starck, BG, 1999, Bd. 2, Art. 20 Abs. 2 Rn. 176

403 S. BVerfGE 83, 60 (72); BVerfGE 93, 37 (67)

404 So auch Hänlein, Rechtsquellen im Sozialversicherungsrecht, S. 59 ff., der allerdings die Lehre Ebsens von der „formellen Autonomie" wohl überinterpretiert (s. dazu insbesondere: Ebsen in FS für Lukes, 1989, S. 321, 325, und ders. in FS für Krasney, 1997, S. 81, 89). Nach Ebsen muß die Rechtssetzungsrmächtigung für einen autonom nicht hinrei-

Punkte streiten, so gilt dies jedenfalls nicht für die demokratische Legitimation des Bundesausschusses. Denn nicht nur die politische Tragweite seiner Entscheidungen, sondern insbesondere die weitreichenden Entscheidungsbefugnisse schließen in seinem Fall die Vernachlässigung der personellen Legitimation oder deren Kompensation über die sachlich-inhaltliche Legitimation der Entscheidungsprogrammierung aus. Die demokratische Legitimation des Bundesausschusses kann deshalb nur auf eine Weise erfolgen, die eine Absenkung des Legitimationsniveaus rechtfertigt oder die personelle Legitimation substituiert (oder eine Mischform dieser beiden Formen darstellt). Letzteres erfolgt in der Figur der „mitgliedschaftlich-partizipatorischen Legitimation".

4. Die mitgliedschaftlich-partizipatorische Legitimation

Das Demokratieprinzip gilt nicht uneingeschränkt. Es ist - darauf weist die gleichwertige Nennung weiterer Verfassungsprinzipien in Art. 20 GG hin - mit weiteren Prinzipien des Grundgesetzes in Ausgleich zu bringen. Konfligiert das Demokratieprinzip mit einem anderen verfassungsrechtlich gleichwertigen Grundsatz, sind beide nach der praktischen Konkordanz so zu harmonisieren, daß sie in möglichst umfangreichen Maße zur Geltung kommen. Es geht somit nicht um die Frage, ob die personelle Legitimation des Bundesausschusses, die weder über das Parlament noch über die betroffenen Versicherten erfolgt, über einen dritten, äquivalenten Weg hergestellt ist; sondern darum, ob die fehlende personelle Legitimation durch ein anderes Verfassungsprinzip aufgewogen wird. Dieser verfassungsdogmatische Ansatz liegt der „mitgliedschaftlich-partizipatorischen Legitimation" zugrunde.

Bei der mitgliedschaftlich-partizipatorischen Legitimation ist das Legitimationssubjekt nicht das Volk, und zwar auch nicht als „Teilvolk" wie bei der materiellen Autonomie, „sondern eine nach besonderen Merkmalen verfaßte Betroffenengemeinschaft".[405] Elemente der Subsidiarität und der Eigenkontrolle werden in ihr verbunden mit einer hohen Funktionalität und Effektivität der Aufgabenerfüllung, indem eine Allgemeinwohlaufgabe sachverständigen Interessenvertretern zur selbständigen Entscheidung übertragen werden.

Vorzufinden ist diese Art der Legitimation in der sog. funktionalen Selbstverwaltung, in der pluralistisch oder kooperativ besetzte Gremien (wie etwa Vertre-

---

chend legitimierten Hoheitsträger Art. 80 Abs. 1 GG entsprechen. Der Umkehrschluß, die so erhöhte sachlich-inhaltliche Legitimation könne die personelle Legitimation des Hoheitsträgers total substituieren, findet sich bei Ebsen aber nicht.

[405] So Schmidt-Aßmann, Ordnungsidee, 1999, 2/91 und Trute in Schmidt-Aßmann/Hoffmann-Riem (Hrsg.): Verwaltungsorganisationsrecht als Steuerungsressource, 1997, S. 285

terversammlungen der Kammern der freien Berufe oder Selbstverwaltungsgremien der Universitäten) eine spezielle Aufgabe mit besonderer Berührung der vertretenen Interessengruppen an Stelle des Staates wahrnehmen.[406] In ihr finden sich „demokratische Spurenelemente“: insbesondere kann i. d. R. davon ausgegangen werden, daß die jeweiligen Mitglieder eine bestimmte Interessengruppe und nicht nur ihre eigene Ansicht vertreten. Partizipation und Akzeptanz der besonders berührten Interessengruppen schaffen aber noch keine demokratische (personelle) Legitimation.[407] Deshalb - es sei nochmals gesagt - handelt es sich bei der mitgliedschaftlich-partizipatorische Legitimation nicht um ein vollständiges Substitut der personellen Legitimation, sondern um ein Äquivalent unter Absenkung des Legitimationsniveaus. Wie ist dies verfassungsrechtlich zu begründen?

a. Die mitgliedschaftlich-partizipatorische Legitimation als Harmonisierung von Demokratiegebot und Prinzip der Organadäquanz

Die Absenkung des Legitimationsniveaus ist eine Einschränkung des Demokratieprinzips. Entsprechend der Lehre von der praktischen Konkordanz bedarf es zur Einschränkung des Demokratiegebotes eines konfligierenden Verfassungsprinzips. Dieses wird im Falle der mitgliedschaftlich-partizipatorischen Legitimation von dem „Prinzip der funktionsgerechten Gestaltung der Verwaltungsorganisation“[408] oder kurz der „Organadäquanz“[409] gestellt. Inhalt dieses Prinzips ist, daß eine staatliche Aufgabe von Organen wahrzunehmen ist, die am ehesten die „Richtigkeit“ der Entscheidung gewährleisten.[410] Dessen verfassungsrechtliche Stellung als ein Staatsstrukturprinzip ist vom BVerfG anerkannt.[411]

In Konflikt zum Demokratieprinzip gerät der Grundsatz der Organadäquanz, wenn sich die Aufgabe mit den Mitteln der hierarchischen Ministerialverwal-

---

406 S. die ausführlichen Darstellungen bei Kluth, Funktionale Selbstverwaltung, 1997, S. 30 - 216 und Emde, Die demokratische Legitimation der funktionalen Selbstverwaltung, 1986, S. 87 - 201

407 Schmidt-Aßmann, Ordnungsidee, 1999, (2/102) verweist sie deshalb zu Recht in die „eher ideellen Schichten des Demokratieprinzips“.

408 S. dazu Gross, Kollegialprinzip, 1999, S. 200 ff.

409 S. Schulze-Fielitz in Dreier, GG, Art. 20 (Rechtsstaat), Rn. 66 und v. Danwitz, Der Staat 35 (1996), S. 329 ff.

410 Sommermann in v. Mangoldt/Klein/Starck, BG, 1999, Bd. 2, Art. 20 Abs. 2 Rn. 177

411 In BVerfGE 68, 1 (86) heißt es dazu: „...sie (die Gewaltenteilung) zielt darauf staatliche Entscheidungen möglichst richtig, das heißt von den Organen getroffen werden, die dafür nach ihrer Organisation, Zusammensetzung, Funktion und Verfahrensweise über die besten Voraussetzungen verfügen“; ebenso BVerfGE 95, 1 (15); BVerfGE 98, 218 (252)

tung nicht adäquat verrichten läßt.[412] „Fachlich besonders anspruchsvolle“ Aufgaben, die eine „komplexe Interessenvermittlung“, sowie hohen Informationsverarbeitungs- und Bewertungsbedarf im Einzelfall erfordern, lassen sich von einem selbstgesteuerten Gremium mit hoher Fachkompetenz u. U. besser bewältigen als von einer hierarchisch-fremdgesteuerten Bürokratie.[413] Denn Hierarchien widerstreben in gewisser Hinsicht subsidiär verlaufenden Informationssträngen und gewährleisten nicht in dem Maße eine effektive Interessenfilterung wie die Partizipation von Interessenvertretern.[414]

Entscheidend für die Organadäquanz sind somit die Anforderungen der Aufgabe. Für deren effiziente und inhaltlich richtige Wahrnehmung sind die wesentlichen Faktoren:

- Breite des verfügbaren Handlungsinstrumentariums,
- starke Ausdifferenzierung des organisierten Sachverstandes und
- Möglichkeit zur schnellen Entscheidung und deren raschen Umsetzung.[415]

Bei der Entscheidung, welche Organisationsform den besonderen Anforderungen einer Aufgabe am besten gerecht wird, hat der Gesetzgeber einen Spielraum.[416] Denn regelmäßig findet sich eine „Bandbreite leistungsfähiger Organisationsgestaltungen“,[417] die sich im Hinblick auf ihre Effektivität und Richtigkeit der Aufgabenerledigung nicht objektiv bewerten lassen. Eine Grenze findet sein Gestaltungsspielraum allerdings in sachfremden Erwägungen - also insbesondere, wenn das ermächtigte Gremium offensichtlich ungeeignet ist.[418]

b. Verfassungsrechtliche Sicherungsvorkehrungen

Eine weitere Grenze - neben dem Verbot sachfremder Erwägungen - erfährt der Gestaltungsspielraum des Gesetzgebers bei der Bestimmung des zur Aufgabenwahrnehmung adäquatesten Organs durch das Demokratiegebot. Die praktische

412 Vgl. Trute in Schmidt-Aßmann/Hoffmann-Riem (Hrsg.): Verwaltungsorganisationsrecht als Steuerungsressource, 1997, S. 249 (284), Gross, Kollegialprinzip, 1999, S. 200 f.

413 S. Gross, Kollegialprinzip, 1999, S. 202 und 234

414 Schmidt-Aßmann, Ordnungsidee, 1999, 2/97

415 Nach Schmidt-Aßmann, Ordnungsidee, 1999, 2/96

416 S. BVerfGE 63, 1 (34); BVerfGE 37, 1 (26); Gross, Kollegialprinzip, 1999, S. 234; v. Danwitz, Der Staat 35 (1996), S. 329 (347 f.); Lerche in Maunz/Dürig, GG, Art. 86, Rn. 46; a. A, wohl Emde, Die demokratische Legitimation der funktionalen Selbstverwaltung, 1986, S. 382 f.

417 So Gross, Kollegialprinzip, 1999, S. 234; s. a. Schmidt-Aßmann in Schmidt-Aßmann/Hoffmann-Riem (Hrsg.), Verwaltungsorganisationsrecht als Steuerungsressource, 1997, S. 9 (43)

418 So auch Gross, Kollegialprinzip, 1999, S. 238

Konkordanz des Prinzips der Organadäquanz und des Demokratiegebotes erlaubt ihm eine Reduzierung des Legitimationsniveaus nur in dem Maße, in dem die Aufgabe nicht von einem Akteur mit höherer demokratischer Legitimation gleich adäquat erfüllt werden könnte. Vereinfacht gesagt geht es um eine Abwägung zwischen der Effektivität verschiedener zur Verfügung stehender Organisationsformen mit deren demokratischer Legitimation.

Wird man auch bei dieser Entscheidung einen gewissen Gestaltungsspielraum des Gesetzgebers annehmen müssen,[419] bleibt er doch verpflichtet, Sicherungsvorkehrungen vorzunehmen, die funktional äquivalent zur personellen Legitimation in der hierarchischen Ministerialverwaltung wirken.[420] Durch die Übertragung einer Allgemeinwohlaufgabe auf ein pluralistisch-kooperatives Gremium - so effektiv dieses auch arbeiten mag - darf sich der Staat nicht seiner Legitimationsverantwortung entziehen.[421] Die „Verleihung" öffentlich-rechtlicher Macht darf keine „Entäußerung" sein. Und Selbstkoordinierung darf nicht zum Titel für Interessenoligarchie entarten. Der Gesetzgeber steht deshalb vor der schwierigen Aufgabe, die beteiligten Interessen so zu mäßigen und zu bändigen und deren gewünschte Partizipation so zu institutionalisieren, daß ihre Entscheidung dem Allgemeinwohl verpflichtet bleibt.[422]

Die personelle Legitimation sichert die individuelle Integrität der mit öffentlich-rechtlicher Macht ausgestatteten Akteure über den Einsetzungsakt und die gesetzlichen Rahmenbedingungen, die Neutralität und Distanz gegenüber den berührten Interessen gewährleisten. Der Einsetzungsakt hat in ununterbrochener Legitimationskette zu erfolgen und ist zumindest dann unproblematisch, wenn er durch das Parlament erfolgt. Neuralgisch ist hingegen die Gewährleistung von Neutralität und Distanz des pluralistisch-kooperativen Entscheidungsgremiums.[423]

---

419 Ebenso Gross, Kollegialprinzip, 1999, S. 257 ff.

420 Ebenso Emde, Die demokratische Legitimation der funktionalen Selbstverwaltung, 1986, S. 386; Trute in Schmidt-Aßmann/Hoffmann-Riem (Hrsg.): Verwaltungsorganisationsrecht als Steuerungsressource, 1997, S. 249 (284); Schmidt-Aßmann, Ordnungsidee, 1999, 2/101

421 Vgl. Schmidt-Aßmann, Ordnungsidee, 1999, 2/101; Gross, Kollegialprinzip, 1999, S. 238 f.

422 So auch Trute in Schmidt-Aßmann/Hoffmann-Riem (Hrsg.): Verwaltungsorganisationsrecht als Steuerungsressource, 1997, S. 249 (288 f.) der diese Anforderungen als „Sicherung der Gemeinwohlverträglichkeit" bezeichnet.

423 S. Trute in Schmidt-Aßmann/Hoffmann-Riem (Hrsg.): Verwaltungsorganisationsrecht als Steuerungsressource, 1997, S. 249 (292)

Die Gefahr einer Interessenmajorisierung und der fehlenden Berücksichtigung rechtlich geschützter Belange ist insbesondere da virulent, wo die einzelnen Gremiumsmitglieder sich gerade als Vertreter bestimmter Interessengruppen verstehen. In diesen Fällen scheidet eine personelle Legitimation i. S. d. hierarchischen Ministerialverwaltung aus. Gleichwohl bedeutet die individuelle Gebundenheit einzelner Mitglieder an partikulare Interessen nicht notwendigerweise eine fehlende Neutralität des Gremiums insgesamt.[424] Denn mit interner Pluralisierung des Gremiums und Gegenmachtmodellen stehen wirksame Instrumente zur Verfügung, die Neutralität und eine angemessene Berücksichtigung der berührten Interessen in ähnlicher Weise garantieren, wie bei einer Entscheidung durch unabhängige Mitglieder.[425] An Stelle der mediatorischen, unabhängigen Bewertung durch den personell integren Amtswalter treten die rechtlich geschützten Interessen durch ihre eigenen Akteure auf. Gelingt eine interessengerechte Zusammensetzung, inklusive effektiver Durchsetzungsmacht der Einzelstandpunkte, sowie ein ausreichender Minderheitenschutz, findet Demokratie in ihrer - wenn man so will - originären Form statt: als „Prinzip der gleichen Einflußchancen“.[426]

Vor diesem Hintergrund ist Kritik, die Rechtssetzungsmacht eines mit Sachverstand ausgestatteten Gremiums als „technokratische Herrschaft“[427] ansieht und Betroffenenpartizipation als „fürsorgliche Fremdbestimmung“[428] deutet, fragwürdig und außerdem wenig konstruktiv. Komplexe Entscheidungen verlangen Sachkompetenz und die Beteiligung von Vertretern der durch Rechtsnormen berührten Interessen wird vom Grundgesetz gefordert und nicht verboten. Sicherlich bleibt die Frage, ob die Verbindung von Sachverstand und Interessenvertretung innerhalb eines Gremiums eine hinreichende Gewähr für neutrale Wertungen und sachlich richtige Entscheidungen bietet. Bei deren Beantwor-

---

424 Deshalb ist anders als bei der materiellen Legitimation keine Homogenität der vertretenen Interessengruppe erforderlich (so auch Gross, Kollegialprinzip, 1999, S. 259 ff.; a. A. Brohm, Strukturen der Wirtschaftsverwaltung, 1969, S. 262 f. und Ehlers, JZ 1987, S. 218, 221), sondern ein gesetzlicher Zusammenschluß teilweise konkurrierender Interessen, mit einer internen Spezifizierung der Interessengewichtung möglich (s. BVerfGE 10, 89 (103); Kleine-Cosack, Berufsständische Autonomie und Grundgesetz, 1983, S. 207 f.)

425 So auch Trute in Schmidt-Aßmann/Hoffmann-Riem (Hrsg.): Verwaltungsorganisationsrecht als Steuerungsressource, 1997, S. 249 (292). Vgl. a. im einzelnen Brohm in HBStR II, 1998, § 36 Rn. 41 ff. und insbesondere (mit einer dringend notwendigen Berücksichtigung empirischer Untersuchungen zu Artikulation von Interessen in Verbands- und Kollegialstrukturen) Teubner, Organisationsdemokratie und Verbandsverfassung, 1978, S. 227 ff. und 239 ff.

426 S. Gross, Kollegialprinzip, 1999, S. 252

427 So Hänlein, Rechtsquellen im Sozialversicherungsrecht, S. 502

428 So Hänlein, Rechtsquellen im Sozialversicherungsrecht, S. 500

tung muß nicht nur die Besetzung des Hoheitsträgers genau betrachtet werden. Auch die zu bewältigende Aufgabe ist im Auge zu behalten, und die Frage darf nicht tabu sein, ob mit einer anderen Regelungstechnik, die den traditionellen Rechtssetzungsformen des Grundgesetzes entspräche, tatsächlich auch ein höheres Maß an Demokratie erreicht würde.[429] Eine wichtige – leider oft zu wenig beachtete - Rolle spielt schließlich die gerichtliche Kontrolle der Gremienentscheidungen, worauf noch ausführlich einzugehen sein wird.[430] Verfehlt ist aber jedenfalls die Auffassung, wonach vom Gesetzgeber auf Basis von Sachverstand und Interessenbeteiligung konzipierte Träger von Rechtssetzungsbefugnissen grundsätzlich nicht mit dem Demokratiegebot vereinbar sind.

c. Zusammenfassung

Mitgliedschaftlich-partizipatorische Legitimation bedeutet die Fusion des Demokratieprinzips mit dem Prinzip der Organadäquanz im Wege der praktischen Konkordanz. Seine demokratische Legitimation erhält das partzipatorisch organisierte Gremium über das Parlament. Aufgrund der Entscheidungsbefugnisse nicht-hierarchisch eingebundener Interessenvertreter fehlt es dem Entscheidungsgremium regelmäßig an der personellen demokratischen Legitimation. Die damit einhergehende Absenkung des Legitimationsniveaus ist verfassungsrechtlich unzulässig, wenn das Demokratieprinzip nicht aufgrund des Verfassungsprinzips der Organadäquanz einzuschränken ist. Der Gesetzgeber überschreitet deshalb seinen Gestaltungsspielraum, wenn er unter gleich funktionsadäquaten Gremien die staatliche Aufgabe einem weniger stark demokratisch legitimierten Akteur überträgt. Stellt sich das partizipatorisch besetzte Gremium aber im Hinblick auf die übertragene Aufgabe als in funktioneller Hinsicht den anderen Möglichkeiten überlegen dar, ist er grundsätzlich nicht gehindert, auch einem nicht in ununterbrochener Legitimationskette eingesetzten Akteur staatliche Entscheidungsbefugnisse zu übertragen. Gleichwohl darf sich die Ermächtigung nicht als Selbstentmachtung des Parlaments erweisen. Deshalb unterliegt die mitgliedschaftlich-partizipatorische Legitimation den folgenden Grenzen:

- Normsetzungsbefugnisse dürfen ihm nur unter den Anforderungen des Art. 80 Abs. 1 S. 2 GG übertragen werden. Das den Normgeber bindende Entscheidungsprogramm muß deshalb hinreichend bestimmte Regelungen zu den we-

429 Wird dasselbe Gremium anstelle einer Rechtssetzungsermächtigung aufgrund Gesetz durch eine Subdelegation zum Erlaß von Rechtsverordnungen befugt, kann darin kein wesentlicher Gewinn für die Demokratie erkannt werden. Und der Unterschied zwischen der Nichtbeanstandung der Entscheidung eines Sachverständigenausschusses und dem Erlaß einer Rechtsverordnung auf Basis der Empfehlung eben dieses Rates durch ein Ministerium erscheint eher formaler Art.

430 S. dazu insbesondere 0

sentlichen, mit der Erfüllung der Aufgabe verbundenen Wertungsfragen enthalten.

- Die Zusammensetzung des Gremiums und das Verfahren der Besetzung muß im Hinblick auf die Aufgabe interessengerecht sein. D. h. die bei der Aufgabenwahrnehmung wesentlich berührten Interessen müssen effektiv repräsentiert sein. Der Zusammenschluß konträrer Interessen sowie eine Repräsentanz bestimmter betroffener Gruppen durch von anderen Gruppen bestellte Vertreter ist dabei aber nicht ausgeschlossen.
- Für die Entscheidungen des partizipatorisch organisierten Gremiums muß eine „Richtigkeitsvermutung" sprechen. Das Zusammenspiel der Kräfte im Gremium hat Neutralität und Distanz des Gremiums insgesamt und damit seiner Entscheidungen zu gewährleisten. Der Gefahr der Interessenmajorisierung und der Benachteiligung von Minderheiten ist deshalb durch Stimm- und Beteiligungsrechte im Entscheidungsverfahren wirksam zu begegnen. Eine Interessengewichtung durch eine vom Verhältnis der Anzahl betroffener Bürger in der jeweiligen Interessengruppe abweichende Stimmenverteilung ist dabei vom politischen Gestaltungsspielraum des Gesetzgebers gedeckt.

Entscheidend für eine dem Demokratieprinzip entsprechende Ermächtigung des mitgliedschaftlich-partizipatorisch besetzten Gremiums ist nach allem eine Gesamtschau von gesetzlicher Regelungsdichte und interessengerechter, eine „Richtigkeitsvermutung" auslösender Entscheidungsstruktur (als Elemente demokratischer Legitimation) sowie der Funktionsadäquanz des Gremiums im Hinblick auf die staatliche Aufgabe.[431]

5. Der Bundesausschuß als mitgliedschaftlich-partizipatorisch legitimiertes Gremium

Der Bundesausschuß beschließt seine Richtlinien im Ausgleich der paritätisch vertretenen Interessen der Vertragsärzte und der Krankenkassen. Seine Entscheidungsstruktur erinnert an die eines Selbstverwaltungsorgans, in dem die Einbringung von Eigeninteressen und der Sachverstand der Mitglieder aufgrund ihrer Nähe zur regelungsbedürftigen Materie genutzt werden sollen.[432] Der Bundesausschuß ist aber kein Träger materieller Autonomie, weil es ihm an der demokratischen Legitimation durch die betroffenen Versicherten ermangelt.[433] Ihm wird vielmehr die Allgemeinwohlaufgabe der verbindlichen Konkretisierung der Versichertenansprüche in der GKV durch Richtlinien an Stelle des parlamentari-

---

431 Zu der Anerkennung der mitgliedschaftlich-partizipatorischen Legitimation in der Rechtsprechung des BVerfG s. BVerfGE 37, 1 (24 ff.); und vgl. Schirmer MedR 1996, S. 411 und Schwerdtfeger in FS für Krasney, 1997, S. 499 (503)

432 S. o. Kapitel 2:A

433 S. o. Kapitel 2:C.II.1.b

schen Gesetzgebers und in demokratischer Legitimation durch ihn delegiert. Aber auch der Regelungstypus der Rechtsverordnung, der von der Verfassung für die Delegierung von Allgemeinwohlaufgaben vorgesehen ist, paßt nicht auf die Richtlinien, weil der Bundesausschuß mit „formeller Autonomie" ausgestattet ist, die einer Einordnung desselben als (Sub-)Delegatar widerspricht.[434]

Es bleibt eine dritte Möglichkeit: Der Bundesausschuß könnte mitgliedschaftlich-partizipatorisch legitimiert sein. Entsprechend den entwickelten Voraussetzungen ist der Bundesausschuß nur dann mitgliedschaftlich-partizipatorisch legitimiert, wenn:

- das den Bundesausschuß bindende Normprogramm den Anforderungen des Art. 80 Abs. 1 S. 2 GG entspricht,
- die Entscheidungsstruktur des Bundesausschusses interessengerecht ist und für die Richtlinien eine Richtigkeitsvermutung spricht und
- sich der Bundesausschuß als funktionsadäquates Gremium im Hinblick aus seine Aufgabe erweist.

Ergibt die Gesamtschau, daß der Bundesausschuß trotz seiner formellen Autonomie mit hoher Fachkompetenz und dabei neutral die ihm übertragene Aufgabe der Konkretisierung der Versichertenansprüche wahrnimmt, bleibt er trotz seiner Ausgliederung aus der hierarchischen Ministerialverwaltung („formellen Autonomie") ein durch den demokratisch legitimierten Willen des Parlaments ausreichend gesteuerter staatlicher Akteur.

a. Die hinreichende Bestimmtheit des § 92 SGB V

Art. 80 Abs. 1 S. 2 GG verlangt, daß Inhalt, Zweck und Ausmaß der Ermächtigung im Gesetz bestimmt werden. Das für die Entscheidung des (Sub-) Delgatars maßgebliche inhaltliche „Programm" und der Umfang seiner Kompetenz[435] müssen somit hinreichend konkret gesetzlich festgelegt werden.[436]

aa. Die inhaltliche Bestimmtheit des den Bundesausschuß bindenden Normprogramms

Der Bundesausschuß ist durch § 92 Abs. 1 S. 1 SGB V beauftragt, „eine ausreichende, zweckmäßige und wirtschaftliche Versorgung der Versicherten zu ge-

---

434 S. o. Kapitel 2:C.II.2.b

435 Die Richtlinienkompetenz ist als Verbandszuständigkeit einzuordnen; s dazu allgemein: Bonk in Stelkens/ Bonk/ Sachs, VwVfG, 1998, § 3 Rn. 10

436 Vgl. im einzelnen statt aller: Maunz in M/D Art. 80 Rn. 27 ff.

währleisten". Er konkretisiert in den Richtlinien das Wirtschaftlichkeitsgebot des § 12 Abs. 1 S. 1 SGB V, das im wesentlichen die GKV auf die Erbringung zweckmäßiger und gleichzeitig wirtschaftlicher Leistungen verpflichtet. Auch wenn an dieser Stelle nicht die Einzelheiten des gesetzlichen Normprogramms erörtert werden sollen,[437] weil zuvor schwierige Fragen des Beurteilungsspielraums des Bundesausschusses zu beantworten sind, kann eines bereits hier festgehalten werden: Die Konkretisierung der Leistungen der GKV im Sinne des Wirtschaftlichkeitsgebotes stellt den Bundesausschuß vor ein doppeltes Optimierungsproblem. Einerseits sind unter den verfügbaren medizinischen Methoden die zweckmäßigsten auszuwählen; andererseits ist unter diesen die kosteneffektivste zu bestimmen. Die Konkretisierung des Wirtschaftlichkeitsgebotes bedeutet somit eine wertende Betrachtung der verfügbaren Methoden unter Zweckmäßigkeits- und Wirtschaftlichkeitsgesichtspunkten. Abstrakt ist das Ergebnis durch das Wirtschaftlichkeitsgebot vorgegeben: Es sollen nur die effektivsten Leistungen zur Verfügung gestellt werden. Auf abstrakter Ebene erscheint deshalb eine genauere Bestimmung dessen, was der Bundesausschuß in seinen Richtlinien festlegen soll, kaum möglich.[438] Hinsichtlich der inhaltlichen gesetzlichen Vorgaben für den Bundesausschuß, dem „Normprogramm", wird § 92 (i.V.m. § 12 Abs. 1 S. 1) SGB V den verfassungsrechtlichen Bestimmtheitsanforderungen somit gerecht.[439]

bb. Die Bestimmtheit der Zuständigkeit des Bundesausschusses

Zu welchen Regelungsbereichen der Bundesausschuß Richtlinien erlassen darf, ist in §§ 92 Abs. 1 S. 2 und 135 Abs. 1 SGB V aufgelistet. Außerdem finden sich in einzelnen Vorschriften des Leistungsrecht[440] spezielle Ermächtigungen, die aber keine zusätzlichen Kompetenzen einräumen. Nach dem Gesetzeswortlaut ist die Auflistung in § 92 Abs. 1 S. 2 SGB V nicht abschließend, denn der Bundesausschuß soll „insbesondere" zu den dort genannten Themen Richtlinien erlassen. Begrenzt wird seine Kompetenz demnach durch S. 1 der Vorschrift, nach der er die zur Sicherung der ärztlichen Versorgung „erforderlichen" Richtlinien beschließt.

Es ist aber fraglich, ob eine solche „generelle Kompetenz"[441] den Anforderungen des Art. 80 Abs. 1 S. 2 GG genügt. Das Bestimmtheitsgebot soll sicherstellen, daß der Gesetzgeber Ermächtigungen nur in klar umrissenem - und dadurch sowohl für ihn als auch für potentiell (Richtlinien-) Betroffene in vorab erkenn-

---

437 S. dazu Kapitel 4:

438 So auch BSGE 78, 70 (83 f.)

439 Im Ergebnis ebenso: Noftz, VSSR, 1997, S. 393 (426); a. A.: Clemens, MedR 1996, S. 432 (438 f.); vgl. a. BSGE 67, 256 (267)

440 S. §§ 25 Abs. 4, 26 Abs. 2, 27 a Abs. 4, 33 Abs. 3, 35 Abs. 1 und 37 a Abs. 2 SGB V

441 So Knittel in Krkpf SGB V § 92 Rn. 3

barem - Umfang erteilt.[442] Was aber „für die ärztliche Versorgung erforderlich" ist, läßt sich nicht nur schwer, sondern im Grunde gar nicht bestimmen. Für welchen Bereich der GKV ließe sich ein Zusammenhang mit der ärztlichen Versorgung ausschließen und demgemäß die Erforderlichkeit von Richtlinien ablehnen? Eine Kompetenz, Richtlinien zu beliebigen Themen der GKV zu erlassen, war aber vom Gesetzgeber sicher nicht gemeint.[443] Angesichts des unbestimmten Gesetzeswortlautes ist es aber auch nicht verwunderlich, daß Kompetenzstreitigkeiten nicht ausbleiben, die von Art. 80 Abs. 1 S. 2 GG eigentlich vermieden werden sollen.[444]

Festzuhalten bleibt somit: Bestimmt i. S. d. Art. 80 Abs. 1 S. 2 GG ist die Zuständigkeitsregelung innerhalb § 92 Abs. 1 SGB V nur, soweit der Bundesausschuß zu Richtlinien über die in S. 2 der Vorschrift aufgelisteten Themen ermächtigt wird.[445] Im Wege der verfassungskonformen Auslegung ist deshalb das Wort „insbesondere" in § 92 Abs. 1 S. 2 SGB V zu streichen.[446]

cc. Zwischenergebnis

Das gesetzliche Normprogramm des § 92 SGB V erfüllt hinsichtlich seiner inhaltlichen Bestimmungen die Anforderungen des Art. 80 Abs. 1 S. 2 GG. Die Richtlinienkompetenz bleibt nach verfassungskonformer Auslegung jedoch auf die in §§ 92 Abs. 1 S. 2 und 135 Abs. 1 SGB V genannten Themen begrenzt.

b. Die Richtigkeitsvermutung für die Richtlinien des Bundesausschusses

Damit für die Richtlinien des Bundesausschusses eine, die fehlende personelle Legitimation teilweise kompensierende Richtigkeitsvermutung spricht, müßten sich die im Bundesausschuß vertretenen kontradiktorischen Interessen zumin-

---

442 S. Stern, StaatsR I, 1984, § 20 IV 4 (S. 799)

443 Vgl. BSGE 72, 252 (255), in der die Ermächtigung des Bundesausschusses zur Bestimmung des Arzneimittelbegriffes ablehnt

444 So ist etwa ein Streit über die Regelungsbefugnisse gem. § 132 a SGB V zwischen den maßgeblichen Spitzenorganisationen für die Wahrnehmung der Interessen von Pflegedienste und den Spitzenverbänden der Krankenkassen entstanden. Erstere werfen den Krankenkassenverbänden vor, über den Bundesausschuß kompetenzwidrig Regelungen getroffen zu haben, mit denen sie sich bei den Rahmenempfehlungsverhandlungen nicht haben durchsetzen können, vgl. Mittelstaedt, Pflegen Ambulant 2000, S. 55

445 Ebenso Wimmer, NJW 1995, S. 1577 (1583, l. Sp.)

446 Fraglich ist deshalb, ob die vom Bundesausschuß erlassenen Krankentransport-Richtlinien, Qualitätsbeurteilungs-Richtlinien und Angestellte-Ärzte-Richtlinien nichtig sind. Dazu müßten diese – nach der wohl herrschenden Auffassung – offensichtlich außerhalb des Aufgabenkatalogs stehen; vgl. hierzu: Sachs in Stelkens/ Bonk/ Sachs, VwVfG, 1998, § 44 Rn. 155 ff.

dest prinzipiell zu Entscheidungen ausgleichen, die auch dem die Interessenlage der Versicherten repräsentierenden Willen des Parlaments entsprechen.

Die gesetzliche Aufgabe des Bundesausschusses liegt in der Sicherstellung einer sowohl wirtschaftlichen als auch zweckmäßigen ärztlichen Versorgung, § 92 Abs. 1 S. 1 SGB V. Er soll in den Richtlinien Einsparungspotentiale zur Minimierung der Ausgaben der Krankenkassen realisieren und gleichzeitig möglichst umfangreich wirksame Leistungen der Vertragsärzte zur Verfügung stellen. Er steht damit vor dem - bereits angesprochenen - „doppelten Optimierungsproblem", den Leistungskatalog der GKV in Richtung auf möglichst billige und möglichst umfangreiche wirksame ärztliche Leistungen zu konkretisieren. Gelingt ihm eine effiziente Lösung dieses Problems, steht diese nicht nur im Einklang mit dem im gesetzlichen Auftrag geäußerten Willen des Parlaments, sondern auch mit den entgegengesetzten Interessen des Versicherten an möglichst geringen Beitragssätzen und möglichst effektiver ärztlicher Hilfe im Krankheitsfall.

Das doppelte Optimierungsproblem wird im Bundesausschuß personell durch die jeweiligen Vertreter der Interessenverbände repräsentiert. Während die Vertreter der Vertragsärzte ihr sachverständiges Interesse daran einbringen, Krankheiten des versicherten Patienten möglichst effektiv behandeln zu können, werden die Krankenkassenvertreter vor allem wirtschaftliche Aspekte in den Vordergrund stellen. Durch die Parität der Vertreter der Interessenverbände wird im Gegenmachtmodell ein Diskurs erzwungen. Dieser Diskurs ist die Basis der Richtigkeitsvermutung der Richtlinien des Bundesausschusses.[447] In ihm sind die Vertreter der Interessenverbände gezwungen, zumindest die Mehrheit der drei unabhängigen Mitglieder argumentativ zu überzeugen, um die für den Beschluß notwendige überwiegende Stimmenanzahl im Bundesausschuß zu erreichen. Durch diese Überzeugungsarbeit - so die Vermutung - wird sich letztlich die Meinung durchsetzen, für die die gewichtigeren Argumente sprechen, während die Auffassung, die nur oder überwiegend von Partikularinteressen bestimmt ist, nicht die Zustimmung der Mehrheit der Mitglieder finden wird.

Zwei Einwände gegen die so begründete Richtigkeitsvermutung liegen nahe: Zum einen könnte man ihr entgegenhalten, daß die tatsächliche Interessenlage bei den Vertragsärzten und Krankenkassen von der oben dargestellten abweicht. Die Vertragsärzte haben zumindest auch ein Interesse am eigenen Honorar und die Krankenkassen zumindest auch ein Interesse an einem umfangreichen Leistungskatalog, um gegenüber den privaten Krankenversicherungen nicht noch

---

[447] Zu den rechtssoziologischen Erwägungen zur Diskursrationalität s. Teubner, Organisationsdemokratie und Verbandsverfassung, 1978, S. 227 ff. und 239 ff.

weiter an Boden zu verlieren. Diesen Bedenken ist zuzustimmen. Sie vermögen jedoch nicht die Richtigkeitsvermutung zu widerlegen. Der Vertragsarzt wird, da durch die Einführung des Globalbudgets nur eine begrenzte Summe zur Honorierung aller ärztlichen Leistungen zur Verfügung steht, den durch Richtlinien eröffneten Möglichkeiten widersprechen, unwirtschaftliche Leistungen zu erbringen und abzurechnen. Und die Krankenkassen werden nicht allein auf der Wirtschaftlichkeit der Gesamtleistungen beharren sondern gleichzeitig auf die Ausweitung des Leistungskatalogs drängen - nicht zuletzt auch deshalb, weil ihre Vertreter z. T. von den Versicherten gewählt werden. Dadurch, daß in Präzisierung der oben genannten groben Interessenlage die Vertragsärzte auch wirtschaftliche Gesichtspunkte einbringen und die Krankenkassen auch ein Interesse an wirksamen Leistungen haben, wird der Diskurs aber rationaler. Denn dadurch öffnen sich die Vertreter eines Interessenverbandes womöglich leichter den Interessen der Gegenseite.

Zum anderen könnte man dem Schluß, daß aus einem rationellen Diskurs eine „richtige" Entscheidung entspringt, eine gewisse „Blauäugigkeit" vorwerfen. Dieser Vorwurf trifft aber das Demokratieprinzip insgesamt. Abgesehen von dessen verfassungsrechtlicher Anerkennung: Welche Entscheidungsalternative steht zur Verfügung für einen Bereich wie den Leistungskatalog der GKV, in dem das Aufeinandertreffen ethischer und wirtschaftlicher Aspekte eine richtige Entscheidung im streng rationalen Sinne unmöglich macht? Blauäugig wäre die Vermutung deshalb nur, wenn sie unberücksichtigt ließe, daß die Interessen der Krankenkassen- und Vertragsärztevertreter sich im Einzelfall überlappen können und eine Entscheidung herbeigeführt wird, die nicht im Interesse der Versicherten liegt. Diese ausnahmsweise Übereinstimmung (mit ihren negativen Folgen) widerspricht aber nicht der Richtigkeitsvermutung der Richtlinien insgesamt und damit auch nicht der verfassungsrechtlichen Zulässigkeit von deren Verbindlichkeit für die Versicherten. Zumindest dann nicht, wenn ihr auf der Ebene der gerichtlichen Kontrolle wirksam begegnet werden kann - worauf noch ausführlich einzugehen sein wird.[448]

c. Die Funktionsadäquanz des Bundesausschusses

Als funktionsadäquat kann ein Gremium bezeichnet werden, das den zur Erfassung der fachlich-wissenschaftlichen Komplexität der Aufgabenmaterie erforderlichen Sachverstand (fachliche Kompetenz) und die zur objektiven Abwägung der rechtlich geschützten Interessen notwendige Rahmenbedingung (interessengerechte Entscheidungsstruktur) aufweist. Der Bundesausschuß vereinigt beide Komponenten in hohem Maße. Durch die paritätische Besetzung des Bun-

[448] Vgl. insbesondere Kapitel 4:

desausschusses mit Vertretern der Ärzte und der Krankenkassen ist das Gremium besetzt mit Sachverständigen, die durch ihre Ausbildung und durch ihre Arbeitserfahrung die erforderlichen wissenschaftlichen Kenntnisse und praktischen Erfahrungen mitbringen.[449] Wobei die eher ökonomischen Sachkenntnisse der Krankenkassenvertreter und das eher medizinische Wissen der Ärztevetreter sich gegenseitig befruchten und ergänzen.

Die zugleich politische Funktion der Mitglieder, die durch die Besetzung des Bundesausschusses durch die Spitzenorganisationen auf Ärzte- und Krankenkassenseite gesichert und gesetzlich gewünscht ist, nutzt die Vorteile subsidiärer Entscheidungsstrukturen, zu denen insbesondere eine hohe Akzeptanz bei den vertretenen Interessengruppen gehört. Die paritätische Besetzung stellt eine interessenausgewogene Entscheidung sicher und verhindert grundsätzlich[450] wirksam eine Majorisierung ökonomischer oder leistungsausweitender Interessen. Der Bundesausschuß ist damit ein funktionsadäquates Gremium zur Bewältigung der Aufgabe, die Leistungen an die Versicherten zu konkretisieren.

Zwei Alternativen sollen aber angedacht werden, die eine höhere demokratische Legitimation aufweisen und deshalb bei gleicher Funktionalität dem Bundesausschuß vorzuziehen wären.

Als erstes Alternativmodell zum Bundesausschuß bietet sich eine Einbindung des Sachverstandes in die staatliche Hierarchie an. Die Verbeamtung von Sachverständigen und ihre Einordnung in die hierarchische Ministerialverwaltung würde dem Richtliniengeber die dem Bundesausschuß fehlende personelle Legitimation verschaffen. Daß dieser Weg nicht beschritten wurde, hat nicht nur die naheliegenden Kostengründe. Die Einbindung der Ärzte als Freiberufler in das System der GKV erfordert nicht nur im Hinblick auf deren Berufsfreiheit, sondern auch aus politischen Gründen eine besondere Berücksichtigung der Interessen der Vertragsärzte. Die Geschichte der GKV hat gezeigt, daß hier ein Spannungsfeld liegt, das eine Einbindung von Interessenvertretern dieser Gruppe ratsam erscheinen läßt. Das hierarchische Modell steht aber tendenziell einer effektiven und nicht zuletzt befriedenden Beteiligung der Ärzteschaft entgegen und erscheint unter diesem Gesichtspunkt weniger funktional.

Als zweites Modell wäre denkbar, die Richtlinien durch ein Gremium unabhängiger Sachverständiger vorbereiten zu lassen und in Form der Rechtsverordnung

---

449 Der gefaßte Beschluß ist „regelmäßig das Ergebnis eines Meinungsaustauschs unter Beteiligung der kompetentesten Fachleute"; s. Schneider, HB-KAR, 1994, Rn. 627

450 Zum Problem der Partizipation der nicht-ärztlichen Leistungserbringer s. u. Kapitel 2:C.IV.6.

zu beschließen.[451] Hiergegen bestehen vor allem zwei Bedenken: Zum einen wird es sehr schwierig sein - insbesondere im medizinischen Bereich - tatsächlich unabhängige Sachverständige zu finden. Kapazitäten in den jeweiligen Fachbereichen sind oftmals eingebunden in ihre scientific community, samt deren ökonomischen Interessen und Reputationskämpfen. Schwerer wiegt jedoch das folgende Argument: Die medizinisch-ökonomischen Entscheidungen sind für den Verordnungsgeber praktisch nicht kontrollierbar, ohne daß der Verordnungsgeber selbst über den nötigen Sachverstand verfügt und sich eingehend mit den Entscheidungen des Sachverständigengremiums auseinandersetzt. Eine de iure bestehende Letztentscheidungsverantwortung des Staates besorgt jedenfalls dann keine Gemeinwohlsicherung, wenn dem Informations- und Wissensvorsprung des Sachverständigengremiums keine Prüfungskapazitäten des Verordnungsgebers gegenüberstehen.[452] Baute man diese Kapazitäten auf, liefe das auf eine ineffiziente und vor allem zeitintensive Doppelprüfung hinaus - eine wenig funktionale Lösung. Ein bloßes „Abnicken" der Entscheidungen des Gremiums durch den Verordnungsgeber würde die demokratische Legitimation hingegen nicht erhöhen.

Nach allem kann dem Bundesausschuß eine hohe Funktionsadäquanz zur Konkretisierung der Versichertenansprüche attestiert werden. Alternativmodelle sind weder so funktional noch so demokratisch legitimiert, daß die Entscheidung des Gesetzgebers zugunsten des Bundesausschusses als grob fehlerhaft und deshalb seinen Gestaltungsspielraum überschreitende Organisationsentscheidung angesehen werden könnte. Der Gesetzgeber war somit nicht durch das Demokratieprinzip gehindert, den Bundesausschuß mit Normsetzungsbefugnissen auszustatten.

6. Die Partizipation der nicht-ärztlichen Leistungserbringer

Bei der bisherigen Erörterung blieben die nicht-ärztlichen Leistungserbringer wie Apotheker, Arzneimittelhersteller und Pflegeberufe unberücksichtigt. Problematisch ist, daß diese von den Richtlinien betroffen, im Richtlinien-Beschlußverfahren aber nur durch ein Stellungnahmerecht beteiligt sind. Möglicherweise genügt diese Beteiligung nicht den Anforderungen der Verfassung – insbesondere könnte die für die mitgliedschaftlich-partizipatorische Legitimation erforderliche Richtigkeitsvermutung zugunsten der Richtlinien gestört sein.

---

[451] So der Vorschlag von Schimmelpfeng-Schütte, NZS 1999, S. 530 (536)

[452] So zutreffend Trute in Schmidt-Aßmann/Hoffmann-Riem (Hrsg.): Verwaltungsorganisationsrecht als Steuerungsressource, 1997, S.249 (290 f.)

a. Strukurelle Interessenschlagseiten zu Lasten der nicht-ärztlichen Leistungserbringer

Die Richtigkeitsvermutung für die Richtlinien des Bundesausschusses beruht auf einem „Gegenmachtmodell“. In diesem treffen die prinzipiell gegensätzlichen Interessen der Krankenkassen und der Vertragsärzte aufeinander und erzwingen (durch die Stimmenparität) einen Kompromiß, der grundsätzlich auch den Interessen der Versicherten gerecht wird. Das funktionale Gleichgewicht der Interessen ist aber möglicherweise gestört, wenn der Bundesausschuß darüber zu entscheiden hat, ob schlecht honorierte Leistungen aus der vertragsärztlichen Versorgung auszukoppeln und gut honorierte Leistungen in die vertragsärztliche Versorgung einzugliedern sind. Durch den Grundsatz der Beitragssatzstabilität steht für die Summe der Leistungen der GKV nur ein begrenztes Gesamtbudget zur Verfügung, wodurch Vertragsärzte und nicht-ärztliche Leistungserbringer in einem „Konkurrenzverhältnis“[453] stehen. Es ist deshalb fraglich, ob bei Entscheidungen des Bundesausschusses, die für die Verteilung der Anteile aus dem Budget von zumindest mittelbarer Bedeutung sind, die Interessen der nicht-ärztlichen Leistungserbringer hinreichend berücksichtigt werden. Einige Beispiele illustrieren dies.

Im Oktober 1999 hat der Bundesausschuß Richtlinien über die Verordnung von häuslicher Krankenpflege beschlossen. Diese wurden vom Bundesministerium für Gesundheit im Dezember 1999 nach § 94 SGB V beanstandet, u.a. weil sie keine dem § 37 SGB V entsprechende Prophylaxe-Leistungen vorsahen. Die Richtlinien wurden überarbeitet und bestimmen nun in der Vorbemerkung der Anlage (Leistungen der Grundpflege und hauswirtschaftlichen Versorgung):[454] „Pflegerische Prophylaxen, Lagern und Hilfen bei der Mobilität sind Bestandteil der verordneten Leistungen in dem Umfang, wie sie zur Wirksamkeit notwendig sind, auch wenn die Häufigkeit, in der sie nach Maßgabe der individuellen Pflegesituation erbracht werden müssen, von der Frequenz der verordneten Pflegeleistungen abweichen.“ Danach müssen die für die häusliche Pflege eingesetzten Dienste etwa bei Gefahr einer Dekubitus-Erkrankung (Gewebestörungen) aufgrund Bettlägerigkeit zur Vermeidung von Druckstellen 5-6 mal täglich für die Bewegung des Versicherten sorgen, ohne daß dies vom Vertragsarzt gesondert zu verordnen wäre. Dies bedeutet aber, daß die pflegerischen Dienste durch die Richtlinien zu prophylaktischen Leistungen verpflichtet werden, ohne daß diese den vertragsärztlichen Budgets[455] zu Buche schlagen.[456] Das Problem verschärft

---

453 S. BSG-SozR 3-2500 § 138 Nr. 1 (S. 11)

454 In der Fassung vom 16. Februar 2000, veröffentlicht im BAnz 2000 Nr. 91

455 Betroffen wären vor allem das Praxisbudget und das Arztgruppenbudget; s. Krauskopf in HBAR, 1999, § 32 Rn. 12 ff. und § 29 Rn. 22 ff.

sich dadurch, daß eine Honorierung für diese Leistungen bisher nicht vorgesehen ist,[457] was in Frage stellt, ob Dekubitus-Prophylaxen in dem nach § 37 SGB V notwendigen Umfang erbracht werden.

Als weiteres Beispiel ist Kapitel 17.2. der Arzneimittel-Richtlinien zu nennen.[458] In der Vorbemerkung des Kapitels ist angeordnet, daß die in 17.2 genannten Arzneimittel (z. B. Mittel zur Regulation der Darmflora) nur unter der Voraussetzung verordnet werden dürfen, daß zuvor allgemeine nicht medikamentöse Maßnahmen genutzt wurden (z. B. diätetischer oder physikalischer Art, Lebensführung, körperliches Training etc.), hierdurch aber das Behandlungsziel nicht erreicht werden konnte und eine medikamentöse Behandlung mit diesen Arzneimitteln zusätzlich erforderlich ist. Die Regelung ist sicherlich in vielen Fällen sinnvoll. Da die Erbringung eigener Leistungen für den Vertragsarzt in aller Regel attraktiver ist als die Verordnung von Medikamenten, könnten Böswillige den Vorbehalt zugunsten nicht medikamentöser Leistungen aber auch als einen „Arzthonorarvorbehalt“ ansehen. Zumal nicht medikamentöse Leistungen wie die Diättherapie zwar von Vertragsärzten, aber nicht von Diätassistenten erbracht und abgerechnet werden dürfen.[459]

Als letztes Beispiel sei die „Viagra-Entscheidung“ des Bundesausschusses genannt. In seiner Sitzung vom 3. 8. 1999 hatte der Bundesausschuß F 17.1 f der Arzneimittel-Richtlinien dahingehend geändert, daß „Mittel zur Behandlung der erektilen Dysfunktion und Mittel, die der Anreizung und Steigerung der sexuellen Potenz dienen“ vertragsärztlich nicht verordnet werden dürfen. Hintergrund dieser Entscheidung war die arzneimittelrechtliche Zulassung der „Potenzpille Viagra“, die nach Schätzungen zu einer jährlichen Belastung des Gesamtbudgets von 15 Milliarden DM geführt hätte, wenn sie nicht als Leistung der GKV ausgeschlossen worden wäre.[460] Oder anders formuliert: die das mögliche Honorarvolumen der Vertragsärzte um 15 Milliarden DM geschmälert hätte. Hinzu kommt, daß die Begründung des Bundesausschusses für den Leistungsausschluß bedenklich ist.[461]

---

456 Denn ohne Verordnung gehört die prophylaktische Leistung nicht zur vertragsärztlichen Versorgung, s. Krauskopf in HBAR, 1999, § 29 Rn. 22 ff.

457 Eine Vergütungsregelung bedürfte einer Rahmenempfehlung nach §132 a SGB V, die bisher aber noch nicht abgegeben wurde.

458 Richtlinien über die Verordnung von Arzneimitteln in der vertragsärztlichen Versorgung in der Fassung vom 31. August 1993 (BAnz Nr. 246 vom 31. Dezember 1993); zuletzt geändert am 3. August 1998 (veröffentlicht im BAnz Nr. 182 vom 29. September 1998)

459 Vgl. hierzu auch die Ausführungen in BSG-SozR 3-2500 § 138 Nr. 1 (S. 11)

460 Zu den Einzelheiten s. Zuck, NZS, 1999, S. 167 ff.

461 Ähnlich: Zuck, NZS, 1999, S. 167 (171, Fn. 49)

Diesen beipielhaft genannten Entscheidungen ist gemeinsam, daß sie – wie EBSEN es für ähnliche Fälle ausdrückt – „keinen guten Beigeschmack" haben.[462] In ihnen schwelt der Verdacht, daß eine „Interessenschlagseite"[463] oder Interessenmajorisierung, nämlich zugunsten der finanziellen Interessen der Vertragsärzte, für den Ausschluß effizienter Therapieformen nicht-ärztlicher Leistungserbringer verantwortlich ist, was nicht nur eine Beeinträchtigung der Interessen der Arzneimittelhersteller oder der Pflegeberufe, sondern auch der Versicherten bedeutete. Daß der Bundesausschuß bei den genannten Entscheidungen tatsächlich einseitig die finanziellen Interessen der Vertragsärzte begünstigen wollte, wird freilich in keiner Weise durch die Beispiele belegt.[464] Darauf kommt es aber auch gar nicht an. Für die mitgliedschaftlich-partizipatorische Legitimation bedarf es vielmehr einer Richtigkeitsvermutung für den Bundesausschuß. Was bedeutet, daß der Bundesausschuß keine ausreichende demokratische Legitimation für die Entscheidungen besitzt, bei denen die Gefahr der Interessenmajorisierung besteht.

Damit drängen zwei Fragen in den Vordergrund:

1. Sichert das bestehende Beschlußverfahren in einem für die mitgliedschaftlich-partizipatorische Legitimation ausreichenden Maße die hinreichende Berücksichtigung der Interessen nicht-ärztlicher Leistungserbringer?

2. Kann der Gefahr einer Interessenschlagseite innerhalb des Bundesausschusses durch einen verstärkten Rechtsschutz im gerichtlichen Verfahren (insbesondere durch die Einräumung der Klagebefugnis für nicht-ärztliche Leistungserbringer und durch die Verdichtung gerichtlicher Kontrolle) wirksam begegnet werden?

Die zweite Frage wird im Zusammenhang mit den für die gerichtliche Kontrolldichte wesentlichen Normprogramm an späterer Stelle erörtert. Dagegen soll nunmehr geklärt werden, welche Partizipation der nicht-ärztlichen Leistungserbringer das bestehende Beschlußverfahren vorsieht und ob diese den verfassungsrechtlichen Anforderungen genügt.

---

[462] S. Ebsen in FS für Krasney, 1997, S. 81, 101

[463] Die Bezeichnung stammt von Ebsen (FS für Krasney, 1997, S. 81, 101)

[464] Dem wäre mit gutem Grund entgegen zu halten, daß die Honorierung der Leistungen nicht zu den Kompetenzen des Bundesausschusses gehört. Sollten Leistungen der Vertragsärzte überbewertet oder Leistungen der nicht-ärztlichen Leistungserbringer unterbewertet sein, müßte die Schuld für die damit verbundenen „Fehlanreize" wohl eher bei den für EBM, HVM und die Gesamtverträge verantwortlichen Gremien gesucht werden.

b. Die Partizipation der nicht-ärztlichen Leistungserbringer an den Richtlinien-Entscheidungen nach § 92 SGB V

Die Partizipation der nicht-ärztlichen Leistungserbringer wird rudimentär im SGB V und im einzelnen in Verfahrensbestimmungen des Bundesausschusses geregelt.

aa. Das Stellungnahmerecht nach § 92 SGB V

§ 92 SGB V räumt Interessenverbänden nicht-ärztlicher Leistungserbringer ein Recht zur Stellungnahme ein (s. Übersicht 6 auf der folgenden Seite).[465] Die Stellungnahmen sind jeweils in die Richtlinienentscheidung einzubeziehen.[466] Nur die Vertreter der Psychotherapeuten, auf die hier nicht näher eingegangen werden kann, sind nach § 91 Abs. 2 a SGB V bei Richtlinien, die sich auf die psychotherapeutische Versorgung beziehen, stimmberechtigt.[467]

Die Ausgestaltung des Stellungnahmerechts ist durch die Verfahrensordnung des Bundesausschusses geregelt.[468] Diese bestimmt insbesondere das Verfahren zur Anerkennung der zur Stellungnahme berechtigten Verbände sowie die Durchführung des Anhörungsverfahrens.

bb. Die anhörungsberechtigten Organisationen

Die Anerkennung der anhörungsberechtigten Interessenverbände erfolgt durch den Bundesausschuß.[469] Anerkannt wird, wer glaubhaft macht, zu den „maßgeb lichen Spitzenorganisationen" zur Wahrnehmung der Interessen der jeweiligen

---

465 Außerdem haben die für die Wahrnehmung der Interessen der Zahntechniker maßgeblichen Spitzenorganisationen nach § 92 Abs. 1 a S. 6 SGB V ein Recht zur Stellungnahme vor Beschluß der Richtlinien über die zahnärztliche Behandlung, die vom Bundesausschuß der Zahnärzte und Krankenkassen beschlossen werden.

466 S. § 92 Abs. 3 a HS 2, Abs. 5 S. 1 HS 2, Abs. 6 S. 2 HS 2, Abs. 7 S. 2 HS 2, Abs. 7a HS 2 SGB V

467 S. dazu Spellbrink, NZS 1999, S. 1

468 Verfahrensordnung zur Durchführung von Anhörungen vom 1. 10. 1997 (BAnz 1997 Nr. 214; S. 13722); zuletzt geändert am 10. 4. 2000 (BAnz 2000 Nr. 82, S. 8182)

469 Vgl. § 1 Abs. 2 der Verfahrensordnung; ausgeführt in der "Bekanntmachung über den Kreis der anhörungsberechtigten Organisationen" vom 18.02.1998 (BAnz 1998 Nr. 76, S. 5998)

Übersicht 6: Stellungnahmerechte nach § 92 SGB V

Stellungnahmerecht gem.	Berechtigte	Betreffende Richtlinien
§ 92 Abs. 3a SGB V	Spitzenorganisationen der pharmazeutischen Unternehmer und der Apotheker Dachverbände der Ärztegesellschaften der besonderen Therapierichtungen	Arzneimittel-RL[470]
§ 92 Abs. 5 S. 1 SGB V	Spitzenverbände für die Wahrnehmung der Interessen der ambulanten und stationären Vorsorge- und Rehabilitationseinrichtungen (§ 111 a S. 1 SGB V)	Rehabilitations-RL
§ 92 Abs. 6 S. 2 SGB V	Spitzenorganisationen für die Wahrnehmung der Interessen der Heilmittelerbringer (§ 125 Abs. 1 S. 1 SGB V)	Heilmittel-RL
§ 92 Abs. 7 S. 2 SGB V	Spitzenorganisationen für die Wahrnehmung der Interessen von Pflegediensten (§ 132 a Abs. 1 S. 1 SGB V)	RL über die Verordnung über die häusliche Krankenpflege
§ 92 Abs. 7a SGB V	Spitzenorganisationen der betroffenen Leistungserbringer und Hilfsmittelhersteller (§ 128 S. 4 SGB V)	Hilfsmittel-RL

Leistungserbringer zu gehören.[471] Nach Aufforderung zur Meldung im Bundesanzeiger haben die Interessenverbände hierzu Satzung oder Statuten vorzulegen und – soweit es sich nicht um Körperschaften des öffentlichen Rechts handelt – die Mitgliederzahl mitzuteilen.[472] Anerkannte Organisationen werden im Bundesanzeiger veröffentlicht.[473]

---

470 Eine Sonderstellung nimmt das Beteiligungsrecht nach § 92 Abs. 2 S. 4 f. SGB V ein. Dieses sieht die Anhörung von Sachverständigen der medizinischen und pharmazeutischen Wissenschaft sowie der Arzneimittelhersteller und der Berufsvertretung der Apotheker vor. Bei systematischer Auslegung des nicht eindeutigen Wortlauts bezieht sie sich allein auf den speziellen Bereich der Preisvergleichsliste innerhalb der Arzneimittel-RL. Mit Erlaß der Positivliste gem. § 33 a SGB V wird dieses Beteiligungsrecht in der Anhörung gem. § 33 a Abs. 9 S. 3 SGB V aufgehen (s. Art. 22 Abs. 4 GKV-GRG).

471 § 1 Abs. 1 Nr. 1-6 der Verfahrensordnung

472 § 1 Abs. 2 S. 1 der Verfahrensordnung

473 § 1 Abs. 2 S. 1 der Verfahrensordnung

Derzeit liegt die Anzahl der zur Stellungnahme berechtigten Verbände und Organisationen zwischen 3 (für die Heilmittel-Richtlinien) und 27 (für die Rehabilitations-Richtlinien).[474] Es handelt sich im wesentlichen um privatrechtliche Vereinigungen der nicht-ärztlichen Leistungserbringer wie z. B. den Deutschen Apothekerverband e. V. oder den Bundesfachverband der Arzneimittel-Hersteller. Teilweise sind aber auch berufsgruppen-übergreifende Organisationen wie der Deutsche Caritasverband und speziellen Thematiken gewidmete Vereine wie der Fachverband Drogen und Rauschmittel e. V. anerkannt.

cc. Das Anhörungsverfahren

Zweiter wesentlicher Regelungsgegenstand der Verfahrensordnung ist die Anhörung der berechtigten Organisationen. Sie ist als „indirekte Anhörung" ausgestaltet, weil sie nicht vor dem Bundesausschuß selber, sondern durch den zur Vorbereitung der jeweiligen Richtlinien eingesetzten Arbeitsausschuß stattfindet. Die Verfahrensordnung bestimmt das folgende Vorgehen: Zunächst erstellt der Arbeitsausschuß eine Beschlußvorlage für den Bundesausschuß.[475] Erst nach dessen Kenntnisnahme und grundsätzlicher Billigung wird das Anhörungsverfahren eröffnet.[476] Dazu wird den anerkannt berechtigten Organisationen der Entwurf zugeleitet[477] und eine angemessene Frist zur Stellungnahme von wenigstens 1 Monat gesetzt.[478] Ausgewertet werden die fristgerecht eingehenden Stellungnahmen durch den Arbeitsausschuß.[479] Er kann zur Klärung des Vorbringens die Verbände und Sachverständigen zur schriftlichen oder mündlichen Ergänzung auffordern.[480] Ein direkter Kontakt der Stellungnahmeberechtigten zum Bundesausschuß erfolgt nur durch die unparteiischen Mitgliedern, die berechtigt sind, an dem mündlichen Anhörungsverfahren vor dem Arbeitsausschuß teilzunehmen.[481]

Die bei der Auswertung der Stellungnahmen anzufertigenden Niederschriften müssen Umfang und Gründe für die (Nicht-) Berücksichtigung der Einwendungen und Änderungswünsche, die Ergebnisse der Ausschußberatung und der gegebenenfalls mündlichen Anhörung zu den einzelnen Stellungnahmen wieder-

474 S. "Bekanntmachung über den Kreis der anhörungsberechtigten Organisationen" vom 18.02.1998 (BAnz 1998 Nr. 76, S. 5998)
475 § 2, vor 2.1 der Verfahrensordnung
476 § 2, 2.1 S. 1 der Verfahrensordnung
477 § 2, 2.1 S. 1 der Verfahrensordnung
478 § 2, 2.1 S. 2 der Verfahrensordnung
479 § 2, 2.2 S. 1 der Verfahrensordnung
480 § 3 der Verfahrensordnung
481 § 3, 3.2 der Verfahrensordnung

geben.[482] Diese Dokumentationen werden zusammen mit etwaigen Änderungsvorschlägen dem Bundesausschuß als „erweiterte Beschlußvorlage" präsentiert.[483]

Auf der Grundlage der erweiterten Beschlußvorlage entscheidet der Bundesausschuß über die Richtlinien oder deren Änderungen.[484] Zu der Beratung kann der Vorsitzende des Bundesausschusses (im Benehmen mit dem Vorsitzenden des jeweiligen Arbeitsausschusses) anordnen, daß Sachverständige zu den schriftlichen Unterlagen zur Klärung bestimmter Fragen ergänzend gehört werden.[485] Die Anhörung eines Vertreters der berechtigten Interessenverbände ist aber nicht vorgesehen. Aus der Sitzungsniederschrift des Bundesausschusses muß hervorgehen, daß und wie die Stellungnahmen der anzuhörenden Organisationen in die Entscheidung einbezogen wurden.[486]

dd. Die Antragsberechtigung

Die nicht-ärztlichen Leistungserbringer sind nach den einschlägigen Bestimmungen weder in eigener Person noch über ihre Spitzenorganisationen berechtigt, durch Antrag eine Entscheidung des Bundesausschusses herbeizuführen. Antragsberechtigt sind allein die KBV, die KÄV und die Spitzenverbände der Krankenkassen. Für die BUB-Richtlinien ist dies gesetzlich bestimmt in § 135 Abs. 1 S. 1 SGB V. Entsprechende Regelungen enthalten z. T. die Richtlinien des Bundesausschusses.[487] Ausweislich der Gesetzesbegründung zum 2. GKV-NOG ist mit dem Stellungnahmerecht zwar ein informelles Initiativrecht verbunden. Das Antragsrecht hingegen sollte bei den Ärzten und Krankenkassen verbleiben.[488]

ee. Die Nicht-Öffentlichkeit des Verfahrens

Von wesentlicher Bedeutung für die Partizipation nicht-ärztlicher Leistungserbringer ist schließlich die Nicht-Öffentlichkeit des Beschlußverfahrens. Die Ge-

---

482 § 2, 2.2 der Verfahrensordnung

483 § 4, vor 4.1 S. 1 der Verfahrensordnung

484 § 4, vor 4.1 S. 2 der Verfahrensordnung

485 § 4, 4.1 der Verfahrensordnung

486 § 4, vor 4.2 der Verfahrensordnung

487 Z. B. Anlage 1, B Nr. 3 Heil- und Hilfsmittel- Richtlinien (I. d. F. BAnz 1992 Nr. 183, Beil. 183 b (zuletzt geändert: BAnz 1998 Nr. 115, Beil. 115 a, S. 5) und 2.2 der Richtlinien über die Bewertung ärztlicher Untersuchungs- und Behandlungmethoden (BUB-Richtlinien) in der Fassung vom 10. Dezember 1999 (BAnz 2000 Nr. 56 vom 21. März 2000), zuletzt geändert am 11. Dezember 2000 (BAnz 2000 Nr. 57 vom 22. März 2001)

488 S. Begr. des RegE-GKV-ReformG 2000, BT-Drucks 14/1977, S. 75 = M090 in H/H SGB V

schäftsordnung des Bundesausschusses bestimmt, daß die Sitzungen des Bundesausschusses unter Ausschluß der Öffentlichkeit stattfinden und Beratung und Stimmabgabe vertraulich zu behandeln sind.[489] Vertreter der stellungnahmeberechtigten Organisationen sind zu den Sitzungen deshalb nicht zugelassen und haben auch kein Einsichtsrecht in die Dokumentation der Beratungen.

ff. Kritische Betrachtung der bestehenden Partizipationsregelungen

Die Bestimmungen zur Partizipation nicht-ärztlicher Leistungserbringer sind Ausdruck der Souveränität des Bundesausschusses über das Richtlinien-Beschlußverfahren. Die Nicht-Öffentlichkeit seiner Sitzungen und die nur indirekte Anhörung durch den Arbeitsausschuß zeigen, daß das Beteiligungsverfahren nicht auf die Durchsetzung etwaiger materieller Rechte der nicht-ärztlichen Leistungserbringer ausgerichtet ist. Ihren Spitzenorganisationen kommt danach vielmehr die Funktion von Informationsbeschaffern zu. Freilich besteht die Pflicht, die Berücksichtigung des Vorbringens zu dokumentieren. Aber auch hierin sieht der Bundesausschuß keine Vorschrift zum Schutz der Rechte der nicht-ärztlichen Leistungserbringer, wie sich an seiner Praxis zeigt, den Beteiligten die Einsicht in diese Dokumentationen zu verwehren. Erst durch ein gerichtliches Verfahren läßt sich demnach für diese klären, ob ihre vorgetragenen Bedenken und Einwände tatsächlich bis zum Bundesausschuß durchgedrungen und ausreichend gewürdigt wurden.

Den Verfahrensbestimmungen und der Rechtsanwendung des Bundesausschusses ist zugutezuhalten, daß sie mit dem Willen des Gesetzgebers offenbar übereinstimmen. Die Stellungnahmerechte dienen – wie die Gesetzesbegründung zeigt – der Sicherstellung, daß die „Sachkenntnis“ der nicht-ärztlichen Leistungserbringer bei der Erarbeitung der Richtlinien berücksichtigt wird. Und weiter: „Das Letztenscheidungsrecht verbleibt allerdings beim Ausschuß,...“.[490] Leitvorstellung des Gesetzgebers ist somit ein Mitwirkungs-, nicht aber Beteiligungsrecht im verfahrensrechtlichen Sinne.[491]
Fraglich ist, ob sich ein solches aus der Betroffenheit der Grundrechte nicht-ärztlichen Leistungserbringer durch die Richtlinien ergibt. Nach der ständigen Rechtsprechung des Bundesverfassungsgerichts und des Bundesverwaltungsgerichts hat das hoheitliche Entscheidungsverfahren nämlich eine Komplementärfunktion für die Durchsetzung materieller Rechte (Grundrechtsschutz durch Ver-

---

[489] S. § 8 Abs. 1 der GO (s. Fn.250)

[490] S. Begr. des RegE-GKV-ReformG 2000, BT-Drucks 14/1977, S. 75 = M090 in H/H SGB V

[491] Zu der Unterscheidung auch hinsichtlich der Folgen der Nichtbeachtung s. Bender/Sparwasser/Engel, Umweltrecht, 2000, Kapitel 5 Rn. 268 und Ule/Laubinger, Verwaltungsverfahrensrecht, 1995, § 15

fahren).[492] Voraussetzung für eine verfassungsrechtlich gebotene materielle Partizipation ist freilich, daß die nicht-ärztlichen Leistungserbringer nicht nur tatsächlich, sondern auch rechtlich durch die Richtlinien betroffen sind.

c. Die Grundrechtsbetroffenheit der nicht-ärztlichen Leistungserbringer

Die Rechtsbetroffenheit nicht-ärztlicher Leistungserbringer durch die Richtlinien wird von der Rechtsprechung nicht einheitlich beantwortet. Das Landessozialgericht Nordrhein-Westfalen verweigerte in zwei Entscheidungen den Herstellern von Arzneimitteln und Medizinprodukten den Rechtsschutz, weil diese bloß „reflexartig" in ihren Grundrechten betroffen seien.[493] Und auch das Bundessozialgericht hat in der Vergangenheit entschieden, daß die nicht-ärztlichen Leistungserbringer nicht zum Adressatenkreis der Richtlinien gehörten und deshalb nur mittelbar betroffen seien.[494] Richtig – und aufgrund der eindeutig herrschenden Auffassung in Verfassungsrechtsprechung und –lehre[495] wohl auch unstrittig – ist, daß die nicht-ärztlichen Leistungserbringer keinen grundrechtlichen Schutz ihrer Gewinninteressen genießen.

Zweifelhaft ist es hingegen, auch den Eingriff in das Grundrecht der Berufsausübung abzulehnen. Die Begründung der Rechtsprechung, nicht-ärztliche Leistungserbringer seien bloß mittelbar („reflexartig") betroffen,[496] vermag nämlich nicht zu überzeugen.[497] Ein Eingriff in Art. 12 Abs. 1 GG liegt nach der ständigen Rechtsprechung des Bundesverfassungsgericht auch dann vor, wenn eine Norm eine berufsregelnde Tendenz hat.[498] Dazu muß die Berufstätigkeit aber nicht unmittelbar betroffen sein – wie das Bundesverfassungsgericht erst jüngst in einem Beschluß zur Negativliste nach § 93 SGB V bekräftigt hat.[499] Zur Begründung führte es aus: „Vielfach lassen Normen die Berufstätigkeit selbst unberührt, verändern aber deren Rahmenbedingungen. In einem solchen Fall ist der Berufsbezug ebenfalls gegeben, wenn die Norm oder auf ihrer Grundlage ergangene Maßnahmen in einem engen Zusammenhang mit der Ausübung eines Berufes stehen und objektiv eine berufsregelnde Tendenz haben."[500] Die Absage

[492] S. die Darstellung bei Bonk in Stelkens/Bonk/Sachs, VwVfG, 1998, § 1 Rn. 33 mit zahlreichen Nachweisen zur Rechtsprechung
[493] S. NZS 1994, S. 267 und NZS 2000, S. 245
[494] S. BSGE 67, 251(254 f.)
[495] Vgl. statt aller Papier in M/D, Art. 14 Rn. 56
[496] So insbesondere BSGE 67, 251 (255)
[497] So auch zutreffend: Schwerdtfeger, SDSRV Nr. 38 (1994), S. 27 (29 ff., 33); Sodan, SGb 1992, S. 200 (201 ff.); Ebsen, SDSRV Nr. 38 (1994), S. 7 (18) und Plantholz, SGb 1997, S. 549 (550 f.) m. jeweils w. Nachw.
[498] Vgl. BVerfGE 70, 191 (214) und BVerfGE 95, 267 (302)
[499] S. BVerfG, NZS 1999, S. 338
[500] S. a. BVerfGE 95, 267 (302)

des Bundesverfassungsgerichts an die Figur der „reflexartigen (Nicht-) Betroffenheit" erfolgte mit gutem Grund. Rechte schützen nicht nur gegen beabsichtigte, sondern gegen *jede* objektiv vorliegende Verletzung.[501]
Für die Frage der Grundrechtsbetroffenheit der nicht-ärztlichen Leistungserbringer ist somit der Ansatz falsch, ein Eingriff in Art. 12 Abs. 1 GG liege nicht vor, weil er von den Richtlinien nicht (in erster Linie) vorgesehen sei. Es ist deshalb zu begrüßen, daß das Bundessozialgericht jüngst seine Rechtsprechung korrigiert hat, wenngleich hierfür (auch) andere Gründe maßgeblich waren.[502]

Mit der Aussage, daß auch „unbeabsichtigt" in Art. 12 Abs. 1 GG eingegriffen werden kann, ist freilich noch nicht gesagt, daß die Richtlinien auch tatsächlich eine zumindest berufsregelnde Tendenz aufweisen. Selbstverständlich kann ein Eingriff nur im konkreten Einzelfall festgestellt werden. Immer wieder wird dabei jedoch die Frage auftauchen, ob eine Richtlinien die dem nicht-ärztlichen Leistungserbringer vorschreibt, eine bestimmte Leistung nicht zu erbringen, die Rahmenbedingungen seiner Berufsausübung verändert. Eine Antwort kann hier nur angedeutet werden. Es spricht aber vieles dafür, daß Leistungserbringer, zu deren Berufsbild es gehört, medizinische Entscheidungen zu treffen, von Art. 12 Abs. 1 GG geschützt werden. Dies trifft sicher zu für die Vertragsärzte, die in ihrer Therapiefreiheit durch die Richtlinien eingeschränkt werden. Nicht anderes dürfte aber für die nicht-ärztlichen Leistungserbringer gelten, die von Berufs wegen einen substantiellen und fachkundigen Beitrag zu Art oder Form der gebotenen Therapierung oder Diagnose der Patienten leisten.[503] Hierzu gehören zumindest die vom SGB V benannten Leistungserbringer, wie z. B. die Apotheker, die Arzneimittelhersteller und die Pflege- und Heilmittelberufe. Abzulehnen ist dagegen eine Grundrechtsbetroffenheit für die Berufsträger, die durch die Richtlinien lediglich in ihren Gewinninteressen betroffen sind, wie z. B. Medizinproduktehändler, oder weisungsabhängige Arbeitnehmer ohne medizinische Entscheidungsfreiheit.

---

[501] So auch Schwerdtfeger, SDSRV Nr. 38 (1994), S. 27 (33); zum Verhältnis von Berechtigung und Reflex s. statt aller Wolff/Bachof/Stober, VerwR I, 1994, § 43 Rn. 8 f.

[502] S. BSG-SozR 3-2500 § 138 Nr. 1 (S. 4 ff.). Das BSG begründet darin die Rechtsprechungsänderung im wesentlichen mit den Änderungen von § 51 Abs. 2 SGG und §§ 87 und 96 GWB

[503] Nach Schwerdtfeger (SDSRV Nr. 38 (1994), S. 27, 42) haben die Richtlinien für nicht-ärztliche Leistungserbringer eine objektiv berufsregelnde Tendenz, wenn sie die „Lenkungsabsicht" verfolgen, daß bestimmte Leistungen von diesen nicht mehr erbracht werden.

d. Die gebotene Partizipation nicht-ärztlicher Leistungserbringer

Aus der Grundrechtsbetroffenheit der nicht-ärztlichen Leistungserbringer resultieren Beteiligungsrechte am Richtlinien-Beschlußverfahren.

aa. Korrekturen am Beteiligungsverfahren

Art. 12 Abs. 1 GG gebietet ein Tätigwerden des Bundesausschusses in einem förmlichen Verfahren.[504] Nur in diesem ist gewährleistet, daß die nicht-ärztlichen Leistungserbringer ihre verfassungsrechtlich geschützte Berufsausübungsfreiheit effektiv durchsetzen können.
An erster Stelle ist das fehlende Antragsrecht zu nennen. Ohne die Möglichkeit, ein Verfahren einzuleiten, läuft der Anspruch auf Zulassung von Leistungen, die den gesetzlichen Anforderungen des SGB V entsprechen, und damit ein für die Berufsausübung der nicht-ärztlichen Leistungserbringer wesentliches Recht leer. Denn ihnen wird nicht nur die Möglichkeit genommen die Wirksamkeit und Wirtschaftlichkeit neuer Therapieformen nachzuweisen.[505] Ohne einen förmlichen Beschluß sind sie grundsätzlich auch gehindert, im Wege gerichtlichen Rechtsschutzes ihren Anspruch durchzusetzen.[506]

Bedenklich erscheinen auch die nur „indirekte Anhörung" durch den Arbeitsausschuß und die Nicht-Öffentlichkeit der Sitzungen, die dem Bundesausschuß zudem als Begründung für die Verweigerung der Akteneinsicht dient. Die Überprüfung, ob die grundrechtlich geschützten Belange der nicht-ärztlichen Leistungserbringer vom Bundesausschuß hinreichend berücksichtigt wurden, wird ihnen dadurch in einer das Gebot fairer Verfahrensgestaltung verletzenden Form verweigert.[507]

Welche verfassungsrechtlichen Anforderungen im einzelnen an die Beteiligung der nicht-ärztlichen Leistungserbringer zu stellen sind, bedarf einer genauen Analyse, die hier nicht geleistet werden kann.[508] Es dürfte aber deutlich geworden

---

[504] Vgl. BSG-SozR 3-2500 § 138 Nr. 1 (S. 20)

[505] Vgl. BSG-SozR 3-2500 § 138 Nr. 1 (S. 20)

[506] Insofern kommt ihnen allerdings die Figur des „Systemversagens" zu Hilfe, die eine Entscheidungspflicht des Bundesausschusses auch ohne Antrag annimmt, wenn sich aufgrund wissenschaftlicher Erkenntnisse eine Entscheidung zu einer neuen Behandlungsform aufdrängt (s. u. Kapitel 4:C.V.1.b).

[507] Vgl. BVerwGE 75, 214 (230 ff.)

[508] Ansatzpunkte hierfür finden sich in Vorschriften des Verwaltungsverfahrensgesetzes (des Bundes und der Länder), die die Personengleichheit von Anhörendem und Entscheidendem anordnen (s. etwa § 71 Abs. 2 S. 1 VwVfG) und in der Lehre vom Grundrechtsschutz durch Verfahren (vgl. hierzu Bonk in Stelkens/Bonk/Sachs, VwVfG, 1998, § 1 Rn. 33 ff.)

sein, daß die bestehende, auf die bloße Vermittlung von Sachkenntnissen ausgerichtete Partizipation der nicht-ärztlichen Leistungserbringer einen effektiven Schutz ihres Grundrechts auf Berufsausübungsfreiheit nicht gewährleistet.

bb. Anspruch der nicht-ärztlichen Leistungserbringer auf eine Stimme im Bundesausschuß?

Eine Frage bleibt jedoch noch zu klären, die für die demokratische Legitimation des Bundesausschusses von entscheidender Bedeutung ist: Verlangt die mitgliedschaftlich-partizipatorische Legitimation des Bundesausschusses, diesen mit einem stimmberechtigten Vertreter der nicht-ärztlichen Leistungserbringer zu besetzen?

Nach der mitgliedschaftlich-partizipatorischen Legitimation bedarf es keiner autonomen Legitimation durch die nicht-ärztlichen Leistungserbringer.[509] Sie verlangt aber ein Gremium, daß hinreichend die objektive Abwägung der rechtlich geschützten Interessen gewährleistet („Richtigkeitsvermutung").[510] Der Bundesausschuß würde diese Anforderung nicht erfüllen, wenn eine institutionelle (und nicht nur im Einzelfall begründete) Gefahr bestünde, daß die Richtlinien die ökonomischen Interessen der Vertragsärzte unangemessen stark berücksichtigen würde, wofür die oben genannten Beispiele gewisse Verdachtsmomente begründeten.

Gegen ein Stimmrecht spricht, daß die nicht-ärztlichen Leistungserbringer nur medizinische Entscheidungen von untergeordneter Bedeutung treffen, da die Grundsatzfragen aufgrund des Verordnungsmonopols (§ 15 Abs. 1 S. 2 SGB V) vom Vertragsarzt zu beantworten sind. Es ist deshalb fraglich, ob alle in ihrem Grundrecht auf freie Berufsausübung berührten Leistungserbringer zugleich relevante Entscheidungsträger der GKV sind. Hinzu kommt ein ganz pragmatisches Problem: Wie sollen die unterschiedlichen Interessen der verschiedenen Gruppen nicht-ärztlicher Leistungserbringer gebündelt werden, ohne daß dies zu unangemessen langen Entscheidungsabläufen führt. Es sei in Erinnerung gerufen: Das Prinzip der Organadäquanz fordert nicht nur eine möglichst hohe Richtigkeitsgewähr, sondern auch eine angemessene Spontaneität der Entscheidungen. Der medizinische Standard ist wesentliche Entscheidungsmaterie des Bundesausschusses, und dieser unterliegt raschen Veränderungen. Eine möglicherweise unter dem Aspekt der Entscheidungsrichtigkeit wünschenswerte Beteiligung weiterer Interessengruppen muß deshalb immer daraufhin hinterfragt werden, ob sie nicht zu unvertretbar langen Entscheidungsprozessen führt.

---

509 S. Kap. 2 II 1 a

510 S. Kap 2 C IV 5 c

Gleichwohl gibt es aber auch gute Gründe für ein Stimmrecht. Das Entscheidungsverfahren im Bundesausschuß soll den freien Austausch aller Gesichtspunkte leisten, die für die Leistungen der GKV maßgeblich sind. Von den Vertretern nicht-ärztlicher Leistungserbringer kann deshalb ein wesentlicher Beitrag zu Rationalisierung des Diskurses erwartet werden. Die aktive Beteiligung durch Beratungsbeiträge, denen durch das Stimmrecht Gehör verschafft wird, steht für eine andere Qualität der Beteiligung gegenüber dem bloßen Stellungnahmerecht, weil der Vertreter spontan in die Argumentation eingreifen und dadurch effektivere Überzeugungsarbeit leisten kann. Hinzu kommt, daß von den Vertretern der nicht-ärztlichen Leistungserbringer spezielle wissenschaftliche und vor allem praktische Kenntnisse erwartet werden dürfen, über die Vertragsärzte möglicherweise nicht verfügen.

Ein verfassungsrechtlicher Anspruch auf stimmberechtigte Vertreter nicht-ärztlicher Leistungserbringer läßt sich aus diesen Argumenten aber letztlich wohl nicht herleiten. Entscheidend ist nämlich, daß dem Gesetzgeber bei der Organisation des Bundesausschusses ein Gestaltungsspielraum zusteht.[511] Verfassungswidrig wäre die Festlegung der konkreten Besetzung (ohne Vertreter nicht-ärztlicher Leistungserbringer) durch den Gesetzgeber deshalb nur dann, wenn der Bundesausschuß offensichtlich ungeeignet wäre, die gestellte Aufgabe adäquat zu erfüllen.[512] Eine offensichtliche Inkompetenz oder eine virulente Gefahr willkürlicher Entscheidungen liegt aber in der Besetzung des Bundesausschusses nicht begründet. Zumal die Möglichkeiten eines effektiven Schutzes der Interessen nicht-ärztlicher Leistungserbringer auch ohne einen stimmberechtigten Vertreter bestehen; nämlich durch ein verbessertes Stellungnahmeverfahren und eine erhöhte Kontrolldichte bei der gerichtlichen Prüfung der Richtlinien des Bundesausschusses.[513]

V. Die Vereinbarkeit der Richtlinienbefugnis mit dem Rechtsstaatsprinzip

Unter dem Begriff „Rechtsstaatsprinzip" sind eine Reihe verfassungsrechtlicher Gebote vereinigt.[514] Zwei dieser Gebote stellen konkrete Anforderungen an die Ermächtigung zur untergesetzlichen Rechtssetzung.[515]

---

511 S. nur BVerfGE 92, 26 (46)

512 So a. Gross, Kollegialprinzip, 1999, S. 250 ff. und vgl. BVerfGE 85, 36 (53 f.)

513 S. Kapitel 4:C.V.2.a

514 S. Herzog in M/D, Art. 20 VII Rn. 3. Zum Rechtsstaatsprinzip werden gezählt: Grundrechte als Ausdruck der Verfassungsstaatlichkeit und Schutz der Menschenwürde, Freiheitlichkeit und Rechtsgleichheit, Gewaltenteilung, Rechtsbindung der staatlichen Organe, Grundsatz des Gesetzesvorbehalts, Rechtsschutz, Staatshaftung, Grundsatz der Verhältnismäßigkeit sowie mitunter rechtsstaatliche Strafrechts- und Strafprozeßrechtsgrund-

(1) Der Gesetzesvorbehalt, der gebietet, daß hoheitliches Handeln nur durch Gesetz oder aufgrund Gesetzes erfolgen darf.

(2) Das Gebot gerichtlichen Rechtsschutzes, nach dem hoheitliches Handeln der Kontrolle unabhängiger Gerichte unterliegt.

1. Der Gesetzesvorbehalt

Der Gesetzesvorbehalt steht in untrennbarem Zusammenhang mit dem Demokratieprinzip.[516] Er sichert, daß hoheitliches Handeln sich auf den Willen des demokratisch legitimierten parlamentarischen Gesetzgeber zurückverfolgen läßt und daß dessen Entscheidungen in einem geordneten (Gesetzes-) Verfahren erlassen werden. Die Richtlinien des Bundesausschusses werden aufgrund der gesetzlichen Ermächtigung des § 92 Abs. 1 S. 1 SGB V beschlossen - insofern erfüllen sie formell den Gesetzesvorbehalt. Seine weiteren, materiellen Anforderungen, die die Dichte und die Bestimmtheit des gesetzlichen Normprogramms betreffen, gehen nicht über die im Rahmen des Demokratiegebots erörterten Voraussetzungen der Wesentlichkeitstheorie hinaus.[517] Deshalb kann für diese auf die dortigen Ausführungen verwiesen werden.[518]

2. Das Gebot umfassenden und effektiven Rechtsschutzes

Das Gebot umfassenden und effektiven Rechtsschutzes nach Art. 19 Abs. 4 GG wendet sich in erster Linie an die Judikative. Der Gesetzgeber gibt den Gerichten aber ein Prüfprogramm in Form von gesetzlichen Bestimmungen vor. Eine Ermächtigung könnte Art. 19 Abs. 4 GG deshalb verletzen, wenn der Entscheidungsträger durch Gesetze nicht so weit gebunden ist, daß ein Mißbrauch seiner ihm übertragenen staatlichen Gewalt anhand dieses gesetzlichen Prüfprogramms gerichtlich aufgedeckt und korrigiert werden könnte. Die inhaltliche Bestimmtheit der den untergesetzlichen Normgeber bindenden Gesetze ist aber die wesentliche Thematik des Gesetzesvorbehalts im allgemeinen und der Wesentlichkeitstheorie im speziellen. Daß eine Ermächtigungsnorm inhaltlich den verfas-

---

sätze und Rechtssicherheit; vgl. mit Unterschieden im einzelnen: Stern, StaatsR I, 1984, § 20 (S. 759 – 871); Schmidt-Aßmann in HBStR I, 1987, § 24 S. 987 (999 ff.); Sommermann in v. Mangoldt/Klein/Starck, BG, 1999, Bd. 2, Art. 20 Abs. 2 Rn. 210

515 Vgl. a. Maunz in M/D, Art. 80 Rn. 1-3

516 S. statt aller Schmidt-Aßmann in HBStR I, 1987, § 24 Rn. 63

517 Vgl. Schmidt-Aßmann in HBStR I, 1987, § 24 Rn. 85 (Art. 80 Abs. 1 S. 2 GG ist im Vergleich zu Art. 20 Abs. 3 GG die speziellere Verfassungsnorm) und Maurer, StaatsR, 1999, § 8 Rn. 21

518 S. o. Kapitel 2:C.IV.1

sungsrechtlichen Anforderungen des Art. 20 Abs. 2 GG (bzw. des Art. 80 Abs. 1 GG bei Rechtsverordnungen) entspricht, aber nicht denen des Art. 19 Abs. 4 S. 1 GG, ist deshalb nur in dem speziellen Fall möglich, in dem der Gesetzgeber ausdrücklich eine Beschränkung der gerichtlichen Kontrolle anordnet.[519] In allen anderen Fällen ergibt sich die geringere Kontrolldichte unmittelbar aus der demokratischen Legitimation oder dem besonderen Sachverstand des Normgebers und ist von den Gerichten durch verfassungskonforme Auslegung zu bestimmen. Hierauf wird im dritten Kapitel noch im einzelnen einzugehen sein. An dieser Stelle bleibt aber festzuhalten, daß § 92 SGB V nicht gegen Art. 19 Abs. 4 GG verstößt, da er keine ausdrückliche gesetzliche Beschränkung der gerichtlichen Kontrolle enthält.

VI. Ergebnis

Die Ermächtigung des Bundesausschusses zum Erlaß von Richtlinien mit Verbindlichkeit für Vertragsärzte, Krankenkassen und Versicherte entspricht der Verfassung. Die Richtlinien sind weder als Satzungen noch als Rechtsverordnungen im klassischen Sinne zu verstehen. Die Verfassung kennt aber keinen „numerus clausus" der untergesetzlichen Rechtsformen, sondern gestattet dem Gesetzgeber auch neue Formen untergesetzlicher Rechtssetzung zu entwickeln. Neue Formen - wie die Richtlinien - sind allerdings auf ihren Einklang mit dem Demokratieprinzip und dem Rechtsstaatsprinzip zu überprüfen.

Die Richtlinien des Bundesausschusses halten dieser Prüfung stand. Die Charakteristik der dem Bundesausschuß übertragenen Aufgabe der Konkretisierung der Versichertenansprüche als Allgemeinwohlaufgabe macht Art. 80 Abs. 1 S. 2 GG zum Maßstab für die inhaltliche Bindung des Bundesausschusses durch das Gesetz. § 92 Abs. 1 SGB V genügt diesen Anforderungen im Zusammenspiel mit den weiteren verbindlichen gesetzlichen Bestimmungen des SGB V. Aufgrund der „formellen Autonomie" des Bundesausschusses, die sich äußert in seiner Besetzung durch Selbstverwaltungsgremien der Ärzte und Krankenkassen und fehlenden Weisungsrechten der Ministerialverwaltung gegenüber seinen Mitgliedern, fehlt dem Gremium eine personelle demokratische Legitimation. Diese wird aber kompensiert durch die mitgliedschaftlich-partizipatorische Legitimation, die auf seiner hohen Funktionalität und der gleichzeitigen Sicherung von Neutralität und Distanz von Partikularinteressen bei der Erfüllung der Aufgabe der Konkretisierung der Versichertenansprüche (Richtigkeitsvermutung) basiert. Die Richtigkeitsvermutung für die Entscheidungen gründet auf der Verwirkli-

[519] So etwa: § 71 Abs. 5 S. 2 GWB: „Die Würdigung der gesamtwirtschaftlichen Lage und Entwicklung ist hierbei der Nachprüfung des Gerichts entzogen".

chung eines „Gegenmachtmodelles“, daß im Bundesausschuß durch die paritätische Besetzung mit Vertretern der Krankenkassen und Ärzte verwirklicht wird. Dieses gewährleistet, daß die auch bei den Versicherten vorherrschenden Interessen an zweckmäßigen Leistungen und der Wirtschaftlichkeit der GKV zu einem Diskurs gezwungen werden. Durch die paritätische Besetzung mit Ärzten- und Krankenkassenvertretern ist dabei in ausreichendem Maße sichergestellt, daß die wesentlichen medizinischen und ökonomischen Aspekte zu Wort kommen und keines dieser Interessen einen strukturellen Vorteil der Durchsetzbarkeit besitzt. Dadurch werden im Bundesausschuß die Vorteile subsidiärer Strukturen zur Erfüllung einer Allgemeinwohlaufgabe genutzt und die Gefahr staatlicher Machtausübung im Regime von Partikularinteressen grundsätzlich gebannt. Eingeschränkt gilt die Richtigkeitsvermutung allerdings bei Richtlinien-Entscheidungen mit zumindest mittelbarer Bedeutung für die nicht-ärztlichen Leistungserbringer. Die bestehende Beteiligung am Richtlinien-Beschlußverfahren gewährleistet nicht hinreichend die Durchsetzung ihrer Berufsausübungsfreiheit. Die gesetzlich bestimmte Besetzung des Bundesausschusses ist allerdings auch ohne Vertreter der nicht-ärztlichen Leistungserbringer verfassungsgemäß, da sie im Rahmen des gesetzgeberischen Gestaltungsspielraums liegt.

D. Die gerichtliche Kontrolldichte als zentrales Problem

Der Gesetzgeber hat also die an ihn gestellten verfassungsrechtlichen Anforderungen gemeistert. Gilt dies auch für die Rechtsprechung?

I. Die schwierige Bestimmung der gebotenen Kontrolldichte

Gemeint ist die Frage der ausreichenden Dichte der gerichtlichen Kontrolle der Richtlinien. Die Judikative ist durch Art. 19 Abs. 4 GG beauftragt, im Rahmen der Gesetze einen effektiven und umfassenden Rechtsschutz sicherzustellen. Wo es - wie im Falle des § 92 SGB V - an einer ausdrücklichen gesetzlichen Regelung der Kontrolldichte fehlt, muß deshalb jedes Gericht durch Auslegung des Gesetzes bestimmen, in welchem Maße es an die Richtlinien gebunden ist.

Die Schwierigkeit dieser Aufgabe ist nicht zu leugnen. Schließlich fehlt es den Gerichten an dem gemeinhin entscheidenden Kriterium der Einordnung der Richtlinien in die Rechtsquellensystematik. Die Richtlinien sind weder Satzungen noch Rechtsverordnungen. Ein Rückgriff auf die diesen Formen entsprechende Dogmatik der Kontrolldichte bedürfte deshalb einer Begründung, die nur schwer zu finden ist. Die besondere Form der demokratischen Legitimation des Bundesausschusses (mitgliedschaftlich-partizipatorische Legitimation) ist nicht frei von der Gefahr der unerwünschten Überlagerung mit Interessen, die das „Gegenmachtmodell“[520] in einzelnen Bereichen außer Kraft setzt. Wer, wenn nicht die Gerichte, könnte als funktionales Korrektiv wirken?

Aber auch in anderer Hinsicht erscheint eine gerichtliche Kontrolle der Richtlinien entsprechend der Überprüfung von Satzungen und Rechtsverordnungen zumindest zweifelhaft. Der Bundesausschuß hat zur Erstellung der Richtlinien die Effizienz der für die jeweilige Krankheit zur Verfügung stehenden medizinischen Methoden zu evaluieren. Eine unveränderte Übernahme der für Satzungen und Rechtsverordnungen geltenden Kontrolldichte müßte ihm auch in dieser Hinsicht einen Entscheidungsspielraum zuerkennen. Sollte damit verbunden sein, daß er eine Methode auch dann als unzweckmäßig einschätzen darf bzw. daß die Gerichte diese Entscheidung nicht inhaltlich prüfen dürfen, wenn sowohl klinische Studien als auch Sachverständige auf diesem Gebiet das Gegenteil vermuten lassen?

---

[520] S. Kapitel 2:C.IV.5.b

II. Die gerichtliche Kontrolldichte im Spiegel der Modelle zur Verbindlichkeit der Richtlinien

Die Relevanz der Frage der gerichtlichen Kontrolldichte bei der Überprüfung der Richtlinien wird deutlich anhand der bereits entwickelten Modelle zur Verbindlichkeit der Richtlinien. Erinnern wir uns: Die Verbindlichkeit der Richtlinien für die Versicherten ist strittig. Zwei Modelle beschreiben dabei Extrempositionen. Der Trennungsansatz behauptet die Unverbindlichkeit der Richtlinien für die Versicherten. Im Grunde genommen entsprechen die Richtlinien nach diesem Ansatz Verwaltungsvorschriften, die für den behandelnden Arzt möglicherweise ein Orientierungshilfe darstellen, aber jedenfalls den Versicherten nicht daran hindern, seine Ansprüche vor Gericht durchzusetzen, weil die Richtlinien für dieses keine Bindungswirkung entfalten. Demgegenüber diametral entgegengesetzt behauptet der prozedurale Ansatz eine volle Verbindlichkeit der Richtlinien. Was hier entschieden wurde gilt - auch vor Gericht. Denn die gesetzlichen Ansprüche des Versicherten gegen die GKV verwirklichen sich erst über die Richtlinien, da das Gesetz lediglich „Rahmenansprüche" enthält, die erst noch - insbesondere durch die Richtlinien - konkretisiert werden müssen.

Die Unterschiede zwischen den beiden Auffassungen sind bedeutsam. Ist das Gesetz auch hinsichtlich seiner Zielvorgaben (zweckmäßige und wirtschaftliche Leistungen der GKV) bestimmt, bleibt es doch in Bezug auf Aussagen vage, wie dieses Ziel erreicht werden kann. Demjenigen, dem die Aufgabe zukommt, diesen Weg zu bestimmen, kommt deshalb im Rahmen der GKV eine erhebliche Entscheidungskompetenz zu. Er hat nicht nur in finanzieller Hinsicht, sondern auch bei der Beantwortung der ethischen Fragen, die im Zusammenhang mit Krankheitsbehandlung auftreten, einen großen Einfluß. Nach dem Trennungsansatz kommt diese Verantwortung allein den Gerichten zu; laut prozeduralem Ansatz dem Bundesausschuß.
Angesichts der nicht gefahrlosen Beteiligung der Vertreter der Partikularinteressen der Ärzte und Krankenkassen und angesichts der zumindest naheliegenden Überforderung der Gerichte mit den ökonomisch-medizinischen Fachfragen drängt sich die Frage auf, ob nicht ein vermittelnder Weg sinnvoll wäre. Ja mehr noch: Bedeutete ein Entscheidungsspielraum des Bundesausschusses entsprechend dem prozeduralen Ansatz nicht einen Entzug verfassungsrechtlich zugewiesener gerichtlicher Kontrollkompetenzen?

Einen solchen vermittelnden Weg im Sinne einer Aufgabenteilung weist der integrative Ansatz. Der integrative Ansatz unterwirft die Richtlinien einer gerichtlichen Kontrolle anhand der verfassungskonform auszulegenden Bestimmungen des Leistungsrechts, die der prozedurale Ansatz mit dem Hinweis auf den sehr weiten Gestaltungs- und Beurteilungsspielraum des Bundesausschusses praktisch ausschließt. Damit ist allerdings zunächst wenig gewonnen. Denn es bleibt offen, wie weit diese Auslegungskompetenz reicht. Und es bleibt auch unklar, welche Tatbestandsmerkmale von einer möglichen Auslegungskompetenz betroffen sind. Jedoch erscheint eine nähere Erörterung vielversprechend und die Hoffnung EBSENS begründet: „Wenn hierüber [die Frage der Kontrollintensität] Konsens zu erzielen ist, wird die rechtskonstruktive Frage, ob ein konkreter Naturalleistungsanspruch des Versicherten unabhängig vom Leistungserbringungsrecht bestehen kann oder nicht, zu einem primär technischen Problem".[521]

Klärung kann letztlich nur eine nähere Untersuchung der verfassungsrechtlich zugewiesenen Funktionen der Judikative bringen. Anhand Art. 19 Abs. 4 GG ist zu eruieren, welche Kompetenzen den Gerichten zustehen und wie diese im Verhältnis zu atypischen Formen untergesetzlicher Rechtssetzung stehen. Das folgende Kapitel wird dieser Frage nachgehen.

---

[521] Ebsen in FS für Krasney, 1997, S. 81 (98)

Kapitel 3: Die Kontrolldichte für untergesetzliche Rechtsnormen

Die Richtlinien des Bundesausschusses der Ärzte und Krankenkassen sind untergesetzliche Rechtsnormen. Sie sind sowohl für die Leistungserbringer und Krankenkassen als auch für die Versicherten verbindlich. Sind sie es auch für die Gerichte? Genauer gesagt: Bestimmt der Bundesausschuß den Leistungsumfang der GKV in seinen Richtlinien letztverbindlich oder dürfen die Gerichte diese inhaltlich prüfen und durch ihre eigene Entscheidung ersetzen?

A. Einführung in die Problematik

Beide Varianten lösen ein gewisses Unbehagen aus. Einerseits mag man dem Bundesausschuß nicht so recht trauen. Zu groß erscheint die Gefahr, daß Krankenkassen- und Ärztevertreter sich auf Leistungen einigen, die zwar ihren, aber keineswegs den Interessen der Versicherten entsprechen. Da dies durch die Versicherten aufgrund ihrer nur begrenzten Teilhabe an der Zusammensetzung des Bundesausschusses kaum sanktioniert werden kann, leuchtet es ein, wenigstens den unabhängigen Gerichten eine inhaltliche Kontrolle der Richtlinien zu ermöglichen.

Andererseits: Die Unabhängigkeit der Gerichte allein kann wohl kaum Garant für die „Richtigkeit" ihrer Entscheidungen sein. Zu komplex sind die durch die Richtlinien beantworteten medizinisch-ökonomischen Fragestellungen, als daß sie im Prozeß in der notwendigen Tiefe erörtert werden könnten. Die Gefahr besteht, daß das Gericht letztlich die ausführlich erörterte und fachlich kompetente Entscheidung des Bundesausschusses durch die Auffassung des jeweils bestellten Sachverständigen ersetzt.

I. Die neuere Rechtsprechung des BSG (1. Senat) zur Kontrolldichte

Das BSG (1. Senat) hat in seinen Entscheidungen vom 16.09.1997 eine naheliegende Lösung des vermeintlichen Dilemmas gewählt. Das Gericht hatte in einem der fünf an diesem Tag eröffneten und weitgehend parallel begründeten Urteile[522] darüber zu befinden, ob dem an Multipler Sklerose (MS) erkrankten Versicherten ein Anspruch auf Behandlung nach der sogenannten immunoaugmentativen Therapie zusteht.[523] Die immuno-augmentative Therapie ist in

[522] BSGE 81, 54; BSGE 81, 73; BSG, MedR 1998, S. 230; BSG, ZfS 1998, S. 211; BSG, RdLH 1998, S. 30

[523] BSGE 81, 73ff

ihrem Nutzen für die Heilung von MS medizinisch umstritten.[524] Der Bundesausschuß hat ihr die gemäß § 135 Abs. 1 SGB V erforderliche Empfehlung in seinen Richtlinien über die Einführung neuer Untersuchungs- und Behandlungsmethoden (NUB-RL) versagt.[525]

Weil das BSG sich an die Richtlinien des Bundesausschusses aufgrund deren Rechtsnormcharakter gebunden fühlt, setzt es sich mit der Wirksamkeit der Therapie nicht auseinander. „Die Ermächtigung zu Rechtssetzung eröffnet dem Bundesausschuß wie jedem Normgeber einen eigenen Gestaltungs- und Beurteilungsspielraum. (...) Die Gerichte sind [deshalb] auf die Prüfung beschränkt, ob die Richtlinien in einem rechtsstaatlichen Verfahren zustande gekommen sind und mit dem Zweck der gesetzlichen Ermächtigung in Einklang stehen".[526] Dies verwehre eine gerichtliche Überprüfung, ob die immuno-augmentative Therapie entgegen der Auffassung des Bundesausschusses ausreichend, zweckmäßig und wirtschaftlich ist und demnach in den Richtlinien eigentlich hätte zugelassen werden müssen. Darüber hinaus - so das BSG - wäre es mit einer Prüfung der Wirksamkeitseinwendung medizinisch-wissenschaftlich überfordert.[527] Der Einwand, die Methode sei trotz der gegenteiligen Entscheidung des Bundesausschusses gleichwohl zweckmäßig und in seinem konkreten Fall wirksam gewesen, stehe dem Versicherten deshalb nicht zu.

II. Offene Fragen

Die Begründung des BSG leuchtet auf den ersten Blick ein. Art. 20 Abs. 3 GG bindet die Gerichte an Recht und Gesetz und damit auch an alle Formen untergesetzlicher Rechtsnormen.[528] Dienen somit die untergesetzlichen Rechtsnormen dem Gericht als Kontrollmaßstab, können sie - oberflächlich betrachtet - schwerlich gleichzeitig der judiziellen Prüfung unterliegen. So gesehen ist ein kontrollfreier Entscheidungsspielraum des Bundesausschusses oder, umgekehrt gewendet, die Bindung der Gerichte an die Inhalte der Richtlinien zwingende Folge der Einordnung der Richtlinien als untergesetzliche Rechtsnormen.

---

[524] Pschyrembel, Wörterbuch Naturheilkunde, 2. Aufl. 2000, S. 364 (l. Sp.)

[525] BSGE 81, 73 (76)

[526] BSGE 81, 73 (85) und ebenso die Parallelentscheidung BSG, ZfS 1998, S. 211 (217, l. Sp.)

[527] BSGE 81, 73 (85) und ebenso die Parallelentscheidung BSG, ZfS 1998, S. 211 (217, l. Sp.)

[528] Vgl. Sachs in Sachs, GG, 1999, Art. 20 Rn. 107 und Herzog in M/D, Art. 20 II Abschnitt VI Rn. 51

Gleichzeitig gibt das BSG aber mit seiner Begründung die Vorlage für die Annahme, daß damit die Frage der gerichtlichen Kontrolle untergesetzlicher Rechtsnormen nicht abschließend beantwortet sein kann. Eine verfahrenswidrige Beschlußfassung sowie sachfremde Erwägungen oder das Überschreiten der gesetzlichen Ermächtigung sind - so das BSG - trotz des zugestandenen Gestaltungs- und Beurteilungsspielraums zu beanstanden. Mithin besteht ein Bereich, in dem das Gericht nicht an die Richtlinien gebunden ist, sondern aufgrund eigener Kompetenz zu entscheiden hat. Wie weit diese Kompetenz reicht, ist aber weitgehend unklar. Müßte das Gericht nicht die Bedeutung der den Bundesausschuß bindenden Vorschriften durch Auslegung herausarbeiten? Und kann dem Bundesausschuß auch in Bezug auf wissenschaftliche Fakten ein Beurteilungsspielraum zustehen oder ist es Aufgabe der Gerichte diese mit Hilfe von Sachverständigen zu ermitteln? Diesen Fragen wird in diesem Kapitel nachzugehen sein.

III. Die Kontrolldichte und deren unfruchtbare Diskussion

Das Problem der Verbindlichkeit der Richtlinien des Bundesausschusses für die Gerichte wird hier unter dem Schlagwort „Kontrolldichte“ behandelt.[529]

1. Der Begriff der Kontrolldichte

Es gibt keine allgemein anerkannte Definition der Kontrolldichte.

a. Die Unterschiede zu Zugangsbeschränkungen und materieller Präklusion

Meist wird Kontrolldichte schlichtweg als Synonym für den Inhalt und Umfang gerichtlicher Kontrolle verstanden.[530] Diese Definition provoziert das Mißverständnis, daß immer dann, wenn Gerichte staatliches Handeln nicht in vollem Umfang kontrollieren, die Kontrolldichte beschränkt sei. Die Begrenzung der gerichtlichen Kontrolle hat aber vielerlei Gründe, die mit der Kontrolldichteproblematik nichts gemein haben. Hierzu sind zum einen Zugangsbeschränkungen für den Rechtsweg zu zählen.[531] Aber auch die Rechtskraft einer Entschei-

---

[529] Der Begriff Kontrolldichte wurde wohl erstmals von Lerche, Übermaß und Verfassungsrecht, 1961, S. 326, 335 und 337, verwandt; so: Ibler, Rechtspflegender Rechtsschutz, 1999, S. 62; a. A. Wilke, Jura 1992, S. 186 (187, Fn. 11a). Er hat sich seitdem „eingebürgert“; vgl. Stern, StaatsR I, 1984, § 20 IV 5 (S. 850)

[530] So Stern, StaatsR I, 1984, § 20 IV 5 (S. 850); ähnlich unbestimmt ist auch die Gleichsetzung mit „Intensität der gerichtlichen Kontrolle; so Schulze-Fielitz in Dreier, GG, 1996, Art. 19 IV Rn. 88

[531] S. die Übersicht bei Schmidt-Aßmann in M/D, Art. 19 IV Rn. 233 ff.

dung[532] und die materielle Präklusion[533] verwehren den Gerichten die vollumfängliche inhaltliche Prüfung der staatlichen Entscheidung, ohne daß deshalb die Kontrolldichte berührt wäre. Eine begriffliche Präzisierung fällt insofern leicht, als diese Kontrollbeschränkungen mit der jeweiligen Situation oder mit der Person zusammenhängt, die um gerichtlichen Rechtsschutz ersucht. Die Kontrolldichte ist hingegen ein abstrakt-generelles Problem: Sie fragt abstrakt-generell nach den in der jeweiligen Norm verliehenen Rechten[534] und dem daraus resultierenden Umfang gerichtlicher Kontrolle.

b. Die Unterschiede zur Beschränkung des Rechtsschutzes auf subjektiv-öffentliche Rechte

Schwerer fällt die Abgrenzung der Kontrolldichte von der Beschränkung des Rechtsschutzes auf subjektiv-öffentliche Rechte. [535] Zunächst: Die Frage der Einschränkung der gerichtlichen Kontrolle aufgrund des fehlenden subjektiv-rechtlichen Charakters der einschlägigen Rechtsnorm ist von dem Problem der Kontrolldichte zu trennen.[536] Art. 19 Abs. 4 S. 1 GG ist subjektiv-rechtlich konzipiert, weil er nur demjenigen den Rechtsweg eröffnet, der in einem Recht betroffen ist. Die diesbezügliche Prüfung beschränkt sich deshalb auf die Frage, ob das angegriffene staatliche Handeln eine Norm tangiert, die subjektiv-rechtlichen Charakter hat, und ob der Bürger zu dem geschützten Personenkreis

---

[532] Vgl. dazu Rennert in Eyermann/Fröhler, VwGO, 1998, § 121 Rn. 14

[533] S. dazu Schmidt-Aßmann in M/D, Art. 19 IV Rn. 260 f.

[534] Meyer in Meyer/Borgs, VwVfG, 1982, § 40 Rn. 30

[535] Es besteht weitgehend Einigkeit darüber, daß Begriffe wie Diskussion voneinander zu trennen sind (a. A. Ibler, Rechtspflegender Rechtsschutz, 1999, 4. Kap. II, S. 145 ff.) Doch zeigen wiederholt zitierte Formeln, daß diese Trennung nicht immer konsequent durchgehalten wird. Der Satz etwa: „Art. 19 Abs. 4 S. 1 GG setzt die Rechte voraus die er schützt“ ist sicherlich richtig. Er begründet aber vor allem eine Beschränkung der gerichtlichen Kontrolle auf subjektive Rechte, und tendiert deshalb zu einer Vermischung der Problematiken (so insbesondere bei Meyer in Meyer/Borgs, VwVfG, 1982, § 40 Rn. 30) Umgekehrt ist der Satz: „Die Handlungsnorm entspricht der Kontrollnorm“ (vgl. Papier in HBStR VI, 1989, § 154 Rn. 61 und Greipl, Sachverständigenausschüsse, 1988, S. 147 m. zahlreichen w. Nachw.) fehlerhaft, weil sie die subjektive Konzeption des Art. 19 Abs. 4 GG und damit die Existenz bloß objektiv rechtlicher Bestimmungen (vgl. dazu Maurer, VerwR-AT, 1999, § 8 Rn. 3) negiert.

[536] Deshalb ist die Bezeichnung „subjektiv-öffentliches Recht auf ermessensfehlerfreie Entscheidung“ (vgl. Maurer, VerwR-AT, 1999, § 8 Rn. 15) eine Kombination beider Rechtsgedanken und nicht die Begründung eines Ermessensspielraums aufgrund der bloß objektiv-rechtlichen Bindung der Verwaltung innerhalb dieses Spielraums; andernfalls wäre nicht nur die Bestimmung des § 114 VwGO überflüssig sondern auch die Diskussion darum, ob eine Ermessensspielraum auch dann vorliegen kann, wenn subjektiv geschützte Interessen betroffen sind (vgl., Ibler, Rechtspflegender Rechtsschutz, 1999, S. 351)

gehört.[537] Ist dies abzulehnen, so stellt sich das Problem der Kontrolldichte erst gar nicht, es sei denn, der Gesetzgeber hat ausnahmsweise auch den objektiven Rechtsschutz eröffnet.[538] Sind subjektiv-öffentliche Rechte betroffen, bleibt an zweiter Stelle zu prüfen, welche gerichtliche Kontrolle diese eröffnen

Der Begriff der Kontrolldichte thematisiert mithin nicht Beschränkungen der gerichtlichen Kontrolle aufgrund prozessualer, einzelfallbezogener Hindernisse oder aufgrund des fehlenden subjektiv-rechtlichen Charakters der einschlägigen Rechtsnorm.[539] M. a. W. geht es nicht um die an den Bürger gestellten prozessualen oder - wie bei der Präklusion - verfahrensrechtlichen Anforderungen, die ihm zur Wahrnehmung des grundsätzlich eröffneten Rechtsschutzes zumutbar sind; und es geht auch nicht um die vom Gesetzgeber wahrgenommene Gestaltungsbefugnis, im Rahmen der Verfassung Rechte zu gewähren oder nicht. Unter dem Begriff der Kontrolldichte wird vielmehr behandelt, ob über die so beschriebenen Begrenzungen hinaus, die gerichtliche Kontrolle zu beschränken ist.

c. Die Definition der Kontrolldichte

Richtiger Ansatzpunkt für die Bestimmung der Kontrolldichte ist die Gewaltenteilung.[540] Denn bei verminderter Dichte gerichtlicher Kontrolle entscheidet im wesentlichen der Träger der kontrollierten Regelung und nicht das Gericht, was für den Bürger verbindlich ist. Das Recht der Exekutive zur Erstentscheidung wird aufgrund der Beschränkung der gerichtlichen Kontrolle zum Letztentscheidungsrecht. Die Themen für die Kontrolldichte sind deshalb sowohl die verfassungsrechtlichen „Funktionsgrenzen der Dritten Gewalt"[541] als verfassungsrechtlich vorgegebene Aufteilung des Letztentscheidungsrechts und die funkti-

---

537 So die herrschende Schutznormtheorie (vgl. Schmidt-Aßmann in M/D, Art. 19 IV Rn. 128 ff. und Maurer, VerwR-AT, 1999, § 8 Rn. 8

538 Ibler, Rechtspflegender Rechtsschutz, 1999, S. 141 ff.

539 Freilich besteht ein indirekter Zusammenhang zwischen der Kontrolldichte und dem subjektiv-rechtlichen Charakter einer Norm. So kann es von Verfassung wegen geboten sein, daß der Gesetzgeber einer Norm subjektiv-rechtlichen Charakter einräumt, um die gerichtliche Kontrolle zu eröffnen, um einem Individualgrundrecht effektiven Rechtsschutz zu verleihen, aber auch um demokratische Defizite eines Entscheidungsträgers auf der gerichtlichen Ebene kompensieren zu können; vgl. Funktionsadäquanz des Entscheidungsorgans und gerichtliche Kontrolldichte u. Kapitel 3:D.I

540 Vgl. Ossenbühl in FS für Redeker, 1993, S. 56; Götz in Götz/Klein/Starck (Hrsg.): Die öffentliche Verwaltung zwischen Gesetzgebung und richterlicher Kontrolle, 1985, S. 251; BVerwGE 8, 272 (274)

541 Stern, StaatsR I, 1984, § 20 IV 5 (S. 843)

onsgerechte und leistungsspezifische Ausbalancierung der Gewalten[542] als mögliche gesetzlich bestimmte Grenzen der gerichtlichen Kontrolle.

Auf der Grundlage dieser Überlegungen soll Kontrolldichte deshalb hier folgendermaßen verstanden werden:

Kontrolldichte ist das von prozessualen und verfahrensrechtlichen Anforderungen unabhängige und den subjektiv-rechtlichen Charakter der zu überprüfenden Norm(en) voraussetzende Maß der Gerichtsfestigkeit von Verwaltungsentscheidungen.[543]

2. Die Arten der gerichtlichen Kontrolldichte

Das Maß der gerichtlichen Kontrolle ist in zwei Kategorien zu unterscheiden.

a. Die gerichtliche Vollkontrolle

Entscheidet das Gericht in vollem Umfang über die Sach- und Rechtslage im vorgelegten Fall, wird allgemein von einer Vollkontrolle gesprochen. In diesem Fall liegt die Letztentscheidungskomptenz beim Gericht. Es entscheidet an Stelle der Exekutive und ungeachtet ihrer Erstentscheidungskompetenz. Das Verfahren und die Gründe, die zu der zu überprüfenden Entscheidung führten sind deshalb grundsätzlich irrelevant[544] - allerdings nicht auch zwingend unbeachtlich. Ein Gerichtsprozeß, der die von dem Verwaltungsträger ermittelten Tatsachen und getroffenen Abwägungen nachvollziehend prüft, erbringt oftmals rationalere und mit recht höhere Anerkennung beanspruchende Entscheidungen, als ein Verfahren, das die vorangegangene Behördenentscheidung ignoriert.[545] Die gerichtliche Befugnis, jedes der kontrollierten Entscheidungslelemente durch die eigene Auffassung zu ersetzen, wird durch diese nachvollziehende Prüfungsweise nicht eingeschränkt.[546] Die gerichtliche Vollkontrolle entspricht dem verfassungsrechtlichen Grundsatz und ist deshalb auszuüben, soweit gesetzlich nichts anderes angeordnet ist.[547]

---

542 Vgl. Schmidt-Aßmann in M/D, Art. 19 IV Rn. 180; Götz in Götz/Klein/Starck (Hrsg.): Die öffentliche Verwaltung zwischen Gesetzgebung und richterlicher Kontrolle, 1985, S. 251

543 Ähnlich Kutscheidt, NWVBl 1995, S. 121 (122 l. Sp.)

544 S. Gerhardt in Schoch/Schmidt-Aßmann/Pietzner, VwGO, Vorb. § 113 Rn. 19

545 So zutreffend Gerhardt in Schoch/Schmidt-Aßmann/Pietzner, VwGO, § 114 Rn. 8 und s. u. Kapitel 3:C.III.2.b

546 Vgl. Redeker/v. Oertzen, VwGO, 1997, §114 Rn. 14 aber s. a. Kapitel 3:C.III.2.b

547 S. BVerwGE 81, 12 (17) und Kapitel 1:A

b. Eingeschränkte gerichtliche Kontrolle

Die zweite Art gerichtlicher Kontrolldichte läßt sich nur negativ definieren: Sie ist die vom Grundtypus der vollumfänglichen gerichtlichen Prüfungs- und Ersetzungsbefugnis abweichende – und deshalb eingeschränkte - Kontrolle. Unter die eingeschränkte Kontrolldichte fallen eine Reihe von Bezeichnungen, die von der Rechtsprechung oder Literatur entwickelte Typen gerichtlicher Prüfung benennen.[548] Einige dieser Bezeichnungen orientieren sich an dem vom Gericht anzusetzenden Prüfungsmaßstab, wie z. B. die „Plausibilitätskontrolle", die „Vertretbarkeitskontrolle" oder die „Willkürkontrolle". Andere bestimmen die Kontrolldichte über das, was der gerichtlichen Prüfung nicht zugänglich ist, wie z. B. der „Gestaltungsspielraum", die „Einschätzungsprärogative" oder der „Ermessensspielraum". Die Verwendung dieser Begriffe darf allerdings nicht darüber hinwegtäuschen, daß die vom Gesetz vorgesehene Einschränkung der Kontrolldichte sich nur anhand des konkreten Normprogramms bestimmen läßt. Spricht man etwa von einer Vertretbarkeitskontrolle, sollte deshalb immer dazu gesagt werden, welche Entscheidungselemente nur auf ihre Vertretbarkeit zu kontollieren sind und für welchen Bereich es bei einer – insoweit „segmentierten"[549] - Volkontrolle" der Gerichte bleibt.[550] Überflüssig sind genauere Aussagen nur in Bezug auf das Verfahren und die Grenzen der Ermächtigung der Exekutiventscheidung, da diese immer der gerichtlichen Vollkontrolle unterliegen.[551]

3. Die unfruchtbare Kontrolldichtediskussion

Das eigentliche Problem der Kontrolldichtediskussion liegt aber nicht im Begrifflichen. Die nunmehr seit mehr als 60 Jahren andauernde Diskussion um die „unbestimmten Rechtsbegriffe" hat trotz zahlloser Beiträge kaum gemeinsame, als unumstritten geltende Positionen herausarbeiten können. Und es mehren sich die Stimmen, die die Diskussion um eine einheitliche Theorie zur Bestimmung der Kontrolldichte für gescheitert erklären und statt dessen den Lösungsansatz der Rechtsprechung befürworten, die Kontrolldichte nur aus Gründen der jeweiligen Fallgruppe zu bestimmen (Topoi-Lösung).[552]

---

548 Einen Überblick zu den verscheidenen Arten eingeschränkter Kontrolle findet sich bei Gerhardt in Schoch/Schmidt-Aßmann/Pietzner, VwGO, § 114 Rn. 13 ff.

549 Die Bezeichnung stammt von Gerhardt in Schoch/Schmidt-Aßmann/Pietzner, VwGO, Vorb. § 113 Rn. 20

550 Kritisch deshalb Redeker/v. Oertzen, VwGO, 1997, §114 Rn. 15

551 Vgl. statt aller Gerhardt in Schoch/Schmidt-Aßmann/Pietzner, VwGO, Vorb. § 113 Rn. 20

552 Vgl. Gerhardt in Schoch/Schmidt-Aßmann/Pietzner, VwGO, Vorb. § 113 Rn. 31

Die gebotene gerichtliche Kontrolle untergesetzlicher Rechtsnormen ist in dem intensiv und seit Jahrzehnten umstrittenen Gebiet der Kontrolldichte nur ein Nebenschauplatz. Dies liegt zum einen wohl daran, daß der Gestaltungs- und Beurteilungsspielraum des Normgebers aus der Ermächtigung zur Normgebung abgeleitet wird. Es fehlt aber auch nicht an Stimmen, die eine spezifische Untersuchung der Kontrolldichte für untergesetzliche Rechtsnormen für unnötig halten, weil sie keine Besonderheiten gegenüber der Kontrolldichtediskussion um Ermessens- und Beurteilungsspielräume bei Verwaltungsakten aufweise[553] - ohne freilich den offenbaren Widerspruch zu der erstgenannten Auffassung zu problematisieren. Es verwundert deshalb nicht, daß die Rechtsdogmatik auch hier von einem allgemein akzeptierten Modell zur Bestimmung der Kontrolldichte bei untergesetzlichen Rechtsnormen weit entfernt ist.[554]

Die Unfruchtbarkeit der Kontrolldichtediskussion hat sicherlich viele Gründe, doch ist auffällig, daß die für eine inhaltliche Auseinandersetzung so notwendige Klassifizierung der Grundpositionen bisher nicht gelungen ist. Ursache und Folge ist, daß neue Meinungen oftmals nicht klar benannt, sondern nebelhaft umschrieben werden[555] und in seltenen Fällen die dogmatischen Grundlagen offenlegen, um sie in dem größeren Zusammenhang der verschiedenen Auffassungen zu verorten. So stellen sich die unterschiedlichen Theorien zur Kontrolldichte weitestgehend als Konglomerat oder Steinbruch von bereits geäußerten Positionen dar.

Die folgenden Ausführungen wollen versuchen, einen Beitrag zur Beseitigung dieses Mißstandes zu leisten. Dazu wird in einem ersten Schritt (im Abschnitt B.) die gemeinsame, weil unstreitige Basis der Kontrolldichtediskussion dargestellt. Anschließend werden Grundmodelle der Kontrolldichte entwickelt (Abschnitt C.). Diese Modelle sind gedankliche Konstrukte, die auch dann von einer vollständigen und detailgetreuen Nachzeichnung der zur Kontrolldichte entwickelten Theorien weit entfernt sind, wenn sie verschiedene in Literatur und Rechtsprechung vertretene Gedanken aufgreifen. Ihr Ziel ist, verfassungsrechtliche und rechtsdogmatische Prämissen auf ihre Verwertbarkeit für die Bestimmung der Kontrolldichte bei der gerichtlichen Prüfung untergesetzlicher Rechtsnormen zu überprüfen. Dazu werden die Modelle immer auf die gleiche Weise „konstruiert“: Zu Beginn wird eine Prämisse formuliert (z. B. das Verbot eigener Maßstabsbildung oder Verstärkung des Rechtsschutzes bei intensiveren

553 So Redeker/v. Oertzen, VwGO, 1997, § 114 Rn. 33 (m. w. N.)

554 Vgl. Redeker/v. Oertzen, VwGO, 1997, § 114 Rn. 33

555 Vgl. die zutreffende Zusammenfassung der Probleme der Kontrolldichtediskussion bei Ibler, Rechtspflegender Rechtsschutz, 1999, 4. Kap. IV, S. 187 ff. und Redeker/v. Oertzen, VwGO, 1997, § 114 Rn. 35

Grundrechtseingriffen). Aus dieser Prämisse lassen sich Aussagen zur Kontrolldichte treffen, die als Modell beschrieben werden, Aus diesem wiederum lassen sich z. T. Theorien ableiten, die als unterschiedliche Varianten des gleichen Modells anzusehen sind. Die jeweils abschließende Erörterung versucht, die überzeugenden Grundaussagen des jeweiligen Modells herauszuarbeiten, indem immanente oder im Vergleich zu anderen Modellen bestehende Widersprüche aufgezeigt und der Versuch einer schlüssigen Auflösung der Widersprüche unternommen wird.

Die Grundaussagen der erörterten Modelle münden in den Ansatz vom „Vorbehalt der Gerichte“, der den Anspruch erhebt, für die gerichtliche Kontrolle untergesetzlicher Rechtsnormen eine allgemeine Theorie zur Verfügung zu stellen - selbstverständlich, ohne gleichzeitig alle Einzelfragen mitlösen zu können.

B. Die gemeinsame Basis der Kontrolldichtediskussion: Art. 19 Abs. 4 GG und die normative Ermächtigungslehre

Die unterschiedlichen Modelle zur Bestimmung der gerichtlichen Kontrolldichte stimmen insofern überein, als sie Art. 19 Abs. 4 S. 1 GG das Gebot umfassenden und effektiven Rechtsschutzes und Art. 20 Abs. 3 GG die Kompetenz des Gesetzgebers entnehmen, die Kontrolldichte der Gerichte verbindlich zu regeln (Normative Ermächtigungslehre).

I. Art. 19 Abs. 4 S. 1 GG als Gebot umfassenden und effektiven Rechtsschutzes

Nach Art. 19 Abs. 4 S. 1 GG steht demjenigen, der durch die öffentliche Gewalt in seinen Rechten verletzt wird, der Rechtsweg offen. Dem Wortlaut nach findet sich dort keine Aussage über die Kontrolldichte. Doch machte es wenig Sinn, verfassungsrechtlich den Rechtsschutz zu eröffnen, wenn nicht gleichzeitig der Gesetzgeber gehindert würde, durch eine Beschränkung der gerichtlichen Prüfungskompetenz, diesen nach freien Stücken auszuhöhlen. Art. 19 Abs. 4 S. 1 GG muß deshalb vor dem Hintergrund der durch das Gewaltenteilungsprinzip geprägten modernen Rechtsstaatauffassung interpretiert werden.[556] Die Judikative hat dann die Aufgabe, jeglichen Mißbrauch öffentlicher Gewalt zu verhindern.[557] In einer Art „Effet utile“[558]-Argumentation[559] hat das BVerfG deshalb Art. 19 Abs. 4 S. 1 GG als ein Gebot umfassenden und effektiven Rechtsschutzes[560] ausgelegt. Für die mit dieser Aufgabe betrauten Gerichte bedeutet dies: wo immer die Exekutive kraft öffentlicher Gewalt handelt und in subjektive Rechtspositionen eingreift, muß den Gerichten eine inhaltliche Prüfungs- und

---

556 Zum Zusammenhang zwischen Rechtsstaatgebot und gerichtlichem Rechtsschutz s. Huber in v. Mangoldt/Klein/Starck, BG, 1999, Art. 19 Abs. 4 Rn. 364; Schmidt-Aßmann in Schoch/Schmidt-Aßmann/Pietzner, VwGO, Einl. Rn. 51; Schulze-Fielitz in Dreier, GG, 1996, Art. 19 IV Rn. 26

557 Vgl. BVerfGE 49, 220 (242): „Es gibt keinen Akt der öffentlichen Gewalt, der nicht der repressiven Kontrolle unterliegt“

558 Zu der vom EuGH entwickelten Lehre vom „effet utile“ s. Oppermann, Europarecht, 1999, Rn. 528 f.

559 Vgl. BVerfGE 67, 43 (58) und BVerfGE 61, 82 (111): Der „Richter muß die Prüfungsbefugnis haben, um Rechtsverletzungen wirksam abhelfen zu können“.

560 BVerfGE 35, 382 (401); BVerfGE 40, 272 (275)¸ BVerfGE 61, 82 (111). Diese Auffassung ist auch in der Literatur allgemein anerkannt, vgl. Schenke in BK, Art. 19 Abs. 4 Rn. 383, m. w. Nachw.; Huber in v. Mangoldt/Klein/Starck, BG, 1999, Bd. 1, Art. 19 Abs. 4 Rn. 508; Gerhardt in Schoch/Schmidt-Aßmann/Pietzner, VwGO, Vorb. § 113 Rn. 22

Verwerfungskompetenz zustehen, um Rechtsverletzungen feststellen und beseitigen zu können.[561]

Daß diese Aufgabe die Befugnis der Gerichte beinhaltet, die von dem Träger öffentlicher Gewalt zugrundegelegte Rechtsauslegung zu überprüfen und erforderlichenfalls zu rügen, liegt auf der Hand. Gleiches muß aber auch grundsätzlich für die Ermittlung des Sachverhalts gelten, der diesem zur Entscheidung vorlag - und zwar aus folgendem Grund: Recht ordnet für Situationen und Verhalten, die gesetzlich umschrieben sind, ein „Sollen" an, auf das staatlich hingewirkt werden soll. Jede Norm im vollständigen Sinne beinhaltet die Verknüpfung eines Tatbestandes als Umschreibung der von der Norm umfaßten Realität mit einer Rechtsfolge als Anordnung des vom Gesetzgeber gewünschten staatlichen Reaktion auf die im Tatbestand beschriebene Situation.[562] Rechtsanwendung erfolgt deshalb - stark vereinfacht - in drei Stufen:[563]

- Erfassung des zur Entscheidung stehenden Sachverhalts,
- Prüfung der Übereinstimmung des erfaßten Sachverhalt mit dem gesetzlich umschriebenem Tatbestand durch Auslegung und Subsumtion und
- Bestimmung der konkret geltenden Rechtsfolge nach Maßgabe von Recht und Gesetz.

Rechtsanwendung ist somit sowohl die Konkretisierung des Norminhalts im Hinblick auf die Entscheidung mittels Auslegung als auch die Aufbereitung und Selektion der vorgefundenen Wirklichkeitselemente, die nach der Norm von Bedeutung sind. Auslegung und Sachverhaltsermittlung stehen darum in einem untrennbaren rechtlichen Zusammenhang.[564] Die Gerichte werden dem Gebot umfassenden und effektiven Rechtsschutzes nur gerecht, wenn sie die Rechtsanwendung insgesamt kontrollieren. Sie haben deshalb grundsätzlich das Recht

---

561 Auf das Verwerfungsmonopols des BVerfG bei nachkonstitutionellen, parlamentarischen Gesetzen, gem. Art. 100 Abs. 1 GG soll hier nicht näher eingegangen werden; s. dazu Maurer, VerwR-AT, 1999, § 4 Rn. 45

562 S. Tilch (Hrsg.), Münchener Rechts-Lexikon, 1992, Bd. 3, „Rechtsnorm" (S. 69) und Larenz, Methodenlehre, 1991, S. 250 ff.

563 Genauer: Larenz, Methodenlehre, 1991, S. 279 ff. und Müller, Juristische Methodik, 1997, Rn. 468 f.

564 S. Brohm, DÖV 1987, S. 265 (268, l. Sp. und 271 l. Sp.); Erichsen, VerwArch 63 (1972), S. 337 (342); Jesch, AöR 82 (1957), S. 163 (185)

und die Pflicht zur vollumfänglichen Rechts- und Tatsachenprüfung[565] (Grundsatz der vollständigen gerichtlichen Kontrolle).[566]

II. Die normative Ermächtigungslehre

Art. 19 Abs. 4 S. 1 GG schreibt die vollumfängliche Rechts- und Tatsachenprüfung allerdings nicht für alle Entscheidungen hoheitlicher Art vor[567] - auch hierüber besteht Einigkeit.[568] Vielmehr ist der Gesetzgeber nach der sog. normativen Ermächtigungslehre befugt, das Letztentscheidungsrecht für die Konkretisierung bestimmter Elemente einer Norm der Verwaltung zuzuweisen und dadurch die gerichtliche Kontrolle zu beschränken.[569] Die normative Ermächtigungslehre beinhaltet zwei Aussagen:

- Der Gesetzgeber hat die Kompetenz zur Bestimmung der Kontrolldichte.
- Er macht von dieser Kompetenz durch Ausgestaltung der Norm Gebrauch.

Keine dieser Aussagen überrascht. Art. 19 Abs. 4 S. 1 GG ist zwar Grundrecht, unterliegt aber auch ohne Gesetzesvorbehalt der Gestaltungsbefugnis des Gesetzgebers. Ist die gesetzliche Einschränkung des Grundrechtes zur adäquaten Verwirklichung anderer verfassungsrechtlich geschützter Rechtsgüter durch die entsprechenden Sachgründe gedeckt, ist eine gesetzliche Entscheidung erforderlich, aber auch ausreichend.[570]

---

565 S. Huber in v. Mangoldt/Klein/Starck, BG, 1999, Art. 19 Abs. 4 Rn. 508; Schulze-Fielitz in Dreier, GG, 1996, Art. 19 IV, Rn. 96 (m. w. N.); Bettermann, AöR 96 (1971), S. 528 (559); BVerfGE 15, 275 (282); BVerfGE 45, 297 (333); BVerfGE 49, 220 (242); BVerfGE 67, 43 (58); BVerfGE 78, 214 (226); BVerwGE 94, 307 (309)

566 S. Schmidt-Aßmann in M/D, Art. 19 IV Rn. 185 und Gerhardt in Schoch/Schmidt-Aßmann/Pietzner, VwGO, Vorb. § 113 Rn. 22; Papier in HBStR VI, 1989, § 154 Rn. 59; Schulze-Fielitz in Dreier, GG, 1996, Art. 19 IV Rn. 87; Krebs, Kontrolle, 1984, S. 101

567 S. BVerwGE 39, 197 (205); BVerwGE 59, 213 (216 f.); BVerwGE 62, 330 (340 f.); Erichsen, DVBl 1985, S. 22 (26)

568 Zur allgemeinen Anerkennung der normativen Ermächtigungslehre vgl. Ossenbühl in Erichsen, VerwR-AT, 1998, § 10 III 3, Rn. 33 und Beckmann, DÖV 1986, S. 505 (508)

569 Gerhardt in Schoch/Schmidt-Aßmann/Pietzner, VwGO, Vorb. § 113 Rn. 31; Schmidt-Aßmann in M/D, Art. 19 Abs. IV Rn. 184 f.; Redeker/v. Oertzen, VwGO, 1997 § 114, Rn. 15; BVerfGE 61, 82 (111); BVerfGE 78, 214 (226); BVerfGE 84, 34 (50); BVerfGE 88, 40 (56)

570 Dazu s. Schmidt-Aßmann/Groß, NVwZ 1993, S. 617 (619); Krebs, Kontrolle, 1984, S. 92; Schulze-Fielitz in Dreier, GG, 1996, Art. 19 IV Rn. 88; Huber in v. Mangoldt/Klein/Starck, BG, 1999, Art. 19 Abs. 4 Rn. 514; Greipl, Sachverständigenausschüsse, 1988, S. 119 und 146

So zwingend die normative Ermächtigungslehre ist, so aussagearm ist sie. Die wesentlichen Fragen bleiben offen.[571]

- Wie regelt das Gesetz die Kontrolldichte?
- Welche verfassungsrechtlichen Grenzen hat der Gesetzgeber bei der Bestimmung der Kontrolldichte zu beachten?

Die Meinungen hierzu weichen stark voneinander ab. Dennoch lassen sich drei Grundmodelle zur Bestimmung der Kontrolldichte ausmachen, die sich in ihrer jeweiligen Begründung der gerichtlichen Kontrollbefugnis wesentlich unterscheiden und die in verschiedenen Ausprägungen in der Diskussion immer wieder auftreten.

---

571 Ähnlich Erichsen, DVBl 1985, S. 25 (l Sp.)

C. Modelle zur Bestimmung der Kontrolldichte für untergesetzliche Rechtsnormen

Drei Grundmodelle zur Bestimmung der Kontrolldichte werden im folgenden vorgestellt und erörtert: das deduktive Modell (I), die formal-normative Theorie (II) und das funktionale Modell (III). Diese Modelle – dies sei in Erinnerung gerufen – verstehen sich nicht als die Darstellung tatsächlich vertretener Auffassungen. Es handelt sich vielmehr um aus verfassungsrechtlichen oder rechtsdogmatischen Prämissen abgeleitete Grundaussagen zur Kontrolldichte (sowie z. T. weitergehender Therorien), die auch dann, wenn bestimmte Aussagen oder Urteile zitiert werden, die Ansicht des wiedergegebenen Autors oder Gerichts zur Kontrolldichte nicht umfassend beschreiben.

I. Ableitung der Kontrolldichte aus der Regelungsintensität (das deduktive Modell)

Das deduktive Modell bestimmt die Kontrolldichte aus der Dichte der materiellen Regelung des anzuwendenden Normprogramms (Regelungsintensität). Welche Bestimmungen das Normprogramm bilden und in welcher Weise die in ihnen enthaltenen Begriffe inhaltlich konkretisiert werden können, ist eine Frage der Auslegung. Kontrolldichte wird dadurch zu einem hermeneutischen Problem. Die Intensität der gerichtlichen Kontrolle ist die logische Ableitung (Deduktion) aus der gebotenen rechtlichen Verdichtung der anzuwendenden materiellen Regelungen durch methodische Auslegung.

1. Das Verbot eigener Maßstabsbildung

Gerichtliche Kontrolle ist Rechtskontrolle. Dies ist zwingende Folge der sich aus den Art. 19 Abs. 4 und 20 Abs. 3 GG ergebenden Aufgabe der Judikative. Gerichtliche Kontrolle läßt sich deshalb als Überprüfung anhand des Maßstabs des Rechts definieren. Der rechtliche Maßstab ist aber gesetzlich und untergesetzlich vorgegeben. Die Gerichte können nur existierende Rechtspositionen durchsetzen und nicht neue schaffen[572], oder wie JESCH treffend sagt: „Die Judikative soll messen, nicht aber selbst die Grundlagen und Maßstäbe des Messens finden“.[573]

---

[572] Meyer in Meyer/Borgs, VwVfG, 1982, § 40 Rn. 30

[573] Jesch, Gesetz und Verwaltung, 1961, S. 226 und zustimmend: Papier in HBStR VI, 1989, § 154 Rn. 5 und 61

Das Verbot eigener Maßstabsbildung beruht letztlich auf dem Gewaltenteilungsprinzip. Allein die Legislative ist vom Volk als staatlichem Souverän ausreichend legitimiert und kontrolliert und verfügt über die institutionellen Voraussetzungen, um durch verbindliche Gesetze die unterschiedlichen Interessen zum Ausgleich zu bringen und politische Ziele umzusetzen. Demgegenüber ist mit der verfassungsrechtlichen Grundfunktion der Judikative gemäß Art. 19 Abs. 4 GG, der Kontrolle hoheitlichen Handelns, eine sowohl personelle wie kompetenzielle Distanz zu den Gewalten, die sie kontrollieren sollen, verbunden,[574] die das Recht zur Normgebung prinzipiell ausschließt.[575] Das Verbot eigener Maßstabsbildung bringt die gerichtliche Kontrolle in einen direkten Zusammenhang mit der Dichte der materiellen Regelung. Die Frage der Kontrolldichte wird zur Frage nach den vorgegebenen rechtlichen Maßstäben.

2. Die Auslegung als Regelungsverdichtung im Sinne des Rechts

Freilich haben die Gerichte eine Auslegungskompetenz. Dies widerspricht auch keineswegs dem Verbot eigener Maßstabsbildung. Vielmehr dient die Auslegung dazu, den eigentlichen Sinn des Gesetzes nach den Maßgaben seines Wortlautes, seiner historischen Entstehung, seiner systematischen Stellung und seiner Zielsetzungen herauszuarbeiten.[576] Die Rationalität der Methodenlehre sowie der Diskurs verschiedener Rechtsauffassungen im Prozeß und die Pflicht zur Begründung der im Urteil vertretenen Auslegungsentscheidungen fungieren als Absicherung der Objektivität der Auslegungsentscheidung. Ihre Anwendung verhindert, daß der Richter seine eigene Auffassung zum Maßstab des Urteils macht und erreicht, daß er in einem „dienenden Sinne" die vom Gesetz vorgefaßten Wertungen und Entscheidungen für den zu entscheidenden Einzelfall zur Geltung bringt.[577]

Die für die Kontrolldichte entscheidende Intensität der materiellen Regelung ist somit von den Gerichten mittels methodischer Auslegung zu ermitteln.[578] Sie wird insbesondere bei nur vage formulierten Entscheidungsprogrammen zum bestimmenden Faktor für die gerichtliche Kontrolldichte. Die Auslegungsmethode wird zur Matrize, anhand derer das rechtliche Entscheidungsprogramm analysiert und konkretisiert wird und den gesetzlich prädeterminierten Entscheidungskorridor für den Einzelfall als objektives Ergebnis produziert. Die Kontrolldichte erweist sich als Nebenprodukt der Ermittlung des Entscheidungspro-

574 S. dazu Ule in GS für Jellinek, 1955, S. 309 (327)

575 Die prinzipielle Trennung ist allerdings etwa für die Bereiche der richterlichen Rechtsfortbildung oder durch § 31 BVerfGG (teilweise) aufgehoben.

576 Zum Stand und Ziel der Auslegungsmethodik vgl. Bull, VerwR-AT, 2000, Rn. 346 ff.

577 Vgl. Korbmacher, DÖV 1965, S. 696 (703)

578 Redeker/v. Oertzen, VwGO, 1997, § 114 Rn. 38

gramms für den Einzelfall. Je stärker das Normprogramm sich mittels Auslegung konkretisieren läßt, desto dichter ist die inhaltliche Kontrolle durch die Gerichte anhand dieses Normprogramms, das ja gleichzeitig als Kontrollprogramm fungiert.

Die zentrale Bedeutung der Auslegung für die Bestimmung der Kontrolldichte darf allerdings nicht zu dem Fehlschluß verleiten, die Gerichte hätten über den Umfang ihrer Kontrolle nach Gutdünken zu entscheiden.[579] Denn die Auslegung anhand der juristischen Methode bietet als Instrument - so zumindest die Idee - keine Freiräume, innerhalb derer das Gericht seine Kontrolle nach eigener Entscheidung ausweiten oder beschränken könnte. Recht und Gesetz erfahren durch die Auslegung eine Konkretisierung, aber keine inhaltliche Veränderung. Es ist der Normgeber, der das Entscheidungsprogramm und damit die Kontrolldichte vorgibt. Insofern bleiben auch die deduktiven Ansätze auf dem Boden der normativen Ermächtigungslehre.

Das deduktive Modell leitet folglich die Kontrolldichte aus der durch Auslegung zu ermittelnden Intensität der materiellen Regelung ab.

3. Die unterschiedlichen deduktiven Theorien

Im Ergebnis weichen die Ausprägungen des deduktiven Modells (hier Theorien oder Ansätze genannt) allerdings stark voneinander ab, weil die Möglichkeiten einer rationalen Verdichtung der Gesetze zum Entscheidungsprogramm mittels der Auslegungsmethodik ganz unterschiedlich gesehen werden. Zwei dieser Ausprägungen, der Ansatz von der „natürlichen Grenze“ und die Theorie der einzig richtigen Entscheidung beschreiben die äußeren Grenzen der unter dem deduktiven Modell subsumierbaren Ansätze und werden nun näher beschrieben.

a. Der Ansatz von der „natürlichen Grenze“

Nach dem Ansatz von der „natürlichen Grenze“ sind die Möglichkeiten einer Verdichtung des Entscheidungsprogramms durch Auslegung beschränkt.[580]

aa. Die Endlichkeit der rechtlichen Determinierung

Eine Auslegung, die sich der Objektivität und Rationalität der Interpretation des Entscheidungsprogramms streng verpflichtet fühlt, kann nicht jede noch so vage

---

[579] So Ossenbühl in FS für Redeker, 1993, S. 55 ff.

[580] So Beckmann, DÖV 1986, S. 505 (509, r. Sp.); Schmidt-Jortzig, NJW 1983, S. 967 (972); BVerwGE 59, 213 (215); Badura in FS für Bachof, 1984, S. 169 (172)

gesetzliche Formulierung so interpretieren, daß nur *eine* Entscheidung logisch aus ihr deduziert werden kann.[581] Das Verwaltungshandeln ist nicht "von einem gleichmäßig engmaschigen Netz gesetzlicher Regelungen überzogen ",[582] und das daraus zu ermittelnde gesetzliche Normprogramm weist auch nach der Auslegung Lücken auf. Diese Lücken - so der Ansatz - hinterlassen einen Entscheidungskorridor, innerhalb dessen das staatliche Handeln rechtlich nicht determiniert und folglich rechtlich nicht zu beanstanden ist. Die Kontrolldichte ist deshalb auf „natürliche“[583], jeder Regelung immanente Weise begrenzt: durch die Möglichkeit einer rechtlich rationalen Verdichtung anhand der juristischen Interpretationsmethoden. Anschaulich wird dies von FRANSSEN formuliert: "Gibt ihm [dem Richter] das Gesetz nur einen Zentimetermaßstab an die Hand, dann darf er nicht in Millimeter oder Zehntelmillimeter messen wollen, sonst dringt er in den der Verwaltung vorbehaltenen Bereich ein und verändert damit die vom Gesetzgeber für den Gesetzesvollzug vorausgesetzten Rahmenbedingungen".[584] In der gleichen Linie steht das BVerfG, wenn es keine Möglichkeit rechtlicher Kontrolle sieht, "soweit das materielle Recht der Verwaltung in verfassungsrechtlich unbedenklicher Weise Entscheidungen abverlangt, ohne dafür bestimmte Vorgaben (Entscheidungsprogramm) zu enthalten".[585]

bb. Justitiabilität

Im Grunde macht sich der Ansatz von der „natürlichen Grenze“ eine Argumentation zunutze, die in der Lehre von den Beurteilungsspielräumen, die auf BACHOF zurückgeht, und in der Vertretbarkeitslehre von ULE bereits fruchtbar gemacht wurde. Beide Lehren betreffen den Streit um die gerichtliche Kontrolle von unbestimmten Rechtsbegriffen auf der Tatbestandsseite und sind nur beschränkt auf die Kontrolldichte für Rechtsnormen anwendbar. Ihr insoweit weitgehend übereinstimmender Argumentationskern ist aber geeignet, auch für die Bestimmung der Kontrolldichte bei der gerichtlichen Prüfung untergesetzlicher Rechtsnormen angewandt zu werden.

Wesentliches Anliegen der 1955 erschienenen Beiträge von BACHOF[586] und ULE[587] war es, die Grenzen einer logischen und damit eindeutigen Bestimmung des Inhalts von unbestimmten Rechtsbegriffen aufzuzeigen. Wie zuvor

---

581 So auch Hoppe, FG für BVerwG, 1978, S. 295 ff.
582 Krebs, Kontrolle, 1984 S. 72
583 Weber, Regelungs- und Kontrolldichte im Atomrecht, 1984, S. 220
584 Franssen in FS für Zeidler, 1987, Bd. 1, S. 429 (439)
585 BVerfGE 88, 40 (61)
586 JZ 1955, S. 97 ff.
587 GS für Jellinek, 1955, S. 309 ff.

REUSS[588] gingen sie davon aus, daß der Verwaltung durch die Verwendung unbestimmter Rechtsbegriffe keine dem Ermessen ähnliche Wahlmöglichkeit eingeräumt werden sollte.[589] Andererseits sei dem unbestimmten Rechtsbegriff aber eine nur vage Beschreibung des von der Norm erfaßten Wirklichkeitsausschnitts eigen.[590] Auch nach seiner Auslegung verbliebe deshalb ein Bereich möglicher Zweifel.[591] Selbst wenn in der Theorie[592] oder nach der Intention des Gesetzgebers[593] die unbestimmten Rechtsbegriffe auf eine eindeutige Lösung zielten, die beschränkten Erkenntnismöglichkeiten machten diese zumindest in Grenzbereichen unmöglich.[594] So ist etwa die Frage, ob ein Gaststättenbetreiber „zuverlässig" im Sinne von § 4 Abs. 1 Nr. 1 GaststättenG ist, nicht exakt zu beantworten, wodurch - nach diesem Ansatz - die Verwaltung notwendigerweise eine eigene Einschätzung vornehmen muß, die gerichtlich nur beschränkt kontrollierbar ist.

Die Problematik der logischen Deduktion des Norminhalts wird insbesondere dort deutlich, wo das Gesetz Wertbegriffe (auch „normative Begriffe" genannt) verwendet.[595] Anders als die Erfahrungsbegriffe (auch „deskriptive Begriffe") beschreiben die Wertbegriffe keine wahrnehmbaren Umstände der Außenwelt. Deren objektive Feststellung sei deshalb von vornherein ausgeschlossen.[596] Auch für die Wertbegriffe gebe es die Möglichkeit der Objektivierbarkeit[597] - aber eben auch einen Bereich von Alternativen, die aus rechtlicher Betrachtung weder als falsch noch als richtig zu bezeichnen seien.[598] In diesem Bereich sei die Verwaltung nur an die Grenzen möglicher Zweifel[599] gebunden und damit „relativ" frei[600].

Für die gerichtliche Kontrolle bedeutet dies nach BACHOF und ULE, daß sie nicht genauer sein kann als das Recht selbst. Entscheidungen der Verwaltung,

---

588 Reuß, DÖV 1954, S. 535 (536 f.)
589 Ule in GS für Jellinek, 1955, S. 309 (311 ff.); Bachof, JZ 1955, S. 97 (98, l. Sp.)
590 Ule in GS für Jellinek, 1955, S. 309 (309 f.)
591 Bachof, JZ 1955, S. 97 (101, l. Sp.)
592 Bachof, JZ 1955, S. 97 (100, l. Sp.)
593 Ule in GS für Jellinek, 1955, S. 309 (324)
594 Bachof, JZ 1955, S. 97 (101, r. Sp.); Ule in GS für Jellinek, 1955, S. 309 (325)
595 Ule in GS für Jellinek, 1955, S. 309 (315)
596 Vgl. Ule in GS für Jellinek, 1955, S. 309 (318); Bachof hält auch bei Erfahrungsbegriffen die gerichtliche Kontrolle beschränkende Unsicherheiten für möglich, s. JZ 1955, S. 97 (100)
597 S. Ule in GS für Jellinek, 1955, S. 309 (317)
598 Vgl. die ausführliche Darstellung mit zahlreichen Hinweisen bei Ule in GS für Jellinek, 1955, S. 309 (319 ff.)
599 Bachof, JZ 1955, S. 97 (101, l. Sp.)
600 Ule in GS für Jellinek, 1955, S. 309 (324 f.)

die rechtlich „vertretbar“[601] oder rechtlich nicht weiter „objektivierbar“[602] sind, sind deshalb auch nicht justitiabel, sondern liegen in einem kontrollfreien „Beurteilungsspielraum“.[603]

Die Lehren von BACHOF und ULE haben weite Teile der Literatur stark beeinflußt[604] und sind auch in der Rechtsprechung trotz einer insgesamt zurückhaltenden Rezeption auf Widerhall gestoßen.[605] Gemeinsam ist diesen Auffassungen die Begründung beschränkter gerichtlicher Kontrolle aus den faktischen Grenzen rechtlicher Konkretisierung vager Normprogramme (mangelnde Justitiabilität).

cc. Die dirigierende Kraft des Rechts

Die Schwäche des Ansatzes von der „natürlichen Grenze“ ist, daß er die Auslegung des Rechts kategorisch von der Tatsächlichkeit trennt, auf die die Norm angewendet werden soll. Die Kontrollfreiheit, die er postuliert, wird begründet mit den fehlenden rechtlichen Maßstäben für die gerichtliche Überprüfung. Die Beschreibung der Realität ist bei abstrakt-generellen Normen notwendigerweise ungenau. Es bleibt also immer neben dem rechtlich Erfaßten ein - mehr oder weniger großer - rechtlich nicht exakt beschreibbarer Bereich.

Dazwischen liegt die „natürliche Grenze“. Und diese ist eine strikte. Läge jenseits von ihr noch Recht, müßte dieses von den Gerichten überprüft werden. Die neuere Methodenlehre weist aber darauf hin, daß der Prozeß der Auslegung als Rechtsfindung in einem reziproken Bezug zum zu entscheidenden Sachverhalt steht. Insbesondere ENGISCH hat die Rechtsanwendung zutreffend als „Hin- und Herwandern des Blickes zwischen Obersatz und Lebenssachverhalt“ erkannt.[606] Dadurch entsteht in der Rechtsanwendung eine unauflösliche Gemengelage zwischen dem normativ Gewollten und dem tatsächlich Vorgefundenen.[607] In dieser Vermischung findet zwar eine Verdünnung normativer Bestimmung und Bindung statt, aber keine Begrenzung.[608] Vielmehr gehen Ausle-

---

601 Ule in GS für Jellinek, 1955, S. 309 (326)

602 Bachof, JZ 1955, S. 97 (102, r. Sp.)

603 Bachof, JZ 1955, S. 97 (102)

604 So insbesondere Redeker, DÖV 1971, S. 757 (762); Schenke in BK, Art. 19 Abs. 4, Rn. 335 und Wolff, VerwR I, 1971, § 31 I c 4; s. aber a. die Übersicht bei Greipl, Sachverständigenausschüsse, 1988, S. 88 (Fn. 1)

605 Insbesondere BVerwGE 39, 197 (203) und BVerwGE 72, 300

606 Engisch, Logische Studien, 1963, S. 15, vgl. a. Larenz, Methodenlehre, 1991, S. 281

607 Sendler in FS für Ule, 1987, S. 337; ebenso Redeker/v. Oertzen, VwGO, 1997, § 114 Rn. 16

608 Bereits 1914 beobachtete Heck, daß jeder Begriff einen „sicheren Bedeutungskern“ besitzt, der „von einem allmählich verschwindenden Bedeutungshof umgeben ist“ (Geset-

gung und Subsumtion ineinander über, ohne daß sich im Übergangsfeld ein qualitativer Unterschied zwischen der rein rechtlichen und der am Sachverhalt orientierten Rechtsfindung feststellen ließe.[609] Die Auslegung ist damit der Rationalität und der Logik verpflichtet, sie kann aber nicht auf eine den „formallogischen Gesetzen der Mathematik"[610] vergleichbare, in sich geschlossene Systematik zurückgreifen, die eine eindeutige Grenze aufweist, wie sie der Ansatz von der „natürlichen Grenze" behauptet.

Daß keine „natürliche Grenze" des Rechts existiert, wird insbesondere deutlich bei finalen Normprogrammen.[611] Diese geben - im Unterschied zu konditional aufgebauten Gesetzen - lediglich ein Ziel vor, das zur Umsetzung des Rechts erreicht werden soll, erfordern vom Rechtsanwender eine Normkonkretisierung, die die Verwirklichung dieses Ziels im Hinblick auf den zu entscheidenden Sachverhalt optimiert.[612] Das Recht determiniert nicht die Einzelentscheidung,[613] es dirigiert sie aber.[614] Die Beschränkung der Rechtsfindung auf einen „formallogischen Akt"[615] der Deduzierung vermag dieser Steuerungsvariante des Rechts nicht gerecht zu werden. Sie hängt der Vorstellung des Richters vom „la bouche qui prononce les paroles de la loi"[616] nach.[617]

Deutliches Beispiel für die dirigierende Funktion des Rechts ist das Gebot des § 92 Abs. 1 S. 1 SGB V, nur wirtschaftliche Therapien als Leistungen der GKV anzuerkennen. Wann eine Therapie wirtschaftlich ist, läßt sich auf abstrakt-genereller Ebene kaum näher bestimmen. Zeigen die zur Verfügung stehenden Therapien die gleichen Behandlungserfolge, ist diejenige Therapie wirtschaft-

---

zesauslegung und Interessenjurisprudenz (Ausgabe von R. Dubescher, 1968), S. 107); ähnlich auch Jesch, AöR 82 (1957), S.163 (168 f.)

609 Erichsen, VerwArch 63 (1972), S. 337 (343); Schenke in BK, Art. 19 Abs. 4, Rn. 336 und 344

610 VG Wiesbaden, NJW 1988, S. 356 (358 l. Sp.)

611 Zur Notwendigkeit und Motiven der finalen Steuerung s. Brohm, DÖV 1987, S. 265 (268 r. Sp.) und Bull, VerwR-AT, 2000, Rn. 438

612 Vgl. Gerhardt in Schoch/Schmidt-Aßmann/Pietzner, VwGO, Vorb. § 113 Rn. 19 f.

613 Vgl. Müller, Juristische Methodik, 1997, Rn. 166

614 Brohm, DÖV 1987, S. 265 (266 r. Sp.); Bachof, VVDStRL 34 (1976), S. 107; Ossenbühl DVBl 1974, S. 309 (310, r. Sp.)

615 Schenke in BK, Art. 19 Abs. 4, Rn. 336;

616 So noch die Auffassung Montesquieus (De l'Esprit de Lois, 11. Buch, 6. Kap., S. 171); vgl. hierzu a. Zimmer, Funktion, 1979, S. 189

617 Oder, wie Ossenbühl meint, die „Verwaltung als voll determinierten, rational nachprüfbaren Gesetzesvollzug versteht" (in Erichsen, VerwR-AT, 1998, § 10 III 2 Rn. 27); ähnlich Sendler (in FS für Ule, 1987, S. 337), der den Richter als „Subsumtionsautomat" fehlinterpretiert sieht

lich, die die kostengünstigste ist.[618] Haben die für eine Krankheit zur Verfügung stehenden Therapien aber Vor- und Nachteile, ist eine rein rationale Bestimmung der effektivsten Leistung nicht mehr möglich, mit der Folge, daß sich aus dem Normprogramm des § 92 SGB V keine eindeutige Entscheidung deduzieren läßt. Nach dem Ansatz der „natürlichen Grenze" läge die Auswahl der wirtschaftlichsten Therapie dann immer innerhalb eines kontrollfreien Entscheidungskorridors. Diese Auffassung vermag aber nicht zu überzeugen, weil sie im Ergebnis die rechtliche Pflicht ablehnt, die Kosten einer Therapie auch dann in die Auswahlentscheidung einfließen zu lassen, wenn die Wirksamkeit der Therapien unterschiedlich ist.

b. Die Theorie der einzig richtigen Entscheidung

Nach der Theorie der einzig richtigen Entscheidung determiniert das einschlägige Rechtsprogramm die Rechtsanwendung bis zur konkreten Einzelentscheidung. Bei der Konkretisierung unbestimmter Rechtsbegriffe kann es deshalb keine Wahlmöglichkeit zwischen mehreren rechtlich zulässigen Alternativen geben.[619] Damit stellt sie im Ergebnis eine diametrale Gegenposition zum Ansatz von der natürlichen Grenze dar.[620]

aa. Die vorherbestimmte Einzelentscheidung

Das anzuwendende Normprogramm ist Ausdruck einer vom Gesetzgeber getroffenen abstrakt-generellen Entscheidung, die auf die konkrete Situation anzuwenden ist. Die durch Art. 20 Abs. 3 GG vorgeschriebene Bindung endet nicht bereits dort, wo der Inhalt von Gesetz und Recht zweifelhaft ist, wie beim Ansatz von der „natürlichen Grenze". Die Aufgabe des Rechtsanwenders besteht vielmehr darin, den dem Gesetz innewohnenden Sinn zu einer konkreten Aussage weiterzudenken.[621] M. a. W.: Er muß die im Gesetz vorherbestimmte Einzelentscheidung ermitteln.

Auch die Vertreter dieser Theorie verkennen nicht, daß der notwendig unbestimmte Inhalt einer Norm eine logische Deduktion der konkreten Aussage für

618 Vgl. Oldiges, G+G, 1999, S. 29 (33, l. Sp.)

619 Vgl. Korbmacher, DÖV 1965, S. 696 ff.; Rupp, NJW 1969, S. 1273 und 1278 sowie Müller, DÖV 1969, S. 119 (122)

620 Die Theorie der einzig richtigen Entscheidung wird z. T. auf Argumente gestützt, die nicht deduktiver Art sind (z. B. bei Ossenbühl, DÖV 1972, S. 401 ff.). Auf diese soll an späterer Stelle eingegangen werden (s.u. Kapitel 3:C.III.2.b).

621 Forsthoff, VerwR-AT, 1961, S. 76; Jellinek, Gesetz, Gesetzesanwendung und Zweckmäßigkeitserwägung, 1913, S. 159

den Einzelfall unmöglich macht.[622] Daraus resultiert aber nach ihrer Ansicht keine Grenze der rechtlichen Bindung, jenseits derer der Verwaltung Wahlmöglichkeiten eröffnet werden, die keiner gerichtlichen Prüfung zugänglich sind. Von einer Grenze könne schon deshalb keine Rede sein, weil die sogenannten unbestimmten Rechtsbegriffe nur quantitativ (also im Grad der Unbestimmtheit) und nicht qualitativ (also in der Art der Unbestimmtheit) zweifelhafter seien als die bestimmten Rechtsbegriffe.[623] Es existiere kein Unterschied, sondern nur eine „gleitende Skala der Bestimmtheit“[624]. Ohne eine klare Abgrenzbarkeit von bestimmtem und unbestimmtem Rechtsbegriff fehle es aber nicht nur an einer der Rechtssicherheit genügenden Bestimmung der Kontrolldichte.[625] Es bleibt auch die von dem Ansatz von der „natürlichen Grenze“ unbeantwortete Frage, aus welchen schlüssigen Gründen der Richter bei erhöhtem Schwierigkeitsgrad der Rechtskonkretisierung aufgrund der (u. U. nur wenig) größeren Unbestimmtheit des Normprogramms plötzlich keine Kontrollbefugnis mehr haben soll.[626] Die Befähigung der Gerichte und ihr verfassungsrechtlicher Auftrag die in den Normen liegenden Inhalte - insbesondere deren Wertungen - zu ermitteln,[627] wird aber auch von dem Ansatz der natürlichen Grenze nicht bestritten.[628]

Für die Frage der gerichtlichen Kontrolle kann deshalb nicht entscheidend sein, ob der Rechtsbegriff nur vage formuliert ist und den Anwender möglicherweise vor schwierige Abgrenzungsfragen stellt. Der unbestimmte Rechtsbegriff ist nach der Theorie der einzig richtigen Entscheidung nicht Ausdruck einer gesetzlich „gewollten Entscheidungsalternative“,[629] wie BACHOF wohl meint,[630] sondern Ausdruck der Unmöglichkeit, für eine Vielzahl unterschiedlichster und oftmals unvorhersehbarer Anwendungsfälle abstrakt-generell den gesetzgeberischen Willen genauer zum Ausdruck zu bringen.[631] Tatsächlich folge aus der Unbestimmtheit keine „de facto“ Wahlmöglichkeit[632] des Gesetzesanwenders, wie sie der Ansatz der natürlichen Grenze behaupte. Vielmehr verlange die „re-

---

622 Schenke in BK, Art. 19 Abs. 4 Rn. 336 und 338
623 Schenke in BK, Art. 19 Abs. 4 Rn. 336 m. w. N.
624 Krebs, Kontrolle, 1984, S. 76
625 Schenke in BK, Art. 19 Abs. 4 Rn. 340
626 So Bachof, JZ 1955, S. 97 (101, r. Sp.)
627 Vgl. insbes. Jesch, AöR Bd. 82 (1957), S. 163 (171 f.)
628 Bachof, JZ 1955, S. 97 (98, r. Sp.)
629 Schenke in BK, Art. 19 Abs. 4 Rn. 337
630 Bachof, JZ 1955, S. 97 (99, r. Sp.); ähnlich Erichsen, VerwRArch 63 (1972), S. 337 (342)
631 S. Zimmer, Funktion, 1979, S. 119; zur notwendigen Ungenauigkeit der Sprache s. Erichsen, DVBl 1985, S. 22; ganz abgesehen von den Fällen legislativer Unfähigkeit; s. dazu Kübler, JZ 1969, S. 645 (648 und 651)
632 VG Wiesbaden, NJW 1988, S. 356 (359, l. Sp.)

gulative Idee"[633] des Rechtsstaates, die dem Gesetz immanente Lösung zu finden.[634] Diese Lösung könne nur eine einzige sein (entweder der Gaststättenbetreiber ist zuverlässig oder unzuverlässig[635]), und deshalb könne auch nur diese eine Lösung rechtens sein.

bb. Überanstrengung normativer Potenz

Die Theorie der einzig richtigen Entscheidung vertritt ein rechtsstaatliches Ideal, das nicht erfüllbar ist. Dies zeigt sich insbesondere dort, wo die Rechtsordnung außerrechtliche Erkenntnisse oder Sitten integriert.[636] Gemeint sind Rezeptionsbegriffe wie „Stand der Technik" oder „öffentliche Ordnung"; also pauschale Verweise auf „außerrechtliche Standards".[637] Durch sie wird die Rechtslage abhängig gemacht von einem technisch-naturwissenschaftlichen Erkenntnisstand[638] oder einer empirisch ermittelbaren vorherrschenden Kultur- oder Sittenauffassung. Was Recht ist, bestimmt sich in diesen Fällen somit maßgeblich nach Maßstäben, die weder vom Gesetz- oder sonstigen Normgeber festgelegt wurden, noch von diesem beeinflußt werden. Sie unterliegen ihrer eigenen wissenschaftlichen oder soziologischen „Gesetzmäßigkeit".[639]

Freilich ist es das materielle Recht, das bestimmt, ob, inwieweit und in welcher Weise nicht normative Standards rezipiert werden. Rezipierte Standards als „rechtlich" oder „metarechtlich" zu definieren, ist aber zumindest dann falsch, wenn damit zugleich gesagt werden soll, sie seien Ausdruck einer verbindlichen Regelung und deshalb stets voller gerichtlicher Kontrolle zugänglich.[640] Der Normgeberwille liegt gerade darin, sich einer eigenen Regelung im Sinne einer unmittelbaren Beschreibung wahrnehmbarer Zustände der Außenwelt zu enthalten.

Dies sei wiederum an einem Beispiel verdeutlicht. Nach § 2 Abs. 1 S. 3 SGB V haben Qualität und Wirksamkeit der Leistungen dem allgemein anerkannten Stand der medizinischen Erkenntnisse zu entsprechen. Die Anwendung dieser Norm verlangt mithin die Bewertung der Leistungen nach außerrechtlichen,

---

633 Alexy, JZ 1986, S. 715
634 Schmidt-Salzer, Der Beurteilungsspielraum der Verwaltungsbehörden, 1968, S. 45; Schenke in BK, Art. 19 Abs. 4 Rn. 337
635 Vgl. Ossenbühl, DÖV 1972, S. 401 (402) und Korbmacher, DÖV 1965, S. 696 (698) (mit weiteren Beispielen aus der Rechtsprechung)
636 Vgl. hierzu Erichsen, DVBl. 1985 S. 22 (25)
637 Gerhardt in Schoch/Schmidt-Aßmann/Pietzner, VwGO, § 114 Rn. 65
638 Schulze-Fielitz in Dreier, GG, 1996, Art. 19 IV Rn. 101
639 Zu naturwissenschaftlichen Gesetzen s. Maurer, StaatsR, 1999, § 17 Rn. 4
640 Jesch, AöR 82 (1957), S. 163 (179), m. w. N.

nämlich medizinisch-empirischen Maßstäben. Die Anordnung ist Teil der Norm und folglich sicherlich rechtlich. Der Erkenntnisakt über die Qualität und Wirksamkeit der Leistung wird aber - mit gutem Grund - der Medizin überlassen und damit einer rationalen aber nicht juristischen Logik.[641] Wird zur Konkretisierung ein sachverständiges Gremium wie der Bundesausschuß eingesetzt, überzeugt es nicht, diesem die Letztentscheidungskompetenz zur Einschätzung der Qualität und Wirksamkeit der medizinischen Leistungen zu entziehen, damit das Gericht an seiner Stelle medizinische Fachfragen löst.

Ein ähnliches Problem stellt sich, wo das Recht ethische, politische oder prognostische Fragen aufwirft. Auch hier kann die juristische Wissenschaft und die auf ihr beruhende gerichtliche Entscheidung nur Antworten herausarbeiten, die im Grunde im Recht bereits vorgegeben sind. Nur mit dem Unterschied zum erstgenannten Fall, daß auch andere Wissenschaften eine rationale Lösung dieser Probleme oftmals nicht anbieten können. Es gibt nicht nur keine rechtlichen, sondern gar keine rationalen Maßstäbe, die mit Anspruch auf Intersubjektivität als Entscheidungsgrundlage überzeugend vorgebracht werden könnten. Es bleibt bei unsicheren Vermutungen und persönlichen Meinungen, die von ULE u.a. zutreffend unter der Problematik der „Wertungsbegriffe“ dargestellt wurden.[642]

Macht man sich diese Aufgliederung der Normkonkretisierung nach juristischen (rechtlichen) und außerrechtlichen Maßstäben sowie nach nicht rationalen (subjektiven) Wertungen zu eigen, so zeigt sich:

- Dem rechtsstaatlichen Ideal, nach dem der Bürger nur den normativen Entscheidungen des demokratisch legitimierten Normgebers unterworfen sein soll, wird nur eine Norm gerecht, die alle aufgeworfenen Wertungsfragen entweder selbst determiniert oder zu ihrer Anwendung auf keinerlei Wertungen zurückgreifen muß.[643] Nur in diesem Fall kann der Rechtsanwender sich darauf beschränken, den regulierenden Gesetzgeberwillen mittels der juristischen Logik der Auslegung herauszuarbeiten. Tatsächlich kommt das Gesetz aber aus Sachgründen, aus politischen Zwängen oder aus schlicht regelungstechnischem Unvermögen diesem rechtsstaatlichen Ideal vielfach nicht nach. Dann muß auch der noch so hartnäckige Versuch, den Gesetzeswillen objektiv festzustellen, scheitern. Denn was nicht vorliegt, kann auch nicht gefunden werden.

---

641 Zur Notwendigkeit eines logischen, deduktiven Verfahrens als allgemeine Struktur des juristisch methodischen Denkprozesses s. Jesch, AöR 82 (1957), S. 163 (174 f.)

642 S. o. Kapitel 3:C.I.3.a

643 Letzteres ist allerdings - wie noch gezeigt werden soll - gar nicht möglich, wenn es sich nicht nur um eine Norm im formellen Sinne handeln soll; s. o. Kapitel 3:D.II.2.b

- Bei der Rezeption außerrechtlicher Maßstäbe existiert hingegen ein Gesetzeswille. Doch fordert dieser eine nicht streng juristische Betrachtungsweise.[644] Nicht, daß Erkenntnisse anderer Wissenschaften nicht gerichtlich kontrollierbar wären. Gerade die logische Stringenz, die diese für sich beanspruchen, machen sie mitteilbar und damit justitiabel. Jedoch verwendet der Richter dabei eben nicht die juristische Logik der Methodenlehre, sondern muß sich in die Rationalität anderer Wissenschaften eindenken oder anderweitige Anschauungen (etwa der Öffentlichkeit) akzeptieren. Die Anwendung des verbindlichen Rechts, die - wie zu Recht gesagt wird - die Kontrolldichte bestimmt, ist dann aber kein reines Auslegungsproblem - wie immer wieder behauptet wird.[645]

Durch diese Betrachtungen sollte deutlich geworden sein, daß in der Theorie der einzig richtigen Entscheidung der rechtsstaatliche „regulative" Anspruch und die tatsächlichen Möglichkeiten, durch Auslegungsarbeit die dem Gesetz immanente Einzelfallösung zu finden, auseinanderklaffen. Das Gesetz ist kein „Speicher fertiger Antworten"[646]. Es gibt „keine Gewißheit verbürgende Methode zum Auffinden der einen richtigen Entscheidung".[647] Deshalb ist die Auffassung, dem Gesetz könne durch Auslegung die immanente Einzelentscheidung abgerungen werden, eine „Fiktion".[648] Die rechtsstaatliche Idee der einzig richtigen, weil unmittelbar vom Recht getroffenen Entscheidung, würde letztlich eine unendliche Verlängerung der Gesetzesinhalte führen,[649] was - um mit TETTINGER zu sprechen – eine „rigide Überanstrengung normativer Potenz"[650] bedeutete. Denn dort, wo das Recht Wertungsspielräume offenläßt, die mit Hilfe der Rechtswissenschaft nicht verengt werden können, ist der Anspruch, das Gericht habe grundsätzlich immer die Kompetenz, diese Lücken aufgrund der ei-

644 Vgl. Redeker, DÖV 1971, S. 757 (760, l. Sp.)

645 So Badura in FS für Bachof, 1984, S. 169 (172); Redeker/v. Oertzen, VwGO, 1997, § 114 Rn. 38; Greipl, Sachverständigenausschüsse, 1988, S. 105; so wie hier: Ossenbühl in FS für Redeker, 1993, S. 55 ff.

646 Schmidt-Aßmann in M/D, Art. 19 Abs. IV Rn. 183

647 Alexy, Theorie der juristischen Argumentation, 1978, S. 356

648 Gerhardt in Schoch/Schmidt-Aßmann/Pietzner, VwGO, Vorb. § 113 Rn. 24; Greipl, Sachverständigenausschüsse, 1988, S. 88; Redeker, DÖV 1971, 757 (762, l. Sp.); BVerwGE 39, 197 (203)

649 Krebs, Kontrolle, 1984, S. 100 und ähnlich Redeker/v. Oertzen, VwGO, 1997, § 114 Rn. 16, hiergegen zutreffend Rüthers, Die unbegrenzte Auslegung, 1968

650 Tettinger, Rechtsanwendung und gerichtliche Kontrolle im Wirtschaftsverwaltungsrecht, 1980, S. 359, Fn. 78; s. a. Müller, Juristische Methodik, 1997, Rn. 177 ff.: „Das Problem der Bestimmbarkeit kann nur gelöst werden, wenn man die isolierte Fixierung auf den Text aufgibt (Rn. 180)

genen Auffassung zu füllen, Anmaßung und dort, wo offensichtlich außerrechtliche Maßstäbe angewandt werden sollen, rechtswidrig.
cc. „Judicial self-restraint"

Dem Umstand, daß eine Norm ihre Anwendung im Einzelfall nicht determinieren kann, wird zum Teil versucht gerecht zu werden, indem die Gerichte zur Zurückhaltung nach „Taktgefühl"[651] oder - was der Sache gleich kommt[652] - nach Maßgabe eines „judicial self-restraint"[653] ermahnt werden. Den Gerichten wird nach diesem Ansatz zwar ein volles Prüfungsrecht zugestanden,[654] die Verwerfung und Ersetzung der Entscheidungen des staatlichen Hoheitsträgers sollen aber in zweifelhaften Einzelfällen restriktiv gehandhabt werden. Der Unterschied zu dem skizzierten Ansatz von der natürlichen Grenze ist deshalb oftmals nur theoretischer Natur. Während dieser den Gerichten eine Kontrolle jenseits des durch Auslegung ermittelten Gesetzesinhalts untersagt, formulieren die Anhänger des „judicial self-restraint" – wenn man so will – vorsichtiger: Das Gericht *sollte* sich der Grenzen seiner Erkenntnismöglichkeiten bewußt sein und gesetzlich Unbestimmtes nicht zu rechtlich Eindeutigem erklären.

Angesichts der Kritik zum Ansatz der natürlichen Grenze kann der Aufforderung zum „judicial self-restraint" sicherlich eher zugestimmt werden. Und erst die folgenden Ausführungen werden zeigen, ob es eindeutigere, das „Taktgefühl" des einzelnen Gerichts weniger bemühende Maßstäbe für die Bestimmung der Kontrolldichte gibt. Allerdings ist fraglich, ob den Gerichten die Kompetenz zur Bestimmung des Umfangs der eigenen Kontrollunktion (Kompetenz-Kompetenz) zukommt,[655] weil sich dies mit der Theorie der normativen Ermächtigungslehre[656] nur schwer in Einklang bringen ließe.[657]

---

651 S. Rupp, Grundfragen, 1991, S. 220

652 Vgl. Redeker/v. Oertzen, VwGO, 1997, § 114 Rn. 16

653 Achterberg, VerwR-AT, 1988, § 18 Rn. 41; Czermak, NJW 1961, S. 1906; Hoppe, DVBl 1975, S. 684 (692 f.); Ipsen, AöR 107 (1982), S. 259 (292); Schenke in BK, Art. 19 Abs. 4 Rn. 342; Ule in GS für Jellinek, 1955, S. 330; Wagner, NJW 1980, S. 667

654 Der Ansatz des Judicial self-restraint betont zu recht, daß die gerichtliche Kontrolle sich an der Erstinterpretation des Hoheitsträgers orientieren sollte. Nachvollziehende Kontrolle ist aber nicht gleichbedeutend mit eingeschränkter Kontrolle (vgl. Gerhardt in Schoch/Schmidt-Aßmann/Pietzner, VwGO, Vorb. § 113 Rn. 19)

655 Die angeblich unstrittige Kompetenz-Kompetenz der Gerichte (so Beckmann, DÖV 1986, S. 505 (508, l. Sp.) ist wohl richtiger als Teil seiner Auslegungskompetenz zu verstehen. Diese kommt somit nur dann zum tragen, wenn die gesetzliche Bestimmung der Kontrolldichtekompetenz unklar und damit der Auslegung zugänglich und bedürftig ist.

656 S. o. zur normativen Ermächtigungslehre Kapitel 3:B.II

657 Ebenso Redeker/v. Oertzen, VwGO, 1997, § 114 Rn. 16; Beckmann, DÖV 1986, S. 505 (508); Deppe, Die verwaltungsgerichtliche Kontrolldichte der atomrechtlichen Genehmigung, 1981, S. 128; Wolff/Bachof/Stober, VerwR I, 1994, § 31 I c

Vor einem grundsätzlichen, dem „judicial self-restraint" naheliegenden Mißverständnis ist jedoch zu warnen. Verweist ein Gesetz über Rezeptionsbegriffe auf außerrechtliche Maßstäbe, gebietet es nicht nur eine gewisse Hochachtung etwa vor dem Sachverstand Dritter, sondern entzieht die nähere Konkretisierung des Normprogramms einer streng juristischen Betrachtungsweise.

c. Zwischenergebnis

Weder der Ansatz von der „natürlichen Grenze" noch die Theorie der einzig richtigen Entscheidung vermögen zu überzeugen. Doch die Erörterungen haben gezeigt, daß bestimmte Grundaussagen zutreffend sind. Dem Ansatz von der natürlichen Grenze ist - trotz der grundsätzlichen Kritik - insoweit zuzustimmen, daß rechtliche Maßstabsbildung an eine Grenze stößt. Die Bedeutung der rechtlichen Regelung läßt sich mit den Mitteln der juristischen Auslegung zwar konkretisieren, in einer Vielzahl von Fällen reicht diese Konkretisierung aber nicht so weit, daß sich ein zweifelloser Sinngehalt der Regelung für den zu entscheidenden Einzelfall ableiten läßt. Und in anderen Fällen rezipiert das Gesetz außerrechtliche Maßstäbe oder enthält offene Wertungsbegriffe, die vom Rechtsanwender mehr als streng juristische Auslegungs- und Subsumtionsarbeit erfordern. Allerdings- und in soweit verfolgt die Theorie der einzig richtigen Entscheidung einen richtigen Ansatz – verfolgt das Recht eine regulative Idee, die von den Gerichten verlangt, ihre Möglichkeiten rechtlicher und tatsächlicher Erkenntnisse auszuschöpfen.

4. Die Kontrolldichte als Kompetenzproblem

Der Grund für die fehlende Stringenz des Ansatzes von der „natürlichen Grenze" und der Theorie der einzig richtigen Entscheidung liegt tiefer als die bisher dargestellten einzelnen Kritikpunkte haben zeigen können. Bereits ihre gemeinsame Basis, das deduktive Modell, enthält ein unauflösliches Spannungsverhältnis[658] - ein rechtsstaatlich-methodentheoretisches Dilemma.

a. Das rechtsstaatlich-methodentheoretische Spannungsverhältnis

Der Ansatz von der natürlichen Grenze baut sein Kontrolldichte-Modell auf die Rationalität der Auslegungsmethodik, weil nur diese eine wertungsfreie und damit intersubjektive Kontrolle am alleinig maßgeblichen Recht garantiere. In folgerichtiger Konsequenz aus dieser Prämisse gelangt er zu einer begrifflich-rationalen - wenn auch im einzelnen unterschiedlichen - Grenze der Rechtskon-

---

[658] Vgl. zur grundsätzlichen Kritik insbesondere: Schmidt-Salzer, Der Beurteilungsspielraum der Verwaltungsbehörden, 1968, S. 46

trolle, weil die juristische Dogmatik keine formallogisch eindeutigen und damit unzweifelhaften Einzelfallösungen aus dem einschlägigen Normprogramm ableiten kann. Wertungen und andere Unsicherheiten der Rechtsauslegung - so sein Ergebnis - sind deshalb immer von den Vollzugsorganen letztverbindlich zu entscheiden.[659]

Hingegen betont die Theorie der einzig richtigen Entscheidung die notwendige Funktion des Rechts, Streitfälle einer eindeutigen und dem Recht entsprechenden Entscheidung zuzuführen. Die regulative Idee, nach der die Rechtsanwendung die Fortsetzung des demokratisch legitimierten Normgeberwillens in die konkrete Entscheidung darstellt, erlaube keine abseits dieser Bindung liegenden Wahlmöglichkeiten. Die absolute rechtliche Gebundenheit des staatlichen Handelns kann dann folgerichtig nur dessen volle gerichtliche Kontrolle anhand des Maßstabs des Rechts bedeuten, also die Monopolisierung der Konkretisierungskompetenz beim Richter.[660]

Die auseinanderlaufenden Argumentationen der beiden Modelle mit dem Ergebnis konträrer Kontrolldichtebestimmungen sind auf den ersten Blick erstaunlich, da sie auf der gemeinsamen Prämisse aufbauen, daß das Verbot der eigenen Maßstabsbildung die Bestimmung der Kontrolldichte zu einem hermeneutischen Problem macht. Tatsächlich handelt es sich um die Betrachtung des gleichen Problems aus zwei unterschiedlichen Blickrichtungen. Der deduktive Ansatz kann den eigenen Anspruch, das Normprogramm durch logische Operationen der Auslegung in eine eindeutige Einzelentscheidung zu überführen, nicht einlösen. Entweder es gibt keine eindeutige Bestimmung der Einzelentscheidung durch das Recht (so der Ansatz der natürlichen Grenze) oder es gibt sie (so die Theorie der einzig richtigen Entscheidung), aber sie kann nicht allein durch die juristische Logik, dem Garanten für Intersubjektivität und damit von Akzeptanz und Rechtmäßigkeit, gefunden werden.
Es sind deshalb nicht die den beiden Ausprägungen des deduktiven Modells zugrundeliegenden Erkenntnisse, daß Recht, um Recht zu bleiben, eine eindeutige Lösung seiner Anwendung bereitstellen muß (regulative Idee), und auch nicht, daß die notwendige sprachliche Ungenauigkeit abstrakt genereller Regelungen sowie die Irrationalität von Wertungen und der Unsicherheit von Erkenntnissen eine aus dem Normprogramm logisch deduzierbare Einzelfallösung unmöglich macht. Vielmehr liegt der eigentliche Grund für das Scheitern der Ansätze bereits in ihrer gemeinsamen Prämisse, der Steuerung der Kontrolldich-

---

659 So explizit Schmidt, Gesetzesvollziehung, 1969, S. 143
660 So die zutreffende Analyse von Rupp, Grundfragen, 1991, S. 58

te durch das materielle Recht und der damit verbundenen Fixierung auf das Begriffliche als Material für die Bestimmung der Kontrolldichte.[661]

b. Die Letztentscheidungskompetenz

Die Grundauffassung des deduktiven Modells, die Kontrolldichte sei rein hermeneutisch zu bestimmen, ist deshalb zugunsten eines grundlegend anderen Ansatzes aufzugeben. Das Recht löst den eigenen regulativen Anspruch, also das Problem der Produktion eindeutiger Entscheidungen, kompetentiell. Anstelle der oftmals nicht existierenden unzweifelhaft richtigen Entscheidung tritt die vom Recht mit dem Anspruch auf Richtigkeit ausgestattete Entscheidung des zur Letztentscheidung Befugten.[662] In dieser Sicht wird die Frage der Letztentscheidungskompetenz zur entscheidenden Frage für die Kontrolldichte.[663] Die Letztentscheidungskompetenz liegt dabei im öffentlichen Recht nicht selbstverständlich bei den Gerichten. Denn anders als im Zivil- und Strafrecht geht der gerichtlichen Kontrolle regelmäßig eine Erstentscheidung der Verwaltung voraus. Ihre Sachnähe und -kompetenz sowie ihre idealiter bestehende Unabhängigkeit läßt eine Übertragung der Letztentscheidungskompetenz auf die Verwaltung zuweilen möglich, ja geboten erscheinen.[664]

Deshalb muß jede öffentlich-rechtliche Norm den unterschiedlichen und deshalb kategorisch zu trennenden Perspektiven der Handlung und der Kontrolle gerecht werden.[665] Sie muß - zumindest im Grundsatz - neben ihrer materiellen Bestimmung über das „wie" eine gesonderte Kompetenzbestimmung enthalten, die regelt, „wer" über das „wie" letztverbindlich zu entscheiden hat. Dabei können selbstverständlich auch trennbare Einzelaspekte (wie die Konkretisierung einzelner Tatbestandsmerkmale) der Verwaltung zur Letztentscheidung übertragen werden.

Das Gericht muß sich somit jeweils zur Bestimmung der Kontrolldichte fragen, ob und inwieweit es zur Letztentscheidung befugt ist. Daß diese Prüfung bei exekutiven Maßnahmen, die subjektive Rechte betreffen, in der Regel unproblematisch zu einem „ja" führt, liegt an Art. 19 Abs. 4 S. 1 GG. Das in dieser Vorschrift enthaltene Prinzip der vollumfänglichen gerichtlichen Kontrolle, weist nicht nur eindeutige Rechts- und Tatsachenfragen in die Letztentscheidungszuständigkeit der Gerichte. Darüber hinaus fordert es für die ausnahmsweise

661 S. auch Müller, Juristische Methodik, 1997, Rn. 180 und Ossenbühl in Erichsen, VerwR-AT, 1998, § 10 III 2 Rn. 28

662 So auch Wahl, VVDStRL 41 (1983), S. 151 (176)

663 So insbesondere: Ossenbühl, DÖV 1972, S. 401 (403)

664 Vgl. Beckmann, DÖV 1986, S. 505 (511, l. Sp.) m. w. Nachw.

665 Schmidt-Aßmann in M/D, Art. 19 Abs. IV Rn. 180 f.

Übertragung der Letztentscheidungskompetenz auf die Verwaltung eine zumindest konkludente Entscheidung des Gesetzes. Die normative Ermächtigungslehre ist somit als Befugnis des Gesetzgebers zu verstehen, die Letztentscheidungskompetenz in Zweifelsfällen auf einen exekutiven Hoheitsträger zu übertragen.[666]

Hier liegt der wesentliche Unterschied des kompetenziellen Ansatzes zum deduktiven Modell. Rechtliche Unbestimmtheit führt weder aus sich heraus bereits zu einer Beschränkung der gerichtlichen Kontrolle - wie dies der Ansatz von der natürlichen Grenze behauptet - noch erfordert die regulative Idee immer die volle gerichtliche Kontrolle. Er eröffnet aber die Befugnis für den Gesetzgeber, eine hoheitliche Entscheidung von der gerichtlichen Kontrolle teilweise freizustellen.

II. Die Ableitung der Kontrolldichte aus der Rechtsform (die formal-normative Theorie)

Das BSG – so wurde eingangs des Kapitels berichtet – leitet den Gestaltungs- und Beurteilungsspielraum des Bundesausschusses im wesentlichen aus dem Rechtsnormcharakter der Richtlinien ab. Die dem zugrundeliegende Theorie – nennen wir sie formal-normative – soll nun näher erörtert werden.

1. Die unterschiedliche Bindungswirkung von Verwaltungsvorschriften und untergesetzlichen Außenrechtsnormen

Die abstrakt-generellen untergesetzlichen Regelungen des öffentlichen Rechts gliedern sich in Verwaltungsvorschriften[667] und untergesetzliche Außenrechtsnormen.[668] Erstere binden allein den Verwaltungsträger (Innenwirkung) und letztere darüber hinaus auch weitere Entscheidungsträger der Exekutve und die

---

666 So auch Schmidt-Aßmann in M/D, Art. 19 Abs. IV Rn. 184

667 S. Badura in FS für Bachof, 1984, S. 169 (187)

668 Dieser Aufgliederung wird dabei gemäß der Tradition der deutschen Staatsrechtslehre (vgl. zu anderen Normdefinitionen, Axer, Normsetzung, 2000, S. 35 f.) der folgende Normbegriff zugrunde gelegt: Norm ist jede abstrakt-generelle Regelung mit Außenwirkung (vgl. Erichsen in Erichsen, VerwR-AT, 1998, § 12 Rn. 41 ff.; Herzog in M/D, Art. 19 Abs. 1 Rn. 28 f.; Maurer, VerwR-AT, 1999, § 4 Rn. 3). Auf die vielfach vertretene Ansicht, daß auch Verwaltungsvorschriften als Normen zu qualifizieren sind, ist in diesem Zusammenhang nicht einzugehen, da auch nach dieser Auffassung Verwaltungsvorschriften nur Normen im „rechtstheoretischen Sinne“ sind, weil ihnen keine Außenwirkung zukommt (vgl. hier Axer, Normsetzung, 2000, S. 43 ff. m. w. N.).

betroffenen Bürger (Außenwirkung).[669] Nach dem formal-normativen Ansatz trifft diese Unterscheidung unmittelbar eine Aussage für die gerichtliche Kontrolldichte. Eine Verwaltungsvorschrift bindet das Gericht (abseits der durch Art. 3 Abs. 1 GG vermittelten Bindungswirkung) nicht. Der betroffene Bürger kann dann eine Rechtslage erstreiten, die von der durch die Verwaltungsvorschrift getroffenen Regelung abweicht. Hingegen sind untergesetzliche Außenrechtsnormen für die Gerichte – soweit rechtmäßig erlassen – verbindlich.

2. Ableitung der Kontrolldichte aus der Bindungswirkung

Eine gesetzliche Ermächtigung zur untergesetzlichen Normgebung ist aus dieser Sicht vor allem dies: die Berechtigung zu gerichtsfesten Entscheidungen innerhalb der gesetzlichen und verfassungsrechtlichen Grenzen. Oder anders gesagt: die Übertragung der Letztentscheidungskompetenz zur abstrakt-generellen Konkretisierung der gesetzlichen Normsetzungsbefugnis.[670] Die Dichte der gerichtlichen Prüfung abstrakt-genereller Regelungen leitet sich damit aus deren Einordnung als untergesetzliche Rechtsnorm oder Verwaltungsvorschrift ab.

3. Kontrolldichte und die demokratische Legitimation des untergesetzlichen Normgebers

Die formal-normative Theorie wird durch die folgenden Überlegungen untermauert: Die Verfassung stellt an die untergesetzlichen Normgeber besondere Anforderungen. Der Satzungsgeber muß von den durch die Satzung Betroffenen ausreichend demokratisch legitimiert sein. Die Betroffenheit i. S. d. Art. 20 Abs. 2 GG resultiert aus der Veränderung der Rechtslage durch die Satzung. Eine Kompetenz der Gerichte, die Satzung voll inhaltlich zu prüfen und bei abweichender Auffassung für unwirksam zu erklären, bedeutete hingegen, die vom Gericht zu eruierende Rechtslage existierte unabhängig von den Satzungsbestimmungen. Erst wenn der Satzungsgeber berechtigt ist, Recht zu setzen und damit innerhalb der Grenzen der Ermächtigung und im Zuge des gesetzlichen Verfahrens letztverbindliche Entscheidungen zu treffen, macht die Anforderung der demokratischen Legitimation Sinn.

---

[669] Die Trennung von Außen- und Innenwirkung entstammt der sog. Impermeabilitätstheorie und wird zu recht kritisch hinterfragt (vgl. insbes. Lerche in M/D, Art. 84 Rn. 95; Axer, Normsetzung, 2000, S. 43 ff. m. w. N.). Soweit aus ihr aber keine (teilweise) Rechtsfreiheit im staatlichen Innenbereich abgeleitet wird, erweist sie sich - gerade auch im Hinblick auf das Thema der Kontrolldichte - als sinnvoll (s. Maurer, VerwR- AT, 1999, § 3 Rn. 5 und Forsthoff, VerwR-AT, 1961, S. 132 ff.).

[670] Im Ergebnis ebenso: Schenke in BK, Art. 19 Abs. 4 Rn. 377 (m. w. N.)

Ähnliches gilt für den Verordnungsgeber. Seine demokratische Legitimation erfolgt über die Programmierung seiner Regelungen durch eine inhaltlich hinreichend bestimmte gesetzliche Ermächtigung. Der Gesetzgeber ist durch Art. 80 Abs. 1 GG befugt, ihm zustehende Regelungsaufgaben auf den (Sub-) Delegatar zu übertragen und sich dadurch normativer Feinregelungen zu entledigen. Indem der Verordnungsgeber seine Regelung an Stelle des Gesetzgebers trifft, „wandert“ durch die Übertragung der dem Gesetzgeber zustehende Gestaltungs- und Beurteilungsspielraum[671] gleichsam mit.[672] Der Gesetzgeber muß aber sicherstellen, daß dieser „mitgewanderte“ Spielraum nur unwesentliche Entscheidungen zuläßt (Wesentlichkeitsgebot), die von einem Entscheidungsträger getroffen werden, der der Verwaltung zugehört, weshalb für seine Beschlüsse eine Richtigkeitsvermutung spricht.[673] Der Verordnungsgeber ist somit aufgrund seiner nur abgeleiteten demokratischen Legitimation in stärkerem Maße dem Willen des Gesetzgebers verpflichtet.[674] Wobei Wesentlichkeitsgebot und Anforderungen an die Zusammensetzung des Delegatars funktionell das Gleiche leisten wie das Erfordernis demokratischer Wahl des Satzungsgebers: nämlich die Kontrolle von Rechtssetzung durch den Souverän, das Volk.

Diese Überlegungen weisen auf einen inneren Zusammenhang zwischen demokratischer Legitimation und eingeschränkter Kontrolldichte hin. Satzungs- und Verordnungsgeber haben nur, weil - und nur soweit - sie demokratisch ausreichend legitimiert sind, einen die gerichtliche Kontrolle beschränkenden Gestaltungs- und Beurteilungsspielraum. Hier liegt der kategorische Unterschied zwischen Rechtsetzung und Rechtskontrolle begründet. Das Recht setzt die Maßstäbe, anhand derer die Gerichte überprüfen. Aus der Zuordnung des untergesetzlichen Rechtsnormgebers zur Legislative zieht deshalb das formal-normative Modell - insoweit folgerichtig - den Schluß eines Gestaltungs- und Beurteilungsspielraums für den Normgeber korrespondierend zu seiner demokratischen Legitimation. Diese Konnexität der demokratischen Legitimation des Normgebers mit einer eingeschränkten gerichtlichen Kontrolle seiner Regelungen ist der materiale Kern der formal-normativen Theorie, der für die weiteren Überlegungen von entscheidender Bedeutung sein wird.

---

671 Vgl. Schenke in BK, Art. 19 Abs. 4 Rn. 379; Badura in FS für Bachof, 1984, S. 169 (184); BVerfGE 3, 58 (135 f.); BVerfGE 7, 308 (315)

672 S. Schenke in BK, Art. 19 Abs. 4 Rn. 375

673 S. o. Kapitel 2:C.IV.4 und Kapitel 3:D.I.1

674 S. statt vieler: Schmidt-Aßmann in M/D, Art. 19 Abs. IV Rn. 217 und Maunz in M/D, Art. 80 Rn. 14 ff.

4. Die beschränkte Aussagekraft der formal-normativen Theorie

Die formal-normative Theorie bietet eine schlüssige Begründung für den Gestaltungs- und Beurteilungsspielraum des demokratisch ausreichend legitimierten untergesetzlichen Normgebers. Hat der Gesetzgeber in verfassungsrechtlich zulässiger Weise diesen zum Erlaß abstrakt-genereller Regelungen ermächtigt, liefe es dieser Kompetenzzuweisung zuwider, die Gerichte an Stelle des demokratisch legitimierten und gesetzlich beauftragten Entscheidungsträgers bestimmen zu lassen. In diesen Fällen ist es deshalb gerechtfertigt, die Rechtsnormen allein auf ihre Übereinstimmung mit den gesetzlichen inhaltlichen Vorgaben sowie den verfahrensrechtlichen Anforderungen zu überprüfen.

a. Austausch der Formen als Aushöhlung der gerichtlichen Kontrolle?

Der innere Zusammenhang zwischen beschränkter gerichtlicher Kontrolle der untergesetzlichen Rechtsnorm und der demokratischen Legitimation des Normgebers gibt zugleich eine Antwort auf die Problematik der „Austauschbarkeit der Formen". Ein und dieselbe Norm kann zuweilen durch Verwaltungsakt oder Rechtsnorm konkretisiert werden. Es könne aber nicht sein, so wird verschiedentlich vertreten,[675] daß durch die Wahl der Rechtsform die gleichen rechtlichen Interessen unterschiedlich geschützt seien, weil das staatliche Handeln in Form eines VA voll und im Falle eines Rechtsnormerlasses nur beschränkt gerichtlich zu überprüfen sei. Andernfalls könne der Normgeber durch die Wahl der Eingriffsform den Rechtsschutz manipulieren.[676] Deshalb müsse etwa der Begriff „Gefahr" immer der gleichen - nämlich unbeschränkten - Kontrolldichte unterliegen, egal ob eine Polizeiverfügung oder eine -verordnung zu überprüfen sei.[677]

Diese Auffassung trifft aber nicht zu. Das Problem der „Austauschbarkeit der Formen" tritt überhaupt nur bei einer begriffsorientierten Bestimmung der Kontrolldichte auf, die oben aus den im einzelnen dargelegten Gründen abgelehnt wurde.[678] Es ist nicht die Verwendung des Begriffs „Gefahr" mit welcher der Gesetzgeber die Kontrolldichte festlegt. Die beschränkte Kontrolldichte gegenüber einer Polizeiverordnung ist vielmehr Ausdruck eines durch die gesetzgeberische Ermächtigung übertragenen Beurteilungsspielraumes des demokratisch

---

675 S. Bachof, Aussprachebeitrag in VVDStRL 34 (1976) S. 280 ff.

676 Diese Auffassung geht auf Forsthoff zurück, wenngleich seine Annahme, daß Rechtsnormen überhaupt keiner gerichtlichen Kontrolle unterliegen (vgl. a. BVerfGE 24, 367 (401), spätestens durch die VwGO und die Möglichkeit einer Inzidentkontrolle der Normen überholt ist; vgl. zutreffend Bettermann, AöR 96 (1971) S. 528 (535)

677 So Schenke in BK, Art. 19 Abs. 4 Rn. 382

678 S. o. Kapitel 3:C.I.4

legitimierten Verordnungsgebers.[679] Und nur wenn der Ermächtigte, im Willen von dieser kompetentiellen Befugnis Gebrauch zu machen, die Norm konkretisiert - sprich: wenn er eine Rechtsverordnung erläßt -, nimmt er den ihm übertragenen Entscheidungsspielraum auch wahr. Daß er sich dessen u. U. auch enthalten kann, indem er lediglich durch Verwaltungsakt entscheidet oder entscheiden läßt, macht dabei keinen Unterschied.

b. Die Problematik der Konnexität von demokratischer Legitimation und Kontrolldichte

Die Konnexität von demokratischer Legitimation und Entscheidungsspielraum des Normgebers, der Schlüsselstein in der Argumentation des formal-normativen Modells, wirft aber eine andere Frage auf: Muß die Kontrolldichte dann nicht dem Maß der demokratischen Legitimation entsprechen? Diese Frage ist in einigen Bereichen bereits bejaht worden. So wird etwa der parlamentarisch legitimierten Rechtsverordnung (Zustimmungsverordnung) eine stärkere Bindungswirkung zugesprochen und damit eine verminderte gerichtliche Kontrolldichte.[680] Auch bei pluralistisch besetzten Gremien - auf die noch näher einzugehen sein wird - sind es die demokratischen Elemente bei ihrer Besetzung, die einen partiellen Beurteilungsspielraum ihrer Entscheidungen rechtfertigen.[681]

Beide Beispiele haben eines gemeinsam: die gerichtliche Kontrolldichte entspricht nicht dem, was die Rechtsnatur der Regelung gemäß des formal-normativen Modells eigentlich gebieten würde. Rechtsverordnungen werden wie Gesetze überprüft und (normkonkretisierende) Verwaltungsvorschriften der pluralistisch besetzten Gremien wie Rechtsnormen. Dies muß wohl als deutlicher Hinweis gelten, daß Verwaltungsvorschriften nicht immer der vollen gerichtlichen Kontrolle unterliegen und auch für Rechtsverordnungen unterschiedliche Kontrolldichten gelten. Offenbar - hierauf soll an anderer Stelle noch ausführlich eingegangen werden[682] - ist zwar der Ansatz einer Konnexität zwischen demokratischer Legitimation des Entscheidungsträgers und der gerichtlichen Kontrolle seiner abstrakt-genereller Regelung zutreffend. Doch die Schlußfolgerung der formal-normativen Theorie, die Kontrolldichte richte sich immer nach der formalen Rechtsnatur der Regelung, erscheint vorschnell.

---

[679] Das Problem der „Austauschbarkeit" wird deshalb nur virulent, wenn eine solche Ermächtigung nicht vorliegt (und die Exekutive abstrakt generelle Regelungen nur durch Verwaltungsvorschrift erlassen kann)

[680] S. v. Danwitz, Die Gestaltungsfreiheit des Verordnungsgebers, 1989, S. 71

[681] S. o. Kapitel 3:E.II.3

[682] S. Kapitel 3:D.II.2

c. Die formal-normative Theorie und die klassischen Typen untergesetzlicher Rechtssetzung

Bedeutet dies, daß die Gerichte zur Bestimmung der gebotenen Kontrolldichte immer zunächst das Maß der demokratische Legitimation des Normgebers feststellen müssen? In aller Regel nicht. Die untergesetzlichen Rechtsnormen in den von der Verfassung vorgesehenen „klassischen“ Formen[683] stellen Typen dar, deren Anforderungen darauf zugeschnitten sind, den Normgeber insoweit zu legitimieren, daß sich die Frage erübrigt, ob bestimmte Konkretisierungen an dessen Stelle vom Gericht vorzunehmen sind.[684] Erinnern wir uns: Es geht bei der Kontrolldichte um die gesetzlich zugewiesene Kompetenz zur Letztentscheidung. Nunmehr läßt sich sagen, daß der Gesetzgeber, indem er sich der klassischen Formen von Rechtsverordnung und Satzung bedient, auf einen verfassungsrechtlich vorgeprägten Normtypus zurückgreift, der die Letztentscheidung innerhalb der Grenzen der Ermächtigung in die Hände des untergesetzlichen Normgebers legt. Durch die Ermächtigung zur untergesetzlichen Rechtsnorm trifft er konkludent eine Kompetenzentscheidung zugunsten eines Entscheidungsspielraumes für den Normgeber und damit einer beschränkten Kontrolle durch die Gerichte.[685] Die inhaltliche Kontrolle beschränkt sich dann auf die Verfassungsmäßigkeit der Ermächtigung und die Plausibilität der abstrakt-generellen Regelungen. Nur eine Konkretisierung der Ermächtigung durch die untergesetzliche Rechtsnorm, die die gesetzlichen und verfassungsrechtlichen Zielsetzungen grob mißachtet, ist gerichtlich zu beanstanden.

d. Keine Aussagekraft bei atypischen Regelungsformen

Gerade die Ausführungen zum Bundesausschuß haben aber gezeigt, daß die spezielle Situation des zu regelnden Sachgebietes abstrakt-generelle Regelungen erfordern können, die wegen der Besonderheit des Entscheidungsgremiums eine Einordnung unter die klassischen untergesetzlichen Rechtsnormen ebensowenig zuläßt wie die unter die Verwaltungsvorschriften.[686] Der Bundesausschuß ist vom Gesetzgeber dazu berufen, die Leistungsansprüche innerhalb der GKV auch für die Versicherten verbindlich zu konkretisieren. Die Verfassungsmäßigkeit dieser Ermächtigung macht die Richtlinien zwar zu Rechtsnormen, sie trifft aber noch keine Aussage darüber, ob damit jede Konkretisierung (bis zur Willkürgrenze) auch gerichtsfest ist. Dafür bedürfte es einer zumindest konkludenten

683 Vgl. hierzu Kapitel 2:C.II
684 Vgl. Gerhardt in Schoch/Schmidt-Aßmann/Pietzner, VwGO, Vorb. § 113 Rn. 31
685 So auch Schmidt-Aßmann in M/D, Art. 19 Abs. IV Rn. 217
686 Andere Gebiete s. Badura FS für Bachof, 1984, S. 169 (173 f.)

Kompetenzbestimmung,[687] die für atypische Formen der abstrakt-generellen Regelung nicht ohne weiteres angenommen werden kann.

Soweit die formal-normative Theorie diese aus der Rechtsnatur der Regelung ableitet, argumentiert sie zirkulär. Denn genauso gut könnte die Rechtsnatur aus der Kontrolldichte abgeleitet werden. Soweit die Gerichte nämlich zur inhaltlichen Kontrolle und zur Korrektur der Richtlinien befugt sind, stellt der Bundesausschuß die Rechtslage nicht letztverbindlich und damit nicht normativ fest.[688] Anders gesagt: Eine Normsetzungsbefugnis reicht immer nur so weit wie der Gestaltungs- und Beurteilungsspielraum des Normgebers. Soweit die Gerichte befugt sind, ihre eigene Entscheidung an die Stelle des Bundesausschusses zu setzen, wird der Leistungsanspruch der Versicherten letztlich von diesen konkretisiert. Die Richtlinien hätten insoweit allenfalls eine Bindungswirkung, die auf die Vertragsärzte und Krankenkassen beschränkt bliebe. Stehen Kontrolldichte und Entscheidungsspielraum somit in einem reziproken Verhältnis,[689] so kann nicht das Erste aus dem Zweiten abgeleitet werden, weil im Grunde mit beiden Begriffen das gleiche gesagt wird, - nämlich, wem die Letztentscheidungskompetenz zusteht.

Wenn die formal-normative Theorie aber behauptet, jeder Ermächtigung zum Erlaß einer Rechtsnorm wohne ein nur durch die Willkürgrenze beschränkter Entscheidungsspielraum inne, bleibt sie die Begründung schuldig, warum dies auch in den Fällen zutreffen soll, in denen sich der Gesetzgeber atypischer Rechtsformen bedient, die keineswegs eindeutig angeben, inwieweit dem Entscheidungsträger die Letztentscheidungskompetenz zustehen soll. Jedenfalls kann es nicht als undenkbar ausgeschlossen werden, daß mit der atypischen Regelungsform auch die Aufteilung der Letztentscheidungskompetenz zwischen der Exekutive und der Judikative atypisch erfolgt und deshalb nicht der für die klassischen untergesetzlichen Rechtsnormen angenommen Aufteilung entspricht.[690]

Das formal-normative Modell ist für diese Zwischentöne taub. Indem der Ausgangspunkt seiner Kontrolldichtebestimmung das Entweder - Oder von Rechtsnorm oder Verwaltungsvorschrift ist, kennt es auch nur zwei Arten gerichtlicher Kontrolldichte für untergesetzliche Rechtsnormen: die Plausibilitätskontrolle oder die gerichtliche Vollkontrolle. Ein vollständiges Bild der gebotenen Kon-

---

[687] Vgl. Schulze-Fielitz in Dreier, GG, 1996, Art. 19 IV Rn. 92; Ossenbühl in Erichsen, VerwR-AT, 1998, § 10 III 3 Rn. 33

[688] Maurer, VerwR-AT, 1999, § 24 Rn. 20 und 29

[689] So Ossenbühl in HBStR III, 1996, § 64 Rn. 79

[690] So auch Brohm, DÖV 1987, S. 265 (268, r. Sp.)

trolldichte untergesetzlicher Rechtsnormen verlangt nach einer Theorie, die in der Lage ist, auch diesem Zwischenbereich, der sich einer eindeutigen Einordnung entzieht, einen schlüssigen Ansatz für den Umfang gerichtlicher Kontrolle zu geben. Der Versuch einer Erhellung dieses problematischen Zwischenbereichs tut gut daran, sich auf die Wurzeln der Kontrolldichte zu besinnen: nämlich auf die Bestimmung der verfassungsrechtlichen Funktion der Justiz und die Ausgestaltungsmöglichkeiten des Gesetzgebers.

III. Die Bestimmung der Kontrolldichte aus der Verfassung (das funktionale Modell)

Welche verfassungsrechtlichen Grenzen bestehen für den Gesetzgeber bei der Bestimmung der Kontrolldichte? Diese bereits im ersten Abschnitt dieses Kapitels aufgeworfene Frage wurde von den bisher dargestellten Bestimmungsmodellen nur unzureichend beantwortet; vom deduktiven Modell, weil die Regelungsintensität aus dem die Kontrolldichte abzuleiten ist, dem Bestimmtheitsgebot unterliegt und weiteren aus dem Rechtsschutzgedanken abzuleitenden Beschränkungen nicht unterworfen ist; von der formal-normativen Theorie, weil die verfassungsrechtlich zulässige Ermächtigung zur untergesetzlichen Rechtsnormsetzung zugleich einen kontrollfreien Gestaltungs- und Beurteilungsspielraum begründet. Für Rechtsverordnungen und Satzungen ergibt sich die Kontrolldichte in der Regel aus konkludenten Bestimmungen zur Letztentscheidungskompetenz, weil mit der Ermächtigung an die diesen Regelungsformen typischen Beurteilungsspielräume angeknüpft wird. Für untypische untergesetzliche Außenrechtsnormen findet die formal-normative Theorie aber kein schlüssiges Konzept, da es die Grenzen der gerichtlichen Kontrolle nicht aus Art. 19 Abs. 4 GG oder aus dem Gewaltenteilungsgrundsatz ableitet.
Die Kritik an den Modellen hat aber gezeigt, daß in der Vernachlässigung der verfassungsrechtlichen Grundlagen die wesentliche Schwäche der genannten Modelle liegt. Wenn den Gerichten durch Art. 19 Abs. 4 S. 1 GG eine umfängliche Rechts- und Tatsachenprüfung geboten ist, dann kann die gesetzliche Verpflichtung zur Anwendung außerrechtlicher Maßstäbe nicht jenseits der natürlichen Grenze des Rechts liegen. Und wenn der Gesetzgeber berechtigt ist, durch eine entsprechende Kompetenzzuweisung den Umfang der gerichtlichen Kontrolle auszugestalten, dann kann nicht angenommen werden, daß er für jede Art von Rechtsnorm die gleiche Kontrolldichte vorsieht.

Vielversprechender ist deshalb ein Erklärungsmodell, das die Kontrolldichte als Aufteilung der Letztentscheidungskompetenzen zwischen der Exekutive und der Judikative durch die Legislative in Ausnutzung und Ausgestaltung ihrer Funktionen begreifen (funktionales Modell).[691] Dieses ist in der Lage, den Umfang gerichtlicher Kontrolle konsequent auf der Linie der normativen Ermächtigungslehre als Kompetenzproblem zu erfassen, und beschränkt den Gesetzgeber nicht von vornherein auf die Bestimmung der Kontrolldichte durch die Wortwahl oder durch die Ermächtigung zum Rechtsnormerlaß. Und noch wichtiger: Ein funktionales Modell versteht die Kontrolldichte als Ausgestaltung der verfassungsrechtlich bestimmten Funktionen von Judikative und Exekutive.

Drei Ansätze sollen im folgenden vorgestellt und erörtert werden, die als Ausprägungen des funktionalen Modells zu verstehen sind: der grundrechtsorientierte Ansatz (1), die Lehre vom Vorbehalt der Verwaltung (2) und die Lehre vom Vorbehalt der Gerichte (3).

1. Der grundrechtsorientierte Ansatz

Nach der vorwiegend vom Bundesverfassungsgericht in verschiedenen Entscheidungen vertretenen Auffassung ist das verfassungsrechtlich gebotene Maß an gerichtlicher Kontrolldichte abhängig von der Intensität des mit dem staatlichen Handeln verbundenen Grundrechtseingriffs (grundrechtsorientierter Ansatz).[692] Der Gesetzgeber ist somit nicht berechtigt, unabhängig von der Betroffenheit des Grundrechts im Einzelfall die Verwaltung von gerichtlicher Kontrolle freizustellen.

a. Kontrolldichte und die Intensität des Grundrechtseingriffs

Art. 19 Abs. 4 S. 1 GG schützt vor unberechtigten Grundrechtseingriffen durch die Kontrolle der Eingriffe durch die Judikative. Es erscheint deshalb plausibel, bei stärkeren Grundrechtseingriffen auch die gerichtliche Kontrolle – und damit deren Dichte - zu intensivieren. Am anschaulichsten läßt sich diese Auffassung wohl mit einer Parallele zum Wesentlichkeitsprinzip erklären. So wie der Gesetzgeber die wesentlichen Entscheidungen bei Grundrechtseingriffen zu treffen hat und deshalb bei stärkerer Grundrechtsrelevanz mehr inhaltliche Vorgaben machen muß, so haben auch die Gerichte die Kontrolle von Entscheidungen entsprechend deren Bedeutung für die Grundrechtsausübung zu verdichten.

---

[691] Vgl. Ossenbühl in Erichsen, VerwR-AT, 1998, § 10 III 2 Rn. 30; Schulze-Fielitz in Dreier, GG, 1996, Art. 19 IV Rn. 88; Kutscheidt, NWVBl 1995, S. 121 ff.; Krebs, Kontrolle, 1984, S. 102

[692] BVerfGE 35, 382 (402); BVerfGE 67, 43 (61 f.); BVerfGE 69, 315 (363 f.); BVerfGE 83, 130 (148); BVerfGE 84, 34 (59), vgl. a. Hesse in FS für Huber, 1981, S. 261 (266) und Geis, NVwZ 1992, S. 25 (29)

b. Keine Proportionalität von Intensität des Eingriffs und Kontrolldichte

Die Argumentation des grundrechtsorientierten Ansatzes ist einleuchtend, führt aber zu einem praktischen Problem. Als allgemeine Meßlatte für den Umfang der gerichtlichen Kontrolle von abstrakt-generellen Regelungen kann die Intensität des Grundrechtseingriffs nämlich nicht herhalten.[693] Andernfalls müßte das Gericht dem stark Betroffenen recht geben, wenn es eine andere Auffassung vertritt als der Normgeber; die Klage des nur schwach Betroffenen hingegen abweisen, weil es sich nun wegen entsprechend eingeschränkter Kontrolle an die Rechtsnorm gebunden fühlt.[694]

Stellt man, um dem zu begegnen, nicht den konkreten Eingriff, sondern die generelle Betroffenheit, also die in Anwendung der Rechtsnorm *möglichen* Eingriffe in den Vordergrund, ist der Ansatz zwar immanent schlüssig. Es bleibt aber die Frage, warum den Gerichten bei möglichen intensiveren Eingriffen stärkere Kontrollkompetenzen zukommen sollen. Die innerhalb der gesetzlichen Vorgaben verbleibenden Detailfragen können ganz unterschiedlicher Art sein. Der Gesetzgeber kann etwa Wertungsfragen (geringer Bedeutung) offen gelassen haben oder wissenschaftlich-technische Konkretisierungen dem untergesetzlichen Normgeber übertragen haben. Nach den bisherigen Ausführungen muß aber ein Zusammenhang zwischen der demokratischen Legitimation des untergesetzlichen Normgebers, der Art seiner Konkretisierungsentscheidungen und der gerichtlichen Kontrolldichte gesehen werden.[695] Dieser Zusammenhang wird von dem grundrechtsorientierten Ansatz nicht thematisiert. Es muß deshalb weitere Parameter für die Bestimmung der gerichtlichen Kontrolldichte geben, die von diesem nicht erfaßt werden.

2. Die Lehre vom Vorbehalt der Verwaltung

Ein weiterer Ansatz auf der Basis des funktionalen Modells ist die Lehre vom Vorbehalt der Verwaltung. Auch sie bestimmt die Kontrolldichte im Wesentlichen aus dem Gewaltenteilungsprinzip. Nach der Lehre vom Vorbehalt der Verwaltung erfährt die durch Art. 19 Abs. 4 S. 1 GG grundsätzlich unbeschränkte Kontrolle der Gerichte in der verfassungsrechtlichen Stellung der Verwaltung ein Gegengewicht. Dieses Gegengewicht konkretisiert sich in einem vom Ge-

---

693 Schmidt-Aßmann/Groß, NVwZ 1993 S. 617 (618, r. Sp.); Redeker/v. Oertzen, VwGO, 1997, § 114 Rn. 37 m. w. N.

694 So wohl auch Redeker/v. Oertzen, VwGO, 1997, § 114 Rn. 37

695 S. Kapitel 3:C.II.3 und 4

setzgeber zu respektierenden kontrollfreien Entscheidungsspielraum der Exekutive, dem sog. „Vorbehaltsbereich der Verwaltung".[696]

a. Die Kompetenz der Verwaltung

Die Verwaltung hat - ganz allgemein gesprochen - den Auftrag, die ihr übertragenen gesetzlichen Zielsetzungen möglichst umfassend, effektiv und gesetzestreu umzusetzen. Dazu soll sie das Recht anwenden und - soweit sie mit Rechtssetzungsbefugnis ausgestattet ist - auch Recht setzen. Das heißt, sie muß - und zwar zeitlich vor den Gerichten - den zu entscheidenden Sachverhalt erfassen und mit Hilfe der Auslegung des Gesetzes zu einer Entscheidung kommen, die natürlich auch eine Nicht-Entscheidung sein kann. Ihr kommt das Erstentscheidungsrecht zu.[697] Dabei ist sie verpflichtet, diese Erstentscheidung nicht nach subjektivem Gutdünken, sondern auf möglichst rational-objektiver und dem Gesetz verpflichteter Grundlage zu treffen. Da das Gesetz aber nicht immer die Maßstäbe zur Verfügung stellt, anhand derer sich die Einzelentscheidung rational ableiten ließe, ist sie - insbesondere bei Wertungsbegriffen - gezwungen, eigene Maßstäbe zu entwickeln, sprich, das Recht gesetzesgeleitet fortzubilden.[698] Nach der Lehre vom Vorbehalt der Verwaltung kommt ihr dabei gegenüber den Gerichten ein Kompetenzvorsprung zugute:

Zur Erfüllung ihrer Aufgabe ist sie oftmals mit personeller Fachkompetenz ausgestattet, die die Kenntnisse des Gerichtes auf dem jeweiligen Sachgebiet übersteigen kann. Der jeweilige Sachbearbeiter ist aber auch in seinem Bereich insofern Spezialist, als er durch seine Tätigkeit einen Überblick über die entschiedenen Fälle hat. Seine Entscheidung ergeht - innerhalb des rechtlichen Rahmens - nach Grundsätzen, die sich als allgemeine Richtschnur für die Gesamtheit der in diesem Sachbereich auftretenden Einzelfälle bewährt haben. Er greift - so könnte man sagen - auf einen an der Praxis gebildeten und in der Praxis bewährten Gleichheitsmaßstab zurück. Dadurch hat er gegenüber dem möglicherweise nur durch einen Fall mit der Sachmaterie befaßten Gericht den Vorteil, weniger leicht einer „Einzelfallgerechtigkeit" zu unterliegen, die sich auf die Gesamtheit der zu treffenden Entscheidungen nicht gelichermaßen anwenden läßt. Man muß der Verwaltung somit oftmals einen Kompetenzvorsprung zuerkennen, der auf

---

696 Diese Bezeichnung geht wohl auf Erichsen zurück (VerwArch 70 (1979), S. 249) der ihn allerdings für das Verhältnis des Gesetzgebers zur Verwaltung verwandte; zur Anwendung auf die Bestimmung der Kontrolldichte s. Krebs, Kontrolle, 1984, S. 93 ff., und a. Ehmke, „Ermessen" und „unbestimmter Rechtsbegriff" im Verwaltungsrecht, 1960, S. 49 ff.

697 Vgl. Beckmann, DÖV 1986, S. 505 (511, l. Sp.) m. w. Nachw.

698 So Schmidt, Gesetzesvollziehung, 1969, S. 140 ff.

besonderer Fachkenntnis oder auf einer besseren Möglichkeit zur Umsetzung des Gleichheitsgebots beruht.

Außerdem wird angeführt, daß die Verwaltung die Verantwortung für ihre Entscheidung zu übernehmen habe.[699] Fehlentscheidungen - etwa hinsichtlich der Gefährlichkeit einer Versammlung -, müßten finanziell und organisatorisch von der Exekutive aufgefangen werden, die in der Regel auch dann von der Bevölkerung für Fehleinschätzungen verantwortlich gemacht werden, wenn tatsächlich ein Gericht die Entscheidung getroffen hat.[700]

Unter dem Stichwort „funktionaler Zusammenhang" wurde deshalb von verschiedenen Autoren darauf gedrängt, Rechtsschutz nicht als ureigene Aufgabe der Justiz zu verstehen, sondern über Möglichkeiten nachzudenken, diesen in das Verwaltungsverfahren zu verlagern oder - soweit er dort bereits gewährleistet ist -, ihm in der gerichtlichen Kontrolle Rechnung zu tragen.[701] Anlaß hierzu waren die als überlang empfundenen gerichtlichen Verfahren, die - nach Auffassung einiger Autoren - den Wirtschaftsstandort Deutschland beeinträchtigten und die Auffassung, daß „in der Regelungsmaterie angelegte Unsicherheiten im Zusammenwirken zwischen Exekutive und Gerichten abzuarbeiten" seien.[702] Die Kontrolldichte sei deshalb, wo Kompetenzvorsprünge der Verwaltung auszumachen und eine ausreichende Prüfung der Belange der Betroffenen im Verwaltungsverfahren gewährleistet sei, inhaltlich zu beschränken. Andernfalls werde ohne Not eine kompetente und dem Gleichheitsgebot in besonderer Weise gerecht werdende Entscheidung in Frage gestellt.

b. Kein „Hausgut" der Kontrollfreiheit

Die Lehre vom Vorbehaltsbereich der Verwaltung spricht der Exekutive eine Art kompetenzielles „Hausgut" zu.[703] Sie *ermahnt* dabei nicht nur zur Hochachtung vor dem Fachwissen der Verwaltung – was eher in der Linie der Theorie des „judicial restraint" läge. Gemeint ist eine teilweise Ausgliederung des Rechtsschutzes aus der Judikative verbunden mit einem *Verbot* für die Gerichte,

---

[699] S. Bachof, Aussprachebeitrag in VVDStRL 34 (1976), S. 279; Redeker/v. Oertzen, VwGO, 1997, § 114 Rn. 17 (m. w. N.)

[700] So Ossenbühl in Erichsen, VerwR-AT, 1998, § 10 III 2, Rn. 29 (mit dem Beispiel einer Versammlung deren Verbot durch die Verwaltung per einstweiliger Verfügung gerichtlich aufgehoben wurde und zu schweren Ausschreitungen führte)

[701] Vgl. Schmidt-Aßmann in Schoch/Schmidt-Aßmann/Pietzner, VwGO, Einl. Rn. 197

[702] So Schmidt-Aßmann, DVBl 1997, S. 281 (282/283) mit Verweis auf Di Fabio, Risikoentscheidungen im Rechtsstaat, 1994, S. 462 ff. und Wahl, NVwZ 1991, S. 409 ff.

[703] Dagegen Gerhardt in Schoch/Schmidt-Aßmann/Pietzner, VwGO, Vorb. § 113 Rn. 31

Teilinhalte der Verwaltungsentscheidung zu überprüfen.[704] Als dogmatischer Hintergrund für die Theorie vom Vorbehaltsbereich der Verwaltung wird z. T. die Lehre von der praktischen Konkordanz (von „eigenverantwortlicher Gemeinwohlkompetenz" der Verwaltung und Rechtsschutzkompetenz der Gerichte) fruchtbar gemacht.[705] Nach anderer Auffassung ist sie darin begründet, daß die auf die Aufgabe der Rechtskontrolle begrenzten Gerichte insoweit keinen Zugriff auf die „authentische Erstinterpretation"[706] der Verwaltung nehmen dürften, als diese nicht mitteilbare und damit nicht justiziable Wertungsentscheidungen enthalte.[707]

Es ist aber fraglich, ob das eine oder das andere mit Art. 19 Abs. 4 S. 1 GG vereinbar ist. Das Rechtsschutzgebot weist die Justiz an, über den Mißbrauch öffentlicher Gewalt zu wachen. Es zählt zu den wesentlichen Errungenschaften der Gewaltenteilungsidee, die gefährliche Personalunion von Entscheidendem und Kontrollierendem aufgebrochen und die Kontrollfunktion der unabhängigen Instanz der Gerichte überantwortet zu haben. Derjenige, der eine Aufhebung dieses Prinzips in bestimmten Fällen befürwortet, muß deshalb begründen, warum die Gefahr eines Machtmißbrauchs für diese Fälle nicht vorliegt oder in Kauf zu nehmen ist. Ob der Kompetenzvorsprung der Verwaltung und deren Verantwortung für ihre Entscheidung dem genügt, ist aber sehr fraglich. Eine differenzierte Betrachtung der Argumente der Lehre des Vorbehalts der Verwaltung ist erforderlich.

Wenig plausibel erscheint es, der Verwaltung einen generellen Vorsprung an Fachkompetenz zuzusprechen. Nur das Bild einer für die im Prozeß vorgetragenen Entscheidungsgründe „tauben" Justiz rechtfertigten es, dieser von vornherein die Kompetenz abzusprechen, Fachkompetenz und Spezialwissen gebührend zu berücksichtigen. Andernfalls - und dies scheint der Wahrheit näher zu kommen - erweisen sich die besonderen Kenntnisse der Verwaltung sehr wohl als dem Gericht vermittelbar. Selbst hochkomplexe Materien sind erklärbar, und auch soweit eine Einzelentscheidung mit der Einheitlichkeit der Verwaltungspraxis begründet wird, kann nicht generell angenommen werden, daß sich die Gerichte diesen Gründen verschließen.[708]

---

704 Zum Teil wird aber auch hierfür der Begriff des „judicial restraint" verwandt (vgl. Greipl, Sachverständigenausschüsse, 1988, S. 133, m. w. N.), was kaum zur Aufhellung des Problem beiträgt

705 So Häberle, Öffentliches Interesse als juristisches Problem, 1970, S. 681

706 Schmidt, Gesetzesvollziehung, 1969, S. 142

707 So Schmidt, Gesetzesvollziehung, 1969, S. 143

708 Ebenso Schenke in BK, Art. 19 Abs. 4 Rn. 341; Weyreuther, BauR 1977, S. 293 (308); a. A. Schmidt, Gesetzesvollziehung, 1969, S. 141 (der eine Parallele zur beschränkten Überprüfung der Tatsachenfeststellung durch die Revisionsinstanz, zieht. Dies ist aber nicht

Das Argument der Verantwortung der Verwaltung verfehlt den kompetenziellen Kern des Kontrolldichteproblems. Es mag für die einzelne Behörde ärgerlich sein, wenn sie Nachteile aus einer Entscheidung eines Gerichts hinnehmen muß, obwohl sie - wie sich im nachhinein herausstellt - mit ihrer Einschätzung (z. B. einer Gefahr) richtig lag. Ein Recht davor geschützt zu werden, hat sie aber nicht, weil ihr weder ein Recht auf Ansehen bei der Bevölkerung noch ein Schutz vor unverschuldeter Arbeit oder fremdbestimmten Ausgaben zusteht.[709]

Im Ansatz richtig ist hingegen der Hinweis auf einen funktionalen Zusammenhang zwischen Verwaltungsverfahren und gerichtlichem Rechtsschutz. Es macht insbesondere Sinn, die Erarbeitung komplexer Materien durch die Verwaltung etwa durch Anhörungsrechte der Betroffenen oder Begründungsgebote verfahrensrechtlich so auszugestalten, daß die gerichtliche Kontrolle sich auf ein Nacharbeiten der Verwaltungsentscheidung beschränken kann (nachvollziehende Kontrolle).[710] Bestünde das Gericht in diesem Fall darauf, seine Entscheidung auf eigene Untersuchungen und Befragungen zu stützen, würde das Gerichtsverfahren zur zeitraubenden Wiederholung des bereits Ermittelten, ohne daß dem ein Gewinn an Rechtsschutz gegenüberstünde.[711] Es ist deshalb richtig, daß ein Gerichtsprozeß, der die von der Verwaltung ermittelten Tatsachen und getroffenen Abwägungen nachzuvollziehen versucht, oftmals rationalere und mit Recht höhere Anerkennung beanspruchende Entscheidungen erbringt als ein Verfahren, das die vorangegangene Behördenentscheidung ignoriert.[712]

Es ist aber falsch, in der nachvollziehenden Kontrolle der Gerichte eine Beschränkung der Kontrolldichte zu erkennen.[713] Steht der Justiz die volle Kontrol-

---

sachgemäß, weil anders als die Verwaltung die gerichtliche Tatsacheninstanz als unabhängige - und dem Art. 19 Abs. 4 S. 1 GG entsprechende Rechtsschutzinstanz - die Tatsachen feststellt)

709 Vgl. auch Schenke (in BK, Art. 19 Abs. 4 Rn. 343), der zutreffend darauf hinweist, daß „Verantwortung" nur im kompetenziellen Sinn verstanden werden darf.

710 „Es muß vor allem darum gehen, die eigenständige Rechtswahrungsfunktion von Verwaltungsverfahren fruchtbar zu machen. Verwaltungsverfahren können Gerichtsverfahren zwar nicht ersetzen. Aber ihre qualifizierte Ausgestaltung kann den Zwang zu umfassender gerichtseigener Tatsachenfeststellung mindern" (Schmidt-Aßmann, DVBl 1997, S. 281, 288, l. Sp.)

711 Art. 19 Abs. 4 S. 1 GG verlangt deshalb keine von der Erstentscheidung losgelöste gerichtliche Rechtsfindung. So auch BVerfGE 85, 36 (58): „Verfassungsrechtlich geboten ist jedoch, daß die Verwaltungsgerichte von ihrem Erkenntnis- und Erfahrungsstand ausgehend die gegebenen Begründungen nachvollziehen, Streitpunkten entsprechend dem Stande der Rechtsprechung und öffentlichen Diskussion nachgehen, sowie die Einwände der Prozeßbeteiligten würdigen" vgl. a. BVerwGE 78, 177 (180) und BVerwGE 80, 207 (222 f.)

712 Gerhardt in Schoch/Schmidt-Aßmann/Pietzner, VwGO, § 114 Rn. 8

713 A. A. Schmidt-Aßmann, DVBl 1997, S. 281 (288, r. Sp.)

le der behördlichen Erstentscheidung zu, kann sie - auch wenn sie das Vorgehen der Exekutive als Richtschnur für die eigene Entscheidung nimmt - auf jegliche Konkretisierung zugreifen. Sie klopft die gesamte Verwaltungsentscheidung auf ihre Stichhaltigkeit ab und kann immer dann, wenn sie ihr fragwürdig erscheint, eigene Ermittlungen aufnehmen oder eine andere Auffassung vertreten, die dann aufgrund ihrer Letztentscheidungskompetenz das Rechtsverhältnis bestimmen. Eine beschränkte Kontrolldichte hingegen entzieht dem Gericht bestimmte Normkonkretisierungen. Die nachvollziehende Kontrolle ist somit eine oftmals empfehlenswerte Art der gerichtlichen Kontrolle - über die Letztentscheidungskompetenz sagt sie nichts aus.

Ein verfassungsrechtlich geschützter Vorbehaltsbereich der Verwaltung ist deshalb nicht zu erkennen. Dementsprechend ist auch der Auffassung, dieser sei im Wege der praktischen Konkordanz mit Art. 19 Abs. 4 S. 1 GG zu optimieren, nicht zuzustimmen. Das gleiche Diktum muß die Ansicht treffen, der Verwaltung käme grundsätzlich die Kompetenz zu, nicht justiziable Wertungsentscheidungen letztverbindlich zu konkretisieren. Zwar kann das Argument, die Verwaltung sei insbesondere durch ihre Weisungsgebundenheit in stärkerem Maße an die demokratisch unmittelbar legitimierte Regierung angebunden, eine gewisse Plausibilität für sich beanspruchen. Dem gegenüber steht aber die Grundentscheidung der Verfassung auf umfassenden Rechtsschutz. Art. 19 Abs. 4 S. 1 GG ist Ausdruck des Vertrauens in die Unabhängigkeit der Justiz bei gleichzeitigem Mißtrauen gegenüber der Verwaltung.[714] Die Übertragung der Letztentscheidungskompetenz in Rechtsanwendungsfragen erfolgt aus guten Gründen. Der Richter ist in der Auslegung des Rechts[715] speziell geschult und somit der Verwaltung oftmals überlegen.[716] Das Gerichtsverfahren gewährleistet darüber hinaus eine bessere Berücksichtigung aller Belange, als dies das Verwaltungsverfahren in der Regel für sich in Anspruch nehmen kann.[717] Und allein die Möglichkeit einer gerichtlichen Kontrolle diszipliniert die Verwaltung auf eine sorgfältige Beachtung des Rechts.[718] Die Entscheidung, ob in Abweichung von

714 So auch Brohm, DÖV 1987, S. 265 (269)

715 Zum Zusammenhang von Interpretation und Unabhängigkeit s. Schenke in BK, Art. 19 Abs. 4 Rn. 341

716 Ossenbühl in Erichsen, VerwR-AT, 1998, § 10 III 2, Rn. 28 (Fn. 51) und Weyreuther, BauR 1977, S. 293 (308)

717 Wieacker in FS für Gadamer II, 1970, S. 311 (330)

718 Vgl. Schenke in BK, Art. 19 Abs. 4 Rn. 341; Schmidt-Salzer, Der Beurteilungsspielraum der Verwaltungsbehörden, 1968, S. 62

dem verfassungsrechtlichen Regelfall des vollumfänglichen Rechtsschutz auf diese Vorzüge der gerichtlichen Letztentscheidungskompetenz verzichtet werden kann, muß deshalb dem Gesetzgeber vorbehalten bleiben und kann nicht sui generis aus den besonderen Fähigkeiten der Verwaltung begründet werden.

D. Die Lehre vom Vorbehaltsbereich der Gerichte

Die hier vertretene Lehre vom Vorbehaltsbereich der Gerichte bestimmt die gerichtliche Kontrolldichte (wie die anderen funktionalen Modelle) auf der Basis der Gewaltenteilung. Art. 19 Abs. 4 S. 1 GG ordnet nach dieser Lehre den Rechtsschutz den Gerichten zu, weil diese unabhängig sind, juristische Fachkompetenz besitzen und über ein Erkennungs- und Entscheidungsverfahren verfügen, die sie insgesamt dazu befähigen, Rechtswidrigkeiten aufzudecken und - soweit dies geboten ist - durch eine eigene rechtmäßige Entscheidung zu ersetzen. Diese besondere Ausstattung der Gerichte und das Mißtrauen der Verfassung gegenüber einer unkontrollierten Exekutive begründen - nach der hier vertretenen Auffassung - einen Vorbehaltsbereich der Gerichte. Dieser Vorbehaltsbereich ist als Kern verfassungsrechtlich zugewiesener Funktionen zu verstehen. Gerichtliche Entscheidungskompetenz existiert auch außerhalb dieses Bereichs. Aber die gerichtliche Kontrolle kann nicht so eingeschränkt sein, daß die Judikative ihre Kernfunktionen nicht mehr wahrnimmt. Es ist deshalb für die Lehre vom Vorbehaltsbereich wichtig, den Kernbereich richterlicher Kontrollfunktionen herauszuarbeiten. Zwar negiert sie nicht das Recht des Gesetzgebers, gerichtliche Kontrolle einzuschränken (normative Ermächtigungslehre), der Gesetzgeber ist aber nicht befugt in den Vorbehaltsbereich der Gericht einzugreifen. Ebensowenig dürfen sich die Gerichte bei der Entscheidung über die gebotene Kontrolldichte ihren verfassungsrechtlichen Kernaufgaben entziehen.

I. Die Verfassungsdogmatik der Lehre vom Vorbehaltsbereich der Gerichte

Zunächst ist aber zu erörtern, wie sich die Lehre vom Vorbehaltsbereich der Gerichte verfassungsdogmatisch einordnen läßt.

1. Die gesetzliche Beschränkung der Kontrolldichte als Ausgestaltung einer funktionsgerechten Organstruktur

Der verfassungsdogmatische Ansatzpunkt für die Lehre vom Vorbehaltsbereich der Gerichte ist - im Gegensatz zur Lehre vom Vorbehaltsbereich der Verwaltung - nicht die praktische Konkordanz, die Eingriffe in Art. 19 Abs. 4 S. 1 GG rechtfertigt, sondern die Ausgestaltung einer funktionsgerechten Organstruktur. Die teilweise Übertragung der Letztentscheidungskompetenz auf untergesetzliche Normgeber und Sachverständigengremien stellt nach der hier vertretenen Auffassung keinen Eingriff in Art. 19 Abs. 4 S. 1 GG dar, weil die Beschränkung der gerichtlichen Kontrolldichte keine Einschränkung des Rechtsschutzes bedeutet. Das verfassungsrechtliche Gebot wirksamen Rechtsschutzes verlangt nämlich nicht, daß dieser immer von der Judikative wahrgenommen wird.[719] Die Übertragung der vollumfänglichen Letztentscheidungskompetenz auf die Gerichte ist vielmehr eine auf der Linie der klassischen Gewaltenteilung liegende Grundsatzentscheidung. Unabhängigkeit und rechtliche Fachkompetenz der Gerichte machen diese *grundsätzlich* zu den geeigneten Entscheidungsorganen zur Gewährleistung eines materiellen Rechtsschutzes. Stoßen diese aber an ihre Funktionsgrenzen, weil die fachliche Komplexität die Richtigkeit ihrer Entscheidungen zweifelhaft erscheinen läßt, oder verlangt die Konkretisierung einer Norm Wertungsentscheidungen, die der Exekutive anheimfallen, ist der Gesetzgeber befugt oder mitunter beauftragt, die Letztentscheidungskompetenz einem anderen Organ zu übertragen, um die inhaltliche Richtigkeit des staatlichen Handelns zu sichern. Aus dieser Sicht ist den Gerichten die vollumfängliche Letztentscheidungskompetenz zur Ausübung ihrer Funktion des Rechtsschutzes durch Kontrolle staatlichen Handelns grundsätzlich vorbehalten.[720] Sie ist ihnen aber nicht unabdingbar zugewiesen.

a. Die Kernbereichstheorie und das Prinzip funktionsgerechter Organstruktur (Organadäquanz)

Verfassungsdogmatisch ist die hier vertretene Theorie des Vorbehalts der Gerichte eine Ausprägung der „Kernbereichstheorie" des BVerfG[721] sowie des Prinzips funktionsgerechter Organstruktur oder Organadäquanz.

Die Kernbereichstheorie des BVerfG, die auch in weiten Teilen der Literatur Anerkennung gefunden hat,[722] vertritt ein Gewaltenteilungsverständnis, das nicht „lupenrein"[723] ist. „Das Prinzip der Gewaltenteilung ist nirgends rein verwirklicht. Es bestehen zahlreiche Gewaltenverschränkungen und -balancierungen. Das Grundgesetz fordert nicht eine absolute Trennung, sondern die gegenseitige Kontrolle, Hemmung und Mäßigung der Gewalten".[724] Den jeweiligen Gewalten kommt dabei eine „staatliche Grundfunktion"[725] zu, die aber nicht unabänderlich bei der Gewalt verhaftet bleibt, sondern aus Sachgründen auf die anderen Gewalten teilweise verlagert werden kann. Die dadurch notwen-

---

719 Schmidt-Aßmann in M/D, Art. 19 Abs. IV Rn. 5

720 Vgl. Bettermann in Evangelisches Staatslexikon, Bd. 2, 1987, Sp. 2774 (2787)

721 S. BVerfGE 3, 225 (247); BVerfGE 7, 183 (188); BVerfGE 9, 268 (279 f.); BVerfGE 22, 106 (111); BVerfGE 34, 52 (59); BVerfGE 95, 1 (15)

722 Vgl. Herzog in M/D, Art. 20 Abs. V Rn. 115; Schmidt-Aßmann in HBStR I, 1987, § 24 Rn. 56 f.; Schnapp in v. Münch/Kunig, GG, Bd. 1, 2000, Art. 20 Rn. 34; kritisch: Zimmer, Funktion, 1979, S. 217 ff. und 237 ff.

723 So Herzog in M/D, Art. 20 Abs. V Rn. 11

724 BVerfGE 95, 1 (15); ebenso: BVerfGE 3, 225 (247) und BVerfGE 7, 183 (188)

725 Vgl. dazu Stern, StaatsR I, 1984, § 20 IV 3 (S. 792 f.)

dige „Feineinstellung“[726] zwischen den Gewalten kommt dabei dem Gesetzgeber zu.[727]

Andererseits fordert die Idee der Gewaltenteilung eine grundsätzliche Respektierung der von der Verfassung zugewiesenen Funktionen. „Keine Gewalt darf der für die Erfüllung ihrer verfassungsmäßigen Aufgaben erforderlichen Zuständigkeiten beraubt werden“.[728] Deshalb hat jede Gewalt einen unveränderbaren „Kernbereich“ der Zuständigkeit.[729] Die Ausgestaltungsbefugnis trifft somit auf eine absolute Grenze, oder um mit Schmidt-Aßmann zu sprechen: „Um einen Kern verfassungsfester Unverzichtbarkeiten lagern sich dabei Zonen einfachgesetzlicher Ausgestaltung“.[730]

Die Kernbereichstheorie erinnert an die Auffassungen des BVerfG zum unantastbaren Wesensgehalt von Grundrechten.[731] Unglücklicherweise spricht es auch hier von „Kernbereichen“,[732] denn dies läßt leicht einen bedeutenden Unterschied übersehen. Keine der Gewalten ist Grundrechtsträger, und deshalb geht es bei der Kernbereichstheorie primär nicht um die Sicherung von Bürgerrechten. Ihr inneres Prinzip ist vielmehr die Organadäquanz.[733] Danach muß der Gesetzgeber bei der Ausgestaltung der Gewaltenteilung darauf hinarbeiten, daß „staatliche Entscheidungen möglichst richtig, das heißt von den Organen getroffen werden, die dafür nach ihrer Zusammensetzung, Funktion und Verfahrensweise über die besten Voraussetzungen verfügen“.[734] Er hat sich somit bei der Zuweisung von Kompetenzen an der Entscheidungsfähigkeit des mit der Aufgabe betrauten Organs zu orientieren.[735] Für diese Entscheidungsfähigkeit sind „die zur Aufgabenerfüllung notwendigen personellen, sachlich-instrumentellen und organisatorischen Gegebenheiten“[736] sowie das Verfügen über einen „der

726 Tettinger, DVBl 1982, S. 421 ff.
727 Vgl. Herzog in M/D, Art. 20 Abs. V Rn. 115; Schulze-Fielitz in Dreier, GG, 1996, Art. 20 (Rechtsstaat), Rn. 66
728 BVerfGE 95, 1 (15); ebenso: BVerfGE 9, 268 (279 f.); BVerfGE 22, 106 (111); BVerfGE 34, 52 (59)
729 S. BVerfGE 95, 1 (15) und Herzog in M/D, Art. 20 Abs. V Rn. 115
730 Schmidt-Aßmann in M/D, Art. 19 Abs. IV Rn. 4
731 Vgl. dazu Schmidt-Bleibtreu in Schmidt-Bleibtreu/Klein, GG, 1995, Art. 19 Rn. 9, m. w. Nachw.
732 Vgl. BVerfGE 6, 32 (41) und BVerfGE 35, 202 (232) zum Kernbereich des Art. 2 Abs. 1 GG und BVerfGE 45, 142 (173) zu Art. 14 GG
733 V. Danwitz, Der Staat 35 (1996), S. 329 ff.; Kuhl, Der Kernbereich der Exekutive, 1993, S. 130 ff.; Heun, Staatshaushalt und Staatsleitung, 1989, S. 95 ff.; Schulze-Fielitz in Dreier, GG, 1996, Art. 20 (Rechtsstaat) Rn. 66
734 BVerfGE 68, 1 (86)
735 S. Stettner, Grundfragen einer Kompetenzlehre, 1983, S. 76
736 V. Danwitz, Der Staat 35 (1996), S. 329 (335)

Aufgabe entsprechenden Sachverstand"[737] entscheidend. Fehlt dem von der Gewaltenteilung vorgesehenen Funktionsträger die erforderliche Entscheidungsfähigkeit zur Erfüllung seiner Grundfunktion, ist die Richtigkeit seiner Entscheidungen zweifelhaft, und der Gesetzgeber muß entscheiden, ob nicht ein Entscheidungsorgan (u. U. auch einer anderen Gewalt) funktionsgerechter entscheiden kann.

b. Organadäquater Rechtsschutz

Fungiert die Organadäquanz somit als Zuteilungsprinzip für die Verteilung der Aufgabe auch jenseits der Grenzen der Gewalten, lassen sich für die Kompetenzen der Gerichte folgende Schlüsse ziehen:

- Art. 19 Abs. 4 S. 1 GG ist Ausprägung des Gewaltenteilungsprinzips. Er befiehlt nicht, daß die Letztentscheidungskompetenz zur Konkretisierung rechtlicher Normprogramme immer bei den Gerichten liegt. Der Gesetzgeber hat aber bei der Zuweiung der Letztentscheidungskompetenz die Organandäquanz der Gerichte zu berücksichtigen. Er hat deshalb insbesondere zu beachten, daß diese aufgrund ihrer personellen, sachlich-instrumentellen und organisatorischen Ausstattung oftmals Entscheidungen von höherer Richtigkeitsgewähr zu treffen in der Lage sind als ein untergesetzlicher Normgeber.
- Bestehen Zweifel, welchem Organ die höhere Funktionsadäquanz zukommt, ist es Aufgabe des Gesetzgebers, den Kompetenzkonflikt durch eine entsprechende gesetzliche Bestimmung zu lösen, um etwaigen Rechtsunsicherheiten vorzubeugen. Diese Entscheidung über die Letztentscheidungskompetenz stellt unter diesen Umständen keinen Eingriff in den Schutzbereich des Art. 19 Abs. 4 S. 1 GG dar.
- Die Kompetenz des Gesetzgebers zur Ausgestaltung des Rechtsschutzes berechtigt aber nicht zur Aushöhlung des Kernbereichs des Art. 19 Abs. 4 S. 1 GG. Dieser Kernbereich ist dadurch gekennzeichnet, daß Unabhängigkeit, juristische Fachkompetenz und ein rechtsstaatlich gesichertes Entscheidungsverfahren die Richtigkeit der gerichtlichen Entscheidung gewährleisten.
- Der Gesetzgeber muß aber auch dann das Prinzip der Organadäquanz bei seiner Kompetenzentscheidung beachten, wenn eine Aushöhlung des Art. 19 Abs. 4 S. 1 GG nicht droht. Die Ausgestaltungsbefugnis des Gesetzgebers in bezug auf den Rechtsschutz hat darauf zu zielen, den Rechtsschutz bei den Entscheidungsorganen zu positionieren, die dafür am geeignetsten erscheinen. In aller Regel - Art. 19 Abs. 4 S. 1 GG bestätigt dies - sind dies die Gerichte. Spricht aber für die gerichtliche Letztentscheidungskompetenz keine

[737] V. Danwitz, Der Staat 35 (1996), S. 329 (335) und Zimmer, Funktion, 1979, S. 178

Richtigkeitsvermutung mehr oder ist sie stark ausgedünnt, kann der Gesetzgeber diese auch auf andere Entscheidungsorgane übertragen, weil sie nach seiner Ansicht geeigneter sind, Rechtsschutz im materiellen Sinne für den Bürger zu verwirklichen.

Aus dieser Sicht präsentiert sich die normative Ermächtigungslehre als die Befugnis des Gesetzgebers die Letztentscheidungskompetenz bei zweifelhafter Richtigkeitsgewähr gerichtlicher Entscheidung von der Judikative auf andere Entscheidungsorgane zu übertragen. Die Übertragung ist eine Beschränkung der gerichtlichen Kontrolle, sie ist aber jedenfalls dann keine Beschränkung des Rechtsschutzes, wenn der gebotene Schutz der rechtlichen Interessen der Betroffenen durch die Zusammensetzung des Gremiums und das Entscheidungsverfahren ausreichend gewährleistet ist. Andernfalls wäre die Übertragung ein Eingriff in Art. 19 Abs. 4 S. 1 GG, der nicht verfassungsrechtlich zu rechtfertigen ist.

II. Juristische Rationalisierbarkeit als Vorbehaltsbereich der Gerichte

Liegt die gesetzliche Befugnis, die Letztentscheidungskompetenz in Abweichung von der Grundsatzentscheidung des Art. 19 Abs. 4 S. 1 GG zu bestimmen, somit nur vor, wenn zweifelhaft ist, ob die Gerichte die Richtigkeit ihrer Entscheidung gewährleisten können, ist natürlich eine Frage besonders interessant: Wann liegt ein solcher Zweifelsfall vor?

1. Die Rationalität als Richtigkeitsgewähr juristischer Entscheidungsfindung

Die Verortung des Kontrolldichteproblems in der Gewaltenteilung hat ihren guten Grund im verfassungsrechtlichen Auftrag der Kontrolle jeglichen staatlichen Handelns durch unabhängige Gerichte. Dieser basiert aber nicht allein auf dem Mißtrauen gegenüber möglichem hoheitlichen Machtmißbrauch. Er ist verbunden mit dem Vertrauen auf die materielle Kompetenz der Gerichte, die sie befähigt, nicht nur unabhängige, sondern - zumindest der Idee nach - richtige Entscheidungen zu treffen. Nur wenn die Gerichte das Postulat objektiver Gerechtigkeit in stärkerem Maße gewährleisten können als der staatliche Hoheitsträger, dessen Entscheidung überprüft wird, gewährleisten sie Rechtsschutz nicht nur im formalen, sondern auch im materiellen Sinne.

Es gilt also näher zu erörtern, worin die materielle Kompetenz der Gerichte besteht, die die Richtigkeitsgewähr ihrer Entscheidungen begründet. Da die Richtigkeitsgewähr an der Idee objektiver Gerechtigkeit orientiert ist, kann sie nur eingelöst werden, wenn die gerichtlichen Entscheidungen Anspruch auf Intersubjektivität besitzen. Die Intersubjektivität der Entscheidung wird dadurch hergestellt, daß der der Entscheidung Unterworfene die objektiven Prämissen sowie die Ableitung der konkreten Entscheidung aus diesen Prämissen anerkennt und deshalb die Gründe zumindest nachvollziehen kann. Sie unterscheidet sich von der objektiven Richtigkeit insofern, als sie nicht zur einzig richtigen und gerechten, apodiktisch bestehenden Entscheidung führt, aber die nicht rationalen Alternativen ausschließt. Rechtsanwendung ist - so gesehen - die Aussortierung irrationaler Möglichkeiten sowie die Auswahl der nach dem bestehenden Recht am gerechtesten erscheinenden Einzelfallösung.

Drei Wege erscheinen geeignet, Intersubjektivität herzustellen:

- Die Funktion der Herstellung von Intersubjektivität kommt einerseits der rechtswissenschaftlichen Dogmatik zu. Ihr Ziel ist es, die im Gesetz angelegten Wertungen durch rationale Methoden auf den Einzelfall anzuwenden und dadurch die erforderliche Wertung vorzunehmen, ohne selbst zu werten, was notwendigerweise mit subjektiven Erwägungen einhergehen würde. Die Dogmatik stellt ein Verfahren rationaler Verifizierung zur Verfügung, das deduzierend den Gesetzessinn vor dem Hintergrund eines größeren systematischen Zusammenhangs herausarbeitet. Die Anerkennung einer dogmatisch sauberen Lösung beruht dabei einerseits auf der allgemeinen Einigkeit über die Geltung der gesetzlichen und weiteren rechtlichen Prämissen (Normen, Gewohnheitsrecht und Richterrecht) und andererseits auf der inneren Logik und Widerspruchsfreiheit der methodentheoretischen Argumente.

- Intersubjektivität wird aber auch produziert durch fachwissenschaftliche Erkenntnisse. Anders als in der Rechtswissenschaft kann hier verstärkt auf empirisch gewonnene Ergebnisse zurückgegriffen werden, so daß nicht allein die Logik sondern auch die durch wissenschaftliche Versuche als erwiesen geltenden Tatsachen zum Träger von Intersubjektivität werden. Wissenschaftliche Standards werden dadurch zu außerrechtlichen Maßstäben, die mitunter für die Richtigkeit der Einzelfallentscheidung eine wichtigere Rolle spielen, als die anzuwendenden rechtlichen Maßstäbe.

- Eine entscheidende Bedeutung für die Intersubjektivität der gerichtlichen Entscheidung kommt schließlich dem rechtsstaatlichen Verfahren zu. Es stellt die Plattform dar, auf der die Eruierung der Tatsachen und der rechtliche Argumentationsabtausch wirksam der Gefahr begegnen, daß bestehende Maßstäbe und logische Schlußfolgerungen nicht gewürdigt werden und verbürgt eine Berücksichtigung der betroffenen Interessen bei notwendigen Wertungen.

Das macht also die Richtigkeitsgewähr der gerichtlichen Entscheidung aus: die Vermutung, daß die Gerichte in einem rechtsstaatlich gesicherten Verfahren im Zuge der Beweisaufnahme sinnliche und fachwissenschaftliche Erkenntnisse aufzunehmen in der Lage sind und vorgebrachte rechtliche Argumente mit rechtsdogmatischem Fachwissen zu würdigen wissen. Hierin liegt ihr kompetenzieller Vorsprung vor der Exekutive, auf dem Art. 19 Abs. 4 S. 1 GG aufbaut und den es zu entkräften gilt, um nicht in den funktionalen Vorbehaltsbereich der Justiz einzugreifen.

2. Die Funktionsgrenzen gerichtlichen Rechtsschutzes

Wo aber endet der Vorbehaltsbereich der Gerichte? Durch die Kritik zum deduktiven Ansatz wurde deutlich, daß die Auslegung des gesetzlichen Normprogramms durch die Gerichte weder an eine „natürliche Grenze" stößt noch in allen Fällen eine logisch stringente Lösung des Rechtsanwendungsfalls anbietet.[738] Rechtsschutz ist aber von der Idee der materiellen Gerechtigkeit geleitet. Nur die Rechtsanwendung, die eine dem Gesetz und der Verfassung entsprechende Einzelfallösung erreicht, wird als gerecht empfunden und als geltend anerkannt. In dem Maße, in dem sich eine Auslegung vom methodentheoretisch gesicherten Bedeutungskern der Norm entfernt, nimmt ihr materieller Richtigkeitsanspruch ab. Die den Gerichten zukommende Auslegungskompetenz leidet somit unter einem „Ausdünnungsproblem". Mit der abnehmenden Gewißheit der durch Auslegungsregeln vermittelten Rationalität der aus dem Gesetz abzuleitenden Rechtsanwendung vermindert sich die Vermutung, daß das Gericht das Entscheidungsorgan ist, das materielle Gerechtigkeit am ehesten gewährleisten kann. Art. 19 Abs. 4 S. 1 GG sieht zwar grundsätzlich den Rechtsschutz allein durch die Gerichte verwirklicht. Wenn die Gerichte aber keinen Rechtsschutz im Sinne materiell richtiger Entscheidungen gewährleisten können, ist es nur bedingt im Sinne dieser Vorschrift, an einer Letztentscheidungskompetenz zugunsten der Gerichte festzuhalten - und zwar dann, wenn die Rationalität des gerichtlichen Verfahrens und die Unabhängigkeit der Justiz immer noch eine höhere Richtigkeitsgewähr verbürgt als Beschlußverfahren und Zusammensetzung des Organs, dessen Entscheidungen kontrolliert werden. Für welche Arten von Entscheidungen dies der Fall ist, wird im folgenden erörtert.

a. Die Gestaltungsbefugnis des Gesetzgebers außerhalb der Funktionsgrenzen der Judikative

Vergewissern wir uns noch einmal der hier zugrunde gelegten Theorie, um nicht einem Mißverständnis aufzusitzen: Der funktionale Kernbereich ist nicht die

---

[738] S. o. Kapitel 3:C.I.4

Grenze der gerichtlichen Kontrolle. Diese wird durch eine formale Kompetenzbestimmung des Gesetzgebers festgelegt, wenn er von der Regel des umfassenden Rechts- und Tatsachenkontrolle abweichen will. Der Kernbereich stellt (lediglich) das gesetzlich unantastbare Wesen des Rechtsschutzgebotes dar. Hierin liegt der wesentliche Unterschied zu dem deduktiven Modell.

Es besteht nicht der Anspruch, in Anwendung der rechtswissenschaftlichen Dogmatik und fachwissenschaftlicher Erkenntnisse eine Einzelfallösung ohne jegliche Eigenwertung zu deduzieren. Die Aufgabe der Dogmatik ist nicht die Ableitung einer Einzelfallösung sondern die Herausarbeitung eines Entscheidungskorridors, außerhalb dessen staatliches Handeln nicht gerecht ist, weil es nicht auf einer rational begründbaren Ableitung aus dem gesetzlichen Normprogramm beruht.[739] „Die von der Dogmatik erwartete praktische Leistung ist es, intellektuell überprüfbare und öffentlich einsichtige Kriterien für die Handhabung des Bewertungsspielraums anzugeben, den *jede* Anwendung einer Norm auf einen konkreten Fall erfordert“[740].

Aus der Einsicht, daß auch das Gericht nicht in der Lage ist, eine einzig richtige Entscheidung zu finden, wird auch nicht der Schluß gezogen, die Gerichte müßten deshalb ihre Kontrolle auf logisch deduzierbare Erkenntnisse begrenzen, wie es der Auffassung von der natürlichen Grenze entspricht. Demgegenüber wird hier vertreten: Gerichte haben grundsätzlich die vollumfängliche Letztentscheidungskompetenz über die Konkretisierung des Rechts zur Einzelfallösung. Und zwar auch dann, wenn sie dazu – wie etwa bei Wertungsentscheidungen - keine rein logischen Schlüsse aus gesicherten Prämissen heranziehen können.[741] Der Gesetzgeber ist aber berechtigt, die Letztentscheidungskompetenz ausnahmsweise auf ein nicht gerichtliches Entscheidungsgremium zu übertragen, wenn dessen Entscheidung eine höhere Richtigkeitsgewähr für sich in Anspruch nehmen kann als die Gerichte.

Der Gesetzgeber steht vor der Aufgabe der Ausgestaltung des Art. 19 Abs. 4 S. 1 GG deshalb erst, wenn andere Entscheidungsorgane in höherem Maße die materielle Gerechtigkeit ihrer Rechtsanwendung verbürgen, als dies die Gerichte tun. Zwei Arten von gesetzlichen Merkmalen sind dabei grundsätzlich problematisch: Ausfüllungsbedürftige Wertungsbegriffe und die gesetzliche Rezeption fachwissenschaftlicher Unsicherheiten

b. Ausfüllungsbedürftige Wertungsbegriffe als Funktionsgrenze

---

[739] Esser (AcP 172 (1972), S. 97, 130) spricht von einer „Rationalitätsprobe“, die durch die Dogmatik ermöglicht wird

[740] Wieacker, in FS für Gadamer II, 1970, S. 311 (316), Hervorhebung im Original

[741] Vgl. Larenz, Methodenlehre, 1991, S. 229

Wertungen sind da erforderlich, wo unvergleichbare Rechtsgüter gegen einander abgewogen werden müssen. Die Unvergleichbarkeit zweier Rechtsgüter macht die logische Deduktion, welches überwiegt, prinzipiell unmöglich.[742] Unvergleichbarkeit tritt immer dann auf, wenn eine gemeinsame Bemessungsgrundlage fehlt. Da Werten wie Sicherheit oder Gesundheit keine objektive finanzielle Größe zugeordnet werden kann, läßt sich nicht mit mathematischer Folgerichtigkeit beantworten, welche Ausgaben angemessen sind, um diese Werte sicherzustellen. Erfordert ein Normprogramm die Abwägung unvergleichbarer Rechtsgüter, können diese - abgesehen von Extremfällen - somit nur anhand einer Wertungsentscheidung erfolgen.[743]

Die in der Norm getroffene Wertungsentscheidung wird nicht von einem wissenschaftlichen oder logischen „Richtigkeitsanspruch", sondern von dem Geltungsanspruch des demokratisch legitimierten Entscheidungsträgers getragen. Das Prinzip demokratischer Repräsentation beruht - so gesehen - auf der Hoffnung, daß der legitimierte Träger hoheitlicher Gewalt diese im Sinne der Mehrheit im Volk nutzt und auf der prinzipiellen Möglichkeit eine andere Entscheidung durch Wahlen zu sanktionieren oder rückgängig zu machen.[744] Das demokratische Modell ist deshalb sinnvoll, weil in dem vom Selbstbestimmungsrecht des Bürgers geprägten Staatsbild nur der Einzelne für sich entscheiden kann, welche Bedeutung ein Gut für ihn persönlich hat. Der demokratische Staat will deshalb, soweit dies möglich und notwendig ist, seine Entscheidungen an den Willen des von diesen Entscheidungen Betroffenen anbinden. Und dort, wo für das Zusammenleben im Staat abstrakt-generelle und verbindliche Regelungen notwendig sind - oder besser gesagt: nach dem Willen der Mehrheit notwendig oder sinnvoll erscheinen -, sind diese im rechtsstaatlichen Verfahren als Rechtsnormen zu erlassen. Rechtsnormen sind deshalb in Schriftform gegossene Wertungen.[745]

---

742 Larenz, Methodenlehre, 1991, S. 240

743 Larenz, Methodenlehre, 1991, S. 288; Badura in FS für Bachof, 1984, S. 169 (180 ff.); Ossenbühl, DVBl 1974, S. 309 (312); Schmidt, Gesetzesvollziehung, 1969, S. 122; VG Kassel, NJW 1987, S. 1436; Greipl, Sachverständigenausschüsse, 1988, S. 109; a. A. VG Wiesbaden, NJW 1988, S. 356 (361, r. Sp.)

744 Auch die Rechtsprechung ist demokratisch legitimiert (vgl. BVerfGE 48, 89 (125) und Brohm, DÖV 1987, S. 265, 268 f.). Der qualitative Unterschied zu der demokratischen Legitimation der Gesetzgebung liegt aber in deren stärkeren Anbindung an Wahlen (Fuss, JZ 1959, S. 329, 331, r. Sp.)

745 Ähnlich Larenz, Methodenlehre, 1991, S. 214; kritisch Brohm, DÖV 1987, S. 265 (267, l. Sp.)

Untergesetzliche Normgeber ziehen ihre Richtigkeitsgewähr somit aus ihrer demokratischen Legitimation. Die Richtigkeit der normativen Wertung wird zwar nicht im Sinne einer objektiven Gerechtigkeit verbürgt. An ihre Stelle tritt im demokratischen Rechtsstaat aber die Anbindung an den Willen der durch die abstrakt-generellen Regelungen betroffenen Bürger. Der Geltungsanspruch einer Norm gründet somit nicht auf der logischen Stringenz der Rechtsfolge, sondern auf der Berechtigung des Normgebers, im Rahmen höherrangigen Rechts aufgrund hoheitlicher Macht deren Verbindlichkeit anzuordnen.[746] Die Konnexität des Geltungsanspruchs der Normkonkretisierung durch den untergesetzlichen Normgeber mit seiner demokratischen Legitimation weist ihm aber zugleich funktionelle Grenzen auf. Sind erforderliche Wertungen bereits vom Gesetzgeber getroffen ist er daran gebunden. Bedarf es zur Konkretisierung der Norm keiner Wertungen, z. B. weil diese sich aus bestehenden fachwissenschaftlichen Standards ergeben, genügt auch ein demokratisch nicht ausreichend legtimiertes (Sachverständigen-) Gremium.[747]

Daraus ist zu folgern:

- Abstrakt-generelle Regelungen, die keine Wertungen enthalten, sind keine Normen im eigentlichen, sondern allenfalls im technischen Sinne. Ihnen fehlt das konstituierende Merkmal der Regelung.[748] Überspitzt gesagt: eine Norm, die gebietet, daß „eins und eins zwei macht", ist keine Norm, sondern eine Feststellung. Sie bedarf auch nicht der demokratischen Legitimation.[749]
- Abstrakt-generelle Regelungen, die Wertungen enthalten, sind Normen. Eine andere Frage ist, ob oder für wen sie gelten. Nur wenn sie den rechtsstaatlichen Anforderungen - insbesondere der demokratischen Legitimation - genügen, sind sie auch gültige Normen.
- Die in Normen enthaltenen Wertungen sind nur begrenzt einer gerichtlichen Überprüfung zugänglich.[750]

Die Grenzlinie zwischen Wertungen und fachwissenschaftlichen Feststellungen ist freilich nicht immer eindeutig. So enthält etwa die Anlage zur Berufskrankheitenverordnung (BKV)[751] eine Auflistung der gesundheitlichen Beeinträchtigungen, die nach § 1 der Verordnung als Berufskrankheiten anzusehen sind. Man könnte in dieser Auflistung eine reine Zusammenstellung medizinischer

---

[746] So auch Axer, Normsetzung, 2000, S. 50
[747] So auch v. Danwitz, Die Gestaltungsfreiheit des Verordnungsgebers, 1989, S. 71
[748] Vgl. Axer, Normsetzung, 2000, S. 37
[749] Vgl. Maurer, StaatsR, 1999, § 17 Rn. 135
[750] S. BVerfGE 54, 183 (197)
[751] Vom 31. 10. 1997 (BGBl I, S. 2623)

Fachkenntnisse zu beruflich bedingten Gesundheitsschäden sehen. Dies träfe zu, wenn in medizinischen Fachkreisen unumstritten wäre, welche Krankheiten als Berufskrankheiten gelten, und die Liste der BKV diese unumstrittene Auffassung wiedergeben würde. Tatsächlich bestimmt die BKV in ihrer Anlage den in SGB VII verwandten Begriff der Berufskrankheit und stellt damit wertend außer Streit, was aus medizinischen Gründen möglicherweise angezweifelt werden könnte. Die Ermächtigung zum Erlaß der BKV in § 9 Abs. 1 S. 1 SGB VII stellt klar, daß nicht der medizinische Stand der Erkenntnisse zu den Berufskrankheiten für die Bestimmung des gesetzlichen Begriffes maßgeblich sein soll, sondern die wertende Entscheidung des Verordnungsgebers.

Zusammenfassend läßt sich feststellen: Ausfüllungsbedürftige Wertungsbegriffe können eine Letztentscheidungskompetenz des untergesetzlichen Normgebers rechtfertigen. Verfassungsrechtliche Voraussetzungen dafür sind die aureichende demokratische Legitimation des untergesetzlichen Normgebers und die Vornahme der für die Grundrechtsausübung wesentlichen Wertungen durch den Gesetzgeber – gegebenenfalls unter den Bedingungen des Art. 80 Abs. 1 S. 2 GG. Sind diese Voraussetzungen erfüllt unterliegt es dem Gestaltungsspielraum des Gesetzgebers, dem untergesetzlichen Normgeber die Letztentscheidungskompetenz zu übertragen.
Er kann aber auch der methodentheoretischen Fachkompetenz der Gerichte gegenüber der stärkeren demokratischen Legitimation des Normgebers Vorrang einräumen. Der formal-normative Ansatz geht davon aus, daß die Entscheidung über die Letztentscheidungskompetenz immer zugunsten des untergesetzlichen Normgebers ausfällt. Statt dessen ist eine differenzierende Betrachtung angebracht. Für die Fälle, in denen der Gesetzgeber auf die verfassungsrechtlichen Typen der untergesetzlichen Rechtssetzung (Satzung und Rechtsverordnung) zurückgreift, kann eine Letztentscheidungskompetenz des Normgebers angenommen werden. Zweifelhaft ist sie aber bei Entscheidungsgremien - wie dem Bundesausschuß der Ärzte und Krankenkassen -, deren abstrakt-generelle Regelungen aufgrund ihrer Außenwirkung zwar als Rechtsnormen einzuordnen sind, die aber lediglich eine „dünne" demokratische Legitimation aufweisen.[752]

c. Fachwissenschaftliche Unsicherheiten als Funktionsgrenze

An Funktionsgrenzen stößt die Judikative auch bei der Konkretisierung gesetzlich rezipierter fachwissenschaftlicher Unsicherheiten. Jede Wissenschaft hat einen Bereich von Erkenntnissen, der als gesichert gelten darf. Abseits dieser Erkenntnisse können Aussagen nur ein Mehr oder Weniger an Richtigkeit - oder

[752] S. u. Kapitel 3:C.II.4

besser gesagt - Wahrscheinlichkeit für sich in Anspruch nehmen.[753] Ähnliches gilt für Prognoseentscheidungen. Zukünftige Entwicklungen können in aller Regel nur abgeschätzt werden. Die für die weitere Entwicklung bestimmenden Faktoren wirken in zu komplexer Weise zusammen, als daß sie aufgrund der Alltagserfahrung oder mit wissenschaftlichen Methoden vorhergesagt werden könnten.[754]

Wo die Rechtsanwendung auf wissenschaftliche Aussagen anderer Disziplinen zurückgreift, kann sie deshalb keine höhere Richtigkeit für sich in Anspruch nehmen, als diese in der jeweiligen Wissenschaft genießen. Rezipiert das Gesetz wissenschaftliche Standards oder erfordert seine Anwendung Prognosen auf der Basis komplexer Sachmaterien und ist zur Bewältigung wissenschaftlicher Unsicherheiten ein Fachgremium gesetzlich eingesetzt, stellt sich die Frage, ob im Prozeß mit Hilfe von Sachverständigen mit zumindest gleichem Richtigkeitsanspruch eine kompetente Einschätzung der Lage erreicht werden kann. Auch hier stößt der grundsätzlich eine Richtigkeit der Entscheidung verbürgende Gerichtsprozeß an seine „Funktionsgrenzen“. Hinsichtlich der vom Gesetz getroffenen Regelung wird der Geltungsanspruch der richterlichen Konkretisierung in dem Maße ausgedünnt, in dem sie sich von dem gesicherten Bedeutungskern des Normprogramms entfernt. Damit nimmt die Intersubjektivität der Einzelfallentscheidung bei der Rezeption von fachwissenschaftlichen Erkenntnissen in dem Maße ab, wie diese selbst als unsicher zu bezeichnen sind.

d. Ergebnis

Ausfüllungsbedürftige Wertungsbegriffe sowie Rezeptions- und Prognosebegriffe innerhalb einer Norm können von den Gerichten letztverbindlich konkretisiert werden und Art. 19 Abs. 4 S. 1 GG verlangt dies im Grundsatz.[755] Erhebt aber gleichzeitig eine untergesetzliche Rechtsnorm oder ein fachwissenschaftlicher Standard den Anspruch, das gesetzliche Normprogramm richtiger zu konkretisieren, weil dieser die Bewältigung fachwissenschaftlicher Unsicherheiten oder Wertungen erfordert, die sich einer juristischen Rationalisierbarkeit entziehen, tritt der durch die demokratische Legitimation oder die besondere Fachkompetenz des Gremiums aufgeladene Normkonkretisierungsanspruch in Gegengewicht zur Auslegungskompetenz der Gerichte. In dieser Konfliktlage verlangt Art. 19 Abs. 4 S. 1 GG nicht, die Letztentscheidungskompetenz den Gerichten vorzubehalten. Vielmehr kann der Gesetzgeber durch eine entsprechende kom-

---

[753] Schulze-Fielitz in Dreier, GG, 1996, Art. 19 IV Rn. 101 ff.

[754] Ossenbühl in Erichsen, VerwR-AT, 1998, § 10 III 2 Rn. 38; Badura in FS für Bachof 1984, S. 169 (179); Redeker/v. Oertzen, VwGO, 1997, § 114 Rn. 17; Greipl, Sachverständigenausschüsse, 1988, S. 110

[755] S. BVerwGE 35, 69 (73)

petenzielle Bestimmung die Höherwertigkeit der Normkonkretisierung durch das Entscheidungsgremium festlegen und dadurch dem Rechtsschutz im konkreten Fall Gestalt geben.

Bei dieser Ausgestaltung muß der Gesetzgeber die Vor- und Nachteile der Übertragung der Letztentscheidungskompetenz auf eines der Gremien abwägen. Bei der Abwägung kommt ihm ein Gestaltungs- und Beurteilungsspielraum zu.[756] Die Abwägung ist aber offensichtlich fehlerhaft und damit rechtswidrig, wenn eine Letztentscheidungskompetenz auf ein Gremium übertragen wird, das keine (fachwissenschaftliche oder demokratisch fundierte) Richtigkeitsgewähr seiner Entscheidungen bietet, oder wenn die Richtigkeitsgewähr der methodentheoretischen Fachkenntnis der Gerichte nicht ausreichend berücksichtigt wird.

Daraus ergibt sich die folgende Unterscheidung:
Wertungsentscheidungen sind das Ergebnis einer subjektiven Abwägung (mindestens) zweier Güter ohne gemeinsame Bemessungsgrundlage. Intersubjektivität können sie aber durch die demokratische Legitimation des Normgebers beanspruchen. Dieser trifft - der Idee nach - die erforderliche subjektive Wertungsentscheidung gemäß dem Willen der Mehrheit der Betroffenen.
Wertungsentscheidung, die von der Verfassung oder vom einschlägigen Gesetz getroffen wurden, sind vom Gericht als rechtlicher Maßstab heranzuziehen und können mittels der Rationalität der juristischen Dogmatik auf den Einzelfall angewandt werden. Die gerichtliche Entscheidung genießt dann aufgrund ihrer prinzipiell wertungsfreien Ableitung aus der normativen Wertungsentscheidung Intersubjektivität wie diese selbst.
Erfordert die Konkretisierung eines Normprogramms (weitere) Wertungen, die nicht oder nicht hinreichend konkret bereits rechtlich getroffen worden sind, ist das Gericht dazu durch Art. 19 Abs. 4 S. 1 GG grundsätzlich befugt. Diese Wertungen gehören aber nicht zum Kernbereich gerichtlichen Rechtsschutzes. Der Gesetzgeber kann deshalb unter den Voraussetzungen einer ausreichenden demokratischen Legitimation des untergesetzlichen Normgebers und der hinreichenden Dichte der gesetzlichen Bestimmungen durch eine gesetzliche Anordnung die Letztentscheidungskompetenz auf einen nicht gerichtlichen Entscheidungsträger verlagern.

Die Feststellung von Tatsachen ist die Wahrnehmung von Zuständen oder Erkennung von Zusammenhängen der Außenwelt. Ihre Intersubjektivität beruht auf der sinnlich wahrnehmbaren oder durch wissenschaftliche Hilfsmittel und Experimente ermittelbaren Realität.

---

[756] S. Greipl, Sachverständigenausschüsse, 1988, S. 151 (Fn. 1)

Die vom Gesetz geforderten Feststellungen können durch das Gericht mit Anspruch auf Intersubjektivität vorgenommen werden, wenn es sich durch eigene Wahrnehmung oder durch sachverständige Vermittlung ein hinreichend sicheres Bild von den zugrunde zu legenden Tatsachen verschaffen kann.
Fehlt es wegen fachwissenschaftlicher Unsicherheiten an anerkannten Wirkungszusammenhängen oder Erkenntnismethoden oder erfordert ein Normprogramm Prognosen, ist eine intersubjektive Feststellung der Tatsachen nicht möglich. Das Gericht bleibt auch dann durch Art. 19 Abs. 4 S. 1 GG grundsätzlich befugt, erforderliche Einschätzungen vorzunehmen. In diesem Bereich ist der Gesetzgeber aber aufgrund der mangelnden Intersubjektivität nicht gehindert, die Letztentscheidungskompetenz auf ein mit Sachverständigen besetztes Fachgremium zu übertragen.

Bei offenen Wertungen und unsicheren Feststellungen können die Gerichte folglich der Letztentscheidungskompetenz gesetzlich enthoben werden, wodurch deren gerichtliche Kontrolle beschränkt wird. Beide sind aber kategorisch voneinander zu trennen. Dem zur Letztentscheidung befugten Entscheidungsträger muß eine der Bewältigung der Aufgabe entsprechende organadäquate Entscheidungsfähigkeit zukommen, die seinen Gestaltungs- oder Beurteilungsspielraum sachlich rechtfertigt.[757]

[757] So auch BVerfGE 54, 183 (197) und Redeker/v. Oertzen, VwGO, 1997, § 114 Rn. 27

E. Untergesetzliche Rechtsnormen und Kontrolldichte

Aus der Lehre vom Vorbehaltsbereich der Gerichte ergeben sich folgende Grundsätze zur Bestimmung der Kontrolldichte für untergesetzliche Rechtsnormen.

I. Grundsätze der Kontrolldichte für untergesetzliche Rechtsnormen

1. Annahmen

Die in der Lehre vom Vorbehaltsbereich der Gerichte dargestellten Annahmen, auf deren Basis die gebotene Kontrolldichte zu finden ist, sind:

- Art. 19 Abs. 4 S. 1 GG gebietet vollumfänglichen Rechtsschutz. Grundsätzlich obliegt die Letztentscheidungskompetenz in Bezug auf die Feststellung von Tatsachen und die erforderlichen Wertungen deshalb den Gerichten.
- Rechtsschutz im Sinne des Art. 19 Abs. 4 S. 1 GG verfolgt die Idee materieller Gerechtigkeit. Geltung und Akzeptanz empfängt eine Entscheidung, soweit sie auf allgemein anerkannten (intersubjektiven) Maßstäben oder objektiv erkennbaren Tatsachen beruht und das Urteil methodisch-rational aus diesen ableitet.
- Unabhängigkeit und rechtsdogmatische Fachkompetenz der Gerichte sowie ein rechtsstaatlich ausgeprägtes Entscheidungsverfahren, innerhalb dessen fachwissenschaftlich gesicherte Erkenntnisse und sinnlich wahrnehmbare Tatsachen festgestellt werden können, machen die Judikative zur organisatorisch, institutionell und personell kompetent ausgestatteten Gewalt zur Gewährung von Rechtsschutz. Rechtsschutz wird insofern juristisch rational und deshalb organadäquat von der Judikative geleistet.
- Art. 19 Abs. 4 S. 1 GG bestätigt und fordert diese Kompetenz der Gerichte. Das Gebiet juristischer Rationalisierbarkeit ist deshalb der gesetzlich unantastbare Vorbehaltsbereich der Judikative. Art. 19 Abs. 4 S. 1 GG verlangt aber keine gerichtliche Kontrolle von Entscheidungen, deren Beurteilung nicht nach intersubjektiven Maßstäben erfolgen kann. Gerichtlicher Rechtsschutz stößt hier an seine Funktionsgrenze. Eine Übertragung der Letztentscheidungskompetenz auf nicht gerichtliche Entscheidungsträger ist deshalb kein Eingriff in Art. 19 Abs. 4 S. 1 GG. Die Übertragung erfordert aber eine gesetzliche Entscheidung. Ohne diese verbleibt es bei dem Grundsatz des vollumfänglichen Rechtsschutzes durch die Gerichte.
- Intersubjektiv nicht begründbare Entscheidungen finden sich bei normativ getroffenen („offenen“) Wertungen und fachwissenschaftlich anerkannten („unsicheren“) Tatsachen. Die Letztentscheidungskompetenz kann für

diese Entscheidungen gesetzlich auf nicht gerichtliche Entscheidungsträger übertragen werden. Die Übertragung muß auf einen Entscheidungsträger erfolgen, der die der Bewältigung der gestellten wertenden oder einschätzenden Aufgabe organadäquate Voraussetzungen erfüllt.

2. Grundsätze

In Anwendung dieser Annahmen ergibt sich für untergesetzliche, abstrakt-generelle Regelungen die folgende Grundtypologie. Sie ist als Übersicht gedacht, die zunächst Zusammenhänge darstellt, auf die im folgenden ausführlicher eingegangen wird.

Unsichere Tatsachen werden organadäquat von Sachverständigen des Fachgebietes bearbeitet, in dem die jeweilige Unsicherheit auftritt. Auch diese sind nicht in der Lage, Unsicherheiten in Sicherheiten zu verwandeln, wenn die Wissenschaft (noch) keine ausreichenden Erkenntnis- oder Erklärungsansätze besitzt. Erfolgt die Einschätzung des Problems aber im Austausch der unterschiedlichen wissenschaftlichen Auffassungen in einem Sachverständigengremium, spricht für das Ergebnis dieses Austauschs eine stärkere Gewähr der Richtigkeit als für eine Einschätzung des Gerichts (selbst nach Berufung mehrerer Sachverständiger). Ist ein Sachverständigengremium gesetzlich dazu berufen, in Standards fachwissenschaftliche Unsicherheiten zu bewältigen, obliegt diesem insoweit die Letztentscheidungskompetenz in Bezug auf erfolgte Einschätzungen unsicherer Tatsachen; dem Sachverständigengremium kommt ein kontrollfreier Beurteilungsspielraum zu.

Eine Wertung ist das Ergebnis der Abwägung (mindestens) zweier unvergleichbarer Güter. Wegen der fehlenden gemeinsamen Bemessungsgrundlage kann sie eigentlich nur mit subjektivem Geltungsanspruch erfolgen. Allgemeinen Geltungsanspruch gewinnen die Wertungen aber gemäß der Verfassung, wenn sie von einem demokratisch legitimierten Entscheidungsträger (im Rahmen seiner Kompetenz und des entsprechenden rechtsstaatlichen Verfahrens) getroffen werden. Soweit die Verfassung und das Gesetz Wertungen treffen, können diese als rechtlicher Maßstab von den Gerichten angewandt werden. Bleibt das Gesetz aber unklar und ist gleichzeitig ein demokratisch legitimierter untergesetzlicher Normgeber gesetzlich beauftragt, offene Wertungsfragen in Form einer Norm zu entscheiden, genießt dessen Konkretisierung eine stärkere Richtigkeitsvermutung als die gerichtliche. Dem untergesetzlichen Normgeber gebührt deshalb die Letztentscheidungskompetenz für die Konkretisierung offener Wertungen; ihm kommt ein kontrollfreier Gestaltungsspielraum zu.

II. Die gebotene Kontrolldichte für die einzelnen Typen untergesetzlicher abstrakt-genereller Regelungen

Welche Dichte der gerichtlichen Kontrolle ist nach der Lehre vom Vorbehaltsbereich der Gerichte somit für die verschiedenen Formen untergesetzlicher abstrakt-genereller Regelungen geboten? Die folgenden Ausführungen wollen diese Frage beantworten.

1. Klassische untergesetzliche Rechtsnormen (Rechtsverordnung und Satzung)

Satzung und Rechtsverordnung sind die „klassischen", von der Verfassung vorgesehenen Formen untergesetzlicher Rechtssetzung. Als Rechtsnormen binden sie, soweit gültig, die Verwaltung und die Gerichte (Art. 20 Abs. 3 GG) sowie die von der Regelung Betroffenen (Außenwirkung). Die Befugnis zur Normsetzung verlangt die demokratische Legitimation des Normgebers (Art. 20 Abs. 2 GG). Die demokratische Legitimation des untergesetzlichen Normgebers stellt die innere Berechtigung des Gesetzgebers dar, die zur Regelung eines Sachbereichs erforderlichen wesentlichen Wertungen abschließend vorzunehmen, andere aber zu delegieren.

a. Die Ermächtigung des untergesetzlichen Normgebers zur Letztentscheidungskompetenz bei offenen Wertungen

Das für den untergesetzlichen Normgeber verbindliche höherrangige Recht beschränkt sich deshalb in der Regel[758] auf Direktiven für die noch „offenen" Wertungen (Abwägungsdirektiven).[759] Die Bindung des Satzungs- und des Verordnungsgebers differiert dabei aufgrund ihrer unterschiedlichen demokratischen Legitimation. Der Satzungsgeber wird direkt von dem durch die Regelung betroffenen Teilvolk legitimiert. Er nimmt deshalb eine materielle Autonomie in Anspruch, die ihn berechtigt, unabhängig von – bei der Rechtsverordnung durch Art 80 Abs. 1 GG vorgeschriebenen - gesetzlichen Bindungen Recht zu setzen.[760] Hingegen leitet der Verordnungsgeber seine demokratische Legitimation vom Parlament ab und ist darum grundsätzlich verpflichtet, den Willen des Ge-

---

758 Gebundene Rechtsverordnungen sind selten, s. Schmidt-Aßmann in M/D, Art. 19 Abs. IV Rn. 217

759 Vgl. Schmidt-Aßmann in M/D, Art. 19 Abs. IV Rn. 217

760 Natürlich unterliegt auch der Satzungsgeber Schranken, s. dazu: Maurer, VerwR-AT, 1999, § 4 Rn. 17. Insbesondere hat er den Gesetzesvorbehalt zu beachten und kann deshalb keine wesentlichen Grundrechtseingriffe regeln, ohne daß deren grundlegende Entscheidungen zuvor vom Gesetzgeber getroffen wurden (Wesentlichkeitstheorie), s. BVerfGE 33, 125 (157 ff.) und Bethge, NVwZ 1983, S. 577 (579)

setzgebers fortzuführen.[761] Der Gesetzgeber ist aber berechtigt, unwesentliche Wertungen bewußt nicht zu treffen und damit dem Verordnungsgeber einen eignen Wertungsspielraum einzuräumen.[762]

Satzungs- und Verordnungsgeber sind somit mehr oder weniger, jedoch nur in seltenen Ausnahmen völlig an die höherrangigen rechtlichen Vorgaben gebunden. Dies ist eine Binsenweisheit. Aus ihr resultiert aber für die gerichtliche Kontrolldichte untergesetzlicher Rechtsnormen ein wichtiges Problem. Soweit der untergesetzliche Normgeber durch höherrangiges Recht gebunden wird, ist das Gericht verpflichtet, die Einhaltung dieser Bindungen in Letztentscheidungskompetenz zu überprüfen. Ist der untergesetzliche Normgeber aber ermächtigt, offene Wertungen zu konkretisieren, steht ihm ein von gerichtlicher Kontrolle befreiter Wertungsspielraum zu. Die Grenze gerichtlicher Kontrolle ist damit eine nur schwer zu bestimmende Trennlinie zwischen der verbotenen „Korrektur der Entscheidungen des Gesetzgebers"[763] und der gebotenen eigenen Wertung in offenen Regelungslücken. Die Formulierung des BVerfG, daß der Verordnungsgeber an den „wohlverstandenen Sinn der ihm erteilten Ermächtigung" gebunden ist,[764] bleibt Ausdruck der Hilflosigkeit, abstrakt generell eine klare Marschroute zur Auffindung der Bindungsgrenze zu formulieren. Tatsächlich kann sie nur im konkreten Fall herausgearbeitet werden.

Die hier vertretene Lehre vom Vorbehalt der Gerichte macht jedoch deutlich, daß eine hermeneutische Lösung des Problems unzutreffend ist. Die Richtigkeitsgewähr der Entscheidungsfindung durch Auslegung nimmt mit zunehmender Unbestimmtheit des auszulegenden Begriffes ab. Nur wenn ein demokratisch legitimierter Entscheidungsträger eine wertende Normkonkretisierung vornimmt, steht der Auslegung der Gerichte aber die Vermutung entgegen, daß dessen Interpretation richtiger ist, weil sie den mehrheitlichen Willen der Bürger - und nur dieser ist bei Wertungen maßgeblich - zutreffend widerspiegelt. Über den Wortlaut und dessen methodische Verdichtung hinaus spielen deshalb die gesetzliche Zuweisung der Letztentscheidungskompetenz und die „Stärke" der demokratischen Legitimation des Entscheidungsträgers eine entscheidende Rolle.

Für die klassischen untergesetzlichen Rechtsnormtypen Satzung und Rechtsverordnung muß eine Letztentscheidungskompetenz zur Auffüllung von Wertungs-

---

761 Vgl. Schmidt-Aßmann in M/D, Art. 19 Abs. IV Rn. 217

762 Dies folgt aus der Umkehrung der Wesentlichkeitstheorie; vgl. BVerfGE 29, 198 (211); BVerfGE 38, 348 (363)

763 BVerfGE 16, 332 (339) zu Rechtsverordnungen und Westbomke, Der Anspruch auf Erlaß von Rechtsverordnungen und Satzungen, 1976, S. 49

764 BVerfGE 3. 248 (255)

lücken angenommen werden. Denn ihr Sinn besteht ja gerade darin, den Gesetzgeber von unwesentlichen Wertungen und Regelungen für bestimmte Teilgruppen der Gesellschaft zu befreien (bei der Rechtsverordnung) oder eigene Belange selbständig zu regeln (bei der Satzung).

b. Die gebotene Kontrolldichte für Satzung und Rechtsverordnung

Vor diesem Hintergrund sind „vertretbare Auslegungsvarianten" des untergesetzlichen Normgebers vom Gericht nicht zu beanstanden.[765] Gerichte sollten die Konkretisierungen ausfüllungsbedürftiger Wertungsbegriffe als „delegierte authentische Interpretation" betrachten und nur dann beanstanden, wenn sie dem eindeutig methodisch bestimmten Sinn des höherrangigen Rechts widersprechen.[766] Satzungs- und Verordnungsgeber haben folglich einen von gerichtlicher Kontrolle befreiten Spielraum zur Konkretisierung offener Wertungen, der, soweit vage Rechtsbegriffe interpretiert werden, erst bei einem Widerspruch zum eindeutigen Sinngehalt des gesetzlichen Rahmens überschritten wird.

Hieraus ergibt sich für die klassischen untergesetzlichen Rechtsnormen die folgende gerichtliche Kontrolldichte: Die Einhaltung des Normsetzungsverfahrens sowie die Ermittlung der erforderlichen Tatsachen unterliegen grundsätzlich[767] der vollen gerichtlichen Kontrolle. Hingegen ist die gerichtliche Kontrolle von Wertungen darauf beschränkt, die Ordnungsmäßigkeit des Wertungsvorgangs (insbesondere die Berücksichtigung der betroffenen Interessen, Freiheit von sachfremden Erwägungen und die Abwägungsbereitschaft) und die Übereinstimmung des Ergebnisses mit dem eindeutigen Sinngehalt der rechtlich verbindlichen Direktiven zu überprüfen.[768]

Die formal-normative Theorie sieht in der Ermächtigung zur Normsetzung auf untergesetzlicher Ebene die Befugnis, Entscheidungen mit Letztverbindlichkeit zu treffen. Dies ist - so kann jetzt gesagt werden - richtig, wenn diese Befugnis den Auftrag umfaßt, Wertungsentscheidungen zu treffen, und diese adäquat de-

765 So Ossenbühl in FS für Huber, 1981, S. 283 (293)

766 So Jesch, JZ 1963, S. 241 (245); a. A. Schmidt-Aßmann, Die kommunale Rechtssetzung im Gefüge der administrativen Handlungsformen und Rechtsquellen, 1981, S. 60

767 Wie bereits ausgeführt (s. o. Kapitel 3:D.II.2.c) können auch im Bereich der Tatsachenermittlung Unsicherheiten bei der Rezeption fachwissenschaftlicher Erkenntnisse auftreten, die eine Einschätzungsprärogative des untergesetzlichen Normgebers begründen. Dafür muß dieser aber eine besondere, im gerichtlichen Verfahren nicht zu kompensierende Fachkompetenz aufweisen, d. h., der Satzungs- oder Verordnungsgeber müßte mit Sachverständigen besetzt sein.

768 So wohl auch Schenke in BK, Art. 19 Abs. 4 Rn. 379 f. und Schmidt-Aßmann in M/D, Art. 19 Abs. IV Rn. 217

mokratisch legitimiert sind. Soweit der Normgeber aber lediglich aufgrund wissenschaftlicher Erkenntnisse oder logischer Schlüsse als richtig geltende Tatsachen feststellt, entscheidet er nicht normativ.[769] Vor diesem Hintergrund handelt es sich nicht um legitimationsbedürftige und gemäß Art. 20 Abs. 3 GG verbindliche normative Wertungsentscheidungen, sondern um Tatsachen, die nach Art. 19 Abs. 4 S. 1 GG grundsätzlich der vollen gerichtlichen Kontrolle unterliegen. Auch wenn diese Feststellungen im Rahmen einer Norm im technischen Sinne getroffen werden, ist die demokratische Legitimation des Normgebers - in Abweichung vom formal-normativen Ansatz - kein hinreichender Grund, diesem eine Einschätzungsprärogative hinsichtlich der Tatsachen einzuräumen, die der Normgebung zugrunde gelegt wurden.[770]

2. Normkonkretisierende Verwaltungsvorschrift

Normkonkretisierende Verwaltungsvorschriften sind abstrakt generelle Regelungen, die unbestimmte Rechtsbegriffe konkretisieren.[771] Als Verwaltungsvorschriften fehlt ihnen eigentlich die gesetzliche Geltungsmacht, die Normkonkretisierung mit Außenwirkung und damit auch für die Gerichte verbindlich vorzunehmen.[772] Durch die - in der Rechtsprechung des BVerwG und in weiten Teilen der Literatur anerkannte - eingeschränkte gerichtliche Kontrolldichte für die sogenannten normkonkretisierenden Verwaltungsvorschriften erlangen diese aber faktisch „partielle Außenwirkung“[773]. Dies weist darauf hin, daß auch aus Gründen, die nicht mit der demokratischen Legitimation des Entscheidungsgremiums zusammenhängen, eine Kontrolldichtebeschränkung geboten sein kann. Insbesondere für den Bundesausschuß, der starke Züge eines Sachverständigengremium aufweist, könnten die gleichen Gründe, die für eine nur eingeschränkte Kontrolle der normkonkretisierenden Verwaltungsvorschriften sprechen, auch für die Bestimmung der Kontrolldichte bei der Prüfung seiner Richtlinien maßgeblich sein.

[769] Zu den Problemen der Abgrenzung von Wertungsentscheidungen und der Feststellung wissenschaftlicher Erkenntnisse s. o. Kapitel 3:D.II.2.b

[770] Dazu müßte der Normgeber eine besondere fachliche Qualifikation zur Bewältigung fachwissenschaftlicher Unsicherheiten aufweisen; s. Fn. 775 und Kapitel 3:E.II.3.b.

[771] Vgl. Gerhardt in Schoch/Schmidt-Aßmann/Pietzner, VwGO, § 114 Rn. 63

[772] S. dazu: Maurer, VerwR-AT, 1999, § 24 Rn. 20 ff.

[773] Schmidt-Aßmann in M/D, Art. 19 Abs. IV Rn. 217

a. Die Rezeption fachwissenschaftlicher Unsicherheiten und die daraus resultierenden Vollzugsprobleme

Die Figur der normkonkretisierenden Verwaltungsvorschrift wurde nicht zufällig im Umweltrecht zum Leben erweckt.[774] Insbesondere bei der Genehmigung von risikoträchtigen Anlagen stellt sich die Frage: Wie kann das Risiko eines Unfalls auf wirtschaftlich vertretbare Weise minimiert werden, ohne daß die Gefahr für Umwelt und Bevölkerung unzumutbar ist? Die Beantwortung dieser Frage erfordert eine Wertung, weil die Ausgaben in Sicherheitstechnik in Verhältnis zu setzen sind zu den gefährdeten, nicht quantifizierbaren Rechtsgütern (Leben, Gesundheit, Luft, u. a.). Sie erfordert aber vor allem und zuerst fachwissenschaftliche Einschätzungen (zu den jeweiligen Risiken der technischen Anlagen und den potentiellen Gefahren eines Unfalls). Wollte der Gesetzgeber sie für alle Anlagentypen beantworten, käme dies angesichts des schnellen Wandels von technisch Möglichem und wissenschaftlicher Erkenntnis einer „Arbeitsblockierung“ des Parlaments gleich.[775] Er kann nicht anders, als sich auf sehr allgemein gehaltene Regulierungen zu den Genehmigungsvoraussetzungen zu beschränken.[776] Dadurch wird die Verwaltung aber vor ein Problem gestellt: Sie wird zum Vollzug von Gesetzen beauftragt, die ohne Konkretisierung nicht vollzugsfähig sind, deren Konkretisierung aber komplexe fachwissenschaftliche Fragen aufwerfen, die den einzelnen Sachbearbeiter überfordern.[777] Das gleiche Vollzugsproblem tritt auch in anderen Rechtsbereichen auf: zulässige Immissionen von Industrieanlagen, erlaubter Einsatz an und Versuche mit gentechnisch verändertem Material, Zulassung von Arzneimitteln[778].

b. Die normkonkretisierende Verwaltungsvorschrift als Standardisierung fachwissenschaftlicher Unsicherheiten

Die normkonkretisierende Verwaltungsvorschrift ist damit - wenn man so will - aus der Not geboren. Sie gibt dem Sachbearbeiter die notwendigen abstrakt-generellen Bestimmungen zur Bewältigung einer unsicheren Erkenntnislage an die Hand, die ihn von der eigenen Abschätzung des schwierig zu ermittelnden Standes der wissenschaftlichen Diskussion oder der Prognose befreien. Und die

---

[774] Als ihre Geburtsstunde kann wohl das Whyl-Urteil des BVerwG (E 72, 300) vom 19. 12. 1985 bezeichnet werden, obwohl Ossenbühl bereits 1968 (in Verwaltungsvorschriften und Grundgesetz, S. 545 f.) von „konkretisierenden Verwaltungsvorschriften“ sprach; vgl. Sendler, UPR 1993, S. 321 (l. Sp.)

[775] So Di Fabio, DVBl 1992, S. 1338 (1344, l. Sp.)

[776] S. § 5 BImSchG

[777] Sendler, UPR 1993, S. 321 (326, l. Sp.); Di Fabio, DVBl 1992, S. 1338 (1341, l. Sp.); Gerhardt in Schoch/Schmidt-Aßmann/Pietzner, VwGO, § 114 Rn. 64

[778] S. die Zusammenstellung bei Salzwedel in FS für Redeker, 1993, S. 421 ff.

Gerichte - so könnte man böswillig behaupten - die sich vor die gleiche Problematik gestellt sahen, nahmen sie dankbar an, indem sie diese für gerichtlich unkontrollierbar erklärten, um so einer aufwendigen Beweisaufnahme zu entgehen. Allein - die Notwendigkeit solcher Standards für den Vollzug kann keine Begründung für die Zulässigkeit der eingeschränkten gerichtlichen Kontrolle normkonkretisierender Verwaltungsvorschriften sein. Immerhin bedeutet sie die Verlagerung der Letztentscheidungskompetenz in Entscheidungen, die hochrangige Rechtsgüter in erheblichem Maße berühren.

Gleichwohl läßt sich der Anerkennung der teilweisen Bindungswirkung der normkonkretisierenden Verwaltungsvorschriften vor dem Hintergrund der hier vertretenen Lehre vom Vorbehalt der Gerichte grundsätzlich zustimmen. Betrachten wir die normkonkretisierenden Verwaltungsvorschriften einen Moment als die Wiedergabe eines rein wissenschaftlichen Erkenntnishorizonts ohne wertende Elemente. Dies sind sie tatsächlich - oder sollen es zumindest sein -, wenn sie nach gesetzlichem Auftrag den „Stand der Wissenschaft" wiedergeben. Wenn es sich um die Bestimmung rein wissenschaftliche Standards handelt, ist - nach der hier dargestellten Theorie - eine eingeschränkte gerichtliche Kontrolle gerechtfertigt, soweit diese fachwissenschaftlich unsichere Erkenntnisse und Prognosen konkretisieren.[779] Die Letztentscheidungskompetenz gründet dabei auf der Fachkompetenz des Entscheidungsträgers, ohne daß dieser außerdem auch demokratisch legitimiert sein müßte (Einschätzungsprärogative).[780] Die Gründe hierfür sind im Wesentlichen die gleichen, die das BVerwG veranlaßt hatten, den wissenschaftlichen Standards als „antizipierten Sachverständigengutachten" eine faktische Bindungswirkung für die Gerichte zuzusprechen.[781] Es ist die Einsicht, daß für eine im wissenschaftlichen Diskurs unter Fachleuten getroffene Einschätzung unsicherer Erkenntnisse und Prognosen eine höhere Richtigkeitsvermutung spricht als für eine Eigeneinschätzung des Gerichts auf der Basis von Sachverständigengutachten.[782] Anderes gilt allerdings, wenn die normkonkretisierende Verwaltungsvorschrift einen wissenschaftlich gesicherten Erkenntnisstand wiedergibt. Dieser ist dem Gericht ohne weiteres vermittelbar,

---

779 Breuer, NuR 1987, S. 49 (53) spricht insoweit zutreffend von einem „Standardisierungsspielraum"; a. A. Redeker/v. Oertzen, VwGO, 1997, § 114 Rn. 15

780 S.o. Kapitel 3:D.II.2.c

781 Zur Figur des „antizipierten Sachverständigengutachten" vgl. statt aller: Schmidt-Aßmann in M/D, Art. 19 IV Rn. 206

782 Vgl. RGZ 167, 269 (272 f.). In dieser Entscheidung hob das Reichsgericht (mit einer lesenswerten Begründung) das Urteil der Berufungsinstanz auf, weil sich das Berufungsgericht aufgrund eigener Anschauung und ohne besondere Fachkenntnisse über ein nachvollziehbares und von richtigen Tatsachen ausgehendes Sachverständigengutachten hinweggesetzt hatte.

und es besteht mithin kein Grund, von der Grundentscheidung des Art. 19 Abs. 4 S. 1 GG abzuweichen und die gerichtliche Kontrolle einzuschränken.

c. Wertungen in normkonkretisierenden Verwaltungsvorschriften

Normkonkretisierende Verwaltungsvorschriften geben aber oftmals nicht rein wissenschaftliche Standards wieder. Sie enthalten Wertungen, wenn sie etwa durch die Formulierung von Sicherheitsstandards zugleich bestimmen, welches „Restrisiko" hinzunehmen ist oder welche finanziellen Ausgaben nicht mehr vertretbar sind.[783] Soweit diese Wertungen nicht vom Gesetzgeber vollzogen wurden und deshalb gesetzlich „offen" sind, bedürfen sie der demokratischen Legitimation des Entscheidungsträgers, um nicht zum Vorbehaltsbereich der Gerichte zu gehören und dadurch in der Letztentscheidungskompetenz der Judikative zu liegen.[784] In der mangelnden demokratischen Legitimation liegt denn auch ein wesentlicher Kritikpunkt an der Figur der normkonkretisierenden Verwaltungsvorschrift. Sie sei überflüssig, weil das Standardisierungsproblem auch mit herkömmlichen Rechtsquellen zu bewältigen sei - und zwar unter Beachtung des Demokratiegebots.[785]

Eine differenzierende Betrachtung ist wohl angebracht. Einerseits kann eine Verwaltungsvorschrift nicht die gleiche demokratische Wertigkeit besitzen, wie eine Rechtsverordnung.[786] Es würde Art. 80 Abs. 1 GG ad absurdum führen, wenn die Verwaltung auch ohne ausdrückliche gesetzliche Ermächtigung und ohne die besonderen verfahrensrechtlichen Bestimmungen, die für den Erlaß einer Rechtsverordnung gelten, mit der gleichen Bindungswirkung die gleichen wertenden Entscheidungen treffen dürfte.[787] Andererseits ist die Verwaltung auch ohne Ermächtigung zum Erlaß einer Rechtsverordnung befugt, geringfügige Wertungen vorzunehmen.[788] Man wird ihr deshalb einen geringfügigen Wertungsspielraum auch dann zugestehen müssen, wenn sie diesen abstrakt-generell

---

[783] S. Sendler, UPR 1993, S. 321 (323, l. Sp.); Deshalb war es notwendig, die Figur des „antizipierten Sachverständigengutachtens" zu verabschieden. Der wertende Einschlag der abstrakt-generellen Konkretisierung läßt sich weder allein mit dem Argument der höheren Fachkompetenz des Entscheidungsgremiums noch mit der dogmatischen Einordnung des Beweises des ersten Anscheins für die Richtigkeit der Konkretisierung begründen (so noch Breuer, AöR 101 (1976), S. 46 ff.); vgl. auch hierzu Sendler UPR 1993, S. 321 (322, r. Sp. f.)

[784] S dazu oben Kapitel 3:D.II.2.b

[785] Vgl. Gerhardt in Schoch/Schmidt-Aßmann/Pietzner, VwGO, § 114 Rn. 64 m. w. Nachw.

[786] So auch Di Fabio, DVBl 1992, S. 1338 (1344, l. Sp.)

[787] Papier (in HBStR VI, 1989, § 154 Rn. 72) nennt sie ein „parakonstitutionelles Verordnungsrecht"

[788] Ebenso: Sendler, UPR 1993, S. 321 (324, l. Sp.)

in Anspruch nimmt[789] - insbesondere dann, wenn die erforderlichen Wertungen in engem Zusammenhang mit den wissenschaftlichen Einschätzungen erfolgen. Die an die normkonkretisierende Verwaltungsvorschrift anzulegende Kontrolldichte darf demgemäß im Hinblick auf die getroffenen Wertungen nicht geringer sein als die für die einzelne Vollzugsentscheidung.[790]

d. Die gebotene Kontrolldichte für normkonkretisierende Verwaltungsvorschriften

Für die Kontrolldichte bei der gerichtlichen Überprüfung normkonkretisierender Verwaltungsvorschriften ist deshalb zu fordern:

- Kontrollfreie Spielräume bedürfen der zumindest konkludenten gesetzlichen Übertragung der Letztentscheidungskompetenz auf das die Verwaltungsvorschrift erlassende Entscheidungsgremium. Eine entsprechende konkludente Ermächtigung des Gesetzgebers kann für die Fälle angenommen werden, in denen eine Norm ohne konkretisierende, abstrakt-generelle Standardisierungen für wissenschaftlich und/oder technisch komplexe Probleme eine Überforderung des Sachbearbeiters darstellt.[791] Mitumfaßt von der konkludenten Ermächtigung sind geringfügige, „offene" Wertungen, die notwendigerweise im Zusammenhang mit der wissenschaftlich-technischen Standardisierung stehen.
- Die mögliche Einschätzungsprärogative setzt allerdings eine umfassende Sachkunde des Entscheidungsgremiums voraus, das dazu mit Vertretern aller betroffenen Fachrichtungen zu besetzen ist.[792] Nach Maßgabe der Entscheidungsfähigkeit des Gremiums kann die Berücksichtigung nur vereinzelt oder am Rande betroffener Fachrichtungen durch eine Beteiligungsmöglichkeit externer Fachöffentlichkeit ausgeglichen werden. Dazu sind die Regelentwürfe zu publizieren und - innerhalb einer angemessenen Frist - Einwände anzuhören und für die Entscheidung zu berücksichtigen.[793] Die Einschätzungen müssen weiterhin eine hinreichende Aktualität aufweisen

[789] So auch Di Fabio, DVBl 1992, S. 1338 (1340, r. Sp.); Sendler, UPR 1993, S. 321 (324) und Gerhardt in Schoch/Schmidt-Aßmann/Pietzner, VwGO, § 114 Rn. 63 f.

[790] So auch Di Fabio, DVBl 1992, S. 1338 (1345, l. Sp.); Franssen in FS für Zeidler, 1987, Bd. 1, S. 429 (454) und BVerwGE 85, 36 und Redeker/von Oertzen, VwGO, § 114 Rn. 33

[791] So Di Fabio, DVBl 1992, S. 1338 (1341, l. Sp.)

[792] So auch: Nolte, Rechtliche Anforderungen, 1984, S. 157; Breuer, AöR 101 (1976) S. 46 (80); Vieweg, Atomrecht und technische Normung, 1982, S. 194

[793] Ebenso: Nolte, Rechtliche Anforderungen, 1984, S. 157; Breuer, AöR 101 (1976) S. 46 (80), Marburger, Die Regeln der Technik im Recht, 1979, S. 464

und der zu entscheidende Sachverhalt darf kein atypischer, von der Standardisierung nicht erfaßter Sonderfall sein.[794]

- Ein Wertungsspielraum steht dem Entscheidungsgremium zu, soweit die Vornahme offener Wertungen zur Standardisierungsaufgabe erforderlich ist und es ausreichend demokratisch legitimiert ist.[795]
- Auch unter diesen - vom Gericht im einzelnen zu prüfenden - Voraussetzungen, bleiben die Einschätzungen auf Zugrundelegung eines vollständig ermittelten Sachverhalts, die Wertungen auf Willkürfreiheit und die Entscheidung insgesamt auf Nachvollziehbarkeit (insbesondere innere Logik) der Entscheidungsfindung gerichtlich zu kontrollieren. Zur Ermöglichung dieser Kontrolle sind die Entscheidungen mit einer Begründung zu versehen, die Ausgangslage und Schlußfolgerungen für die kognitiven Einschätzungen und die volitiven Wertungen der Entscheidungen getrennt dokumentiert.[796]
- Die Beachtung des gesicherten Erkenntnisstandes in der jeweiligen Fachrichtung sowie die Auslegung des einschlägigen Normprogramms unterliegt der vollen gerichtlichen Kontrolle.

3. Pluralistische Entscheidungsgremien

Eine eingeschränkte Kontrolldichte ist in einigen Urteilen des BVerwG auch für Entscheidungen pluralistischer Entscheidungsgremien anerkannt worden.[797] In keinem dieser Urteile wurde ein Gremium berechtigt, abstrakt-generelle Regelungen zu erlassen. Aus den jeweiligen Begründungen - insbesondere für die Einräumung von Wertungsspielräumen - lassen sich aber Grundsätze entnehmen, die auch für abstrakt-generelle Regelungen anwendbar sind.[798]

---

[794] S. Nolte, Rechtliche Anforderungen, 1984, S. 159 und Breuer, AöR 101 (1976) S. 46 (80), Vieweg, Atomrecht und technische Normung, 1982, S. 195

[795] S. aber auch im folgenden zu Pluralistische Entscheidungsgremien

[796] So auch Nolte, Rechtliche Anforderungen, 1984, S. 163

[797] Insbes.: BVerwGE 59, 213 (215); BVerwGE 70, 4 (10); BVerwGE 91, 211 (217) und s. a. VG Berlin, DVBl 1974, S. 375 (377); VG Kassel, NJW 1987, S. 1436 (1438) sowie Redeker/v. Oertzen, VwGO, 1997, § 114 Rn. 21, m. w. Nachw.

[798] So wohl auch Nolte, Rechtliche Anforderungen, 1984, S. 157; Marburger, Die Regeln der Technik im Recht, 1979, S. 464 und Vieweg, Atomrecht und technische Normung, 1982, S. 194

a. Pluralistische Entscheidungsgremien als Verbindung von Fachkenntnis und Interessenrepräsentanz

Pluralistische Entscheidungsgremien sind gekennzeichnet durch die Vereinigung „vermuteter Fachkenntnisse und Elementen gesellschaftlicher Repräsentanz".[799] Die gesetzlich errichteten Gremien, wie Bundesprüfstelle für die Indizierung jugendgefährdender Schriften [800] oder Sortenausschuß zur Bestimmung des „landeskulturellen Wertes" von Saatgut [801], sind darum besonders geeignet, Abwägungen zu treffen und Eignungen festzustellen, die Sachkunde voraussetzen und Wertungen erfordern.

Vergleicht man die pluralistisch besetzten Gremien mit den klassischen untergesetzlichen Rechtsnormgebern oder Entscheidungsträgern von normkonkretisierenden Verwaltungsvorschriften, so wird deutlich, daß es sich bei diesen Regelungen um eine interessante Art von „Zwischenfall" handelt. Ihre Entscheidungen bewältigen weder primär fachlich komplexe Unsicherheiten - wie bei der normkonkretisierenden Verwaltungsvorschrift - noch kann ihre Konkretisierung als allgemeine politische Wertung eingeordnet werden - wie bei den klassischen untergesetzlichen Rechtsnormen. Vielmehr nehmen sie Wertungen vor, die eine spezielle Sachkunde erfordern, und stehen damit eigentümlich zwischen der Aufgabenstellung an untergesetzliche Rechtsnormen und der an normkonkretisierende Verwaltungsvorschriften.

b. Die Entscheidungsspielräume des pluralistischen Entscheidungsgremiums

Die Frage ist aber, ob eine Übertragung der Letztentscheidungskompetenz auf die pluralistischen Entscheidungsgremien durch den Gesetzgeber verfassungsrechtlich zulässig ist. Das BVerwG hat diese Frage grundsätzlich bejaht, wenn das betraute Gremium aufgrund der erforderlichen besonderen Zusammensetzung und eines besonderen Beschlußverfahrens die Richtigkeit der Entscheidung gewährleistet.[802] Unschwer ist darin die Organadäquanz als bestimmendes Motiv zu erkennen, und Ähnlichkeiten mit der Figur der mitgliedschaftlich-partizipatorischen Legitimation sind nicht zufällig.[803] Und es verwundert nicht, daß die Lehre vom Vorbehalt der Gerichte zu einem sehr ähnlichen Ergebnis gelangt.

---

799 BVerwGE 39, 197 (204); Schenke in BK, Art. 19 Abs. 4 Rn. 349
800 Nach § 1 GjS ; vgl. BVerwGE 39, 197 und BVerwGE 91, 211
801 Nach § 42 Saatgutverkehrsgesetz; vgl. BVerwGE 62, 330
802 Vgl. insbesondere BVerwGE 72, 195 (201); BVerwGE 70, 4 (10)
803 Vgl. dazu Kapitel 2:C.IV.4

Die Rechtfertigung der Übertragung einer Einschätzungsprärogative bereitet dabei wenig Probleme. Wenn auch die pluralistischen Entscheidungsgremien nicht mit so komplizierten Sachfragen konfrontiert sind, wie sie in normkonkretisierenden Verwaltungsvorschriften beantwortet werden, erfordert die Konkretisierung des Gesetzes in den vom BVerwG entschiedenen Fällen zweifellos eine gewisse Sachkunde. Soweit das Gesetz demnach die Konkretisierung unsicherer Erkenntnislagen verlangt, die im gerichtlichen Verfahren nur mit geringerer Richtigkeitsgewähr erfolgen könnte, kann die Einschätzungsprärogative ohne weiteres befürwortet werden.[804] Gleichwohl hat das BVerfG gerade im Zusammenhang mit einer Entscheidung eines pluralistischen Entscheidungsgremiums zurecht die Gerichte ermahnt, sich nicht leichterhand ihrer Pflicht zur Verschaffung der erforderlichen Sachkunde zu entledigen.[805] Soweit die Gremienentscheidung auf gesicherten Erkenntnissen beruht, muß die Letztentscheidungskompetenz bei den Gerichten verbleiben.

Problematischer ist die Begründung eines Wertungsspielraumes. Die Vornahme von Wertungen setzt die demokratische Legitimation des wertenden Entscheidungsträgers voraus.[806] Die pluralistischen Entscheidungsgremien können aber lediglich eine Repräsentanz der wesentlichen betroffenen Interessen vorweisen, die zwar mitunter gewisse demokratische Elemente enthält,[807] aber dem Demokratiegebot insgesamt nicht gerecht wird. Wie läßt sich dies vereinbaren?

c. „Pluralistische Legitimation“

Zunächst: Das Demokratiegebot fordert keine autonome Legitimation des zur Wertung ermächtigten Entscheidungsträgers durch die von der Regelung Betroffenen. In der Rechtsverordnung hat das Grundgesetz eine Form der untergesetzlichen abstrakt-generellen Regelung geschaffen, die ihre demokratische Legitimation durch die Delegation des Gesetzgebers empfängt.[808] Da auch pluralistische Entscheidungsgremien nur aufgrund der gesetzlichen Ermächtigung entstehen, erscheint der Weg einer Legitimation über das Parlament vielversprechend.[809] Weitere Voraussetzung ist dann freilich, daß auch dieses nur unwe-

---

[804] Vgl. BVerwGE 91, 211 (217)

[805] BVerfGE 84, 34 (50 f.) und BVerfGE 83, 130 (147)

[806] S.o. Kapitel 3:D.II.2.b

[807] Vgl. BVerwGE 72, 195 (201)

[808] S.o. Kapitel 2:C.II.2.a

[809] Allerdings nur unter der (hier befürworteten) Prämisse, daß dem Grundgesetz kein „numerus clausus“ der untergesetzlichen Rechtsnormen zu entnehmen ist (s. dazu o. Kapitel 2:C.III), denn mit der Einräumung eines Wertungsspielraumes erlangen die abstrakt-generellen Entscheidungen der pluralistischen Entscheidungsgremien faktisch partielle Rechtsnormwirkung

sentliche im Rahmen der hinreichend bestimmten Ermächtigung zu treffende Wertungen vornehmen darf (analog Art. 80 Abs. 1 S. 2 GG). Aber auch dann würde das Demokratiegebot verletzt, wenn durch das Entscheidungsgremium nicht in zumindest ähnlicher Weise wie beim Verordnungsgeber gesichert wäre, daß dieses seine Wertungen objektiv und dem vom Gesetzgeber vorgegebenen Zwecke dienend vornimmt. Dies ist aber auch bei einem mit Vertretern der verschiedenen betroffenen Interessen besetzten pluralistischen Entscheidungsgremium nicht ausgeschlossen.

Möglich ist etwa die Besetzung des Gremiums mit unabhängigen Fachleuten.[810] Mitunter kann es aus Sachgründen aber auch veranlaßt sein, ein Gremium zusammenzustellen, daß seine Entscheidungen gerade im Diskurs verschiedener, durch Vertreter repräsentierter Interessen trifft. Die Betroffenheit von gegensätzlichen Eigeninteressen bürgt immerhin für eine intensivere fachliche und argumentative Auseinandersetzung.[811] Zweifelsohne besteht dann aber die Gefahr interessenbeeinflußter Ergebnisse in höherem Maße als bei einem unabhängigen Gremium.[812] Der Gesetzgeber kann aber über verschiedene Techniken verhindern, daß einzelne Interessen in der Wertung unangemessen berücksichtigt werden. Ausreichende Maßnahmen zur Gewährleistung der Objektivität der Gremienentscheidung dürfte das Gesetz insbesondere dann getroffen haben, wenn die vertretenen Interessen durch die Parität der Stimmen der jeweiligen Vertreter,[813] durch die Anforderung besonderer Mehrheiten bzw. eines Vetorechts für Minderheiten oder durch objektive Mitglieder, die für einen Mehrheitsbeschluß überzeugt werden müssen, „neutralisiert" werden.[814]

Können unter diesen - im Einzelfall vom Gericht zu überprüfenden - Voraussetzungen die gesetzlichen Bestimmungen über Zusammensetzung und Verfahren verhindern, daß durch „Blockbildung bestimmte Interessengruppen majorisiert werden",[815] ist die neutrale Erfüllung der gesetzlichen Aufgabe durch das pluralistische Entscheidungsgremium ausreichend gewährleistet und widerspricht in-

---

810 Wie im Falle der Bundesprüfstelle gem. § 9 GjS

811 Müller, Friedrich / Pieroth, Bodo, Gerichtliche Kontrolle von Entscheidungen der Bundesprüfstelle für jugendgefährdende Schriften, in Hoffmann-Riem, Wolfgang (Hrsg.), Sozialwissenschaften im öffentlichen Recht, 1981, S. 213 (224) sehen den „pluralistischen Legitimationsgedanken" verwirklicht, wenn „alle gesellschaftlich vorhandenen Interessen vertreten" und „den berücksichtigten Interessen ein ihrem Gewicht entsprechende Einflußnahme eingeräumt ist" (s. a. Schmidt, VVDStRL 33 (1974), S. 194 ff.)

812 Vgl. Nolte, Rechtliche Anforderungen, 1984, S. 158; Marburger, Die Regeln der Technik im Recht, 1979 S. 464; Vieweg, Atomrecht und technische Normung, 1982, S. 194

813 S. BVerwGE 70, 4 (10)

814 Vgl. BVerwGE 59, 213 (217) und BVerwGE 72, 195 (201)

815 Nolte, Rechtliche Anforderungen, 1984, S. 159

sofern auch nicht der gebotenen Konnexität von Wertungsspielraum und demokratischer Legitimation.

Verschiedentlich wird die Letztentscheidungskompetenz außerdem von der „Weisungsunabhängigkeit" des pluralistischen Entscheidungsgremiums abhängig gemacht.[816] Dem kann nicht zugestimmt werden. Sicherlich ist richtig, daß das Gesetz mit der Übertragung der Konkretisierungsaufgabe an ein unabhängiges, nicht weisungsgebundenes Entscheidungsgremium „Staatsferne und pluralistische Meinungsbildung"[817] sichern kann[818] oder – aus verfassungsrechtlichen Gründen – sogar sichern muß.[819] Es kann aber auch umgekehrt geboten sein, über das Weisungsrecht sicherzustellen, daß das Gremium keine vom Gesetzgeberwillen abweichenden Entscheidungen trifft. Schließlich bleibt die Entscheidungsfreiheit des pluralistischen Entscheidungsgremiums der Sache nach delegierte Freiheit, die der Ausgestaltung durch den Gesetzgeber - auch durch eine Weisungsgebundenheit - unterliegt.[820] Deshalb ist ein Wertungsspielraum auch nicht von einer staatsfernen Entscheidungsstruktur abhängig.[821]

Eine weitere Überlegung stützt diese Auffassung. Die Entscheidungen der pluralistischen Entscheidungsgremien sind gemischt fachlich-wertende Regelungen. Die sinnvolle Fachkompetenz der Entscheidungsträger ist der innere Grund für die Berechtigung des Gesetzgebers, sie auch ohne mitgliedschaftlich-partizipatorische Legitimation zu Wertungsentscheidungen mit Letztverbindlichkeit zu ermächtigen. Denn es erscheint fraglich, ob freie Wahlen in ähnlicher Weise Fachkompetenz versammeln würden wie die Bestellung der Mitglieder. Insofern besteht die Gefahr, daß die im Hinblick auf die zu treffenden Wertungsentscheidungen begrüßenswerte demokratische Legitimation zu Lasten der

816 So Kellner, DÖV 1972, S. 801 (805); Breuer AöR 101 (1976) S. 46 (78); Ossenbühl, DÖV 1972, S. 401 (404); Schenke in BK, Art. 19 Abs. 4 Rn. 350

817 S. Wolff/Bachof/Stober, VerwR I, 1994, § 31 Rn. 23

818 Insbesondere bei der Förderung von Kunst kann der Gesetzgeber das Ziel verfolgen, möglichst unterschiedliche und von politischen Motiven unbeeinflußte Meinungen zu Wort kommen zu lassen; vgl. VG Kassel, NJW 1987 (1438 l. Sp.)

819 So leitete das BVerfG das Erfordernis der Weisungsunabhängigkeit der Bundesprüfstelle für jugendgefährdende Schriften aus der Presse- und Kunstfreiheit ab (BVerfGE 83, 130, 150). Die darauf Bezug nehmende Entscheidung BVerwGE 91, 211 begründet zwar auf Seite 217 der Entscheidungssammlung die dem Gremium zugestandene Einschätzungsprärogative u. a. mit dessen Weisungsunabhängigkeit. Die Schlußfolgerung, das BVerwG sehe sie als Voraussetzung der begrenzten Kontrolldichte von Gremienentscheidungen an (so etwa Wolff/Bachof/Stober, VerwR I, 1994, § 31 Rn. 23), ist aber wohl ein Mißverständnis der Entscheidung.

820 Vgl. VG Kassel, NJW 1436 (1438 l. Sp.)

821 So wohl auch Vieweg, Atomrecht und technische Normung, 1982, S. 194 f. und Nolte, Rechtliche Anforderungen, 1984, S. 159

Fachkompetenz der Regelungen ginge. In der Figur des pluralistischen Entscheidungsgremiums wurde somit ein Kompromiß gefunden, der sowohl der Erforderlichkeit der Aufgabe als auch den verfassungsrechtlichen Anforderungen an letztverbindliche Entscheidungen innerhalb demokratisch legitimierter abstrakt-genereller Regelungen gerecht zu werden scheint. Ein von Fachkompetenz getragener und gleichzeitig die betroffenen Interessen widerspiegelnder Diskurs, der im pluralistischen Entscheidungsgremium aufgrund der Unabhängigkeit der Mitglieder erwartet werden darf, vermag deshalb in besserer Weise zu gewährleisten, daß die Konkretisierung dieses Normprogramms im Sinne des Gesetzgebers erfolgt. Für dieses spricht m. a. W. eine höhere „Richtigkeitsvermutung" als für ein durch demokratische Wahlen entstandenes Gremium.

d. Die gebotene Kontrolldichte für pluralistische Entscheidungsgremien

Für die gebotene Kontrolldichte in Bezug auf die abstrakt-generellen Entscheidungen der pluralistischen Entscheidungsgremien bedeutet dies:

Dem Entscheidungsgremium steht eine Einschätzungsprärogative für die Konkretisierung fachwissenschaftlicher Unsicherheiten zu, sofern es die dafür notwendige Sachkunde vorweist. Die gerichtliche Kontrolldichte folgt den Grundsätzen, die diesbezüglich für die normkonkretisierende Verwaltungsvorschriften gelten;[822] insbesondere ist eine Begründung vorzulegen.[823] Auch ein Wertungsspielraum kann befürwortet werden, wenn das Gremium alle gesetzlich geschützten und betroffenen Interessen repräsentiert und ausreichende gesetzliche Maßnahmen zur Gewährleistung der Objektivität des Ergebnisses getroffen sind, die vom Gericht zu überprüfen sind. Zur gerichtlichen Kontrollierbarkeit des Umfangs der Standardisierung fachwissenschaftlicher Unsicherheiten und der Konkretisierung offener Wertungen, sowie zur Nachvollziehung der jeweiligen Argumentation, sind die Entscheidungen zu begründen.[824] Seine Grenze findet der Wertungsspielraum aber in dem von den Gerichten durch Auslegung zu ermittelnden Gesetzessinn[825] und in willkürlichen, auf sachfremden Erwägungen fußenden Entscheidungen.[826] Ist die Entscheidung des Gremiums aufzuheben, hat das Gericht den Wertungsspielraum dadurch zu respektieren, daß es den Fall zur erneuten Entscheidung dem Gremium vorlegt.[827]

822 S. o. Kapitel 3:E.II.2.d

823 So auch BVerwGE 62, 330 (340) und VG Berlin, DVBl 1974, S. 375 (377, r. Sp.)

824 So auch BVerwGE 39, 197 (205)

825 Davon gehen BVerwGE 39, 197 (205); BVerwGE 59, 213 (215 f., m. w. N.); BVerwGE 62, 330 (337 ff. und 340) und BVerwGE 72, 195 (199) aus, die die Entscheidungen des Gremiums an den durch Auslegung ermittelten Norminhalt messen.

826 S. BVerwGE 77, 75

827 Im Ergebnis ebenso BVerwGE 62, 330 (341); BVerwGE 91, 211 (217)

Kapitel 4: Die gebotene Kontrolldichte für die Richtlinien des Bundesausschusses

Es gilt nunmehr die thematische Fragestellung dieser Arbeit zu beantworten. Welches ist die gebotene Kontrolldichte bei der gerichtlichen Prüfung der Richtlinien des Bundesausschusses der Ärzte und Krankenkassen?

A. Prämissen und verfolgter Lösungsansatz

I. Prämissen

Beginnen wir mit den Prämissen der konkreten Bestimmung der Kontrolldichte, die in den vorherigen Kapiteln erarbeitet wurden:

- Die Richtlinien des Bundesausschusses treffen abstrakt-generelle Bestimmungen „über die Gewähr für eine ausreichende, zweckmäßige und wirtschaftliche Versorgung der Versicherten" (§ 92 Abs. 1 S. 1 HS. 1 SGB V). Die Richtlinien sind für Vertragsärzte, Krankenkassen und insbesondere die Versicherten verbindlich. Die Leistungsansprüche der Versicherten auf Krankenbehandlung (§ 27 Abs. 1 S. 1 SGB V) gegenüber der GKV, die vom Gesetzgeber als bloße „Rahmenansprüche" ausgestaltet wurden, werden deshalb - außer durch die §§ 12 Abs. 1 S. 1 und 2 Abs. 1 SGB V - auch durch die Richtlinien konkretisiert. Das Maß der Verbindlichkeit ist allerdings davon abhängig, inwieweit Regelungen der Richtlinien von den Gerichten aufgehoben (bzw. ignoriert) werden können, da gerichtlich aufgehobenen Regelungen ihre Verbindlichkeit für die Versicherten ex tunc abgesprochen wird.

- Der Bundesausschuß ist paritätisch mit Interessenvertretern der Ärzteschaft und der Krankenkassen sowie mit drei unabhängigen Mitgliedern besetzt (§ 91 SGB V). Die Bestellung der Interessenvertreter durch die Selbstverwaltungsgremien der Ärzte und Krankenkassen erfüllt nicht die Anforderung personaler demokratischer Legitimation, vor allem weil die Versicherten nicht ausreichend im Bundesausschuß vertreten sind. Die mit der Ermächtigung zum Beschluß der Richtlinien verbundene Selbständigkeit des Bundesausschusses („formale Autonomie"), ist aber gedeckt durch seine mitgliedschaftlich-partizipatorische Legitimation. Durch diese besondere Form demokratischer Legitimation unterscheidet sich der Bundesausschuß wesentlich von den „klassischen" untergesetzlichen Normgebern, die zum Beschluß von Satzungen und Rechtsverordnung befugt sind.

Die dem Bundesausschuß übertragene Allgemeinwohlaufgabe der Gestaltung eines effizienten und qualitativ hoch stehenden Leistungskataloges der GKV berechtigte den Gesetzgeber aber zur Errichtung des atypischen Normsetzungsgremiums Bundesausschuß. Denn seine Besetzung mit Ärzte- und Krankenkassenvertretern verwirklicht grundsätzlich die Repräsentanz der durch die Konkretisierung der Leistungsansprüche berührten Interessen und ermöglicht Entscheidungen auf hohem fachwissenschaftlichen Niveau. Dadurch hat der Bundesausschuß eine „funktionsadäquate Entscheidungsstruktur", und für die Richtlinien spricht eine „Richtigkeitsvermutung", die allerdings unter besonderen Umständen – auf die noch näher einzugehen ist[828] - nicht gilt.

- Die Kontrolldichte gibt im öffentlichen Recht die Aufteilung der Letztentscheidungskompetenz zwischen Exekutive und Judikative wieder. Art. 19 Abs. 4 GG verlangt im Grundsatz eine vollumfängliche Rechts- und Tatsachenkontrolle (und damit Letztentscheidungskompetenz) der Gerichte. Das Rechtsschutzgebot ist orientiert an der Idee materieller Gerechtigkeit. Die Idee materieller Gerechtigkeit wird aber dann nicht mehr durch eine vollumfängliche Letztentscheidungskompetenz der Gerichte verfolgt, wenn sie durch die Entscheidung der Exekutive in höherem Maße verwirklicht wird als durch die Judikative. Welche der beiden Gewalten mit ihrer Entscheidung im höheren Maße „Richtigkeit" gewährleistet, ist durch den Gesetzgeber in (zumindest konkludenter) gesetzlicher Bestimmung über den Umfang der Letztentscheidungskompetenz festzulegen (normative Ermächtigungslehre). Ihm steht dabei ein Gestaltungsspielraum zu. Beschränkt wird der Gestaltungsspielraum aber durch das Willkürverbot. Der Gesetzgeber darf in seiner Übertragung der Letztentscheidungskompetenz auf die Verwaltung deshalb nicht mit sachfremden Erwägungen die Kompetenzen der Gerichte beschneiden und keinesfalls in den Kernbereich der durch Art. 19 Abs. 4 S. 1 GG bestimmten Kontrollfunktionen der Judikative eingreifen.

- Die Beschränkung gerichtlicher Kontrolle kann danach einerseits bei der Konkretisierung von gesetzlichen Wertungen und andererseits bei erforderlichen fachwissenschaftlichen Einschätzungen oder solchen, die aufgrund einer nicht wiederholbaren Situation erfolgen (z. B. bei Leistungsbeurteilungen) geboten sein. Wertungsentscheidungen sind das Ergebnis der Abwägung unvergleichbarer Güter. Einschätzungen geben eine bestimmte Auffassung zu unsicheren Tatsachen wieder. Soweit sie nicht durch den Gesetzgeber erfolgen, sind sie als „offen" oder „konkretisierungsbedürftig" zu be-

[828] S. u. Kapitel 4:C.V.2.a

zeichnen. Beiden Fallgruppen ist gemeinsam, daß die Konkretisierung nicht logisch aus dem Gesetz deduzierbar ist.
Sie sind aber kategorisch voneinander zu trennen, da die Gründe für einen Entscheidungsspielraum der Exekutive vollkommen verschiedener Art sind. Zwar folgt die Einräumung einer Letztentscheidungskompetenz in beiden Gruppen dem Prinzip der Organadäquanz. Dieses führt aber zu unterschiedlichen Anforderungen an den jeweiligen Entscheidungsträger. Während bei Wertungen nur für demokratisch ausreichend legitimierte Organe eine höhere Richtigkeitsvermutung als für die gerichtliche Entscheidung spricht, liegt sie bei Einschätzungen nur bei einer besonderen fachwissenschaftlichen oder auf der Betrautheit mit den Umständen des Einzelfalles beruhenden Sachkompetenz des Entscheidungsträgers vor.

- Gerichte verfügen über rechtliche Fachkompetenz und über ein Erkenntnisverfahren, in dem sie die tatsächlichen Grundlagen ihrer Entscheidung durch Beweis aufnehmen können. Sie entscheiden unabhängig. Die Judikative kann deshalb als adäquates Organ zur Ermittlung der Rechts- und Tatsachenlage angesehen werden. Soweit ihr dazu rechtliche und außerrechtliche Maßstäbe zur Verfügung stehen beansprucht sie Letztentscheidungskompetenz (Vorbehaltsbereich der Gerichte). Soweit das einschlägige Normprogramm Wertungen erfordert, die durch das Gesetz oder die Verfassung nur vage vorbestimmt sind („offene Wertungen"), spricht für die gerichtliche Auslegung aber nur eine bedingte, „ausgedünnte" Richtigkeitsvermutung. Gleichzeitig tritt ein demokratisch legitimiertes Entscheidungsgremium mit dem Anspruch auf, das gesetzliche Normprogramm im Sinne der Mehrheit der Bevölkerung zu konkretisieren. Demzufolge liegt in der gesetzlichen Übertragung der Letztentscheidungskompetenz auf dieses eine verfassungskonforme Ausgestaltung des Art. 19 Abs. 4 S. 1 GG.

Dies gilt in gleicher Weise für fachwissenschaftliche Unsicherheiten. Bei komplexen fachwissenschaftlichen Fragen greift das Gericht auf Standards als außerrechtliche Maßstäbe zurück, die die als gesichert geltenden Erfahrungen und Erkenntnisse in der jeweiligen Wissenschaft und Technik widerspiegeln. Soweit solche Standards aber nicht existieren, müßte das Gericht entweder auf die eigene Einschätzung zurückgreifen oder der der bestellten Sachverständigen vertrauen. Hat zuvor ein unabhängiges oder pluralistisch besetztes Entscheidungsgremium die im Prozeß zu erörternden Sachfragen entschieden, kann demnach auch für dieses eine höhere Richtigkeitsvermutung sprechen, die den Gesetzgeber zur Übertragung der Letztentscheidungskompetenz auf dieses Gremium berechtigt.

II. Lösungsansatz

Aus diesen Prämissen ergibt sich der folgende Lösungsansatz für die Bestimmung der gebotenen Kontrolldichte bei der gerichtlichen Prüfung der Richtlinien des Bundesausschusses der Ärzte und Krankenkassen:

- Maßgebliches Material für die Bestimmung der Kontrolldichte sind die einschlägigen gesetzlichen Bestimmungen. Enthalten diese - wie im Fall der Richtlinien - keine ausdrückliche Regelung zur Kontrolldichte, müssen sie zunächst darauf untersucht werden, ob zu ihrer Konkretisierung offene Wertungen und Einschätzungen unsicherer Tatsachen vorzunehmen sind.

- Ist zur Konkretisierung der Wertungen und Einschätzungen ein Entscheidungsträger gesetzlich eingesetzt, ist dieser auf seine funktionsadäquate Entscheidungsstruktur zu überprüfen. Je nach Gewichtigkeit der von ihm geforderten Wertungsentscheidung muß er über eine dementsprechende demokratische Legitimation aufweisen. Seine Einschätzungen sind nur dann für die Gerichte verbindlich, wenn er eine besondere, dem Spruchkörper nicht oder nur eingeschränkt vermittelbare Sachkenntnis verfügt.

- Soweit diese Voraussetzungen vorliegen (was vom Gericht in vollem Umfang zu prüfen ist), steht dem Entscheidungsträger die Letztentscheidungskompetenz zur Konkretisierung des gesetzlichen Normprogramms zu. Mit anderen Worten: Er hat insoweit einen Wertungsspielraum bzw. eine Einschätzungsprärogative. Der Umfang der gerichtlichen Kontrolle ist dann beschränkt auf die Einhaltung der eindeutigen gesetzlichen und verfassungsrechtlichen Vorgaben (insbesondere hinsichtlich des Verfahrens) und die Beachtung des Willkürverbots.

Dieser Lösungsansatz wird in diesem Kapitel schrittweise verfolgt. D. h., das für den Bundesausschuß bei seinen Richtlinienbeschlüssen zu beachtende Normprogramm wird Norm für Norm ausgelegt, und anschließend werden die Konsequenzen für die gerichtliche Kontrolldichte gezogen. Am Anfang steht die gesetzliche Ausformung des Leistungsanspruchs gemäß § 27 Abs. 1 S. 1 SGB V (B). Es folgt eine Betrachtung des Wirtschaftlichkeitsgebots (§ 12 Abs. 1 S. 1 SGB V) einschließlich seines systematischen Verhältnisses zu § 2 Abs. 1 SGB V (C). Unter den Abschnitten (D) und (E) widmet sich die Arbeit dem Problem der Pflicht zur Leistung von Außenseitermethoden und den Besonderheiten bei schweren Krankheiten mit unbekannter Genese oder großer Seltenheit.

B. Der Leistungsanspruch des Versicherten nach § 27 Abs. 1 S. 1 SGB V

Nach § 27 Abs. 1 S. 1 SGB V hat der gesetzlich Versicherte einen Anspruch auf Krankenbehandlung, wenn sie notwendig ist, um eine Krankheit zu erkennen, sie zu heilen, ihre Verschlimmerung zu verhüten oder Krankheitsbeschwerden zu lindern.

I. Bedeutung und Einordnung der Vorschrift

§ 27 Abs. 1 S. 1 SGB V wird als „Grundsatzvorschrift für das Leistungsrecht" bezeichnet.[829] Dies ist nicht ganz zutreffend, weil die Vorschrift nur für Krankenbehandlungen der GKV einschlägig ist; das SGB V aber noch weitere Leistungsarten vorsieht.[830] Richtig ist aber, daß der Krankenbehandlung im Leistungsrecht der GKV eine zentrale Bedeutung zukommt. Und richtig ist auch, daß § 27 Abs. 1 S. 1 SGB V die Rechtsgrundlage für alle Formen der Krankenbehandlung ist, die in den §§ 27 - 43b SGB V näher geregelt werden. Weitere Normen dieses Titels des SGB V, wie der Anspruch auf Arznei- und Verbandmittel sowie Harn- und Blutteststreifen (§ 31 Abs. 1 SGB V), Heilmittel (§ 32 Abs. 1 SGB V) und Hilfsmittel (§ 33 Abs. 1 SGB V) konkretisieren § 27 Abs. 1 S. 1 SGB V, ohne weitergehende Rechte einzuräumen. Krankheiten, die von § 27 Abs. 1 S. 1 SGB V nicht erfaßt werden oder deren Behandlung nicht „notwendig" ist i. S. d. Vorschrift, lösen somit von vornherein keine Leistungspflichten der GKV aus.[831]

Der Leistungsanspruch nach § 27 Abs. 1 S. 1 SGB V ist ein subjektiv-öffentliches Recht des Versicherten. Dies ergibt sich zum einen aus der öffentlich-rechtlichen Ausgestaltung des Rechts der GKV. Die Vorschrift verpflichtet außerdem die Krankenkassen als Träger öffentlicher Gewalt, dem Versicherten die Leistungen zur Verfügung zu stellen, § 2 Abs. 1 S. 1 SGB V. Der in der Vorschrift über das Wort „Anspruch" zum Ausdruck kommende gesetzliche Schutz der Individualinteressen des Versicherten komplettiert die Erfüllung der Voraussetzungen, die an ein subjektiv-öffentliches Recht gestellt werden.[832]

---

[829] Hauck in H/H SGB V, § 27 Rn. 1

[830] Z. B.: Krankengeld (§ 44 Abs. 1 S. 1 SGB V), Sterbegeld (§ 58 S. 1 SGB V); im einzelnen s. o. Kapitel 1:B.I.1.a

[831] Vgl. Höfler in KK SGB V, § 27 Rn. 7; allerdings kann ausnahmsweise auch wenn keine Krankheit vorliegt, eine Leistungspflicht der GKV bestehen, s. dazu Heinze in GesK-SGB V, § 27 S. 8

[832] Allgemein zu den Anforderungen s. Maurer, VerwR-AT, 1999, § 8 Rn. 8

§ 27 Abs. 1 S. 1 SGB V ist aber keine Anspruchsnorm i. S. d. § 194 BGB. Obwohl die Vorschrift von „Anspruch" spricht, enthält sie doch nicht alle rechtlichen Tatbestandsvoraussetzungen, die erfüllt sein müssen, damit der Versicherte eine Leistung beanspruchen kann. Weitere Voraussetzungen enthält das Wirtschaftlichkeitsgebot des § 12 Abs. 1 S. 1 SGB V, das seinerseits durch § 2 Abs. 1 SGB V konkretisiert wird; aber auch die verbindlichen Richtlinien des Bundesausschuß. Das BSG nennt § 27 Abs. 1 S. 1 SGB V deshalb zutreffend ein „Rahmenrecht"[833] oder Anspruch „dem Grunde nach"[834].[835] Es wäre deshalb richtiger von §§ 27 Abs. 1 S. 1, 12 Abs. 1 S. 1 und 2 Abs. 1 SGB V als den zentralen Voschriften des Leistungsrechts zu sprechen.

II. Die anspruchsbegründenden Merkmale des § 27 Abs. 1 S. 1 SGB V

Nach § 27 Abs. 1 S. 1 SGB V haben Versicherte Anspruch auf Krankenbehandlung, „wenn sie notwendig ist, um eine Krankheit zu erkennen, zu heilen, ihre Verschlimmerung zu verhüten oder Krankheitsbeschwerden zu lindern". Die anspruchsbegründenden Merkmale sind demnach das Vorliegen einer Krankheit beim Versicherten und die Notwendigkeit der Krankenbehandlung.

1. „Krankheit"

Der Krankheitsbegriff wird vom Gesetz nicht definiert. Der Gesetzgeber hat davon abgesehen, „weil sein Inhalt ständigen Änderungen unterliegt".[836] Aus der Gesetzesbegründung geht aber hervor, daß er Krankheit entsprechend der herrschenden Meinung in Rechtsprechung und Lehre verstanden wissen wollte.[837] Danach ist Krankheit im Sinne der GKV

> ein regelwidriger körperlicher oder geistiger Zustand, dessen Eintritt entweder die Notwendigkeit einer Heilbehandlung oder lediglich Arbeitsunfähigkeit oder beides zugleich zur Folge hat.[838]

---

[833] BSGE 73, 271 (280); BSGE 78, 70 (85) („Anspruchs-Rahmen"); BSGE 81, 54 (61); BSGE 81, 73 (78)

[834] BSG SozR 3-2200 § 182 Nr. 13 (S. 59) zu § 182 Abs. 1 RVO

[835] Zustimmend: Ebsen in FS für Krasney, 1997, S. 81 (97 f.) und Noftz in H/H SGB V, § 2 Rn. 91

[836] RegE-GRG zu § 27, BT-Drucks. 11/2237, S.170 = M010 in H/H SGB V, S. 73

[837] RegE-GRG zu § 27, BT-Drucks. 11/2237, S.170 = M010 in H/H SGB V, S. 73

[838] RegE-GRG zu § 27, BT-Drucks. 11/2237, S.170 = M010 in H/H SGB V, S. 73 und ähnlich: BSGE 26, 240 (242); BSGE 62, 83 (83); Hauck in H/H SGB V, § 27 Rn. 4; Höfler in KK SGB V, § 27 Rn. 9, m. w. Nachw.

Diese Definition wird auch als „zweigliedriger Krankheitsbegriff“ bezeichnet, weil sie das Merkmal der „Regelwidrigkeit“ (definiert im ersten Satzteil) und das der „Behandlungsbedürftigkeit“ bzw. der Arbeitsunfähigkeit (definiert im zweiten Satzteil) in sich vereint.[839] Auf die Arbeitsunfähigkeit und den daraus resultierenden Anspruch auf Krankengeld gemäß §§ 44 bis 51 SGB V wird im folgenden nicht eingegangen, da diese auf die Bestimmung der ärztlichen Leistungen und deren Konkretisierung in den Richtlinien des Bundesausschusses keinen direkten Einfluß haben.

a. Regelwidrigkeit

Als „regelwidrig“ wird dabei ein Zustand angesehen, welcher „von der durch das Leitbild des gesunden Menschen geprägten Norm abweicht“.[840] Als Vergleichsmuster dienen der dem natürlichen Entwicklungsstand des Patienten entsprechende funktionierende Normalorganismus und die gesunde Psyche. Die Abweichung muß sich in objektiven Symptomen äußern und darf nicht auf einem – nicht näher spezifizierbaren – allgemeinen Unwohlsein beruhen. Die so definierte Regelwidrigkeit entspricht dem Krankheitsbegriff im medizinischen Sinne.[841] Soweit der Abbau von Funktionen, wie Haarausfall oder erektile Dysfunktion, altersbedingt ist oder die Beschwerden normaler Bestandteil natürlicher Entwicklungen sind, liegt grundsätzlich[842] keine Krankheit i. S. d. § 27 Abs. 1 S. 1 SGB V vor.[843]

b. Behandlungsbedürftigkeit

Nach dem BSG liegt „Behandlungsbedürftigkeit“ vor, „wenn ein regelwidriger Körperzustand mit ärztlicher Hilfe und Aussicht auf Erfolg behoben, mindestens aber gebessert oder vor Verschlimmerung bewahrt werden kann oder wenn ärztliche Behandlung erforderlich ist, um Schmerzen oder sonstige Beschwerden zu lindern“.[844] Diese Defintion, die ganz überwiegend Anklang gefunden hat, beinhaltet - genau genommen – zwei Elemente: nämlich einerseits die *Möglichkeit* einer erfolgversprechenden ärztlichen Behandlung („Behandlungsfähigkeit“) und andererseits die *Erforderlichkeit* („Behandlungsbedürftigkeit i. e. S.“) der-

[839] Höfler in KK SGB V, § 27 Rn. 9

[840] Wagner in Krkpf, SGB V, § 27 Rn. 5; ebenso BSGE 26, 240 (242) und Schulin/Igl, SozR, 1999, Rn. 298

[841] Wannagat, Lehrbuch des Sozialversicherungsrechts Bd. I, 1965, S. 257

[842] Zu den Ausnahmen (insbes. bei Altersgebrechlichkeit) s. Höfler in KK SGB V, § 27 Rn. 14

[843] Höfler in KK SGB V, § 27 Rn. 24 m. w. Nachw.

[844] S. BSGE 85, 36 (41); BSGE 35, 10 (12)

selben. Versuche, diese beiden Merkmale genauer zu definieren, führten aber z. T. zu mißverständlichen Defintionen und zu Abgrenzungsschwierigkeiten zum Merkmal der „Notwendigkeit", weshalb einige Klarstellungen geboten sind.

Als geklärt kann die Bedeutung des Merkmals „Behandlungsbedürftigkeit i. e. S." gelten. Es besteht wohl Einigkeit, daß eine Leistungspflicht der GKV voraussetzt, daß das Behandlungsziel (heilen, lindern oder Verschlimmerung verhüten) nur durch ärztliche Behandlung erreicht werden kann.[845] Das Merkmal hat demnach eine leistungsbeschränkende Bedeutung: Regelwidrigkeiten, die gar keiner Behandlung bedürfen, weil sie sich von selbst regulieren (z. B. bestimmte Zahnstellungsanomalien)[846], und solche, die zumindest keiner ärztlichen Behandlung bedürfen, etwa weil eine Änderung der Lebensführung ausreicht,[847] gehören nicht zu dem Lebensrisiko, das von der GKV abgedeckt wird, sondern zur Sphäre der Eigenverantwortlichkeit bzw. der vom Versicherten hinzunehmenden Beeinträchtigungen (§ 2 Abs. 1 S. 1 a. E. SGB V).

Beeinträchtigungen sind aber nicht schon deshalb keine Krankheiten i.S.d. GKV, weil sie der Versicherte verschuldet hat[848] oder sie durch einen Verlust der Selbstkontrolle (z. B. wegen Drogenabhängigkeit) fortbestehen.[849] Die Notwendigkeit einer Behandlung hängt auch nicht davon ab, ob er Schmerzen hat oder ob sein Leiden besserungsfähig ist. Denn eine Krankheit soll bereits im Frühstadium behandelt werden, wenn die Gefahr einer wesentlichen Verschlimmerung des Zustands droht, auch wenn sich noch keine Schmerzen eingestellt haben.[850] Und ein nicht heilbares Dauerleiden ist auch dann behandlungsbedürftig, wenn nur eine Linderung zu erwarten ist oder eine weitere Verschlimmerung verhindert werden kann.[851]

„Behandlungsbedürftigkeit i. e. S." liegt somit nach der herrschenden Auffassung vor, wenn ärztliche Behandlung erforderlich ist, um Schmerzen oder sonstige Beschwerden zu lindern.

c. Behandlungsfähigkeit

Nach der Defintion des BSG soll das Merkmal der „Behandlungsfähigkeit" die ärztlichen Behandlungen ausschließen, die keine Aussicht auf Erfolg haben.

---

845 Höfler in KK SGB V, § 27 Rn. 21
846 BSGE 35, 10 (12f)
847 BSGE 39, 167 (170f) und weitere Fälle bei Höfler in KK SGB V, § 27 Rn. 23
848 Heinze in GesK-SGB V, § 27 S. 9
849 BSGE 46, 41 (41f); BSGE 51, 44 (46f)
850 BSGE 13, 134 (136)
851 BSGE 26, 240 (242); BSGE 26, 288 (289)

Dauerleiden oder Behinderungen, bei denen keines der Behandlungsziele des § 27 Abs. 1 S. 1 SGB V erreicht werden kann, lösen demnach keinen Anspruch auf ärztliche Behandlung aus.[852] Lassen sich diese Gesundheitsbeeinträchtigungen weder heilen noch lindern und sind auch keine Verschlimmerungen zu erwarten, die zu verhüten sind, kommen deshalb nur Leistungen der Pflegeversicherung[853] oder des BSHG[854] in Betracht.

Nicht unproblematisch ist die Definition allerdings, soweit sie auf die Erfolgsaussichten der Behandlung rekuriert. Man möchte meinen, daß zur Bestimmung der Behandlungsfähigkeit einer Krankheit demnach zunächst festzustellen ist, ob überhaupt eine der verfügbaren Therapien einen hinreichenden Wirksamkeitsnachweis hat.[855] Dies wäre aber ein Mißverständnis. Denn die Erfolgsaussicht einer ärztlichen Behandlung bemißt sich nach dem anerkannten Stand medizinischer Erkenntnisse, § 2 Abs. 1 S. 3 SGB V und ist nicht innerhalb des Merkmals „Behandlungsfähigkeit" zu bestimmen.[856] Mit dem natürlichen Wortsinn des Begriffs Krankheit ließe sich diese weitergehende Bedeutung der „Behandlungsfähigkeit" außerdem kaum vereinbaren.[857] Und sie führte dazu, daß regelwidrige Körperzustände, für deren Behandlung derzeit keine Therapien mit hinreichendem WirksamkeitsnachWirksamkeitsnachweis vorliegen („unheilbare Krankheiten") nicht von § 27 Abs. 1 S. 1 SGB V erfaßt wären.

---

852 In diesem Sinne Gitter, SozR, 1996, § 8 B III 1 b (S. 103); Wagner nimmt die im Ergebnis gleiche Abgrenzung über das Tatbestandsmerkmal „notwendig" vor (s. Krkpf, SGB V, § 27 Rn. 5) und s. u. Kapitel 4:B.II.2

853 Vgl. § 14 Abs. 1 SGB XI; vgl. zum subsidiären Verhältnis des SGB XI zum SGB V: Gürtner in KK SGB XI, § 14 Rn. 3

854 § 2 Abs. 1 BSHG; vgl. zum subsidiären Verhältnis des BSHG zum SGB V: BVerwGE 38, 174 (175)

855 Eindeutig in diesem Sinne ist die Definition Spielmeyers (DOK 1971, S. 836, 839): „Behandlungsbedürftig im S. d. sozialen Krankenversicherung ist jeder regelwidrige Körper- oder Geisteszustand, der nach dem jeweiligen Stand der medizinischen Wissenschaft und ihrer allgemein anerkannten Regeln mit hinreichender Wahrscheinlichkeit durch eine ärztliche Behandlung – und nur durch sie – günstig beeinflußt werden kann, es sei denn, daß das medizinisch erreichbare Ergebnis in keinem vernünftigen Verhältnis zu den aufzuwendenden Behandlungskosten steht oder der erstrebte Erfolg vom Zweck der sozialen Krankenversicherung nicht gedeckt ist, weil die Regelwidrigkeit weder das Wohlbefinden noch die Funktions- oder Erwerbsfähigkeit beeinträchtigt"

856 Eichenhofer sieht in dieser Auffassung deshalb zutreffend einen „Zirkelschluß", weil „Krankheit durch die Rechtsfolge mittelbar definiert wird, die im Falle der Krankheit eintreten" (SozR, 1997, Rn. 304)

857 Pathologische Zustände, die u. U. mit großen Schmerzen für den Betroffenen verbunden sind; vgl. Stichwort „Krankheit" in : Brockhaus Enzyclopädie in 24 Bänden, Bd. 12, 1990

2. „Notwendigkeit der Krankenbehandlungen“

Die herrschende Meinung rechnet dem Begriff der Notwendigkeit der Krankenbehandlung keinen eigenen Bedeutungsgehalt zu, weil bereits das Merkmal der Behandlungsbedürftigkeit im zweigliedrigen Krankheitsbegriff überflüssige Krankenbehandlungen ausschließt.[858] Hingegen definiert WAGNER eine Krankenbehandlung als notwendig, wenn durch sie „der regelwidrige Körper- oder Geisteszustand behoben, gebessert, vor einer Verschlimmerung bewahrt oder Schmerzen, Beschwerden gelindert werden können“.[859] Diese Begriffsbestimmung steht der Definition der Behandlungsfähigkeit nach dem zweigliedrigen Krankheitsbegriff sehr nah.

Richtig an seiner Ansicht ist, daß Merkmale eines gesetzlichen Tatbestandes, die sich zwanglos unter den natürlichen Wortsinn eines Rechtsbegriffs des Tatbestandes subsumieren lassen, auch dort verortet werden sollten. Es sollte aber nicht – wie WAGNER meint – die Behandlungsfähigkeit aus dem zweigliedrigen Krankheitsbegriff ausgegliedert und dem Begriff „notwendig“ zugeordnet werden. Es ist doch vielmehr erstaunlich, daß die herrschende Meinung regelwidrige Körper- oder Geisteszustände, die nicht der ärztlichen Behandlung bedürfen, nicht als „Krankheit“ i. S. d. § 27 Abs. 1 S. 1 SGB V ansieht.[860] Dadurch wird zwar das richtige Ergebnis erreicht, nämlich der Ausschluß nicht behandlungsbedürftiger Krankheiten aus dem Leistungskatalog der GKV, aber - wohl aus historischen Gründen -[861] am falschen Tatbestandsmerkmal festgemacht. Es erscheint nämlich sinnvoller, „notwendig“ als „behandlungsbedürftig i. e. S.“ zu

[858] S. Biehl/Ortwein, SGb 1991, S. 529 (530 l. Sp.); gleicher Ansicht sind: Höfler (in KK SGB V, § 27 Rn. 21) und wohl auch Hauck (in H/H SGB V), der in seiner Kommentierung zu § 27 nicht auf das Merkmal der Notwendigkeit eingeht; Heinze (in GesK-SGB V, § 27 S. 5) sieht wohl im Merkmal der Notwendigkeit das wiederholt, was in § 12 SGB V zum Ausdruck kommt.

[859] Wagner in Krkpf, SGB V, § 27 Rn. 5

[860] Nämlich über das Merkmal Behandlungsbedürftigkeit, s. o. Kapitel 4:B.II.1.b

[861] Der zweigliedrige Krankheitsbegriff entstand in einer Zeit, in der die Behandlungsansprüche im gesetzlichen Tatbestand nicht auf die notwendigen Behandlungen beschränkt waren. Die Zweigliedrigkeit des Krankheitsbegriffes geht auf das Preußische Oberverwaltungsgericht zurück. Es hatte Krankheit in seiner Entscheidung vom 9. Juni 1902 erstmals „als einen anomalen körperlichen oder geistigen Zustand beurteilt, der die Notwendigkeit einer Heilbehandlung oder die Erwerbsunfähigkeit zur Folge hat“ (PrOVGE 42, 308, 310). Erst durch die Notverordnung des Reichspräsidenten vom 26. Juli 1930 wurde der Abs. 2 des § 182 RVO eingefügt (RGBl I 1930, S. 311): „Die Krankenpflege muß ausreichend und zweckmäßig sein; sie darf jedoch das Maß des Notwendigen nicht überschreiten“. (Zur Entstehung des „zweigliedrigen Krankheitsbegriffs“ allgemein s. Krasney, ZSR 1976, S. 411, 411f.) Als der Gesetzgeber mit Erlaß des SGB V das Merkmal der „notwendigen Krankenbehandlung“ einführte und gleichzeitig an dem zweigliedrigen Krankheitsbegriff in hergebrachter Form festhielt, hat er selber diese Redundanz geschaffen.

verstehen und damit den genannten Leistungsausschluß anhand dieses Merkmals vorzunehmen. „Notwendig" ist die Krankenbehandlung nach der hier vertretenen Auffassung somit, wenn ein individueller Bedarf an ärztlicher Hilfe besteht, weil sich die Krankheit weder von selbst reguliert noch durch dem Versicherten zumutbare Eigenmaßnahmen vollständig beseitigt werden kann. Dadurch erhält das Merkmal „notwendig" eine seinem Wortlaut entsprechende Bedeutung. Auch diese Auslegungsproblematik hat nur geringe Bedeutung, da im Ergebnis § 27 Abs. 1 S. 1 SGB V nach allen dargestellten Auffassungen keine Regelwidrigkeiten erfaßt, die nicht der ärztlichen Behandlung bedürfen.

III. Die Letztentscheidungskompetenz zur Konkretisierung des Begriffs „Krankheit" in § 27 Abs. 1 S. 1 SGB V

Ein Leistungsanspruch gegenüber der GKV kommt nach § 27 Abs. 1 SGB V nur in Betracht, wenn der Versicherte an einer behandlungsbedürftigen Krankheit leidet. Nach der Rechtsprechung des BSG hat nicht der Bundesausschuß über das Vorliegen einer solchen Krankheit in Letztentscheidungskompetenz zu entscheiden.[862] Richtlinienbestimmungen, die eine Behandlungspflicht für bestimmte Beschwerden ablehnen, weil diese - angeblich - keine Krankheiten i. S. d. § 27 Abs. 1 S. 1 SGB V darstellen, sind demzufolge für das Gericht nicht bindend. Schließt sich das Gericht der Auffassung des Bundesausschusses nicht an, sind sie rechtswidrig und damit ungültig.

Der Auffassung des BSG ist zuzustimmen. § 92 SGB V ermächtigt den Bundesausschuß lediglich zur Konkretisierung des Wirtschaftlichkeitsgebotes (§ 12 Abs. 1 S. 1 SGB V).[863] Er soll nach dem Wortlaut des § 92 Abs. 1 S. 1 SGB V Richtlinien über die Gewähr für eine ausreichende, zweckmäßige und wirtschaftliche Versorgung beschließen. Damit beschränken Wortlaut und Systematik der Ermächtigungsnorm die Aufgabe des Bundesausschusses auf eine Bestimmung der Art der zur Verfügung gestellten Leistungen und geben keinen Anhalt für eine Konkretisierungsbefugnis hinsichtlich der Leistungsvoraussetzung „Krankheit" und der „Notwendigkeit" ihrer Behandlung. Die Befugnis des § 92 Abs. 1 SGB V schließt somit keine Befugnis zur Letztentscheidungskompetenz über das Vorliegen einer Krankheit ein, weil die Entscheidung hierüber gesetzessystematisch vorrangig zu beantworten ist.[864]

---

[862] Vgl. BSGE 85, 36
[863] Im Ergebnis ebenso Hess in KK SGB V, § 92 Rn. 5
[864] Ebenso BSGE 85, 36 (39)

Im Ergebnis hat der Bundesausschuß somit keine Letztentscheidungskompetenz zur Konkretisierung des Krankheitsbegriffs.[865]

[865] Auf die Frage, ob das Gericht durch die Entscheidung des behandelnden Arztes gebunden wird, soll hier nicht näher eingegangen werden.

C. Das Wirtschaftlichkeitsgebot des § 12 Abs. 1 S. 1 SGB V

Der Umfang der Leistungen, die dem Versicherten zustehen, wird näher bestimmt durch das Wirtschaftlichkeitsgebot des § 12 Abs. 1 S. 1 SGB V.[866] Dort heißt es: „Die Leistungen müssen ausreichend, zweckmäßig und wirtschaftlich sein; sie dürfen das Maß des Notwendigen nicht überschreiten". Leistungen, die diese Kriterien kumulativ erfüllen, werden z. T. mit dem Oberbegriff „wirtschaftlich (im weiteren Sinne)" bezeichnet, der von dem Tatbestandsmerkmal „wirtschaftlich" (im engeren Sinne) zu unterscheiden ist.[867] Satz 2 der Vorschrift stellt klar, daß Normadressat des Wirtschaftlichkeitsgebots auch die Versicherten sind, obwohl sich die Vorschrift primär an die Krankenversicherungen wendet, weshalb sie im Dritten Kapitel „Leistungen der Krankenversicherung" zu finden ist: „Leistungen, die nicht notwendig oder unwirtschaftlich sind, können Versicherte nicht beanspruchen, dürfen die Leistungserbringer nicht bewirken und die Krankenkassen nicht bewilligen".

Das Wirtschaftlichkeitsgebot hat eine zentrale Bedeutung für die Bestimmung der Leistungsansprüche der Versicherten. Gleichsam „beschwörend"[868] wurde es an zentralen Stellen des SGB V wiederholt, wie in § 2 Abs. 4 und § 70 Abs. 1 S. 2 SGB V (ohne daß diesen Vorschriften für die Leistungsansprüche eine über den § 12 Abs. 1 S. 1 SGB V hinausgehende Bedeutung zukäme). Im Wirtschaftlichkeitsgebot kommt die wesentliche Intention des Gesetzgebers für die Reformen des Rechts der GKV mit und seit Einführung des SGB V zum Ausdruck; nämlich die Beitragssätze stabil zu halten, indem der demographischen Entwicklung und dem zunehmenden Einsatz teurer Behandlungsmethoden eine Begrenzung der Leistungen entgegenwirken soll, ohne auf eine bedarfsgerechte Versorgung zu verzichten.[869] Ziel des Wirtschaftlichkeitsgebot ist dementsprechend eine Optimierung: Der Versicherte soll die Leistungen erhalten, die nach ihrer Art und ihrem Umfang für das jeweilige Behandlungsziel (insbesondere für die Heilung seiner Krankheit) anerkanntermaßen wirksam (oder wie es das Gesetz sagt: „zweckmäßig" und „ausreichend") sind - aber er hat keinen Anspruch auf das Übermäßige („das Maß des Notwendigen" überschreitende) oder Unwirtschaftliche.[870]

---

866 S. Noftz in H/H SGB V, § 12 Rn. 4
867 Höfler in KK SGB V, § 12 Rn. 6 (m. w. N.); Noftz in H/H SGB V, § 12 Rn. 9 (m. w. N.)
868 Vgl. Schewe, SGb 1989, S. 410
869 S. o. Kapitel 2:A.I.3 und Noftz in H/H SGB V, § 12 Rn. 6 und vgl. Rn. 16
870 Noftz in H/H SGB V, § 12 Rn. 11 f.

I. Die Merkmale des Wirtschaftlichkeitsgebots

Die wesentlichen Tatbestandsmerkmale des § 12 Abs. 1 S. 1 SGB V lauten: „ausreichend“ (1), „das Maß des Notwendigen“ (2), „zweckmäßig“(3) und „wirtschaftlich“ (4).

1. „ausreichend“

Das Merkmal „ausreichend“ garantiert einen „Mindeststandard“ der Krankenbehandlung.[871] Art und Umfang der Leistung müssen genügen, um die jeweilige Zielsetzung der Leistung (Heilung, Linderung oder Verhütung der Verschlimmerung, § 27 Abs. 1 S. 1 SGB V) nach vorausschauender Betrachtung zu erreichen.[872] Die Leistung ist deshalb so auszuwählen und zu bemessen, daß im konkreten Fall hinreichende Erfolgschancen für die Erzielung des medizinischen Leistungszwecks bestehen.[873]

2. „das Maß des Notwendigen“

Das „Maß des Notwendigen“ bestimmt – als Komplementär zum Merkmal „ausreichend“ – den Maximalstandard der beanspruchbaren Leistungen.[874] „Notwendig“ i. S. d. § 27 Abs. 1 S. 1 SGB V ist, was kein Übermaß darstellt;[875] was „nach Art und Umfang unentbehrlich, unvermeidlich oder unverzichtbar“ ist.[876] Der Versicherte kann nicht alles verlangen, was zur Behandlung seiner krankheitsbedingten Beschwerden wünschenswert oder förderlich wäre.[877] Hilfsmittel etwa, die eine krankheitsbedingte Funktionseinschränkung nur „in unwesentlichem Umfang“ auszugleichen vermögen, gehören deshalb nicht zum Leistungskatalog der GKV.[878]

---

871 Höfler in KK SGB V, § 12 Rn. 7 und Noftz in H/H SGB V, § 12 Rn. 18

872 Höfler in KK SGB V, § 12 Rn. 7; Biehl/Ortwein, SGb 1991, S. 529 (531); Péntek, Die Leistungspflicht der Gesetzlichen Krankenversicherung bei der Anwendung von Außenseitermethoden in der Medizin, 1996, S. 62f

873 S. Noftz in H/H SGB V, § 12 Rn. 18 und vgl. BSGE 55, 188 (194); Höfler in KK SGB V, § 12 Rn. 7 Igl in GK-SGB V, § 12 Rn. 17 und Biehl/Ortwein, SGb 1991, S. 529 (531)

874 Ebenso wohl BSG SozR 3-2500 § 27 Nr. 5 (S. 42)

875 Käsling in Krkpf, SGB V, § 12 Rn. 8

876 BSG, USK 82158 und 82164; BSG SozR 2200 § 182b Nr. 26; Höfler in KK SGB V, § 12 Rn. 28 und Noftz in H/H SGB V, § 12 Rn. 21

877 Vgl. BSGE 73, 271 (279)

878 Vgl. BSGE 42, 229 (230); BSGE 50, 77 (78) und BSGE 66, 245 (246)

3. „zweckmäßig"

Das Erfordernis der Zweckmäßigkeit verlangt einen Wirkungszusammenhang zwischen der Leistung und dem angestrebten Behandlungserfolg.[879] Zweckmäßig ist eine Krankenbehandlung deshalb eigentlich nur, wenn sie wirksam ist, also z. B. die Heilung tatsächlich herbeiführt. Freilich läßt sich der Erfolg im Einzelfall nicht mit Sicherheit vorhersagen. Um so wichtiger ist es, daß der Arzt in seiner Einschätzung der Wirksamkeit die Regeln der ärztlichen Kunst zu beachten hat und (§ 28 Abs. 2 S. 1 SGB V) an den Stand der medizinischen Erkenntnisse (§ 2 Abs. 1 S. 3 SGB V) gebunden ist.[880] Aus der notwendigen ex ante-Sicht ist eine Leistung deshalb zweckmäßig, wenn deren Qualität und Wirksamkeit den angestrebten Behandlungserfolg erwarten lassen.

4. „wirtschaftlich" (im engeren Sinne)

Wirtschaftlich (i. e. S.) ist nur die Leistung, „bei der das günstigste Verhältnis zwischen Aufwand und Wirkung besteht".[881] Kosten und voraussichtlicher Nutzen der in Betracht kommenden Leistungen sind unter Einbeziehung qualitativer Elemente, wie z. Bsp. der Nachhaltigkeit des Behandlungserfolges,[882] zu vergleichen. Steht nur eine wirksame Methode zur Verfügung, sind die Kosten grundsätzlich irrelevant.[883] Existieren mehrere wirksame Methoden, sind die Kosten der jeweils benötigten Quantität der Leistung zum voraussichtlichen Behandlungserfolg zu prognostizieren. Nur die kosteneffektivste unter den wirksamen Behandlungen darf erbracht werden.[884] Dadurch kann sich der Behandlungsanspruch des Versicherten auch auf eine weniger wirksame Methode mit längerer Behandlungsdauer beschränken.

Das Wirtschaftlichkeitsgebot des § 12 Abs. 1 S. 1 SGB V hat somit eine Reihe von Facetten. Wenn die ihm entsprechenden Leistungen im folgenden mit den Begriffen „zweckmäßig" und „wirtschaftlich" verkürzt umschrieben werden,[885] geschieht dies zur Vereinfachung der Darstellung und meint die Merkmale „ausreichend" und im „Maß des Notwendigen" mit.

---

[879] Vgl. Höfler in KK SGB V, § 12 Rn. 8, m. w. Nachw. zur Rechtsprechung; Käsling in Krkpf, SGB V, § 12 Rn. 6; Noftz in H/H SGB V, § 12 Rn. 19 und s. BSGE 73, 271 (279)
[880] Auf die jeweiligen Anforderungen an einen Wirkungsnachweis für die eingesetzten Methoden wird noch ausführlich einzugehen sein. (s.o. Kapitel 1:A)
[881] Höfler in KK SGB V, § 12 Rn. 29
[882] Noftz in H/H SGB V, § 12 Rn. 13 (m. w. Nachw.)
[883] Käsling in Krkpf, SGB V, § 12 Rn. 7; Noftz in H/H SGB V, § 12 Rn. 23
[884] S. Noftz in H/H SGB V, § 12 Rn. 23
[885] So auch BSGE 64, 255 (259)

II. § 2 Abs. 1 S. 3 SGB V und das Wirtschaftlichkeitsgebot

Das Wirtschaftlichkeitsgebot des § 12 Abs. 1 SGB V wird seinerseits durch § 2 Abs. 1 SGB V konkretisiert.[886] § 2 Abs. 1 SGB V ist - nach nicht unumstrittener Meinung -[887] als allgemeine Vorschrift des 1. Kapitels für das gesamte SGB V verbindlich.[888] Mit § 2 Abs. 1 S. 3 SGB V, eingeführt durch das GRG, wurde das Recht der GKV wesentlich geändert. Denn im Gegensatz zu den §§ 12 Abs. 1 S. 1 und 27 Abs. 1 S. 1 SGB V existierte in der RVO keine entsprechende Vorschrift. Die Regelung lautet: „Qualität und Wirksamkeit der Leistungen haben dem allgemein anerkannten Stand der medizinischen Erkenntnisse zu entsprechen und den medizinischen Fortschritt zu berücksichtigen".

III. Die Konkretisierung des Wirtschaftlichkeitsgebotes in § 2 Abs. 1 S. 2 und 3 SGB V

§ 2 Abs. 1 S. 3 SGB V zielt auf eine Ausgliederung nicht ausreichend erprobter Methoden aus dem Leistungskatalog der GKV.[889] Diese Zielsetzung ist zu begrüßen: Es kann weder die Aufgabe der GKV sein, die medizinische Forschung zu finanzieren,[890] noch ist dem Versicherten zuzumuten, sich den erhöhten Risiken einer Behandlung mit experimentellem Charakter auszusetzen.[891] Die Regelung ist jedoch nicht unproblematisch, weil insbesondere folgende Fragen nicht eindeutig beantwortet sind: Sollen Krankheiten, für die keine „allgemein anerkannte" Methode existiert, generell unbehandelt bleiben? Und angesichts des wissenschaftlichen Zerwürfnisses innerhalb der Medizin: Soll nur das von der GKV geleistet werden, was von der herrschenden Schulmedizin befürwortet wird, oder muß das Gesetz nicht auch den (teilweisen) Erfolgen der Alternativmedizin (wie Homöopathie oder Akupunktur) Anerkennung zollen? Diese Fragen - insbesondere die Bedeutung des § 2 Abs. 1 S. 2 SGB V, der Leistungen nach Methoden der „besonderen Therapierichtungen" nicht ausschließt - werden noch im einzelnen zu erörtern sein.[892] Hier geht es zunächst darum, die eindeutigen Vorgaben des § 2 Abs. 1 S. 2 und 3 SGB V zu klären.

---

[886] Biehl/Ortwein, SGb 1991, S. 529 (530 ff.); Hart, MedR 1998, S. 8 (8); zum Verhältnis von § 2 Abs. 1 SGB V zu § 12 Abs. 1 S. 1 SGB V s. im einzelnen o. Kapitel 4:C.IV

[887] S. o. Kapitel 4:D.II.1

[888] BSGE 76, 194 (198); Noftz in H/H SGB V, § 2 Rn. 7; Höfler in KK SGB V, § 12 Rn. 19; Estelmann/Eicher, SGb 1991, S. 247 (248); v. Wulffen, SGb 1996, S. 250 (250, r. Sp.)

[889] S. RegE zu GRG § 2, BT-Drucks. 11/2493 und BSGE 76, 194 (199)

[890] RegE zu GRG § 2, BT-Drucks. 11/2493

[891] BSGE 81, 54 (67 f., 71); Biehl/Ortwein, SGb 1991, S. 529 (537); Hart, MedR 1998, S. 8 (r. Sp.)

[892] S. vor allem: Kapitel 4:D.III

1. Der „allgemein anerkannte Stand der medizinischen Erkenntnisse" gem. § 2 Abs. 1 S. 3 SGB V (medizinischer Standard)

Unter dem allgemein anerkannten Stand der medizinischen Erkenntnisse – im folgenden auch medizinischer Standard genannt[893] – ist der jeweilige Stand der naturwissenschaftlichen Erkenntnisse und der ärztlichen Erfahrung zu verstehen, der zur Erreichung des ärztlichen Behandlungszieles erforderlich ist und sich in der Erprobung bewährt hat.[894] Ganz ähnlich definiert das BSG: § 2 Abs. 1 S. 3 SGB V setzt (grundsätzlich)[895] „einen Erfolg der Behandlungsmethode in einer für die sichere Beurteilung ausreichenden Zahl von Behandlungsfällen voraus".[896] Und es konkretisiert: „Dabei muß sich der Erfolg aus wissenschaftlich einwandfrei geführten Statistiken über die Zahl der behandelten Fälle und die Wirksamkeit der neuen Methode ablesen lassen".[897]

Beide Definitionen setzen - in der Sache zutreffend - einen wissenschaftlichen Wirksamkeitsnachweis mit einem gewissen Erhebungsumfang voraus. Zwar ergibt sich dies nicht direkt aus dem Wortlaut der Vorschrift, aber eine in klinischen Versuchen mit einer ausreichenden Anzahl an Probanden empirisch nachgewiesene Wirksamkeit kann sich in einer Naturwissenschaft wie der Medizin der allgemeinen Anerkennung sicher sein.[898]

Gleichwohl wird man die Akzeptanz, die eine Methode in der medizinischen Fachdiskussion (u. U. auch ohne aussagekräftige klinische Versuche) erfährt, zur Ermittlung des medizinischen Standards nicht unberücksichtigt lassen dürfen. Dies gebietet der Wortlaut des § 2 Abs. 1 S. 3 SGB V („allgemein anerkannt"). Die Vorschrift knüpft außerdem ihrem Sinn nach an eine Bewertung der jeweiligen Methode durch die medizinischen Kapazitäten auf dem Gebiet und durch Ärzte mit Erfahrungen in der praktischen Anwendung der Methode an. Auch eindeutige Ergebnisse von klinischen Versuchen bedürfen der kritischen Betrachtung (ihrer Methode, der möglichen Gefahren der Nebenwirkungen, ihres voraussichtlichen Erfolges in der Praxis u. a.). § 2 Abs. 1 S. 3 SGB V rezipiert somit nicht nur die Ergebnisse der medizinischen Forschung, sondern

---

[893] Zur begrifflichen Identität s. Hart, MedR 1998, S. 8 (9, r. Sp.)
[894] Hart, MedR 1998, S. 8 (9, l. Sp.)
[895] Zu den Abweichungen bei „besonderen Schwierigkeiten" des Wirksamkeitsnachweises s. u. Kapitel 4:D.III.3
[896] S. BSGE 76, 194 (199) und BSGE 81, 54 (66)
[897] S. BSGE 76, 194 (199) und BSGE 81, 54 (66)
[898] A. A. wohl BSG, NJW 1999, S. 1812 (r. Sp.)

auch die Bewertung, die diese Forschung innerhalb der medizinischen Wissenschaft erfahren hat.[899]

Welches Maß der Akzeptanz die jeweilige Methode innerhalb der medizinischen Fachdiskussion erreicht haben muß, wird unterschiedlich beantwortet. Von der wohl überwiegenden Ansicht wird eine allgemeine Anerkennung bejaht, wenn die herrschende Auffassung der sachverständigen Medizin die Wirksamkeit der Methode vertritt.[900] Dabei ist eine qualitative Betrachtung der einzelnen Stimmen geboten, so daß auch die übereinstimmenden Meinungen weniger, aber namhafter Spezialisten eine herrschende Ansicht bilden können.[901]

Dieser Auffassung ist zuzustimmen. Sie deckt sich mit dem eindeutigen Wortlaut des § 2 Abs. 1 S. 3 SGB V („allgemein anerkannt"). Vom Maß der Akzeptanz ist allerdings das Problem der Referenzgruppe (Akzeptanz bei wem?) zu unterscheiden, welches bei den besonderen Therapierichtungen sehr umstritten ist.[902]

2. Die „Berücksichtigung des medizinischen Fortschritts"

Auch wenn § 2 Abs. 1 S. 3 SGB V nicht von einem „jeweiligen Stand" spricht – wie etwa § 135 Abs. 1 S. 1 Nr. 1 SGB V – herrscht doch Einigkeit darüber, daß der medizinische Standard eine fließende Größe ist, die auch den Entscheidungsträger zu einer ständigen Aktualisierungsprüfung zwingt.[903] Neueste Forschungsergebnisse schlagen sich - wie gesehen - nicht automatisch im medizinischen Standard nieder, sondern erst, nachdem sie durch anderweitige Fachstimmen und Anwendungsversuche bestätigt wurden.[904] § 2 Abs. 1 S. 3 SGB V („...den medizinischen Fortschritt zu berücksichtigen.") stellt sicher, daß Forschungsergebnisse auch ohne den Verfestigungsgrad des medizinischen Standards den Umfang der Leistungen mitbestimmen.

---

899 S. Hart, MedR 1998, S. 8 (19) der von einer „wertenden Übereinstimmung der Experten" spricht

900 S. Höfler in KK SGB V, § 12 Rn. 22; Noftz in H/H SGB V, § 2 Rn. 62; z. T. wird auch eine „erdrückende Mehrheit" der Fachstimmen gefordert (so Enderlein, VSSR 1992, S. 123, 144). Hiervon zu unterscheiden ist die Frage, ob eine Leistung „vertretbar" ist, denn auch eine erdrückende Mehrheit kann der Auffassung sein, daß eine Methode z. B. trotz ihrer Nebenwirkungen noch „vertretbar" ist (s. Höfler in KK SGB V, § 12 Rn. 22)

901 S. Biehl/Ortwein, SGb 1991, S. 529 (539) und Noftz in H/H SGB V, § 2 Rn. 62

902 S. dazu o. Kapitel 4:D.III

903 Vgl. Noftz in H/H SGB V, § 2 Rn. 65 m. w. Nachw.; BSGE 81, 54 (65, 68)

904 Dies wird übersehen von Estelmann/Eicher, SGb 1991, S. 247 (251, l. Sp.)

Die „Berücksichtigung" meint aber nicht, daß auch nicht zum medizinischen Standard gehörende Leistungen zu Lasten der GKV erbracht werden dürfen.[905] Dies stünde im Widerspruch zu § 2 Abs. 1 S. 3 SGB V („haben dem allgemein anerkannten Stand der medizinischen Erkenntnisse zu entsprechen"), mit dem der Gesetzgeber ausdrücklich die Belastung der GKV mit noch im Forschungsstadium befindlichen Behandlungen ausschließen wollte.[906] Es liefe auch dem Ziel der Vorschrift entgegen, die Versicherten vor dem erhöhten Risiko nicht ausreichend erprobter Heilmittel und Methoden zu bewahren.[907] Die Berücksichtigung des medizinischen Fortschritts hat deshalb in Bezug auf die Leistungskonkretisierung eine lediglich leistungsbegrenzende Funktion.[908] Deshalb ist etwa ein Medikament, das dem medizinischen Standard entsprechend zum Leistungskatalog der GKV gehört, nicht mehr zu verordnen, wenn neueste Untersuchungen den Verdacht der Krebserregung durch das Mittel begründet haben.

3. Die Pflicht zur Leistung der „besonderen Therapierichtungen" nach § 2 Abs. 1 S. 2 SGB V

„Behandlungsmethoden, Arznei- und Heilmethoden der besonderen Therapierichtungen sind nicht ausgeschlossen" (§ 2 Abs. 1 S. 2 SGB V). Satz 2 des § 2 Abs. 1 SGB V wurde im Gesetzgebungsverfahren eingefügt, weil Bedenken bestanden, daß Satz 3 der Vorschrift zu einer Beschränkung der Leistungen nach Methoden der Schulmedizin führen werde.[909] Satz 2 stellt aber keine allgemeine Öffnungsklausel für schulmedizinisch nicht anerkannte Methoden (sog. Außenseitermethoden[910]) dar. Er beschränkt die Pflicht zur Leistung dieser Methoden vielmehr auf solche, die im Einklang mit den besonderen Therapierichtungen stehen.[911] Außerdem müssen die Methoden nach den besonderen Therapierichtungen ebenfalls einem anerkannten Stand der medizinischen Erkenntnisse entsprechen, § 2 Abs. 1 S. 3 SGB V. Diese Ansicht, wie auch die Frage, aus welchen Erkenntnissen und aus wessen Ansichten der Standard gebildet wird, ist allerdings umstritten, worauf noch näher einzugehen ist.[912]

---

905 Ebenso BSG, NJW 1999, S. 1812 (l. Sp.)

906 RegE-GRG, BT-Drucks. 11/2237, S. 157

907 BSGE 81, 54 (67 f., 71); Biehl/Ortwein, SGb 1991, S. 529 (537); Noftz in H/H SGB V, § 2 Rn. 63; Hart, MedR 1998, S. 8 (r. Sp.)

908 So auch: BSG, NJW 1999, S. 1811 (1812, l. Sp.); für eine subsidiäre Anwendung von neuen Methoden ist Höfler in KK SGB V, § 12 Rn. 23 und Estelmann/Eicher, SGb 1991, S. 247 (251 f.)

909 Aus-Ber-GRG zu § 12, BT-Drucks. 11/3480, S. 49

910 Zu dem Begriff im einzelnen s. u. Kapitel 1:A

911 Zur Bestimmung des Begriffs „besondere Therapierichtungen" s. u. Kapitel 4:D.III.1

912 S. u. Kapitel 1:A.

IV. Das systematische Verhältnis der §§ 2 Abs. 1 und 12 Abs. 1 S. 1 SGB V

Es wurde bereits gesagt, daß § 2 Abs. 1 S. 3 SGB V das Wirtschaftlichkeitsgebot des § 12 Abs. 1 S. 1 SGB V konkretisiert. Offen geblieben ist bisher, ob alle oder nur bestimmte Merkmale des Wirtschaftlichkeitsgebotes anhand des allgemein anerkannten Standes der medizinischen Erkenntnisse und Forschungen zu konkretisieren sind. Nähere Auskunft gibt das Gesetz: Der Anwendungsbereich beschränkt sich auf „Qualität und Wirksamkeit der Leistungen" (§ 2 Abs. 1 S. 3 a. A. SGB V).

1. „Qualität und Wirksamkeit der Leistungen" als Anwendungsbereich

Die Qualität der Leistungen beschreibt ein bestimmtes Niveau der Beschaffenheit der Leistungen.[913] Dieses Niveau ist nicht als feste Größe anzusehen, mit der eine „Mindestqualität" fixiert wird (wie etwa bei Sicherheitsstandards), sondern ist Ergebnis eines ständigen Optimierungsprozesses von Nutzen und Risiken jeweiliger Leistungen, der sog. Qualitätssicherung.[914] Die Qualitätssicherung orientiert sich am medizinischen Standard und zielt auf eine schnelle Übernahme der dort als wirksam und erprobt etablierten Leistungen in den Leistungskatalog der GKV.

Die Wirksamkeit fordert einen nachgewiesenen Kausalzusammenhang[915] zwischen Leistung und Behandlungsziel.[916] Die Wirkungseffizienz kann dabei sowohl hinsichtlich der Erreichung des Behandlungszieles als auch in Bezug auf die Wahrscheinlichkeit, mit der dieses Ziel eintritt,[917] variieren. Eine höhere Wirkungseffizienz steigert den Nutzen der Leistung und damit deren Qualität. Dies bedeutet allerdings nicht, daß die Wirkungseffizienz die Qualität der Leistung vollumfänglich beschriebe, da für die Qualität auch weitere Gesichtspunkte wie Nebenwirkungs- und Unverträglichkeitsrisiken oder Dauer der Behandlung eine Rolle spielen können. Die naturwissenschaftlich erwiesene Wirksamkeit ist vielmehr nur eines der Qualitätskriterien, wenn auch das wichtigste.

Stehen mehrere Methoden mit nachgewiesenem Wirkungszusammenhang zur Verfügung, verlangt § 2 Abs. 1 S. 3 SGB V nicht zwingend, die anerkannteste

---

[913] So auch Noftz in H/H SGB V, § 2 Rn. 54; Schirmer in GK-SGB V, § 2 Rn. 18

[914] Noftz in H/H SGB V, § 2 Rn. 54

[915] Zum Streit darüber, ob dazu ein Nachweis i. S. d. Schulmedizin zu führen ist, s.u. Kapitel 1:A

[916] So auch Noftz in H/H SGB V, § 2 Rn. 57; BVerwGE 94, 215 (217f) (zu „therapeutischer Wirksamkeit" in § 25 Abs. 2 S. 1 Nr. 4 AMG); Windeler, MedR 1997, S. 265 (265) und Wölk, MedR 1995, S. 492 (494 f.)

[917] Zur Erfolgswahrscheinlichkeit s. Enderlein, VSSR 1992, S. 123 (127)

bzw. besterprobte zu erbringen. Die Regelung stellt lediglich Mindestanforderungen an die Wirksamkeit der Methode und an deren Nachweis.[918] Erfüllt eine Methode diese Mindestanforderungen, ist sie „vertretbar".[919] Allerdings ist aus den „vertretbaren" Methoden die wirtschaftlichste zu wählen, § 12 Abs. 1 S. 1 SGB V. Nur wenn auch danach noch eine Auswahl an Methoden besteht (weil mehrere vertretbare Methoden gleich wirtschaftlich sind), entscheidet der Vertragsarzt aufgrund seiner Therapiefreiheit über die konkret anzuwendende Leistung (unter Berücksichtigung des Selbstbestimmungsrechts des Patienten).[920]

2. Bedeutung für das Verhältnis der §§ 12 Abs. 1 S. 1 und 2 Abs. 1 S. 3 SGB V

Welches der Tatbestandsmerkmale des § 12 Abs. 1 S. 1 SGB V ist mithin durch den medizinischen Standard zu konkretisieren? Von den Tatbestandsmerkmalen des § 12 Abs. 1 SGB V verlangt eines explizit einen Wirkungszusammenhang zwischen Leistung und Behandlungsziel, das der „Zweckmäßigkeit". Zweckmäßig ist eine Leistung, deren Qualität und Wirksamkeit den angestrebten Behandlungserfolg erwarten läßt.[921] Folglich ordnet § 2 Abs. 1 S. 3 SGB V an, daß nur die Leistungen gemäß dem Wirtschaftlichkeitsgebot vom Versicherten zu beanspruchen sind, deren Zweckmäßigkeit nach dem allgemein anerkannten Stand der medizinischen Erkenntnisse wissenschaftlich erwiesen ist.[922] Entsprechendes gilt für die Merkmale „ausreichend" und „notwendig". Diese gebieten ein Mindestmaß bzw. verbieten ein Übermaß der Leistungen, welche aus der Wirksamkeit der einzelnen Dosis der Leistung zu ermitteln sind.[923]

Fraglich ist aber, ob auch die Wirtschaftlichkeit (i. e. S.) dem allgemeinen Stand der medizinischen Erkenntnisse zu entsprechen hat.

---

918 BSGE 65, 56 (57); BSGE 70, 24 (28); Höfler in KK SGB V, § 12 Rn. 22; Estelmann/Eicher, SGb 1991, S. 247 (253 ff.); a. A. wohl: Noftz in H/H SGB V, § 2 Rn. 52

919 Höfler in KK SGB V, § 12 Rn. 22

920 BSGE 65, 56 (57); BSGE 70, 24 (28); Höfler in KK SGB V, § 12 Rn. 22; Estelmann/Eicher, SGb 1991, S. 247 (253 ff.); Denkbar erscheint auch, daß der verfassungsrechtliche Schutz des Selbstbestimmungsrechts (Art. 1, 2 GG) dem Versicherten die Entscheidungsfreiheit einräumt, in gewissen Grenzen sich auch für die weniger wirtschaftliche Leistung zu entscheiden; zur verfassungsrechtlichen Dimension, vgl. BSGE 65, 56 (57) und Zuck, NJW 1991, S. 2933 (2933 f.)

921 S. o. Kapitel 4:C.I.3

922 So auch Höfler in KK SGB V, § 12 Rn. 19f; Käsling in Krkpf, SGB V, § 12 Rn. 6; Noftz in H/H SGB V, § 2 Rn. 66; Estelmann/Eicher, SGb 1991, S. 247 (249, l. Sp.) und Péntek, Die Leistungspflicht der Gesetzlichen Krankenversicherung bei der Anwendung von Außenseitermethoden in der Medizin, 1996, S. 63

923 S.o. Kapitel 4:C.I.1 und 2

3. Keine Konkretisierung des Merkmals „wirtschaftlich" (i. e. S.)

Das Merkmal der „Wirtschaftlichkeit" (i. e. S.) stellt die Zweckmäßigkeit der Leistungen in Verhältnis zu ihren Kosten. Eine Konkretisierung der „Wirtschaftlichkeit" könnte anhand des medizinischen Standards somit nur erfolgen, wenn dieser Aussagen über die Kosten der jeweiligen Therapie träfe. Der allgemein anerkannte Stand medizinischer Erkenntnisse gibt aber keine Auskunft über die Kosten-Nutzen-Effizienz einer Leistung. Seine Aussagen beschränken sich auf die Wirkungseffizienz einer Methode, ohne diese in Relation zu den aufzuwendenden Kosten zu setzen.

Der medizinische Standard umfaßt vielmehr die Methoden, deren Wirksamkeit nach den medizinischen Erkenntnissen – also wissenschaftlich – nachgewiesen ist.[924] Die Wirtschaftlichkeit einer Leistung läßt sich hingegen nur über die Entscheidung bestimmen, was von der Versichertengemeinschaft finanziell zu übernehmen ist. Sie setzt das Individualinteresse des Versicherten an möglichst umfänglichen Leistungen in Relation zu dem Interesse der Versichertengemeinschaft an möglichst geringen Kosten.[925] Dieser Interessengegensatz läßt sich nicht medizinisch-wissenschaftlich lösen. Denn der Wert einer wirksameren Methode für die Gesundheit läßt sich nicht als Geldwert darstellen, der mit den zusätzlichen Kosten der Methode logisch vergleichbar wäre.[926] Die Entscheidung über die Wirtschaftlichkeit einer Leistung ist deshalb kein wissenschaftliche, sondern eine wertende Entscheidung. Demzufolge kann sie auch nicht einem auf wissenschaftlichen Erkenntnissen beruhenden Standard entsprechen.[927]

4. Ergebnis

Das Wirtschaftlichkeitsgebot wird durch § 2 Abs. 1 S. 3 SGB V konkretisiert. Ob Leistungen „zweckmäßig" und „ausreichend" sind und „das Maß des Notwendigen" nicht überschreiten, ist deshalb nach dem medizinischen Standard zu bestimmen. Keine Aussagen trifft der medizinische Standard zur Wirtschaftlichkeit der Therapien; er könnte dies auch gar nicht, weil die Frage der Kosten-Nutzen-Relation medizinischer Leistungen keine medizinisch-wissenschaftliche, sondern eine Wertungsfrage darstellt.

---

[924] Hart betrachtet deshalb den medizinischen Standard als „externe medizinische Qualitätskontrolle in einem rechtlichen Rahmen" (MedR 1998, S. 8, 9)

[925] Vgl. BSGE 53, 150 (155); BSGE 55, 188 (193 f.)

[926] Vgl. Schirmer in GK-SGB V, § 2 Rn. 92 f. und Saekel, SozVers 1985, S. 176 f.

[927] I. E. ebenso: BSGE 64, 255 (257); Estelmann/Eicher, SGb 1991, S. 247 (250, l. Sp.) und ähnlich Hart, MedR 1996, S. 60 (65, l. Sp.)

Die Konkretisierung des beanspruchbaren Leistungsumfangs anhand des § 12 Abs. 1 S. 1 SGB V erfolgt deshalb in zwei Schritten:[928]

1. Ermittlung der standardisierten Qualitätssicherung: Wie beurteilt *der medizinische Standard* die Wirksamkeit und Qualität der für die konkrete Indikation zur Verfügung stehenden Behandlungen?

2. Abwägung des individuellen Versicherteninteresses an der Krankenbehandlung mit dem Versichertengemeinschaftsinteresse an niedrigen Beiträgen: Was ist *bei wertender Beurteilung des Entscheidungsträgers* noch als wirtschaftlich (i. e. S.) anzusehen, d.h. welche mit höheren Kosten verbundene Effizienzsteigerung ist der solidarischen Finanzierung der GKV nach seinem Dafürhalten noch zuzumuten?

Dadurch spiegelt sich die Ambivalenz des Sozialrechts als *gleichzeitiges* Qualitäts- und Wirtschaftlichkeitsrecht[929] auch in unterschiedlichen Entscheidungsschritten der Konkretisierung der Versichertenleistungen wieder.

V. Die Letztentscheidungskompetenz des Bundesausschusses zur Konkretisierung des Wirtschaftlichkeitsgebotes, § 12 Abs. 1 S. 1 SGB V

Der Bundesausschuß wird durch § 92 SGB V ermächtigt, das Wirtschaftlichkeitsgebot des § 12 Abs. 1 S. 1 SGB V durch Richtlinien zu konkretisieren.[930] Er ist dabei an das höherrangige Recht gebunden - insbesondere an die gesetzlichen Vorgaben des § 12 Abs. 1 S. 1 und des § 2 Abs. 1 SGB V. Es bleibt aber auch unter Beachtung des gesetzlichen Normprogramms ein recht weiter Konkretisierungsspielraum.[931] Nur - wer hat diesen in Letztentscheidungskompetenz auszufüllen? Steht er vollumfänglich dem Bundesausschuß zu, so ist das Gericht in den Fragen der Wirtschaftlichkeit und Zweckmäßigkeit einer Leistung an dessen Richtlinien gebunden. Der Einwand des klagenden Versicherten, der Bundesausschuß habe sich geirrt, denn die Methode sei trotz fehlender Anerkennung in den Richtlinien zweckmäßig und wirtschaftlich, wäre dann von vornherein aussichtslos, weil das Gericht nicht zur Kontrolle der medizinisch-wissenschaftlichen und ökonomischen Einschätzungen des Bundesausschusses befugt wäre. Ist das Gericht aber nicht an die Richtlinien gebunden, könnte es

---

928 So auch Noftz in H/H SGB V, § 12 Rn. 9; Schirmer in GK-SGB V, § 2 Rn. 25 und 89; Schneider, MedR 1998, S. 151 (152, l. Sp.) und BSGE 73, 271 (279)

929 So Hart, MedR 1998, S. 8, (12, l. Sp.)

930 S. o. Kapitel 2:B.I

931 Vgl. BSGE 73, 271 (279)

Leistungen entgegen der Auffassung des Bundesausschusses für wirksam und wirtschaftlich erklären.

Keine der beiden „Extremlösungen" (Letztentscheidungskompetenz liegt entweder komplett bei Bundesausschusses oder vollständig bei den Gerichten) ist sinnvoll. Bleibt die Frage, welches die richtige, die gebotene Kontrolldichte für die Richtlinien ist. Anhand der Lehre vom Vorbehalt der Gerichte und der bisherigen Auslegungsergebnisse soll dieser Frage nunmehr nachgegangen werden.

1. Die Kontrolldichte zu § 12 Abs. 1 S. 1 SGB V nach der neueren Rechtsprechung des BSG (1. Senat)

Als Ausgangspunkt der Überlegungen bietet sich eine kritische Betrachtung der neueren Rechtsprechung des BSG (1. Senat) an.

a. Der Grundansatz: die der Kontrolldichte für Rechtsverordnungen entsprechende gerichtliche Prüfung der Richtlinien

Der 1. Senat des BSG sieht in seiner neueren Rechtsprechung die Letztentscheidungskompetenz zur Konkretisierung des Wirtschaftlichkeitsgebots ganz überwiegend beim Bundesausschuß. Er hat in seinen Urteilen vom 16. 9. 1997[932] die Kontrolldichte bei der gerichtlichen Prüfung der Richtlinien des Bundesausschusses im wesentlichen den Grundsätzen der gerichtlichen Prüfung von Rechtsverordnung angeglichen.[933] In zwei der Entscheidungen heißt es: „Die Ermächtigung zur Rechtssetzung eröffnet dem Bundesausschuß wie jedem Normgeber einen eigenen Gestaltungs- und Beurteilungsspielraum. Dieser ist zwar enger als der des parlamentarischen Gesetzgebers, weil er von vornherein nur innerhalb der durch die gesetzliche Ermächtigung gezogenen Grenzen besteht. Vor allem ist der Bundesausschuß wegen seiner verfassungsrechtlichen Stellung als Exekutivorgan mit lediglich abgeleiteter Rechtsetzungsbefugnis in besonderer Weise an das Gleichbehandlungsgebot gebunden; er hat sich nicht nur von Willkür und sachfremden Erwägungen freizuhalten, sondern darf, wie das BVerfG für Rechts-VO entschieden hat, auch keine Differenzierungen vornehmen, die im Ergebnis auf eine Korrektur der Entscheidungen des Gesetzgebers hinauslaufen würden. Ferner hat er sein Verfahren an rechtsstaatlichen Grundsätzen auszurichten, insbesondere die verfügbaren Beurteilungsgrundlagen auszuschöpfen. Seine Entscheidungen unterliegen jedoch keiner darüber hinausgehenden Inhaltskontrolle. Die Gerichte sind auf die Prüfung beschränkt,

---

932 BSGE 81, 54; BSGE 81, 73 (85); BSG, MedR 1998, S. 230; BSG, ZfS 1998, S. 211; BSG, RdLH 1998, S. 30

933 Im Ergebnis ebenso Noftz in H/H SGB V, § 2 Rn. 69

ob die Richtlinien in einem rechtsstaatlichen Verfahren formal ordnungsgemäß zustande gekommen sind und mit dem Zweck der gesetzlichen Ermächtigung in Einklang stehen."[934]

Die so eingeschränkte Kontrolldichte erscheint damit - nach der Begründung des BSG - als die logische Konsequenz des Rechtsnormcharakters der Richtlinien. Der Frage, ob Teilbereiche der Konkretisierung des Wirtschaftlichkeitsgebots möglicherweise dem Gericht obliegen, geht das BSG jedenfalls nicht nach; es sei denn, es liegt ein „Systemmangel" vor.

b. Die „Notkompetenz" des Gerichtes bei Vorliegen eines „Systemmangels"

In zwei der Parallelentscheidungen vom 16. 9. 1997 prüfte der 1. Senat des BSG, ob der klagende Versicherte möglicherweise Anspruch auf Kostenerstattung für die ihm erbrachte Leistung hatte, obwohl die Methode, nach der die Leistung erfolgte, in den NUB-Richtlinien des Bundesausschusses bisher nicht empfohlen war.[935] Im Grundsatz lehnt das BSG dies ab. Nach § 135 Abs. 1 SGB V dürfen neue Untersuchungs- und Behandlungsmethoden in der vertragsärztlichen Versorgung zu Lasten der Krankenkassen nur erbracht werden, wenn der Bundesausschuß in der entsprechenden NUB-Richtlinie eine Empfehlung über die Anerkennung der Methode ausgesprochen hat. Nach der Neuregelung des § 135 Abs. 1 S. 2 und 3 SGB V durch das 2. GKV-NOG[936] kann der Bundesausschuß auch solche Methoden ausschließen, die bisher zum Leistungskatalog der GKV gehörten. Aufgrund des Rechtsnormcharakters der Richtlinien stehe die Anwendung neuer Methoden - so das BSG - damit unter einem Verbot mit Erlaubnisvorbehalt[937] (ohne die Anerkennung der Methode in der NUB-Richtlinien keine Pflicht zur Leistung).

Das BSG sieht aber auch die Möglichkeit einer Ausnahme von dieser strikten Linie. Auch ohne eine Empfehlung des Bundesausschusses für die angewandte Methode komme eine Erstattung der vom Versicherten aufgewandten Kosten in Betracht, wenn:

- der Bundesausschuß gegen seine Pflicht verstößt, „bei Vorlage der für die Beurteilung der Wirksamkeit, Zweckmäßigkeit und Wirtschaftlichkeit benötigten Unterlagen in vertretbarer Zeit über die Anerkennung der neuen Methode" zu entscheiden,[938] und

---

934 S. BSGE 81, 73 (85) und insoweit wortgleich: BSG, ZfS 1998, S. 211 (217)
935 S. BSGE 81, 54 und BSG, MedR 1998, S. 230
936 Vom 28. 6. 1997 (BGBl. I 1997, S. 1520)
937 S. BSGE 81, 73 (76)
938 S. BSGE 81, 54 (66)

- das Gericht von der Wirksamkeit der Methode überzeugt werden kann.[939]

Der Sache nach erklärt das BSG einen Übergang der Letztentscheidungskompetenz zur Bestimmung der Wirksamkeit von Methoden auf das Gericht, wenn der Bundesausschuß in pflichtwidriger Weise untätig geblieben ist. Zur Begründung der ausnahmsweisen Wahrnehmung der Letztentscheidungskompetenz knüpft die Entscheidung an die wohl vom 4. Senat des BSG entwickelte Figur des „Systemversagens“ an.[940] Danach sind dem Versicherten die Kosten gemäß § 13 SGB V zu erstatten, wenn die eigentlich geschuldete Sach- oder Dienstleistung aufgrund eines „Mangel des gesetzlichen Leistungssystems“ nicht erbracht wurde.[941] Ein solcher „Systemmangel“ - wie der 1. Senat ihn nennt - könne darin liegen, „daß das Anerkennungsverfahren trotz Erfüllung der für eine Überprüfung notwendigen formalen und inhaltlichen Voraussetzungen nicht oder nicht zeitgerecht durchgeführt wird“.[942]

Da der Zweck der Rechtsnormbefugnis für den Bundesausschuß in der Qualitätssicherung der Leistungen der GKV liege,[943] müsse er gewährleisten, daß auch neue medizinische Verfahren, die § 12 Abs. 1 S. 1 SGB V entsprechen, anerkannt würden. „Soweit sie sich als zweckmäßig und wirtschaftlich erweisen, dürfen sie den Versicherten nicht vorenthalten werden.“[944] Deshalb habe der Bundesausschuß sicherzustellen, „daß bei Vorlage der für die Beurteilung der Wirksamkeit, Zweckmäßigkeit und Wirtschaftlichkeit benötigten Unterlagen in vertretbarer Zeit eine Entscheidung über die Anerkennung der neuen Methode erreicht werden kann.“[945] Komme der Bundesausschuß dieser Pflicht nicht nach, entstehe eine „Versorgungslücke“[946], die vom Gericht auszufüllen sei, wenn es von der Wirksamkeit der angewandten Methode überzeugt werden kann.[947]

Folglich geht nach Ansicht des BSG die Letztentscheidungskompetenz über die Wirksamkeit einer Behandlungsmethode auf das Gericht über, wenn der Bundesausschuß auch nach einem angemessenen Zeitraum nicht über diese Frage ent-

---

939 S. BSGE 81, 54 (66)

940 S. BSGE 73, 271 (275 f.); z. T. findet sich in Entscheidungen auch die Bezeichnung „Systemmangel“ (z. B. BSGE 85, 36, 54), ohne daß dabei ein abweichender Bedeutungsinhalt erkennbar wäre.

941 S. BSGE 81, 54 (65) und vgl. BSGE 73, 271 (285 f.)

942 S. BSGE 81, 54 (65)

943 S. BSGE 81, 54 (65)

944 S. BSGE 81, 54 (65)

945 S. BSGE 81, 54 (66)

946 S. BSGE 81, 54 (66)

947 S. BSGE 81, 54 (66)

scheidet, obwohl er Anlaß dazu hatte.[948] Dem Gericht kommt - so könnte man sagen - eine „Notkompetenz" zur Vermeidung von Versorgungslücken zu.

2. Kritik und Stellungnahme

Das BSG leitet die Letztentscheidungskompetenz des Bundesausschusses zur Konkretisierung des Wirtschaftlichkeitsgebotes im wesentlichen aus dem Rechtsnormcharakter der Richtlinien ab. Er folgt damit in Begründung und Ergebnis der formal-normativen Theorie. Der Ansatz der formal-normativen Theorie greift aber zu kurz - wie an anderer Stelle ausführlich begründet -,[949] wenn der Gesetzgeber sich atypischer Rechtssetzungsformen bedient, wie im Falle der Richtlinien nach § 92 SGB V. Tatsächlich weisen die Richtlinien nämlich erhebliche Unterschiede zur Rechtsquelle der Rechtsverordnung auf. Formale Autonomie, mitgliedschaftlich-partizipatorische Legitimation und die Besetzung des Bundesausschusses mit Sachverständigen erfordern deshalb eine wesentlich umfangreichere Beschäftigung mit der Frage der Kontrolldichte.

a. Die „formale Autonomie" des Bundesausschusses und sein Wertungsspielraum

Ob dem Bundesausschuß ein Wertungsspielraum zur Konkretisierung des Wirtschaftlichkeitsgebotes zusteht, ist - nach der hier vertretenen Lehre vom Vorbehaltsbereich der Gerichte[950] - in drei Schritten zu prüfen; nämlich auf das Vorliegen von „offenen Wertungen" (1), ob eine gesetzliche Ermächtigung zur letztverbindlichen Konkretisierung der Wertungen besteht (2), und die demokratische Legitimation des Konkretisierungsgremiums, in diesem Fall des Bundesausschusses (3).

(1) Beinhaltet das Wirtschaftlichkeitsgebot konkretisierungsbedürftige Tatbestandsmerkmale, die einer eigenen Wertung des Bundesausschusses bedürfen (Vorliegen von „offenen Wertungen")?

Die Konkretisierungsbedürftigkeit der Tatbestandsmerkmale „zweckmäßig" und „wirtschaftlich" ergibt sich aus ihrem vagen Bedeutungsgehalt.[951] Fraglich ist

---

[948] Und daß der Bundesausschuß nicht nach eigenem Belieben die Anerkennung einer tatsächlich zweckmäßigen und wirksamen Methode verzögern darf, leuchtet ein, zumal seine Aktualisierungspflicht auch in § 2 Abs. 1 S. 3 a. E. SGB V („Fortschrittsklausel") gesetzlich verankert ist.

[949] S.o. Kapitel 3:C.II.4

[950] S. o. Kapitel 3:D

[951] Die herrschende Meinung sieht in ihnen deshalb „unbestimmte Rechtsbegriffe" (vgl. BSGE 11, 102 (117); BSGE 17, 79 (84); BSGE 19, 123 (127); Igl in GK-SGB V, § 12

aber, ob die Konkretisierung dieser Tatbestandsmerkmale eine Wertungsentscheidung vom Bundesausschuß erfordert. Die Auslegung des § 12 SGB V ergab - etwas vereinfacht gesagt - folgendes: „Zweckmäßig" ist eine Leistung, die den angestrebten Behandlungserfolg erwarten läßt. „Wirtschaftlich" ist sie, wenn die dafür aufgewendeten Kosten gering sind. Die Zielsetzung des § 12 SGB V ist ein möglichst effizientes Leistungssystem der GKV. Deshalb sollen bei der Konkretisierung des Wirtschaftlichkeitsgebotes unter den möglichen Therapien und Arzneien die für die Behandlung der Krankheit zweckmäßigste und gleichzeitig wirtschaftlichste ausgewählt werden.

Dazu ist in einem ersten Schritt erforderlich, die Zweckmäßigkeit der zur Verfügung stehenden Leistungen zu vergleichen. Eine eigene Einschätzung der Wirksamkeit der jeweiligen Methoden durch den Rechtsanwender erfordert das Gesetz in der Regel jedoch nicht. Die Zweckmäßigkeit der möglichen Leistungen ist gem. § 2 Abs. 1 S. 3 SGB V nach dem vorfindlichen „allgemein anerkannten Stand der medizinischen Erkenntnisse" zu bemessen. Aber auch wenn der medizinische Standard nicht herangezogen werden kann (weil keiner besteht[952]), kann sich die Einschätzung der „Zweckmäßigkeit" nur an tatsächlichen wissenschaftlichen Hinweisen auf die Wirksamkeit der Leistung orientieren.[953] Eine subjektive Abwägung der Interessen, wie sie eine Wertungsentscheidung kennzeichnet, ist der Einschätzung der Wirksamkeit damit fremd.

Anders verhält es sich bei dem Tatbestandsmerkmal „wirtschaftlich" in § 12 Abs. 1 SGB V. Dieser verpflichtet, die kostengünstigste und zugleich wirksamste Leistung für eine bestimmte Krankheit auszuwählen. Ziel dieser Vorschrift ist eine Rationalisierung des Gesundheitswesens und keine Rationierung der Leistungen der GKV. Doch die Vorstellung, die medizinisch zweckmäßigste Leistung könnte für alle Krankheiten und für alle Versicherten sofort geleistet werden, wird durch den Grundsatz der Beitragssatzstabilität (§ 141 Abs. 2 SGB V) konterkariert.[954] Unter den gesetzlichen Vorgaben der Budgetierung ist die jeweils wirksamste Behandlung nicht finanzierbar. Mag dies in den §§ 27 Abs. 1 S. 1 und 12 Abs. 1 S. 1 SGB V auch nicht ausdrücklich vorgesehen sein, bleibt dem Bundesausschuß gar keine andere Wahl, als die beschränkten finanziellen Mittel möglichst effektiv einzusetzen. Die Budgetierung erfordert somit eine Abwägung finanzieller Aspekte mit ethischen und kurativen Anliegen oder - schlagwortartig - eine Abwägung von „Gesundheit" und „Geld".

Rn. 12; Höfler in KK SGB V, § 12 Rn. 5), woraus sich allerdings nicht zwingend eine Letztentscheidungskompetenz der Gerichte ableiten läßt (s. o. Kapitel 3:C.I und im Ergebnis ebenso Noftz in H/H SGB V, § 12 Rn. 14)

952 S. dazu unten Kapitel 1:A

953 Vgl. den Wissenschaftsbegriff bei Höfler in KK SGB V, § 12 Rn. 20 f.

954 Vgl. Ebsen, NDV 1997, S. 71

Bei dieser Abwägung handelt es sich um eine Wertungsentscheidung, weil die Güter „Geld" und „Gesundheit" nicht gegeneinander logisch stringent abgewogen werden können. Für eine logische Optimierung bedürfte es nämlich eines gemeinsamen Bezugssystems, das für die Werte Gesundheit und Geld nicht existiert. Nur wenn der Wert von Gesundheit und der Wert immaterieller Schäden von Krankheit sich als finanzielle Größe bestimmen ließe, könnte man die logische Schlußfolgerung ziehen, daß die bis zu dieser Größe zweckmäßigste Leistung optimal ist. Die Entscheidung, ob eine Leistung „wirtschaftlich" ist i. S. d. § 12 Abs. 1 S. 1 SGB V, ist deshalb keine im strengen Sinne logische. Sie erfordert vielmehr eine Abwägung des Interesses an möglichst niedrigen Ausgaben der GKV und des Interesses an möglichst umfänglichen, wirksamen Leistungen. Die Konkretisierung des Merkmals „wirtschaftlich" verlangt folglich eine Wertungsentscheidung des Rechtsanwenders.

Nur ausnahmsweise kann die Wirtschaftlichkeitsentscheidung objektiv falsch sein und damit außerhalb des subjektiven Wertungsbereiches liegen. In drei Fällen nämlich kann eine Methode mit logisch stringenter Argumentation nicht als wirtschaftlich erachtet werden.[955]

- Eine Methode ist nicht wirtschaftlich, wenn sie keine Wirksamkeit in Bezug auf die durch § 27 Abs. 1 S. 1 SGB V bestimmten Leistungsziele hat.

- Eine Methode ist auch nicht wirtschaftlich, wenn eine effizientere Methode kostengünstiger oder gleich teuer ist.

- Eine Methode ist schließlich nicht wirtschaftlich, wenn eine gleich effiziente Methode günstiger ist.

Abgesehen von diesen Fällen liegt damit in der Bestimmung der Wirtschaftlichkeit der Leistung eine Wertungsentscheidung, die einen Entscheidungsspielraum öffnen kann, wenn die weiteren Voraussetzungen vorliegen.

(2) Liegt eine zumindest konkludente gesetzliche Ermächtigung des Bundesausschusses zur letztverbindlichen Konkretisierung der Wertungen vor?

§ 92 Abs. 1 S. 1 SGB V ermächtigt den Bundesausschuß „die zur Sicherung der ärztlichen Versorgung erforderlichen Richtlinien über die Gewähr für eine ausreichende, zweckmäßige und wirtschaftliche Versorgung" zu beschließen. Der Bundesausschuß hat damit den gesetzlichen Auftrag, durch Richtlinien das Wirtschaftlichkeitsgebot des § 12 Abs. 1 S. 1 SGB V zu konkretisieren. Eine

---

955 S. Oldiges, G+G, 1999, S. 28 (33, l. Sp.)

Ermächtigung, die Fragen der Wirtschaftlichkeit der Leistungen mit Verbindlichkeit gegenüber den Gerichten zu beantworten kann darin aber nur dann liegen, wenn der Bundesausschuß dafür ausreichend demokratisch legitimiert ist.

(3) Ist der Bundesausschuß zur Vornahme der Wertungsentscheidungen ausreichend demokratisch legitimiert?

Die Frage der demokratischen Legitimation des Bundesausschusses zur letztverbindlichen und damit außenwirksamen Konkretisierung des Wirtschaftlichkeitsgebotes wurde bereits in Kapitel 2 ausführlich erörtert und bejaht. Die wesentlichen Ergebnisse seien dennoch kurz wiederholt:

Die gesetzlich zugewiesene Autonomie des Bundesausschusses wird nicht durch die gemeinsame Selbstverwaltung der Ärzte und Krankenkassen ausreichend demokratisch legitimiert. Es handelt sich um eine bloß „formelle" Autonomie. Dennoch verstößt die gesetzliche Anordnung der Außenwirkung der Richtlinien nicht gegen Art. 20 Abs. 2 GG, weil der grundsätzliche Interessenkonflikt der Versicherten zwischen möglichst niedrigen Beiträgen und möglichst umfangreichen und wirksamen Leistungen sich im Diskurs der Krankenkassen- und Ärztevetreter widerspiegelt. Die paritätische Besetzung mit Vertretern dieser beiden Interessengruppen und die entscheidende Funktion der drei unabhängigen Mitglieder zur Herbeiführung einer Mehrheit sichern grundsätzlich in ausreichendem Maße die Berücksichtigung der betroffenen Versicherteninteressen und gewährleisten Beschlüsse, die im Ergebnis eine objektive Abwägung der rechtlich geschützten Interessen darstellen (mitgliedschaftlich-partizipatorische Legitimation). Für die Richtlinien des Bundesausschusses spricht deshalb die Vermutung, daß sie die Ermächtigung des § 92 SGB V im Sinne des - den Anforderungen des Art. 80 Abs. 1 S. 2 GG genügenden - gesetzlichen Normprogramms konkretisieren. Aufgrund dieser „Richtigkeitsvermutung" darf prinzipiell erwartet werden, daß die Regelungen i. S. d. Gesetzgebers erfolgen, und deshalb über diesen auch ausreichend demokratisch legitimiert sind.

Der Bundesausschuß hat demnach einen gesetzlich eingeräumten Wertungsspielraum zur Konkretisierung des Merkmales „wirtschaftlich" in § 12 Abs. 1 S. 1 SGB V. Dem prozessual geltend gemachten Einwand, eine Leistung sei entgegen der Auffassung des Bundesausschusses im Verhältnis zu ihrer Wirksamkeit nicht zu teuer, ist deshalb nur durch die gerichtliche Kontrolle des Richtlinienbeschlusses auf willkürliche oder sachfremde Erwägungen nachzugehen (Vertretbarkeitskontrolle). Insoweit weicht die hier vertretene Auffassung nicht von der des BSG ab.

Allerdings mit einer wesentlichen Ausnahme: Da die demokratische Legitimation des Bundesausschusses nur insoweit besteht, als eine Vermutung dafür spricht, daß das Entscheidungsgremium im Sinne des Gesetzgebers beschließt („Richtigkeitsvermutung"), hat das Gericht das Entscheidungsverfahren auf die Erfüllung der die Vermutung stützenden Faktoren zu überprüfen. Das Entscheidungsverfahren muß in ausreichendem Maße sichern, daß die Regelungen im Ergebnis die vom Gesetz geschützten Interessen neutral und distanziert abwägt.

Daß der Entscheidungsprozeß selber von der Auseinandersetzung zwischen subjektiven (beruflichen oder ökonomischen) Interessen geprägt ist, widerspricht der „Richtigkeitsvermutung" solange nicht, als im Verfahren gesichert ist, daß sich keine Interessengruppe zu Lasten anderer geschützter Interessen durchsetzt. Erfolgt diese Absicherung - wie etwa im Bundesausschuß - durch die Parität der Vertreter der unterschiedlichen Interessengruppen, gilt die „Richtigkeitsvermutung" jedenfalls dann nicht mehr, wenn ausnahmsweise beide vertretenen Interessengruppen von einer Regelung profitieren, die ein gesetzlich geschütztes Gut vernachlässigt.[956] Ebenso spricht gegen die Richtigkeitsvermutung, wenn unabhängige Vertreter im Gremium die Funktion des „Züngleins an der Waage" erfüllen sollen, aber tatsächlich nicht objektiv sind. Demzufolge hat das Gericht nicht nur zu überprüfen, ob der Bundesausschuß die Rahmenbedingungen einer mitgliedschaftlich-partizipatorischen Legitimation erfüllt. Es muß auch für die konkret überprüfte Entscheidung des Bundesausschusses ausschließen, daß eine funktionswidrige Überlappung der Interessen der Ärzte und Krankenkassen vorliegt.

Man könnte insoweit von einer „qualifizierten Verfahrenskontrolle" sprechen. Über die gerichtliche Vollkontrolle des Entscheidungsverfahrens hinaus, sind nämlich nach der hier vertretenen Auffassung auch die Voraussetzungen der „Richtigkeitsvermutung" im Einzelfall, einer gerichtlichen Prüfung zu unterziehen. Der zur gerichtlichen Entscheidung vorgelegte Richtlinienbeschluß muß demnach hinreichende Gewähr dafür bieten, daß die betroffenen Interessen – insbesondere nicht-ärztlicher Leistungserbringer – zuvor ausreichend gewürdigt und in die Entscheidung einbezogen wurden. Sieht das Gericht aber eine virulente Gefahr, daß aufgrund der konkreten Entscheidungslage eine einseitige und nicht angemessene Benachteiligung berechtigter Interessen zu befürchten ist, entfällt damit die Grundlage des Wertungsspielraums für den Bundesausschuß. Da in diesem Fall das gesetzlich vorgesehene Entscheidungsverfahren „versagt" hat, wird man ihn zwanglos als „Systemmangel" qualifizieren können, mit der Folge, daß - unter entsprechender

956 S. Ebsen in FS für Krasney, 1997, S. 81 (98 ff.) mit Beispielen für die Richtigkeitsvermutung beeinträchtigende „Interessenschlagseiten" innerhalb des Bundesausschusses; s. a. Ebsen in Probleme der Rechtsquellen I, 1998, S. 13 (34)

Folge, daß - unter entsprechender Anwendung dieser vom BSG entwickelten Figur – die Letztentscheidungskompetenz auch in Bezug auf die Konkretisierung des Wirtschaftlichkeitsgebot den Gerichten zusteht.
Vor dem Hintergrund der Lehre vom Vorbehaltsbereich der Gerichte stehen dem keine Bedenken entgegen. Nach ihr kann der Gesetzgeber zwar insbesondere Wertungsentscheidungen der gerichtlichen Kontrolle entziehen. Erfolgt die Beschränkung der Kontrolldichte aber unter bestimmten Voraussetzungen – wie im Falle des Bundesausschusses der Voraussetzung der mitgliedschaftlich-partizipatorischen Legitimation – ist es immanent logisch, daß die Letztentscheidungskompetenz an die Judikative zurück fällt, wenn die Voraussetzungen nicht mehr erfüllt sind.

Wann ein solches „Systemversagen aufgrund der Gefahr der Interessenmajorisierung" vorliegt, läßt sich nur im Einzelfall bestimmen. Gewisse Entscheidungskonstellationen dürfen jedoch als besonders kritisch gelten. Zum einen sind damit die Entscheidungen zu Lasten der im Bundesausschuß nicht vertretenen nicht-ärztlichen Leistungserbringer zu nennen. Die Entscheidung des Gesetzgebers, diese nicht mit einer Stimme im Bundesausschuß zu versehen, ist aufgrund seines Gestaltungsspielraumes als verfassungsgemäß anzusehen.[957] Gleichwohl haben die Ausführungen gezeigt, daß es im Einzelfall im beiderseitigen Interesse der Krankenkassen und Vertragsärzte stehen kann, Leistungen zu Lasten der nicht-ärztlichen Leistungserbringer zu verschieben. Die rechtsschützende Funktion des Stellungnahmeverfahrens wird hier besonders wichtig, und es ist von den Gerichten sehr genau zu prüfen, ob – selbst nach Beseitigung der angesprochenen Mängel des Beteiligungsverfahrens – die Interessen der nicht-ärztlichen Leistungserbringer ausreichend berücksichtigt und so möglicherweise bestehende „Interessenschieflagen" gerade gerückt wurden.

Als weiteres Problem ist die Budgetierung zu nennen. EBSEN hat zutreffend darauf hingewiesen, daß durch die Verknappung der finanziellen Mittel der GKV ein Verteilungskampf um das zur Verfügung stehende Geld unvermeidlich ist.[958] Ob die Partikularinteressen der Vertragsärzte dadurch tatsächlich derartig betroffen sind, daß „der sachgerechte Entscheidungsprozeß schlechterdings nicht mehr sachgerecht sein kann", – wie EBSEN meint[959] - bedürfte einer ausführlicheren Analyse. Zumindest für Entscheidungen, wie etwa die Versagung der Anerkennung eines neuen Medikamentes, wird man aber genau zu prüfen haben, ob diese nicht auch im Interesse der Krankenkassen erfolgte, und deshalb

957 S. Kapitel 2:C.IV.6.d
958 S. Ebsen, FS für Krasney, 1997, S. 81 (100 ff.)
959 S. Ebsen, FS für Krasney, 1997, S. 81 (101)

eine Interessenüberlappung die Richtigkeitsvermutung für die Richtlinien insoweit aufhebt.

Zusammenfassend läßt sich festhalten. Es gibt zwar grundsätzlich eine Richtigkeitsvermutung für die Entscheidungen des Bundesausschusses. Soweit diese Vermutung zu tragen vermag, steht ihm auch ein Wertungsspielraum zu und die Gerichte sind auf eine Vertretbarkeitskontrolle der Konkretisierung des Wirtschaftlichkeitsprinzip beschränkt. Es bleibt aber für die Gerichte zu prüfen, ob der zur Entscheidung stehende Richtlinienbeschluß nicht sachwidrig von Partikularinteressen beeinflußt ist. Damit entfällt nämlich eine wesentliche Voraussetzung der Kontrolldichtebeschränkung und die Letztenscheidungskompetenz fällt - entsprechend der Grundsatzregelung des Art. 19 Abs. 4 S. 1 GG - den Gerichten zu.

b. Der Bundesausschuß als Sachverständigengremium und seine Einschätzungsprärogative

Eine andere Frage ist, ob dem Bundesausschuß, neben dem Wertungsspielraum zur Konkretisierung der Wirtschaftlichkeit der Leistungen, eine von gerichtlicher Kontrolle befreite Prärogative zur Einschätzung der „Zweckmäßigkeit“ der Leistungen zukommt. „Zweckmäßig“ ist eine Leistung, deren Qualität und Wirksamkeit den angestrebten Behandlungserfolg erwarten läßt.[960] Die Einschätzung der Zweckmäßigkeit hat sich an wissenschaftlich fundierten Hinweisen für den Erfolg der Leistung zu orientieren. Sie erfolgt deshalb unter Heranziehung der Ergebnisse der medizinischen Forschung und der ärztlichen Erfahrung, die zu einem medizinischen Standard „geronnen“ ist. Der Begriff der „Zweckmäßigkeit“ rezipiert folglich außerrechtliche Erkenntnisse über Tatsachen, nämlich über die Qualität und Wirksamkeit von medizinischen Leistungen.

Eine Einschätzungsprärogative kommt - nach der Lehre vom Vorbehalt der Gerichte - in Betracht, wenn der Bundesausschuß nach dem Willen des Gesetzgebers als Sachverständigengremium fachliche Unsicherheiten konkretisiert. Zweifellos ist die Wirksamkeit und Qualität medizinischer Leistungen vielfältig umstritten. Der Bundesausschuß wäre allerdings nur dann zur Bewältigung der medizinischen Unsicherheiten eingesetzt, wenn er aufgrund *eigener* Einschätzung bestimmen sollte, welche der hinsichtlich ihrer Wirkung unsicheren Leistungen von der GKV zu erbringen sind - und welche nicht. § 2 Abs. 1 S. 3 SGB V schreibt aber vor, daß Qualität und Wirksamkeit der Leistungen dem allgemein anerkannten Stand der medizinischen Erkenntnisse zu entsprechen haben.

---

[960] S. o. Kapitel 4:C.I.3

Der Bundesausschuß hat somit keine *eigene* Einschätzung der Wirksamkeit vorzunehmen, sondern den medizinischen Standard - anhand der vorliegenden klinischen Untersuchungen und der Akzeptanz der Methoden in der Fachdiskussion - zu ermitteln. Die Zweckmäßigkeit einer Leistung i. S. d. § 12 Abs. 1 S. 1 SGB V bestimmt sich demnach nach einem vorliegenden Standard. Dieser Standard kann aber grundsätzlich auch von den Gerichten - zur Not unter Zuhilfenahme von Sachverständigen - ermittelt werden[961] und die Prüfung der Übereinstimmung der Leistung mit diesem Standard stellt in der Regel keine Überforderung derselben dar.

Es soll aber nicht geleugnet werden, daß auch bei der Feststellung des vorfindlichen medizinischen Standards Unsicherheiten auftreten können. So kann es im Einzelfall durchaus fraglich sein, welche Meinungen in der medizinischen Wissenschaft als so gewichtig anzusehen sind, daß mit ihnen ein medizinischer Standard begründet wird, oder welche Versuchsergebnisse als nicht valide angesehen werden müssen, weil bei deren Erhebung wesentliche Fehler gemacht wurden. Insofern ist eine Einschätzungsprärogative zugunsten des Bundesausschusses – ähnlich dem Sachverständigengremium bei der normkonkretisierenden Verwaltungsvorschrift[962] - denkbar. Eine solche Einschätzungsprärogative bedeutete aber nicht – wie es das Argument der medizinisch-wissenschaftlichen Überforderung nahelegt -[963], daß die Auffassung des Bundesausschusses zum medizinischen Standard für die Gerichte vollumfänglich verbindlich ist. Der Bundesausschuß *legt* den medizinischen Standard nicht fest, sondern *stellt* ihn nur fest. Soweit seine Feststellungen nicht (mehr) dem aktuellen Stand der medizinischen Wissenschaft entsprechen, falsche Tatsachen zugrunde legt oder nicht nachvollziehbare Schlüsse enthält, sind sie deshalb durch die gerichtliche (mit sachverständiger Hilfe erworbene) Auffassung zu ersetzen.

In diesem Ergebnis liegt der wesentliche Unterschied zur Rechtsprechung des BSG. Macht ein Versicherter im Prozeß geltend, die von der GKV nicht zur Verfügung gestellte Methode sei entgegen der Auffassung des Bundesausschusses generell als wirksam einzuschätzen, weil sie dem allgemein anerkannten Stand der medizinischen Erkenntnisse entspricht, so hat das Gericht - in den

---

961 Das BSG (1. Senat) argumentiert insoweit widersprüchlich, wenn es einerseits gegen eine gerichtliche Überprüfung der Richtlinien anführt, diese seien damit medizinisch-wissenschaftlich überfordert (so BSGE, 81, 54, 71) und andererseits im Fall eines „Systemmangels" gleichwohl eine Letztentscheidungskompetenz für die Beantwortung dieser Frage in Anspruch nimmt.

962 S. o. Kapitel 3:E.II.2.d

963 S. BSGE 81, 54 (70)

Grenzen seiner Aufklärungspflicht - dem Einwand nachzugehen.[964] An die Einschätzung des Bundesausschusses ist es deshalb nur in Grenzbereichen des medizinischen Standards gebunden, in denen die fachwissenschaftlichen Unsicherheiten zu groß sind, als daß der Standard (von einem Sachverständigen) mit hinreichender Plausibilität bestimmt werden könnte. Auch dann besteht eine Prärogative zugunsten des Bundesausschusses nur unter den Voraussetzungen, unter denen sie bei normkonkretisierenden Verwaltungsvorschriften eingeräumt wird.[965] Gelangt das Gericht aber zu der Überzeugung, daß die strittige Methode dem allgemein anerkannten Stand der medizinischen Erkenntnisse entspricht, sind die anders lautenden Richtlinien wegen Verstoßes gegen § 12 Abs. 1 S. 1 i. V. m. § 2 Abs. 1 S. 3 SGB V rechtswidrig und insoweit ungültig.

c. Keine „Notkompetenz“ des Gerichts bei Vorliegen eines „Systemmangels“

Auch die vom BSG vertretene „Notkompetenz“ des Gerichts bei Vorliegen eines „Systemmangels“ (insbesondere bei pflichtwidriger Versäumnis einer Entscheidung des Bundesausschusses) ist fragwürdig. Eine gesetzlich zugewiesene Letztentscheidungskompetenz - wie der Wertungsspielraum des Bundesausschusses zur Konkretisierung des Merkmals „wirtschaftlich“ - ist nämlich vom Gericht auch dann zu respektieren, wenn der ermächtigte Entscheidungsträger von dieser rechtswidrig Gebrauch macht oder pflichtwidrig keinen Gebrauch macht.[966] Zweifelhaft erscheint ebenfalls die Voraussetzung des pflichtwidrigen Nichtentscheidens des Bundesausschusses („Systemmangel“) für die Annahme einer „Notkompetenz“. Es kann eigntlich keinen Unterschied machen, ob die Richtlinien die Methode (noch) nicht aufgenommen haben, oder ob sie (noch) nicht geändert wurden, obwohl in beiden Fällen die Wirksamkeit nachgewiesen ist.[967] Das BSG müßte deshalb konsequenterweise die Wirksamkeit der fraglichen Methode auch dann überprüfen, wenn eine Entscheidung des Bundesausschusses vorliegt.[968] Denn wenn die Richtlinien nicht mehr dem aktuellen medizinischen Standard entsprechen, hat der Bundesausschuß ebenfalls gegen seine Aktualisierungspflicht verstoßen, und die Gefahr einer Versorgungslücke besteht in gleicher Weise.

Für den klagenden Versicherten führt die Ablehnung der gerichtlichen „Notkompetenz“ allerdings auf den ersten Blick zu einem unbefriedigenden Ergeb-

---

964 Was nicht ausschließt, daß das Gericht dessen Einschätzung nachvollziehend kontrolliert, s.o. Kapitel 3:C.III.2.b

965 S. dazu Kapitel 3:E.II.2.d

966 Dieser Grundsatz findet Ausdruck in §§ 113 Abs. 5 S. 2 und 75 VwGO und entspricht der Rechtsprechung des BVerwG zu untergesetzlichen Rechtsnormen

967 Vgl. Hart, MedR 1996, S. 60 (67, r. Sp.)

968 Anders jedoch BSGE 81, 73 (85) und BSG, ZfS 1998, S. 211 (217)

nis: Das Gericht kann die rechtswidrigen Richtlinienbestimmungen zwar für unwirksam erklären, nicht aber an Stelle des Bundesausschusses eine Therapie für leistungspflichtig erklären. Beansprucht der Versicherte eine neue Untersuchungs- oder Behandlungsmethode, die nach § 135 Abs. 1 SGB V nur nach vorheriger Anerkennung durch den Bundesausschuß erbracht werden darf, müßte er demnach eine erneute Entscheidung des Bundesausschusses abwarten, die nicht notwendigerweise zu seinen Gunsten ausfällt, weil die Richtlinienbestimmung möglicherweise auf neue, gerichtlich nicht beanstandete Erwägungen gestützt wird. Der Einwand liegt nahe, daß die Ablehung der „Notkompetenz" in diesem Fall einer Versagung effektiven Rechtsschutzes gleichkommt. Dies träfe aber nur zu, wenn nicht anderweitige Möglichkeiten für das Gericht bestünden, das berechtigte Interesse des Versicherten an einer schnellen Entscheidung trotz der Letztentscheidungskompetenz des Bundesausschusses effektiv durchzusetzen. Dabei ist insbesondere an die entsprechende Anwendung des § 131 Abs. 2 SGG zu denken;[969] und auch die gerichtliche Bestimmung einer Entscheidungsfrist erscheint möglich, um nur zwei Ansätze zu nennen. Diese Möglichkeiten stehen dem Gericht - nach dem oben Gesagten - freilich nicht nur zur Verfügung, wenn der Bundesausschuß keine Entscheidung, sondern auch wenn er eine rechtswidrige Regelung getroffen hat.

3. Ergebnis

Die Auffassung der neueren Rechtsprechung des BSG (1. Senat) ist nach der hier vertretenen Lehre vom Vorbehalt der Gerichte bedenklich. Die Richtlinien des Bundesausschusses sind keine Rechtsverordnungen und sind aufgrund ihrer mitgliedschaftlich-partizipatorischen Legitimation auch nicht ähnlich. Deshalb verbietet sich eine formal-normative Begründung, die die Kontrolldichte für die Richtlinien ungeachtet ihrer besonderen demokratischen Legitimation und seiner „formalen Autonomie" bestimmt und eine gerichtliche Letztentscheidungskompetenz zur Konkretisierung des Wirtschaftlichkeitsgebotes nur im Falle einer unvertretbar verzögerten Entscheidung des Bundesausschusses („Systemmangel") annimmt.

Der Bundesausschuß ist durch § 92 SGB V zur verbindlichen Konkretisierung des Wirtschaftlichkeitsgebots, § 12 Abs. 1 S. 1 SGB V, ermächtigt. Aufgrund seiner paritätischen Besetzung mit Vertretern der Ärzte und Krankenkassen kann er als geeignetes („organadäquates") Gremium zur gesetzlich geforderten Abwägung der Beitrags- und Versorgungsinteressen angesehen werden. Ihm steht deshalb ein Wertungsspielraum bei der Entscheidung zu, welche Methoden

[969] Dabei dürfte es dem Gericht zustehen, neuen Erwägungen des Bundesausschusses vorzugreifen und zumindest durch ein obiter dictum entgegenzutreten.

finanziell nicht vertretbar sind - also nicht wirtschaftlich i. e. S. sind - und deshalb grundsätzlich nicht von der GKV zu leisten sind. Voraussetzung für den Wertungsspielraum ist allerdings, daß die Vermutung einer ausgewogenen Berücksichtigung der Versicherteninteressen („Richtigkeitsvermutung“) nicht durch Umstände des Einzelfalls erschüttert wird.

Dem Bundesausschuß steht keine Einschätzungsprärogative zur Bestimmung der Zweckmäßigkeit von Behandlungen zu. § 2 Abs. 1 S. 3 SGB V verlangt eine Beurteilung der Qualität und Wirksamkeit nach dem medizinischen Standard. Bestehende Unsicherheiten hinsichtlich der Qualität und Wirksamkeit von Methoden sind demnach grundsätzlich anhand von statistischen Wirksamkeitsnachweisen und den Einschätzungen fachkompetenter Spezialisten und Ärzte, die mit der Anwendung der Methode Erfahrung haben, zu klären. Die Vorfindlichkeit des medizinischen Standards wird dadurch zur Tatsachengrundlage, die der Wirtschaftlichkeitsentscheidung des Bundesausschusses vorgelagert ist und grundsätzlich der vollen gerichtlichen Kontrolle unterliegt. Der Bundesausschuß fungiert somit allenfalls als Sachverständigengremium, wenn auch der vorfindliche Erkenntnis- und Meinungsstand Zweifel an der Zweckmäßigkeit einer Methode nicht beseitigt. Nur soweit nach sorgfältiger Erhebung des medizinischen Standards durch das Gericht immer noch Unsicherheiten bestehen, kann den Feststellungen des Bundesausschusses ein auch von den Gerichten zu beachtendes Gewicht zukommen.

D. § 2 Abs. 1 S. 2 und 3 SGB V und das Problem der Pflicht zur Leistung von Außenseitermethoden

I. Einführung

Unter den Außenseitermethoden werden allgemein Therapien verstanden, deren generelle Wirksamkeit nach der Schulmedizin nicht erwiesen ist.[970] Sie werden z. T. auch als „unkonventionelle Heilmethoden“,[971] „unorthodoxe Krankenbehandlung“[972] oder als „Alternative Medizin“[973] bezeichnet.[974] Das SGB V verwendet den Begriff der Außenseitermethoden nicht - genauso wenig wie den der Schulmedizin (oder - was dem entspräche - der „konventionellen Medizin“). Es handelt sich vielmehr um Bezeichnungen, die Grundsatzpositionen innerhalb der Medizin umschreiben.

1. Der medizinische Streit zwischen der Schul- und der Alternativmedizin

Ganz allgemein gesprochen umfaßt die Schulmedizin die Methoden, die an den Universitäten als wirksam anerkannte gelehrt werden.[975] Die Schulmedizin orientiert sich dabei an klassischen naturwissenschaftlichen Erklärungsmodellen.[976] Sie versteht sich als Wissenschaft, die auf die Gewinnung logisch nachvollziehbarer und beliebig reproduzierbarer Erkenntnisse gerichtet ist.[977] „Im Vordergrund steht daher das Denken in den Kategorien von Ursache und Wirkung, ...“.[978] Die Lehre zeigt eine vorrangige Berücksichtigung partikularer Wirkungsmechanismen, die durch klinische Forschung nachgewiesen wurden.[979] Der Wirksamkeitsnachweis erfolgt in empirischen Experimenten, deren Ziel der

---

970 S. Schulin, ZSR 1994, S. 546; Höfler in KK SGB V, § 12 Rn. 10; Biehl/Ortwein, SGb 1991, S. 529 (r. Sp.); Schmidt-Rögnitz, Die Gewährung von alternativen sowie neuen Behandlungs- und Untersuchungsmethoden durch die gesetzliche Krankenversicherung, 1996, S. 46

971 Höfler in KK SGB V, § 12 Rn. 10

972 Kirsten, SGb 1991, S. 257 (257 ff.)

973 Schmidt-Rögnitz, Die Gewährung von alternativen sowie neuen Behandlungs- und Untersuchungsmethoden durch die gesetzliche Krankenversicherung, 1996, S. 47 ff.

974 Zur Begrifflichkeit s. Estelmann/Eicher, SGb 1991, S. 247 248; Schulin, ZSR 1994, S. 546. Wölk, MedR 1995, S. 492 (493, l. Sp.) und RegE-GRG BT-Drucks. 11/2237, S. 157 zu § 2 verwenden als Synonym den Begriff „paramedizinische Verfahren“, welcher gemeinhin für Methoden der Scharlatanerie und des Wunderheilens, also für Therapien benutzt wird, die jeglicher wissenschaftlichen Begründung entbehren – was auch der Begriff selber nahelegt; s. Weßelmann, ZSR 1994, S. 537 (543)

975 Höfler in KK SGB V, § 12 Rn. 9 und BGHZ 123, 83 (85f)

976 Höfler in KK SGB V, § 12 Rn. 11

977 Biehl/Ortwein, SGb 1991, S. 529

978 Höfler in KK SGB V, § 12 Rn. 11

979 Höfler in KK SGB V, § 12 Rn. 11

Beweis eines signifikant spezifischen Wirkungszusammenhangs ist.[980] Ausgeschlossen werden sollen vor allem nur scheinbare Wirkungszusammenhänge aufgrund sog. „Placebo-Effekte". Dies geschieht etwa durch Doppelblindversuche, in denen weder dem Arzt noch dem Patienten bekannt ist, ob in dem verabreichten Mittel der Wirkstoff enthalten ist oder nicht.[981] Methoden werden deshalb in aller Regel erst dann schulmedizinisch anerkannt, wenn ihre Wirkung auf die Krankheit kausal erklärbar ist und in statistischen Versuchen als nachgewiesen gilt.

Dieses Wissenschaftsverständnis hat von Seiten der Alternativmedizin zu dem Vorwurf geführt, die Schulmedizin verstehe den Menschen als Maschine. Tatsächlich seien eine Reihe von Krankheiten aber nur unter Einbeziehung von Faktoren - wie insbesondere der Psyche des Patienten - heilbar, die weder rein naturwissenschaftlich erklärbar noch in klinischen Untersuchungen reproduzierbar seien. Gleichwohl zeigen die Außenseitermethoden keinen gemeinsamen Erklärungsansatz, sondern beruhen auf ganz unterschiedlichen Vermutungen zu Krankheitsursachen und deren Heilbarkeit (die nicht selten so obskur sind, daß sie nur als Scharlatanerie oder Wunderheilerei bezeichnet werden können). Die Außenseitermedizin kann deshalb nicht anhand positiver Bestimmungsmerkmale, sondern lediglich im Gegensatz zur Schulmedizin definiert werden: Sie umfaßt also die Methoden, die in der universitären Ausbildung entweder nicht erwähnt oder wenigstens in aller Regel nicht zur Anwendung empfohlen werden.

Die mangelnde Anerkennung durch die Schulmedizin hängt insbesondere mit der Schwierigkeit der Außenseitermedizin zusammen, einen statistischen Nachweis für die Wirkung ihrer Methoden zu liefern.[982] Den Außenseitermethoden liegen oftmals Erklärungen des Zusammenhangs von Erkrankung und Gesundung als Beziehung zwischen Reiz und Reaktion zugrunde.[983] Die Erkrankung

---

[980] Wölk, MedR 1995, S. 492 (494, r. Sp.). Insofern wären die medizinische Erkenntnisse i. S. des § 2 Abs. 1 S. 3 SGB V nach Höfler (in KK SGB V, § 12 Rn. 20) keine i. S. der Schulmedizin, da für ihn ausreicht, daß sie „in jeder kompetent und rational geführten Argumentation Zustimmung finden können", ohne daß es notwendigerweise eines empirischen Nachweises durch klinische Versuche bedarf.

[981] Zu den Nachweismethoden der Schulmedizin allgemein s. Wölk, MedR 1995, S. 492 (r. Sp.) und Noftz in H/H SGB V, § 2 Rn. 64

[982] Vgl. Vorstand und wissenschaftlicher Beirat der BÄK, Memorandum – Arzneibehandlung im Rahmen „besonderer Therapierichtungen", 1992: „Auf die besonderen Therapieverfahren trifft nicht zu, daß sie biostatistisch nachprüfbar sind und im Doppelblindversuch statistisch zu sichernde Effekte erzielen. Wäre es anders, so würden sie sofort von der wissenschaftlichen Medizin anerkannt, weil sie dann gar nicht mehr als „besondere" Behandlungsverfahren zu erkennen wären". (zitiert nach Matthiessen, ZSR 1994, S. 520, 533)

[983] Höfler in KK SGB V, § 12 Rn. 12

wird - insbesondere bei der anthroposophischen Medizin -[984] nicht als das Ergebnis einer spezifischen körperlichen Dysfunktion verstanden, sondern vor dem Hintergrund einer gesamtheitlichen Betrachtung von physischen, psychischen und sozialen Faktoren betrachtet. Ein empirischer Nachweis der Wirksamkeit i.S.d. Schulmedizin scheitert oftmals an der fehlenden Reproduzierbarkeit der psychischen Einflüsse.[985] Hinzu kommt, daß die Außenseitermethoden mitunter nicht auf eine spezifische Beeinflussung der Krankheitsursachen zielen, sondern der statistisch nur schwer nachweisbaren Stärkung der autonomen Befähigung zur Selbsterhaltung - oder besser: Selbstgesundung - dienen.[986]

2. Die Rezeption des medizinischen Streits durch § 2 Abs. 1 SGB V

Obwohl das Recht nicht ausdrücklich Position bezieht, setzt sich der innermedizinische Streit zwischen Schul- und Alternativmedizin auch auf rechtlicher Ebene fort. Denn das SGB V rezipiert - wie erörtert - in § 2 Abs. 1 S. 3 die Einschätzung der medizinischen Wissenschaft hinsichtlich der Qualität und Wirksamkeit der Leistungen. Das Gesetz findet keinen unumstrittenen medizinischen Standard vor.[987] Es knüpft notgedrungen an eine medizinische Fachdiskussion an, die die Wirksamkeit einzelner Methoden sehr kontrovers bewertet.[988] Je nach Anschauung wird der Ansatz, mit dem die Wirksamkeit nachgewiesen werden soll, als unzureichend oder als der einzig wissenschaftliche interpretiert.[989]

Die Rezeption durch § 2 Abs. 1 SGB V bedeutet aber keine Indifferenz gegenüber diesem Streit. Denn nicht jede noch so fragwürdige, mitunter an Wunderheilerei und Scharlatanerie grenzende Methode soll zum Leistungskatalog der GKV gehören; denn nur was anerkanntermaßen wirksam ist, soll auch geleistet werden.[990] Die andernfalls auf die GKV zukommenden Kosten (nicht zuletzt der Behandlung der durch unzweckmäßige Methoden verursachten Gesundheits-

---

[984] Vgl. Noftz in H/H SGB V, § 2 Rn. 49

[985] Die Aussagekraft der klinischen Untersuchungen wird gleichzeitig angezweifelt. Tatsächlich handele es sich bei den Ergebnissen der Untersuchungen um „pseudoobjektive wissenschaftliche Aussagen“ (Matthiessen, ZSR 1994, S. 520, 535), was sich insbesondere daran zeige, daß sie sich nicht – entgegen ihrem eigenen Anspruch – in klinischen Untersuchungen reproduzieren ließen; s. Matthiessen, ZSR 1994, S. 520 (530 f.)

[986] Höfler in KK SGB V, § 12 Rn. 12 und Matthiessen, ZSR 1994, S. 520 (523 ff.)

[987] Estelmann/Eicher, SGb 1991, S. 247 (249, l. Sp.)

[988] Schlenker, BKK 1994, S. 284 (290, r. Sp.): „Gesicherte Maßstäbe für die Beurteilung von Wirksamkeit und Unbedenklichkeit (...) existieren jenseits der naturwissenschaftlichen Beweisführung im Grunde nicht.“

[989] Zur Problematik: Buchborn, MedR 1987, S. 221 (222, r. Sp.); Estelmann/Eicher, SGb 1991, S. 247 (249); Kriele, NJW 1976, S. 355 (S. 356 ff.)

[990] Vgl. § 2 Abs. 1 S. 3 SGB V

schäden) wären finanziell nicht vertretbar, und es käme einer „staatlichen Absegnung“ fragwürdiger ärztlicher Praktiken gleich.

Der Gesetzgeber hätte das Problem, welche Leistungen nach dem Gesetz als zweckmäßig anzusehen sind, entschärft, wenn er es bei der Version des ursprünglichen Regierungsentwurfes zum GRG belassen hätte (die lediglich eine dem heutigen § 2 Abs. 1 S. 3 SGB V entsprechende Regelung vorsah).[991] Obwohl § 2 Abs. 1 S. 3 SGB V nur von einem „allgemein anerkannten Stand der medizinischen Erkenntnisse“ spricht, zeigen die Gesetzesmaterialien doch deutlich,[992] daß der Gesetzgeber dabei den schulmedizinischen Standard vor Augen hatte.[993] Auf Anregung des BT-Ausschusses für Arbeit und Soziales wurde aber die Regelung des § 2 Abs. 1 S. 2 SGB V eingefügt,[994] die lautet: „Behandlungsmethoden, Arznei- und Heilmittel der besonderen Therapierichtungen sind nicht ausgeschlossen“. Ohne diese Einfügung wären Qualität und Wirksamkeit der Leistungen allein nach dem „*allgemein* anerkannten“ und damit nach dem schulmedizinischen Standard zu bemessen (§ 2 Abs. 1 S. 3 SGB V).[995] Damit wäre eine im Einzelfall möglicherweise problematische, aber im Prinzip doch eindeutige Ausgrenzung aller Außenseitermethoden vorgenommen worden. Da die besonderen Therapierichtungen aber nicht zur Schulmedizin zählen, weil sie einen von der konventionellen Medizin anerkannten Erklärungsansatz vermissen lassen,[996] öffnet das Gesetz in § 2 Abs. 1 S. 2 SGB V eine Flanke zu den Außen-

---

[991] S. Noftz in H/H SGB V, § 2 Rn. 1, m. Nachw. zu den Gesetzesmaterialien

[992] In der Begründung zum RegE-GRG (BT-Drucks. 11/2237, S. 157, r. Sp. = M 010 in H/H SGB V,, S. 49 zu § 2 Abs. 1) heißt es: Der „allgemein anerkannte Stand der medizinischen Kenntnisse“ schließt Leistungen aus, die mit wissenschaftlich nicht anerkannten Methoden erbracht werden. Neue Verfahren, die nicht ausreichend erprobt sind, oder Außenseitermethoden (paramedizinische Verfahren) die zwar bekannt sind, aber sich nicht bewährt haben, lösen keine Leistungspflicht der Krankenkassen aus. Es ist nicht Aufgabe der Krankenkassen, die medizinische Forschung zu finanzieren. Dies gilt auch dann, wenn neue Methoden im Einzelfall zu einer Heilung der Krankheit oder Linderung der Krankheitsbeschwerden führen.“

[993] Möglicherweise hat er von dem Begriff „schulmedizinischer Standard“ abgesehen, weil z. T. auch sog. Neuland-Methoden dazu gezählt werden, die zwar als wissenschaftlich anerkannt gelten, die aber in der Praxis nur unzureichend erprobt sind (vgl. Höfler in KK SGB V, § 2 Rn. 11). Die Aufnahme dieser Methoden in den Leistungskatalog hätte dann eine Abrücken von dem Prinzip der Nichtfinanzierung von medizinischen Erprobungen bedeutet (vgl. BSG, NJW 1999, S. 1811, 1813, r. Sp.)

[994] S. Noftz in H/H SGB V, § 2 Rn. 1 (m. Nachw. zu den Gesetzesmaterialien)

[995] Zu Identität von „allgemein anerkanntem Stand der medizinischen Erkenntnisse“ und „Schulmedizin“ s. Noftz in H/H SGB V, § 2 Rn. 45 und § 12 Rn. 36

[996] Zum Verhältnis von Schulmedizin und besonderen Therapierichtungen im einzelnen s. u. Kapitel 4:D.III

seitermethoden, die in den letzten Jahren zu einer regen wissenschaftlichen Diskussion geführt hat.[997]

II. Die verschiedenen Ebenen des Problems

Der Streit darum, ob Außenseitermethoden zu Lasten der GKV erbracht werden dürfen, vollzieht sich auf mehreren Ebenen. Zum einen wird angezweifelt, daß § 2 Abs. 1 SGB V überhaupt die Leistungsansprüche der Versicherten einschränken kann (1). Zum zweiten wird behauptet, daß jedenfalls bei einem Nachweis der Wirksamkeit im Einzelfall die Kosten für die Behandlung nach einer Außenseitermethode von der GKV zu erstatten seien (2). Und zum Dritten ist strittig, welchen Nachweis das Gesetz für die Wirksamkeit einer Außenseitermethode verlangt (3).

1. Keine Beschränkung des Leistungsanspruchs des Versicherten auf schulmedizinische Methoden durch § 2 Abs. 1 S. 3 SGB V

§ 2 Abs. 1 S. 3 SGB V knüpft hinsichtlich der Einschätzung der Wirksamkeit von Leistungen an den schulmedizinischen Standard an. Die rechtliche Beurteilung der Zugehörigkeit von Außenseitermethoden zum Leistungskatalog der GKV ändert sich deshalb grundlegend, wenn diese Vorschrift keine den Leistungsanspruch des Versicherten einschränkende Wirkung hat, weil das Hauptargument gegen die Pflicht zur Leistung von Außenseitermethoden - nämlich deren angeblicher Widerspruch zu § 2 Abs. 1 S. 3 SGB V - ohne dessen Verbindlichkeit für die Bestimmung des Leistungsanspruchs deutlich an Kraft verlöre.

Insbesondere SCHULIN vertritt die Ansicht, daß sich die Pflicht zur Leistung von Außenseitermethoden (wie auch aller anderen Methoden) allein danach bemißt, ob sie den Regeln der ärztlichen Kunst (§ 28 Abs. 2 S. 1 SGB V) entsprechen, die unabhängig von § 2 Abs. 1 SGB V zu bestimmen seien.[998] Der Leistungsanspruch des Versicherten werde nicht durch die Vorschriften des Leistungserbringungsrechts eingeschränkt, da dieses gegenüber dem Leistungsrecht die „lediglich dienende Funktion" der Realisierung der Leistungsansprüche des

---

[997] Vgl. Enderlein, VSSR, 1992, S. 123; Estelmann/Eicher, SGb 1991, S. 247; Kirsten, SGb 1991, S. 257; Biehl/Ortwein, SGb 1991, S. 529; Zuck, NJW 1991, S. 2933; Schlenker, BKK 1994, S. 384; Schulin, ZSR 1994, S. 546; Wölk, MedR 1995, S. 492; v. Wulffen, SGb 1996,S. 250; Zuck, NZS 1999, S. 313, jeweils m. w. Nachw.

[998] S. Schulin, ZSR 1994, S. 546 (560); ähnlich: Grupp, MedR 1992, S. 256 (262); und Estelmann/Eicher, SGb 1991, S. 247 (253 ff.) (gesetzlicher „Vertrauensvorschuß" für Schulmedizin und besondere Therapiemethoden durch § 2 Abs. 1 S. 3 SGB V)

Versicherten innehabe[999] (sog. Vorrang des Leistungsrecht vor dem Leistungserbringungsrecht[1000]). Die aufgrund der fehlenden Abstimmung von Leistungsrecht und Leistungserbringungsrecht in den gesetzlichen Vorschriften des SGB V entstehenden Diskrepanzen[1001] seien im Zweifel zugunsten des Leistungsrechts zu entscheiden, da sonst eine Lücke im Gesundheitsschutz entstünde[1002] und die Therapiefreiheit des Arztes sowie das Selbstbestimmungsrecht des Versicherten verletzt seien. Die Pflicht zur Leistung von Außenseitermethoden richte sich somit nach dem Leistungsrecht, das diese aber nicht ausschließe, weil es lediglich eine Behandlung nach den Regeln der ärztlichen Kunst verlange, § 28 Abs. 1 S. 1 und Abs. 2 S. 1 SGB V.[1003]

Die Ansicht SCHULINS vom Vorrang des Leistungsrechts läßt sich nicht mit Wortlaut und systematischer Stellung der §§ 12 Abs. 1 und 2 Abs. 1 S. 2 und 3 SGB V in Einklang bringen. § 12 SGB V ist aufgrund S. 2 und § 2 SGB V durch seine systematische Stellung in den allgemeinen Vorschriften und § 2 Abs. 4 SGB V als (auch) leistungsrechtliche Norm qualifiziert.[1004] Die Systematik spricht deshalb gegen eine Unverbindlichkeit der Normen für das Leistungsrecht. Außerdem liefen die §§ 12 Abs. 1 und 2 Abs. 1 SGB V faktisch leer, wenn der Arzt durch diese nicht gebunden wäre.

Nach der vom BSG vertretenen - zutreffenden - Ansicht ergibt sich der Leistungsanspruch des Versicherten erst aus dem Zusammenspiel der §§ 27 Abs. 1, 12 Abs. 1 und 2 Abs. 1 S. 2 und 3 SGB V. Innerhalb dieser Normentrias regelt § 27 Abs. 1 S. 1 SGB V keinen Anspruch des Versicherten i.S.d. § 194 BGB. Vielmehr wird der Behandlungsanspruch erst über die §§ 12 Abs. 1 und 2 Abs. 1 SGB V konkretisiert („Rahmenanspruch"), so daß eine Diskrepanz innerhalb des Normgefüges nicht auftreten kann. Der Ansicht des BSG, daß der Leistungsanspruch des Versicherten auf Außenseitermethoden durch § 2 Abs. 1 S. 2 und 3 SGB V und nicht gemäß § 27 Abs. 1 SGB V i. V. m § 28 SGB V (Regeln der ärztlichen Kunst) zu konkretisieren ist, wird deshalb hier gefolgt.

---

999 Schulin, ZSR 1994, S. 546 (559) unter Berufung auf BSGE 73, 66 (70) und Estelmann/Eicher, SGb 1991, S. 247 (248 f. und 256)

1000 Schulin, ZSR 1994, S. 546 (559)

1001 Schulin, ZSR 1994, S. 546 (561)

1002 Schulin, ZSR 1994, S. 546 (562)

1003 Schulin, ZSR 1994, S. 546 (558)

1004 Im Ergebnis ebenso Höfler in KK SGB V, § 12 Rn. 20

2. Keine Pflicht zur Leistung aufgrund des Nachweises der Wirksamkeit im Einzelfall

Auf Unverständnis in der Bevölkerung treffen zuweilen Gerichtsurteile, die eine von Seiten der Krankenkasse abgelehnte Kostenerstattung bestätigen, obwohl sich die Krankenbehandlung im vorliegenden Fall – nach den Feststellungen des Gerichts - erfolgreich war.[1005] Zumal wenn vorher ohne Erfolg der Versuch unternommen wurde, die Krankheit mit Methoden der Schulmedizin zu heilen. Der Unmut ist auf den ersten Blick verständlich. Schließlich hat der Versicherte Anspruch auf wirksame Leistungen, und die Auffassung des BSG, daß die Kosten einer allein im Einzelfall wirksamen Methode nicht erstattet werden dürfen, erscheint befremdlich.[1006]

Das Unverständnis ist unbegründet. Die Möglichkeit einer Kostenerstattung nach § 13 Abs. 3 SGB V besteht nur, wenn die Krankenkasse schon *vor* der Behandlung verpflichtet gewesen wäre, die Leistung dem Versicherten zur Verfügung zu stellen. Vor der Behandlung ist die Wirksamkeit der Methode nach § 2 Abs. 1 SGB V zu beurteilen gewesen. Danach hat die Leistung aber dem allgemein anerkannten Stand der medizinischen Erkenntnisse zu entsprechen. Ist dies nicht der Fall, widerspräche es dem Sinn der Vorschrift, Erprobungen von Methoden auf Kosten der Krankenkassen und auf Risiko des Versicherten zuzulassen.[1007]

Dies aber wäre das faktische Ergebnis, wenn man den möglicherweise zufällig oder durch Placebo-Effekte herbeigeführten Heilerfolg im Einzelfall mit der Kostenerstattung belohnen würde. § 2 Abs. 1 S. 3 SGB V verbietet somit die Finanzierung von Behandlungsmethoden, die nur im Einzelfall und aufgrund letztlich nicht aufklärbarer Umstände wirksam waren, und begründet die Aufgabe der früher herrschenden Rechtsprechung des BSG, die einen Nachweis der Wirksamkeit im Einzelfall als ausreichend angesehen hat.[1008]

[1005] Vgl. hierzu die frühere Rechtsprechung des BSG, nach der der positive Nachweis eines Behandlungserfolges im Einzelfall zur Kostenerstattungspflicht führte, BSGE 63, 102 (105); BSGE 64, 225 (257 ff.); BSGE 70, 24 (26 f.)

[1006] S. BSG, MedR 1998, S. 230 (235, l. Sp.) und BSGE 76, 194 (198 f.)

[1007] Vgl. die Begründung zu RegE-GRG, BT-Drucks. 11/2237, S. 157, r. Sp. = M 010 in H/H SGB V, S. 49 zu § 2 Abs. 1 (wiedergegeben unter Fn. 1000)

[1008] S. BSGE 64, 255 (257), mit w. Nachw.

III. Die Pflicht zur Leistung der Methoden nach den besonderen Therapierichtungen, § 2 Abs. 1 S. 2 SGB V

Der Streit um die Frage, ob Leistungen der Außenseitermedizin von der GKV zu erbringen sind, konzentriert sich auf § 2 Abs. 1 S. 2 SGB V. Darin heißt es: „Behandlungsmethoden, Arznei- und Heilmittel der besonderen Therapierichtungen sind nicht ausgeschlossen". Die Vorschrift wurde auf Vorschlag des BT-Ausschusses für Arbeit und Soziales in das GRG aufgenommen, der die Ergänzung u. a. wie folgt begründete:[1009] „Der besonderen Wirkweise der Mittel und Methoden der Naturheilkunde und der Vielfalt der therapeutischen Ansätze ist dabei unter Beachtung des Wirtschaftlichkeitsgebotes und der Qualitätssicherung Rechnung zu tragen; allerdings wird den besonderen Therapierichtungen auch keine Sonderstellung eingeräumt." Offenbar sollte mit der Einbeziehung der besonderen Therapierichtungen einer Begrenzung des Leistungskataloges auf die schulmedizinisch anerkannten Methoden entgegengewirkt werden, ohne die Anforderung eines Wirksamkeitsnachweises aufzugeben. § 2 Abs. 1 S. 2 SGB V kann deshalb als eine „Schutzvorschrift" zugunsten der Außenseitermethoden[1010] verstanden werden, die jedenfalls eine Ablehnung der Leistung mit der Begründung ausschließt, die Methode sei schon deshalb nicht zu erbringen, weil sie keinen schulmedizinischen Erklärungsansatz aufweise.

1. Einklang der Außenseitermethode mit einer besonderen Therapierichtung

Die erste und unbestrittene Voraussetzung für einen Anspruch des Versicherten auf Leistungen nach Außenseitermethoden ist, daß es sich um eine Leistung nach einer besonderen Therapierichtung handelt.[1011]

Soweit die Behandlungsmethode zu einer der in § 34 Abs. 2 S. 3 SGB V genannten Therapierichtungen (Homöopathie, Phytotherapie oder Anthroposophie)[1012] zählt, ist ihre Erfassung durch § 2 Abs. 1 S. 2 SGB V wohl unproblematisch.[1013] Zwar ergibt sich dies weder aus einer systematischen Auslegung (§ 34 SGB V hat als die speziellere Norm keine begriffsbestimmende Wirkung für die allgemeine Vorschrift des § 2 SGB V) noch läßt sich aus den Gesetzesmate-

---

[1009] S. BT-Drucks. 11/3480, S. 49, l. Sp. = M 050 in H/H SGB V, S. 86 zu § 2

[1010] So Schirmer in GK-SGB V, § 2 Rn. 35

[1011] Vgl. BSGE 81, 54 (71) und Höfler in KK SGB V, § 12 Rn. 21 f.

[1012] Erläuterungen zu den besonderen Therapierichtungen finden sich bei Zuck, NJW 1991, S. 2933 (2934) m. w. Nachw. und Noftz in H/H SGB V, § 2 Rn. 47-49

[1013] Zu den Schwierigkeiten der Bestimmung besonderer Therapierichtungen s. Schlenker, BKK 1994, S.284 (288 f.)

rialien ein entsprechender historischer Wille entnehmen.[1014] Nach dem Zweck der Vorschrift sollen aber die besonderen Therapierichtungen privilegiert werden, weil diese unter den Außenseitermethoden eine besondere Anerkennung genießen.[1015] Diese Anerkennung kann aufgrund ihrer Nennung in § 34 Abs. 2 S. 3 SGB V für die Homöopathie, die Phytotherapie und die Anthroposophie als gesetzlich akzeptiert gelten und ist damit auch bei der Auslegung des § 2 Abs. 1 S. 2 SGB V zugrunde zu legen.[1016]

Die Liste des § 34 Abs. 2 S. 3 SGB V ist aber nicht abschließend, was sich aus dem – die beispielhafte Aufzählung signalisierenden – „wie" ergibt.[1017] Maßstab für die Anerkennung weiterer besonderer Therapierichtungen ist nicht die Wirksamkeit der einzelnen Methode.[1018] Mit besonderer Therapierichtung ist vielmehr „das umfassende, zur Behandlung verschiedenster Erkrankungen bestimmte therapeutische Konzept gemeint, das auf der Grundlage eines von der naturwissenschaftlich geprägten „Schulmedizin" sich abgrenzenden weltanschaulichen Denkansatzes größere Teile der Ärzteschaft und weite Bevölkerungskreise für sich eingenommen hat".[1019] Liegt ein derartiger Denkansatz vor – wie es das BSG für die „Naturheilkunde" bejaht hat –,[1020] sind die Methoden, die mit diesem im Einklang stehen, nicht nach rein schulmedizinischen Kriterien zu messen - so will es § 2 Abs. 1 S. 2 SGB V. Der Ansatz ist folglich sowohl von den Gerichten[1021] als auch von den Entscheidungsinstanzen der Krankenkassen[1022] zu akzeptieren und als Grundlage für die Bewertung der mit ihm in Einklang stehenden Methode heranzuziehen.

Freilich befreit der Einklang mit einer besonderen Therapierichtung die Methode nicht von einem Wirksamkeitsnachweis. In der Anforderung des Nachweises als solchen ist das Gesetz - unter Heranziehung seiner Materialien[1023] und seiner Zielsetzung - eindeutig. Denn den besonderen Therapierichtungen sollte hinsichtlich der Wirksamkeitsanforderungen und der Wirtschaftlichkeit keine „Sonderstellung" eingeräumt werden. Unklar ist jedoch, wie dieser Wirksamkeitsnachweis im Fall der besonderen Therapierichtung konkret erbracht wird.

[1014] Vgl. insbesondere die oben zitierte Begründung des BT-Ausschusses für Arbeit und Soziales, in der nur allgemein von „Naturheilkunde" die Rede ist.
[1015] So auch Zuck, NJW 1991, S. 2933 (2935, Fn. 29)
[1016] Im Ergebnis ebenso: Noftz in H/H SGB V, § 2 Rn. 46
[1017] Schulin, ZSR 1994, S. 546 (554); BSGE 73, 66 (72)
[1018] BSGE 81, 54 (72)
[1019] BSGE 81, 54 (72), vgl. auch BSGE 79, 41 (47)
[1020] BSGE 73, 66 (72); hingegen offengelassen in BSGE 81, 54 (71)
[1021] BSGE 81, 54 (72)
[1022] BSGE 73, 66 (73)
[1023] S. die auf S. 211 zitierte Stellungnahme des BT-Ausschusses für Arbeit und Soziales

2. Die Problematik des Wirksamkeitsnachweises für die Methoden der besonderen Therapierichtungen

Die Problematik des Wirksamkeitsnachweises für die Methoden der besonderen Therapierichtungen liegt in dem Verhältnis von S. 2 des § 2 Abs. 1 SGB V zu S. 3 der Vorschrift, der eine Anerkennung durch die Schulmedizin voraussetzt. Da die besonderen Therapierichtungen (Homöopathie, Phytotherapie, Antroposophie u.a.) nicht zur Schulmedizin zählen, bedeutete eine uneingeschränkte Anwendung des § 2 Abs. 1 S. 3 SGB V, daß die Regelung des vorhergehenden Satzes vollständig leerliefe.[1024] Andererseits ergibt sich aus dem Wortlaut („nicht ausgeschlossen") und der Begründung,[1025] daß der Gesetzgeber nicht jegliche Leistung zulassen wollte, die zu den besonderen Therapierichtungen zählt. Auch für diese muß somit gelten: Qualität und Wirksamkeit müssen zumindest so weit erwiesen sein, daß offenkundig unwirksame oder gar gefährliche Methoden bzw. solche, die noch in der Erprobungsphase stecken, nicht zu Lasten der GKV erbracht werden dürfen.[1026] Die Frage ist dann aber: Welchem Nachweis haben die Methoden der besonderen Therapierichtungen zu genügen? Die neuere Rechtsprechung des BSG zur Pflicht zur Leistung von Außenseitermethoden bringt eine Aufklärung zu dieser Frage.

3. Die Rechtsprechung des BSG zu dem erforderlichen Wirksamkeitsnachweis für Außenseitermethoden

In zwei der Parallelurteile vom 16.09.1997, die bereits im Zusammenhang mit der Figur des „Systemmangels" erörtert wurden, führte der 1. Senat des BSG aus, welchen Wirksamkeitsnachweis eine Methode aufweisen muß, um § 2 Abs. 1 SGB V zu entsprechen. In einem der Fälle beanspruchte der klagende Versicherte die Kostenerstattung für vorgenommene Behandlungen seiner Duchenne´schen Erkrankung (DMD) nach der immun-biologischen Therapie.[1027]

a. Erhebliche Schwierigkeiten des Wirksamkeitsnachweises

Der 1. Senat knüpft in der Urteilsbegründung zunächst an seine bisherige Rechtsprechung an[1028] und macht die Pflicht zur Leistung der GKV davon abhängig, ob der Erfolg eines Medikaments „in einer für die sichere Beurteilung ausreichenden Zahl von Behandlungsfällen aufgrund wissenschaftlich einwandfrei

---

[1024] So auch Zuck, NJW 1991, S. 2933 (2935); Kirsten, SGb 1991, S. 257, (258) und Enderlein, VSSR 1992, S. 123 (132)

[1025] S. die auf S. 211 zitierte Stellungnahme des BT-Ausschusses für Arbeit und Soziales

[1026] Vgl. Noftz in H/H SGB V, § 2 Rn. 52

[1027] S. BSGE 81, 54

[1028] BSGE 76, 194 (199)

geführter Statistiken belegt werden kann".[1029] Damit hält er grundsätzlich an einem statistischen Wirksamkeitsnachweis i. S. d. § 2 Abs. 1 S. 3 SGB V auch für Außenseitermethoden fest. Für die angewandten Methoden der immunbiologischen Therapie lag ein solcher Wirksamkeitsnachweis nach der Feststellung des Senats nicht vor. Er zog aber daraus nicht den Schluß, daß ein Anspruch deshalb schon an der fehlenden Zweckmäßigkeit der Methode scheitere. Denn die Duchenne´schen Erkrankung (DMD), für deren Behandlung der Versicherte Kostenerstattung beanspruchte, wirft - so das BSG - hinsichtlich des Wirksamkeitsnachweises „erhebliche Schwierigkeiten"[1030] auf.[1031] Die DMD ist eine seltene Krankheit, deren Verlauf weder erklärt noch gezielt beeinflußt werden kann.[1032] Ein Wirksamkeitsnachweis der geforderten Art würde deshalb nicht nur langjährige Untersuchungen erfordern, sondern würde wegen des geforderten Vergleichs mit Placebo Behandlungen auch ethische Probleme aufwerfen, da die DMD meist tödlich endet.[1033]

Diese Schwierigkeiten führten denn auch dazu, daß nach dem allgemein anerkannten Stand der medizinischen Erkenntnisse (des Jahres 1997) bestenfalls eine symptomatische Behandlung in Frage kam.[1034] Bietet die Schulmedizin aber keine wirksame Behandlung, hält das BSG die Leistung von Außenseitermethoden zu Lasten der GKV ausnahmsweise für möglich und geboten.[1035] Denn: „Beschränken sich die Einwirkungsmöglichkeiten anerkannter Behandlungsmethoden (...) auf eine mehr oder weniger vorübergehende und nur begrenzt objektivierbare Unterdrückung der Krankheitssymptome, genügt es nicht, sich zur Ablehnung der Kostenerstattung für noch nicht empfohlene Methoden auf den fehlenden oder mangelhaften Wirksamkeitsnachweis zu berufen."[1036]

b. Der tatsächliche Verbreitungsgrad der Methode in der Praxis und in der fachlichen Diskussion als Wirksamkeitsmaßstab

Das BSG stand damit vor einem vermeintlichen Dilemma: Einerseits erschien dem Gericht ein Festhalten an dem Wirksamkeitsnachweis durch eine für die sichere Beurteilung ausreichenden Zahl von Behandlungsfällen aufgrund wis-

[1029] BSGE 81, 54 (66)
[1030] BSGE 81, 54 (67)
[1031] Zu den Schwierigkeiten des Wirksamkeitsnachweises bei Methoden zur Behandlung von Neurodermitis, s. BSG, MedR 1998, S. 230 (236, l. Sp.)
[1032] BSGE 81, 54 (67)
[1033] BSGE 81, 54 (67)
[1034] BSGE 81, 54 (67)
[1035] „Soweit sie sich als zweckmäßig und wirtschaftlich erweisen, dürfen sie den Versicherten nicht vorenthalten werden" (BSG, MedR 1998, S. 230, 235, r. Sp.)
[1036] BSGE 81, 54 (67)

senschaftlich einwandfrei geführter Statistiken nicht möglich. Andererseits - so das BSG - „kann die fehlende medizinische Erkenntnis nicht bedeuten, daß jede Behandlungsmethode von der Krankenkasse zu bezahlen ist“,[1037] da dies das Verbot der Erbringung unerprobter oder unerforschter Leistungen in § 2 Abs. 1 S. 3 SGB V mißachtete.[1038]

Die Lösung des BSG ist: Es läßt für den Ausnahmefall der praktischen Unmöglichkeit des statistischen Wirksamkeitsnachweises ein durch die tatsächliche Verbreitung der Methode in der Praxis und deren Anerkennung in der fachlichen Diskussion geführten Nachweis ausreichen.[1039] Begründet wird dieser „spezielle Wirkungsnachweis“ mit einer Vermutung: „Erfolgreiche Untersuchungs- und Behandlungsmethoden setzen sich über kurz oder lang in der medizinischen Ausbildung, bei den praktizierenden Ärzten, bei den Leistungsträgern und im Kreis der Patienten durch.“[1040] Damit berücksichtigt das BSG die besonderen Schwierigkeiten eines statistischen Nachweises der Wirksamkeit bei seltenen Krankheiten. Gleichzeitig verhindert das Erfordernis eines ausreichenden tatsächlichen Verbreitungsgrades der Methode, daß völlig unerprobte Methoden zum Leistungskatalog der GKV zählen.

Nach dieser Rechtsprechung sind Außenseitermethoden von der GKV nur zu leisten, wenn sie den besonderen Therapierichtungen angehören und ein statistischer Nachweis für ihre Wirksamkeit spricht, der bei seltenen Krankheiten durch den tatsächlichen Verbreitungsgrad unter den Ärzten und ihre Anerkennung in Fachkreisen substituiert werden kann.

4. Kritik von Seiten der Literatur und eigene Stellungnahme

Die Lösung des BSG wird dem „Spagat“ der Sätze 2 und 3 des § 2 Abs. 1 SGB V grundsätzlich gerecht.[1041] Eine schwierige Frage wurde damit aber noch nicht beantwortet: Welche Referenzgruppe ist für die Bestimmung des Verbreitungs- und Anerkennungsgrades einer Außenseitermethode heranzuziehen? Das BSG scheint der Ansicht zu sein, daß die Verbreitung und Anerkennung in der gesamten Ärzteschaft/Fachdiskussion maßgeblich ist.[1042] Zum Teil wird aber

---

[1037] BSGE 81, 54 (67)
[1038] BSGE 81, 54 (67 f.)
[1039] BSGE 81, 54 (68)
[1040] BSGE 81, 54 (68)
[1041] Im Ergebnis ebenso: Noftz in H/H SGB V, § 2 Rn. 52; Schirmer in GK-SGB V, § 2 Rn. 36; Enderlein, VSSR 1992, S. 123 (131 f. und 140)
[1042] Vgl. die Ausführungen zum konkreten Verbreitungs- und Anerkennungsgrad der immunbiologischen Methode sowie der Akupunktur in BSGE 81, 54 (69 f.) und BSG, MedR 1998, S. 230 (237 f.)

auch vertreten, daß der Wirksamkeitsnachweis der Außenseitermethoden durch deren Anerkennung und Verbreitung bei den Verfechtern der jeweiligen Therapierichtung erfolgen müsse (sog. Binnenanerkennung).[1043] Die Darstellung und Erörterung zweier Grundpositionen vermag die Frage der richtigen Referenzgruppe zu erhellen.

a. Alleinige Pflicht zur Leistung der schulmedizinisch anerkannten Methoden?

Die Auffassung der „Binnenanerkennung" wird kritisiert, weil sie die Methoden der besonderen Therapierichtungen auch dann für leistungsfähig i.S.d. GKV hält, wenn eine bloße Anerkennung und Verbreitung unter den Vertretern der jeweiligen Therapierichtung vorliegt. So vertritt insbesondere WÖLK die Auffassung, daß nur systematische Untersuchungen an größeren Patientengruppen die Wirksamkeit einer Behandlungsmethode nachweisen könnten.[1044] Da ein objektivierbarer Nachweis aber bisher von keiner Außenseitermethode erbracht worden sei,[1045] dürften auch nur schulmedizinische Methoden zu Lasten der GKV erbracht werden. Andernfalls sei eine Abgrenzung zur Scharlatanerie nicht möglich, und dem niedergelassenen Arzt werde in fragwürdigem Maße „Normierungskompetenz" zugebilligt.[1046]

Die Forderung WÖLKS nach einem Ausschluß aller Außenseitermethoden – einschließlich der besonderen Therapierichtungen[1047] – aus dem Leistungskatalog der GKV widerspricht eindeutig § 2 Abs. 1 S. 2 SGB V. In seiner Argumentation finden sich aber zwei Standpunkte wieder, die der weiteren Erörterung lohnen.

Zum einen spricht WÖLK den Außenseitermethoden jegliche Wissenschaftlichkeit ab, und zwar per Definition. Sie gehören nach seiner Ansicht zur „Paramedizin", „die nicht auf einem wissenschaftlichen Fundament basiert".[1048] Diese Auffassung – die bei anderen Autoren zumindest unterschwellig anklingt[1049] –

[1043] So Biehl/Ortwein, SGb 1991, S. 529 (540); Noftz in H/H SGB V, § 2 Rn. 52; Zuck, NJW 1991, S. 2933 (2935, l. Sp.); Kirsten, SGb 1991, S. 257 (258); a. A. Enderlein, VSSR 1992, S. 123 (140)

[1044] Wölk, MedR 1995, S. 492 (494, r. Sp. und 495, r. Sp.)

[1045] Wölk, MedR 1995, S. 492 (495, l. Sp.)

[1046] Wölk, MedR 1995, S. 492 (495, l. Sp.)

[1047] Auch diese gehören nach Wölk zu den paramedizinischen Verfahren

[1048] Wölk, MedR 1995, S. 492 (493, l. Sp.); eine Gleichstellung von Außenseitermethode und Paramedizin befindet sich auch in der Begründung zum RegE-GRG (s. o. Fn. 1000)

[1049] S. etwa Schlenker, BKK 1994, S.284 (288, 290 f. und 295, m. Sp.) nach dem die Binnenanerkennung dazu führt, daß „alle Verfahren der Qualitätssicherung versagen", Enderlein, VSSR 1992, S. 123 (132) und zu diesem Problem s. Zuck, VersR 1994, S. 505 (506) m. w. Nachw.

ist dem herkömmlichen naturwissenschaftlichen Denken verhaftet. Danach ist es Aufgabe der Wissenschaft, „Naturgesetze" zu finden, die sich dadurch auszeichnen, daß gleiche Ursachen (wie etwa die Einnahme von Aspirin) immer die gleiche Wirkung (das Verschwinden der Kopfschmerzen) nach sich ziehen. Dabei wird nicht geleugnet, daß der erhoffte Ursache-Wirkungs-Reflex im menschlichen Körper oftmals nicht eintritt, weil sich dieser als ein zu komplexes und zu wenig bekanntes System erweist, als daß „gegenregulatorische Vorgänge"[1050] ausgeschlossen werden könnten. Dennoch sei die Funktionsweise des menschlichen Körpers prinzipiell immer die gleiche und deshalb die Wirksamkeit von Methoden reproduzierbar.

In der Alternativmedizin werden diese Aussagen angezweifelt.[1051] Nach ihrer Ansicht erweist sich der Körper in bestimmten Krankheitsarten, wie etwa Neurodermitis, als in enger Weise mit der wenig erklärbaren und individuell ausgeprägten Psyche verbunden.[1052] Andere Krankheiten haben bisher eine nicht von der Schulmedizin erklärbare Genese. Außenseitermethoden bieten oftmals bei diesen von der Schulmedizin nicht ausreichend aufgeklärten Krankheitsursachen Behandlungsmöglichkeiten. Dort werden sie von Ärzten angewandt und von Versicherten nachgefragt – meist nachdem schulmedizinische Methoden ohne Erfolg blieben. Und nur dann kann – nach der auch vom BSG verfochtenen Subsidiarität der besonderen Therapierichtungen gegenüber der Schulmedizin – eine Außenseitermethode von der GKV geleistet werden. Es ist die Einsicht in die Grenzen der bisher erreichten Erforschung des menschlichen Körpers und die Erfahrung mit der Wirksamkeit von Methoden, die nicht schulmedizinisch nachweisbar sind, die den sachlichen Hintergrund für die Anerkennung der besonderen Therapierichtungen in § 2 Abs. 1 S. 2 SGB V durch den Gesetzgeber bildet.

Die so formulierte gesetzliche Anerkennung der besonderen Therapierichtungen beinhaltet andererseits auch nicht die von WÖLK heraufbeschworenen Gefahren. Die gesetzliche Regelung des § 2 Abs. 1 S. 2 SGB V führt – so wie vom BSG ausgelegt – weder zur Pflicht zur Leistung von Methoden, die der Scharlatanerie zuzurechnen sind, noch zu einer weitreichenden Normierungskompetenz des Arztes. Die besonderen Therapierichtungen unterscheiden sich substantiell von der Scharlatanerie, weil sie Krankheiten - nach Auffassung des Gesetzgebers -[1053] weder als mythisch verursacht noch mythisch behandelbar ansehen. An die Stelle von erwiesenen spezifischen Wirkungszusammenhängen, wie sie von

1050 Wölk, MedR 1995, S. 492 (495, l. Sp.)

1051 Kriele, NJW 1976, S. 355 (357 f.)

1052 BSG, MedR 1998 S. 230 (236, l. Sp.)

1053 Andernfalls hätte er die Regelung des § 2 Abs. 1 S. 2 SGB V wohl kaum ins Gesetz aufgenommen

der schulmedizinischen Forschung angestrebt und erbracht werden, treten auf praktischen ärztlichen Erfahrungen beruhende Erklärungen der Wirkungszusammenhänge.[1054] Deshalb hat das BSG auch zu Recht einen Leistungsanspruch des Versicherten abgelehnt, wenn es an wissenschaftlich ernst zu nehmenden Erklärungen für die Möglichkeit eines Behandlungserfolges fehlte.[1055]

Die Anerkennung ärztlicher Erfahrungen als Erkenntnisquelle beruht nicht zuletzt darauf, daß sich auch die Schulmedizin ihrer bedient, wo ihr stringent logische Erklärungen zur Art und Weise nachweisbarer Wirkungszusammenhänge fehlen.[1056] Hinzu kommt, daß sie nur dann die Anerkennung des Gesetzes finden, wenn schulmedizinisch ausgebildete Ärzte sie ganz überwiegend für plausibel halten und positive praktische Erfahrungen mit ihrer Anwendung gemacht haben. Bei der sehr umfangreichen „Normierungskompetenz" von der WÖLK spricht, handelt es sich somit allenfalls um einen sehr eingeschränkten Beurteilungsspielraum. Der einzelne Arzt hat nämlich keine Kompetenz, Methoden zu Lasten der GKV zu erbringen, die nur er *persönlich* für wirksam hält. Vielmehr müssen auch Methoden der besonderen Therapierichtungen allgemein anerkannt sein, d. h. sie müssen nach der herrschenden Meinung innerhalb der Therapierichtung wirksam sein und sich in der Praxis bereits bewährt haben.

Im Ergebnis wird deshalb auch hier an der Auffassung festgehalten, daß die Methoden der besonderen Therapierichtungen zumindest in Ausnahmefällen § 2 Abs. 1 S. 3 SGB V auch dann entsprechen, wenn wenigstens eine überwiegende Anerkennung der jeweiligen besonderen Therapierichtung besteht. Man mag zu recht anzweifeln, daß Therapierichtungen wie die Homöopathie wissenschaftlich fundiert sind. Der Gesetzgeber hat gleichwohl ihre Leistungsfähigkeit dem Grunde nach anerkannt und sich damit – gerade wegen ihrer nur auf ärztlichen Erfahrungen beruhenden Begründungen – gegen einen strikt statistischen Wirksamkeitsnachweis ausgesprochen. Zu klären bleibt allerdings die Frage, ob eine nur auf positiven Erfahrungen mit der Therapie beruhende „Binnenanerkennung" ausreicht, wenn für die gleiche Krankheit eine Behandlungsmöglichkeit besteht, deren Wirksamkeit (auch) nach klinischen Versuchen erwiesen ist.[1057]

[1054] BSGE 81, 54 (68), zum Wert solcher „erfahrungswissenschaftlichen" Erkenntnisse s. Kriele, NJW 1976, S. 355 (358, l. Sp.), Matthiessen, ZSR 1994, S. 520 (520 ff.) und Laufs, Arztrecht, 1993, Rn. 328

[1055] BSGE 64, 255 (258); unangetastet von dieser Argumentation bleiben freilich die besonderen Therapierichtungen nach § 2 Abs. 1 S. 2 SGB V. Insbesondere der Homöopathie wird mit guten Gründen ein wissenschaftlicher Erklärungsansatz abgesprochen.

[1056] Vgl. Wölk, MedR 1995, S. 492 (494, r. Sp.) und BSG, MedR 1998, S. 230 (236 r. Sp.) (Medizin hat Charakter einer „Erfahrungswissenschaft")

[1057] S. u. Kapitel 4:D.III.4.c

b. Die „Binnenanerkennung“ als allgemein ausreichender Wirkungsnachweis für die Methoden der besonderen Therapierichtungen?

Von anderer Seite erfährt die Auffassung von einer Binnenanerkennung in Ausnahmefällen Kritik, weil sie die Verbreitung und die Anerkennung, die eine Methode innerhalb der besonderen Therapierichtungen erfährt, nicht generell ausreichen läßt. Das BSG (1. Senat) nahm eine Ausnahme vom statistischen Wirksamkeitsnachweis bisher nur dann an, wenn dieser *wegen der Seltenheit der Krankheit* nur unter „erheblichen Schwierigkeiten“ möglich wäre und eine schulmedizinisch anerkannte Behandlungsmethode der Krankheit - meist als Folge dieses Nachweisproblems - nicht zur Verfügung steht (Subsidiarität der besonderen Therapierichtungen).

Vor allem ZUCK tritt für eine Beurteilung der Wirksamkeit der Methoden der besonderen Therapierichtungen *allein* nach der Binnenanerkennung ein; und somit nicht nur, wenn ein statistischer Wirksamkeitsnachweis nicht möglich ist. Seiner Ansicht nach ist es „allein Sache der besonderen Therapierichtungen selbst, den Sachgehalt ihrer Wissenschaft darzustellen und plausibel zu machen“.[1058] Die Ansicht des BSG, wonach die Wirksamkeit auch von Methoden der besonderen Therapierichtungen grundsätzlich nur dann ausreichend erwiesen ist, wenn ein statistischer Wirksamkeitsnachweis dafür vorliegt, bedeutete hingegen, daß die besonderen Therapierichtungen „durch den allgemeinen Wissenschaftsbegriff der Schulmedizin majorisiert und domestiziert“ würden.[1059]

ZUCK plädiert damit offenbar für eine strikte Trennung der erforderlichen Wirksamkeitsnachweise. Methoden der Schulmedizin seien aufgrund der Ergebnisse statistisch ausgewerteter Untersuchungen zu bewerten, während Methoden der besonderen Therapierichtungen nach der empirisch zu ermittelnden Akzeptanz innerhalb der Vertreter der Therapierichtung ihre Wirksamkeit nachweisen können.

Der Auffassung ZUCKS kann nicht zugestimmt werden. Eine von den Anforderungen des § 2 Abs. 1 S. 3 SGB V abweichende Bewertung der Wirksamkeit würde den besonderen Therapierichtungen genau die Sonderstellung einräumen, die der Gesetzgeber ihnen nicht zukommen lassen wollte. Existiert eine Methode, deren Wirksamkeit bereits statistisch erwiesen ist, besteht auch kein Grund, warum die Krankenkassen eine Leistung finanzieren sollen, die nach wissenschaftlichen Maßstäben in ihrer Wirkung unsicherer ist. Methoden, die sich in

---

[1058] S. Zuck, NZS 1999, S. 313 (317, r. Sp.) und vgl. auch ders. NJW 1991, 2933 (2935, l. Sp.)

[1059] Zuck, NZS 1999, S. 313 (317, r. Sp.)

klinischen Untersuchungen als signifikant wirksam erwiesen haben, ist deshalb grundsätzlich der Vorrang einzuräumen gegenüber nur binnenanerkannten Methoden - egal ob sie der Schulmedizin oder den besonderen Therapierichtungen zuzuordnen sind.

c. Stellungnahme

Dem Modell des BSG von der Subsidiarität der Außenseitermethoden kann im Ansatz zugestimmt werden. Richtig ist daran, daß von dem Erfordernis des statistischen Wirksamkeitsnachweises abgelassen werden muß, wenn dieser aufgrund der Seltenheit der Krankheit nicht erbracht werden kann. Auszudehnen ist die Befreiung vom statistischen Wirksamkeitsnachweis bei Krankheiten unbekannter Genese und solcher, die sich aufgrund besonderer Umstände des Einzelfalles nicht mit statistisch erwiesenen Methoden behandeln lassen oder bei der diese ausnahmsweise keine Wirkung gezeigt haben. Hierauf wird im folgenden Abschnitt (E) noch näher einzugehen sein.

Im Unterschied zur Ansicht des BSG wird hier aber vertreten, daß ein Wirksamkeitsnachweis nach Verbreitung und Anerkennung sich auf die Referenzgruppe der die besondere Therapierichtung vertretenden Ärzte und Fachleute beziehen muß. Will man die gesetzliche Anerkennung, die die besonderen Therapierichtungen durch die Regelung des § 2 Abs. 1 S. 2 SGB V erfahren haben, nicht untergraben, wird man eine „eingeschränkte Binnenanerkennung", also unter Beachtung der Subsidiarität der besonderen Therapierichtungen, akzeptieren müssen. Andernfalls wird die fehlende Akzeptanz, unter der die besonderen Therapierichtungen innerhalb der Gesamtheit der Ärzte und Fachleute leidet, faktisch zu einem Ausschluß derselben führen.[1060]

Eine dritte Modifikation - oder besser Verfeinerung - des Modells des BSG erscheint sinnvoll. Der Bundesausschuß benutzt zur Überprüfung der Wirksamkeit von Methoden nach § 135 Abs. 1 S. 1 SGB V die folgende Evaluationsskala:[1061]

I: Evidenz aufgrund wenigstens einer randomisierten, kontrollierten Studie, durchgeführt und veröffentlicht nach international anerkannten Standards

IIa: Evidenz aufgrund anderer prospektiver Interventionsstudien

[1060] Insoweit ist Zuck zuzustimmen, der argumentiert ohne eine Binnenanerkennung liefe § 2 Abs. 1 S. 2 SGB V „faktisch leer" (in NJW 1991. S. 2933, 2935, l. Sp.)

[1061] S. BUB-Richtlinien Nr. 6. 4 i. V. m. Nr. 8 vom 10. 12. 1999 (BAnz 2000 Nr. 56, S. 4603 f.)

IIb: Evidenz aufgrund von Kohorten- oder Fallkontroll-Studien, vorzugsweise aus mehr als einer Studiengruppe

IIc: Evidenz aufgrund von zeitlichen oder räumlichen Vergleichen mit den bzw. ohne die zu untersuchenden Interventionen

III: Meinungen anerkannter Experten, Assoziationsbeobachtungen, pathophysiologische Überlegungen oder deskriptive Darstellungen; Berichte von Expertenkomitees; Konsensus-Konferenzen; Einzelfallberichte

Es macht Sinn, die Wirksamkeit aller Methoden an dieser (oder einer ähnlichen) Skala zu messen, unabhängig davon, ob sie den besonderen Therapierichtungen oder der Schulmedizin angehören. Der Bundesausschuß geht zutreffend von einer Wertigkeitsstufung wissenschaftlicher Nachweise aus. Dieses Konzept wird man allgemein auf die Bewertung der Wirksamkeit zu übertragen haben, um einerseits eine Sonderstellung der besonderen Therapierichtungen zu vermeiden und andererseits nur die Methoden für leistungsfähig zu erklären, deren Wirksamkeit auf möglichst hohem medizinisch-wissenschaftlichem Niveau belegt werden kann.[1062] Zutreffend ist insofern die Auffassung des BSG, daß die Binnenanerkennung einer Methode nur ausnahmsweise die Wirksamkeit ausreichend dokumentiert. Eine solche Ausnahme ist aber - in Abweichung von der Meinung des BSG - immer dann anzunehmen, wenn eine andere Methode mit höherwertigem wissenschaftlichem Nachweis (entsprechend der Skala des Bundesausschusses) zur Erreichung des Behandlungszieles nicht zur Verfügung steht. Fraglich ist hingegen, ob die Methoden, die zur Behandlung sehr seltener Krankheiten eingesetzt werden, auch der zumindest untersten Evaluationsstufe III zu entsprechen haben, oder ob in Sonderfällen auch bei niedrigerer Evidenz der Wirksamkeit die Leistung von der GKV zur Verfügung zu stellen ist. Hierauf wird im folgenden Abschnitt (E) noch näher eingegangen.

IV. Ergebnis und seine Bedeutung für die Frage der Letztentscheidungskompetenz

Nach der hier vertretenen Auffassung sind Leistungen nach Außenseitermethoden nur unter den folgenden Voraussetzungen von der GKV zu erbringen:

[1062] In diese Richtung auch Noftz in H/H SGB V, § 2 Rn. 64

(1) Die Außenseitermethode basiert auf einer besonderen Therapierichtung i. S. d. § 34 Abs. 2 S. 3 SGB V (§ 2 Abs. 1 S. 2 SGB V).

(2) Die Wirksamkeit der Methode der besonderen Therapierichtung muß erwiesen sein. Ein Wírksamkeitsnachweis liegt vor, wenn deren Erfolg in einer für die sichere Beurteilung ausreichenden Zahl von Behandlungsfällen aufgrund wissenschaftlich einwandfrei geführter Statistiken belegt werden kann (statistischer Wirksamkeitsnachweis). Die bloße Binnenanerkennung innerhalb der besonderen Therapierichtung genügt aber dann als Wirksamkeitsnachweis, wenn andere Methoden zur Behandlung der Krankheit nicht zur Verfügung stehen, oder ebenfalls nur durch die überwiegende Anerkennung in der Fachdiskussion ihre Wirksamkeit belegen können.

Für die Frage der gebotenen Kontrolldichte ergeben sich keine Abweichungen von den unter C.V dargelegten Grundsätzen. Den Gerichten kommt bei der Einschätzung, ob eine Methode den besonderen Therapierichtungen zuzuordnen ist, die Letztentscheidungskompetenz zu. Auch die Einschätzung der Wirksamkeit der Methoden der besonderen Therapierichtungen unterliegt grundsätzlich der vollen gerichtlichen Kontrolle,[1063] während der Bundesausschuß letztverbindlich über die Wirtschaftlichkeit dieser Methoden zu entscheiden hat.

[1063] Zu den Ausnahmen s. Kapitel 4:C.V.2.b

E. Atypische Sonderfälle: Krankheiten mit unbekannter Genese oder von großer Seltenheit

Für viele seltene Krankheiten und solche, deren Genese bisher unerforscht geblieben ist, gibt es weder nach der Schulmedizin noch nach den besonderen Therapierichtungen Behandlungen, die den Anforderungen des § 2 Abs. 1 S. 2 und 3 SGB V genügen. Deshalb kommen zu ihrer Behandlung nur nicht standardgemäße Leistungen in Frage. Es ist aber wohl nicht präzise, insofern von Behandlungen nach Außenseitermethoden zu sprechen. Denn wo kein medizinischer Standard existiert, kann auch keine der möglichen Methoden außerhalb dieses Standards stehen, d. h., es gibt für diese Krankheiten gar keine Außenseitermethoden im hier definierten Sinne.

Statt dessen ist der Begriff „Heilversuch" geeignet, die Leistungen zu umschreiben, die nach der im folgenden begründeten Auffassung von der GKV zur Verfügung zu stellen sind.[1064] Unter Heilversuch wird eine Behandlung verstanden, die die folgenden Voraussetzungen kumulativ erfüllt:

- Der Versuch ist primär auf die Heilung des Patienten ausgerichtet und nicht auf die Erforschung der Wirksamkeit einer Methode. Dadurch unterscheidet sich der Heilversuch von dem medizinischen Experiment.[1065] Die primäre Ausrichtung liegt objektiv vor, wenn der Versuch medizinisch indiziert ist, plausible Hypothesen für einen therapeutischen Nutzen der Behandlung für den Patienten sprechen und die Risiken im Verhältnis dazu prognostisch vertretbar erscheinen.[1066]
- Der Versuch bedarf eines speziellen Verfahrens, das insbesondere durch eine gehobene ärztliche Aufklärungspflicht und die Einwilligung des Patienten bestimmt wird.[1067]

Nach der hier vertretenen Auffassung sind die Kosten des so bestimmten Heilversuches von der GKV als Behandlung zu bezahlen, wenn eine medizinische Standardbehandlung gemäß § 2 Abs. 1 S. 2 und 3 SGB V nicht zur Verfügung

[1064] So wohl auch Noftz in H/H SGB V, § 2 Rn. 66
[1065] S. Laufs, Arztrecht, 1993, Rn. 675 ff., m. w. Nachw.
[1066] So Hart, MedR 1996, S. 60 (66, l. Sp.), der allerdings den so bestimmten Heilversuch als medizinischen Standard versteht und ihn dadurch unter § 2 Abs. 1 S. 3 SGB V subsumieren kann. Dem Ergebnis (Einbeziehung der so bestimmten Heilversuche in den Leistungskatalog der GKV) ist zwar zuzustimmen, nicht aber dem dogmatischen Weg. Zur Begründung soll der Hinweis genügen, daß auf die gleiche Weise auch ein experimenteller Standard zu bestimmen ist, ohne daß Hart (oder jemand anders) deshalb auch medizinische Experimente für leistungsfähig i.S.d. GKV-Recht hielte.
[1067] S. dazu ausführlich: Laufs, Arztrecht, 1993, Rn. 678 ff., m. w. Nachw.

steht und er die weiteren Voraussetzungen der §§ 27 Abs. 1 S. 1 und 12 Abs. 1 S. 1 SGB V erfüllt.[1068]

I. Die Problemfälle

Einige Krankheiten mit unbekannter Genese, wie etwa die Neurodermitis, treten ihrer Natur nach wiederkehrend auf, d. h., sie setzen spontan aus, ohne daß dies durch eine ärztliche Behandlung bewirkt worden wäre (sog. Spontanremission).[1069] Dadurch ist nicht feststellbar, ob eine vorübergehende Besserung der Krankheitserscheinung durch die Behandlung bewirkt wurde, auf einer Scheinwirkung (Placebo-Effekt) beruht oder dem natürlichen Krankheitsverlauf entspricht. Statistische Nachweise über die Wirksamkeit einer Methode werden faktisch unmöglich, da die ohnehin beschränkte Aussagekraft solcher Untersuchungen dadurch weiter eingeschränkt wird, daß nicht nur ein Placebo-Effekt, sondern auch die Spontanremission ausgeschlossen sein muß.[1070]

Noch evidenter ist das Problem des Wirksamkeitsnachweises bei „unheilbaren Krankheiten“; also bei Krankheiten, für deren Behandlung keine Therapie anerkannt ist, die mit überwiegender Wahrscheinlichkeit zum Erfolg führt. Hierzu zählt die Multiple Sklerose, aber auch eine nicht unbeträchtliche Anzahl weiterer Krankheiten.[1071] Den *möglichen* Heilbehandlungen ist die allgemeine Anerkennung nicht nur durch die Schulmedizin versagt.[1072] Auch solche, die im Einklang mit besonderen Therapierichtungen stehen, dürfen vom Arzt nicht zu Lasten der GKV erbracht werden, solange sich ihre Wirkung nicht wissenschaftlich nachweisen läßt. Wenn aber die Ursache einer Krankheit nicht erforscht ist, sind auch die Theorien, in welcher Weise sie geheilt werden könnte, notwendigerweise spekulativ. Dadurch hat zwar nicht jede,[1073] aber haben doch sehr viele Behandlungen „zwangsläufig experimentellen Charakter“[1074], und eine Behandlungstheorie wird es schwer haben, in wissenschaftlichen Kreisen eine Anhängerschaft zu gewinnen.

Bei seltenen Krankheit wird der Wirksamkeitsnachweis zusätzlich erheblich erschwert. Die Seltenheit der Krankheit schränkt naturgemäß den Verbreitungs-

---

[1068] Bei Krankheiten unbekannter Genese auch befürwortet v. BSG SozR 3-2200 § 182 Nr. 13
[1069] BSG, MedR 1998, S. 230 (236, l. Sp.) m. w .Nachw.
[1070] BSG, MedR 1998, S. 230 (236, l. Sp.)
[1071] Vgl. BGHZ 123, 83 (90)
[1072] BGHZ 123, 83 (91)
[1073] In manchen Fällen gelingt ein Wirkungsnachweis auch ohne Erklärung der Wirkungsweise über den rein empirischen Befund eines signifikanten Behandlungserfolges
[1074] Vgl. BGHZ 123, 83 (90) und BGH VersR 1982, 285 (286, r. Sp.)

grad von möglichen Behandlungen ein und damit auch den Umfang der Fachdiskussion über die Erfahrung mit den Methoden. Darüber hinaus besteht bei seltenen Krankheiten in den meisten Fällen kein Interesse der Privatwirtschaft, neue Methoden zu entwickeln, da dem finanziellen Aufwand eines schulmedizinischen Nachweises in klinischen Untersuchungen nicht die Erwartung gegenübersteht, diesen mittelfristig durch den Verkauf des entwickelten Präparats wieder auszugleichen.

Den drei Fallgruppen ist gemeinsam, daß der Nachweis einer allgemein anerkannten Wirksamkeit der Behandlungsmethoden dieser Krankheiten erheblich erschwert ist. Damit steigt das Risiko, daß eigentlich wirksame Leistungen den Versicherten nicht zur Verfügung gestellt werden, weil bereits die fachliche Auseinandersetzung mit der Methode für einen Wirkungsnachweis nicht ausreicht. Dies kann daran liegen, daß sie zu selten auftreten und deshalb aus ökonomischen Gründen keine Erforschung in klinischen Untersuchungen erfolgt und auch die Erfahrungen in der Praxis nicht den Anforderungen einer überwiegenden Verbreitung genügen.

Es kann aber auch daran liegen, daß aufgrund methodischer Unzulänglichkeiten der Wirkungsnachweis nicht gelingt, etwa weil Spontanremission und der durch Medikamente verursachte Krankheitsrückgang nicht differenziert werden können. Sind diese Krankheiten mit schweren körperlichen Leiden oder Todesgefahr verbunden oder führt die Versagung der Leistungsbereitstellung durch die GKV zu großen finanziellen Nachteilen für den Versicherten, werden in erheblichem Maße rechtlich geschützte Versicherteninteressen berührt. Es stellt sich deshalb die Frage, ob der vom BSG vorausgesetzte allgemein anerkannte Wirksamkeitsnachweis einer gesetzes- und verfassungsgemäßen Auslegung des § 2 Abs. 1 S. 3 und S. 2 SGB V entspricht.

II. Die neuere Rechtsprechung des BSG zu seltenen Krankheiten und solchen unbekannter Genese

Trotz dieser Schwierigkeiten hält das BSG auch für die genannten Sonderfälle an einem allgemeinen, nicht bloß im Einzelfall erfolgten Wirkungsnachweis fest.

1. Der Wirksamkeitsnachweis in den Problemfällen

Dies hat der 1. Senat des BSG in seiner bereits dargestellten Entscheidung vom 16. 9. 1997 zur Behandlung der „Duchenne´schen Muskeldystrophie“ (DMD) mit Außenseitermethoden nach der immun-biologischen Therapie bekräftigt.[1075] Die DMD ist eine Krankheit, für deren Behandlungsmethoden der Wirksamkeitsnachweis - nach den Feststellungen des BSG - auf „erhebliche Schwierigkeiten“ stößt.[1076] Ihr Verlauf kann weder erklärt noch gezielt beeinflußt werden; ihr verhältnismäßig seltenes Auftreten würde langjährige Untersuchungen erfordern, um genügend Patienten erfassen zu können.[1077] Nach der Schulmedizin kommt deshalb bestenfalls eine Behandlung in Frage, die die Krankheitssymptome unterdrückt.[1078] Gleichwohl ist nach Ansicht des 1. Senats die immunobiologische Therapie nicht von der GKV zu erbringen, weil kein allgemeiner Nachweis ihrer Wirksamkeit besteht.[1079]

Mit einer im wesentlichen wortgleichen Begründung lehnte der 1. Senat in seiner Entscheidung vom gleichen Tag auch die Leistung von Akupunktur zur Behandlung von Neurodermitis ab.[1080] Der zu beurteilende Sachverhalt unterschied sich nur insofern, als die Schwierigkeiten des Wirksamkeitsnachweises auf dem individuell sehr unterschiedlichen und durch Spontanremissionen geprägten Krankheitsverlauf beruhten.[1081]

Ein drittes Urteil des 1. Senats vom gleichen Tag behandelte den dritten der genannten Sonderfälle, eine unheilbare Krankheit. Dort wurde die Behandlung Multipler Sklerose mit der Außenseitermethode der „immuno-augmentativen Therapie“ zu Lasten der GKV abgelehnt.[1082] Da diese Therapie von den Richtlinien des Bundesausschusses ausdrücklich ausgeschlossen ist, erörtert das Gericht gar nicht, ob die Methode möglicherweise dennoch wirksam ist. Der normative Charakter der Richtlinien schneidet seiner Ansicht nach den Einwand ab, die Methode sei gleichwohl zweckmäßig gewesen.[1083] Die Entscheidung ging deshalb nicht darauf ein, ob auch bei schweren und unheilbaren Erkrankungen unbekannter Genese ein höchstrichterlich anerkannter Wirksamkeitsnachweis

[1075] BSGE 81, 54 (54 ff.)
[1076] BSGE 81, 54 (67)
[1077] BSGE 81, 54 (67)
[1078] BSGE 81, 54 (67)
[1079] BSGE 81, 54 (69 f.)
[1080] BSG, MedR 1998, S. 230 ff.
[1081] BSG, MedR 1998, S. 230 (236, l. Sp.)
[1082] BSGE 81, 73-85
[1083] BSGE 81, 73 (85)

ebenfalls nur vorliegt, wenn die Methode einen ausreichenden Verbreitungs- und Anerkennungsgrad aufweist.

Zu dieser Frage gibt es aber eine Entscheidung des 3. Senats des BSG zur Behandlung einer Krebserkrankung.[1084] Darin sieht der Senat die Wirksamkeit der Hyperthermiebehandlung bei Tumorerkrankungen nicht als erwiesen an, weil die vorgelegten positiven Ergebnisse an Kliniken den gesetzlichen Anforderungen an den Wirkungsnachweis nicht genügten. Für den Wirksamkeitsnachweis sei zusätzlich ein Akzeptanzmoment in der gängigen klinischen Praxis zu belegen.[1085]

Die neuere Rechtsprechung des BSG kann in Bezug auf die Auslegung des § 2 Abs. 1 S. 3 SGB V somit auf einen einfachen Nenner gebracht werden: Die GKV hat nur Leistungen zu erbringen, die vom medizinischen Standard anerkannt sind. Existiert kein medizinischer Standard für eine Krankheit, entfällt auch die Leistungspflicht. Dadurch wird die Leistungspflicht der GKV unter den Vorbehalt des medizinischen Standards gestellt.

2. Die Gründe des BSG in kritischer Betrachtung

Die Gründe des BSG für das Festhalten am allgemeinen Wirksamkeitsnachweis auch für die genannten Sonderfälle sind die folgenden:

Durch den Wirksamkeitsnachweis soll gewährleistet werden, „daß die gesetzlichen Krankenkassen für die Erprobung neuer [d.h. nicht allgemein anerkannter[1086]] Methoden nicht aufzukommen haben, ...“.[1087] Richtig daran ist sicherlich, daß die Krankenkassen bei Anerkennung der Leistungsfähigkeit unerprobter Methoden für unerforschte Krankheiten möglicherweise doppelt belastet werden, weil sie nicht nur für die Behandlung selbst, sondern auch für die Behandlung der durch diese eventuell entstehenden gesundheitlichen Schäden aufzukommen haben.[1088]

Es ist aber nicht ersichtlich, warum das BSG das Erfordernis eines statistischen Nachweises nur deshalb aufgibt, weil er bei den genannten Krankheiten auf erhebliche Schwierigkeiten stößt,[1089] um dann mit dem ausreichenden Anerkennungs- und Verbreitungsgrad der Methode Anforderungen zu stellen, die unter

---

[1084] BSG, NJW 1999, S. 1811ff
[1085] BSG, NJW 1999, S. 1811 (1812, r. Sp.)
[1086] BSG, MedR 1998, S. 230 (232, l. Sp.)
[1087] BSG, MedR 1998, S. 230 (236, r. Sp.)
[1088] BSG, MedR 1998, S. 230 (236, r. Sp.)
[1089] BSGE 81, 54 (67)

den gleichen Schwierigkeiten leiden. Denn die Auffassung des BSG, daß sich erfolgreiche Untersuchungs- und Behandlungsmethoden über kurz oder lang allgemein durchsetzen,[1090] trifft für seltene und unerforschte Krankheiten eben nicht zu. Zumal die Praxis in Folge dieser Rechtsprechung darauf angewiesen ist, Patienten zu finden, die bereit sind, die Behandlungskosten selbst zu tragen, da selbst bei einem Erfolg im Einzelfall die Kosten nicht von der GKV übernommen werden dürfen.[1091]

III. Lösungsansätze von Literatur und früherer Rechtsprechung des BSG

Verschiedene Meinungen der Literatur und die frühere Rechtsprechung des BSG halten (bzw. hielten) Außenseitermethoden auch dann für leistungsfähig, wenn ein Wirksamkeitsnachweis vom medizinischen Standard nicht anerkannt ist.

In der ständigen Rechtsprechung des BSG zur früheren Gesetzeslage der RVO war die Pflicht zur Leistung von Außenseitermethoden ohne statistischen Wirksamkeitsnachweis anerkannt, wenn eine schwere Krankheit unbekannter Genese vorlag, zu deren Behandlung gegenwärtig keine wissenschaftlich anerkannte Methode zur Verfügung stand oder im Einzelfall nicht geeignet war.[1092] Jedoch mußte ein Erfolg mit einer nicht nur ganz geringen Erfolgsaussicht möglich erscheinen.[1093] Maßstab für die Pflicht zur Leistung waren die Regeln der ärztlichen Kunst, die auch zu Heilversuchen verpflichten.[1094] Zwar war auch nach der RVO das Wirtschaftlichkeitsgebot des § 182 Abs. 2 RVO zu beachten. Da die Tätigkeit des Arztes bei Krankheiten unbekannter Genese ohnehin stark experimentellen Charakter aufweist,[1095] war das Versicherteninteresse an einer Heilung seiner Krankheit nach der damaligen Auffassung des BSG nur dann ausreichend gewichtet, wenn die Wirksamkeitsanforderungen des Wirtschaftlichkeitsgebotes in dem Maße herabgesetzt wurden, in dem die Krankheit unbekannter Genese Nachteile für ihn auslösten.[1096] Diese Rechtsprechung wurde vom BSG nach Inkrafttreten des SGB V mit der Begründung stückweise aufgegeben,[1097] daß sich die Pflicht zur Leistung von Heilversuchen nicht mit § 2 Abs. 1 S. 3 SGB V vereinbaren ließe.

[1090] BSGE 81, 54 (68)

[1091] S. o. Kapitel 4:D.II.2

[1092] BSGE 64, 255 (257); BSGE 63 102 (103); BSGE 76, 194 (199); BSG SozR 3-2200 § 182 Nr. 13 (S. 61)

[1093] BSGE 64, 255 (257); BSGE 63 102 (103); BSG SozR 3-2200 § 182 Nr. 13 (S. 61)

[1094] BSGE 70, 24 (28)

[1095] BSGE 70, 24 (26) und BSG, SGb 1992, S. 322

[1096] BSGE 64, 255 (257)

[1097] Vgl. insbesondere BSGE 73, 66 (70) und 76, 194 (198f)

In der Literatur findet die Auffassung, daß Heilversuche unter bestimmten Umständen von der GKV zur Verfügung zu stellen sind, weiterhin Zustimmung.

Nach HÖFLER gebietet die Berücksichtigung des medizinischen Fortschritts gem. § 2 Abs. 1 S. 3 (a. E.) SGB V, daß neu entwickelte Arzneimittel für schwere Erkrankungen zum Leistungsspektrum der GKV zu zählen sind, soweit ihre Anwendung hauptsächlich auf die Heilung und nicht auf die Erforschung der Krankheit zielt. Auf einer ähnlichen Linie liegen die Auffassungen, die im generellen Ausschluß unerforschter oder unerprobter Methoden eine gesetzwidrige Behinderung der medizinischen Fortentwicklung sehen.[1098] Weitere Voraussetzung - laut HÖFLER - ist, daß es sich bei der Behandlung um eine ernst zu nehmende Therapiemöglichkeit handelt mit nicht ganz geringen Erfolgsaussichten.[1099]

Auch NOFTZ hält die Leistung von Heilversuchen durch die GKV für geboten, weil diese zur ärztlichen Kunst gehören. Ähnlich wie HÖFLER setzt er dazu voraus, daß es sich um eine hochakute, lebensbedrohende Erkrankung handelt, die aber auch im Heilversuch nicht mit generell untauglichen Mitteln behandelt werden dürfe. Außerdem darf die Außenseitermethode nur bei Fehlen anerkannter Methoden[1100] und in einem insbesondere durch die Einholung eines Gutachtens und der Genehmigung des Versicherten bestimmten Verfahren durchgeführt werden.[1101]

IV. Eigene Stellungnahme

NOFTZ und HÖFLER ist im Ergebnis zuzustimmen - wenngleich die Begründung für die Leistung von Heilversuchen eine andere sein sollte.

1. Vorrang des medizinischen Standards

Ausgangspunkt der hier vertretenen Auffassung ist die These, daß die Anwendung des § 2 Abs. 1 S. 3 SGB V auf die Methoden beschränkt ist, zu denen ein medizinischer Standard besteht. Ein medizinischer Standard setzt ein Mindest-

---

[1098] So Schulin, SGb 1984, S. 45 (52); und Kriele, NJW 1976, S. 355, der ein Verbot einer Behinderung der medizinischen Forschung auf Art. 5 Abs. 3 GG stützt; dagegen zutreffend Enderlein, VSSR 1992, S. 123 (138 f.)

[1099] Höfler in KK SGB V, § 12 Rn. 23

[1100] So auch Krauskopf in Krkpf, SGB V, § 2 Rn. 1 (nur wenn die Außenseitermethode die einzige Möglichkeit darstellt, mit ausreichender Wahrscheinlichkeit auf Erfolg zu behandeln)

[1101] Noftz in H/H SGB V, § 2 Rn. 66

maß an wissenschaftlich-theoretischer Auseinandersetzung sowie Erforschung oder Erprobung der Methode voraus.[1102] In den Krankheitsfällen, in denen dieses Mindestmaß weder von der Forschung noch von der Praxis erbracht wurde, gibt es keinen allgemein anerkannten medizinischen Stand der Erkenntnisse, dem die Behandlung entsprechen könnte. Hiervon sind zumeist die Krankheiten betroffen, die wegen ihrer Seltenheit oder ihrer unbekannten Genese besondere Schwierigkeiten bereiten, die Wirksamkeit einer Methode nachzuweisen. Hiervon sind aber auch die Fälle betroffen, in denen die medizinische Standardbehandlung aus Umständen des Einzelfalles nicht vorgenommen werden kann, weil beim Patienten untypische Gegenindikationen oder Unverträglichkeiten vorliegen.[1103] Schließlich kann ein medizinischer Standard durch neueste Forschungsergebnisse aufgelöst werden, die ernst zu nehmende Bedenken gegen die bisherige Standardbehandlung begründen.

Durch diese Auslegung wird die Leistungspflicht der GKV unter einen bloßen Vorrang des medizinischen Standards gestellt. Soweit ein medizinischer Standard existiert, bestimmt er die Wirksamkeit der möglichen Behandlungsmethoden. Besteht aber kein Standard, so findet § 2 Abs. 1 S. 3 SGB V keine Anwendung. Der Leistungsumfang ist durch Abwägung der in §§ 27 Abs. 1 S. 1 und 12 Abs. 1 S. 1 SGB V geschützten Interessen zu ermitteln.

2. Die Unterschiede zu der neueren Rechtsprechung des BSG

Die neuere Rechtsprechung des BSG befürwortet die Pflicht zur Leistung von Methoden nur dann, wenn sie dem medizinischen Standard i. S. d. § 2 Abs. 1 S. 3 SGB V entsprechen (These vom Vorbehalt des medizinischen Standards). Demgegenüber müßte nach der hier vertretenen Auffassung das BSG zunächst prüfen, ob ein auf einem Mindestmaß an theoretischer und praktischer Auseinandersetzung beruhender medizinischer Standard überhaupt besteht. Ist dies der Fall haben die Leistungen diesem zu entsprechen, § 2 Abs. 1 S. 3 SGB V. Ist dies aber nicht der Fall, ist die Vorschrift nicht anwendbar, und der Anspruch des Versicherten bemißt sich allein nach den §§ 12 Abs. 1 S. 1 und 27 Abs. 1 S. 1 SGB V.[1104]

[1102] Vgl. Hart, MedR 1998, S. 8 ff.

[1103] Grafe in Grafe/Bruns, ArztR 1998, S. 181 (183, l. Sp.) weist zu Recht darauf hin, daß eine Standardbehandlung in diesen Fällen sogar eine Gesundheitsgefahr für den Patienten darstellt.

[1104] Im Ergebnis ebenso: BSGE 76, 194 (199); v. Wulffen, SGb 1996, S. 250 (253, r. Sp.), und Buchborn (in MedR 1987, S. 221, 222, r. Sp.), der etwas drastischer formuliert: „deshalb läßt sich die komplexe Wirklichkeit menschlichen Krankseins und damit auch der ärztliche Ermessensgebrauch nicht nur aus der überwertigen Idee wissenschaftlicher Beweisbarkeit beurteilen“.

Dieses Ergebnis deckt sich auch mit dem in § 27 Abs. 1 S. 1 SGB V begründeten Grundsatz umfassender Leistungspflicht der GKV.[1105] Der Grundsatz umfaßt alle und insbesondere die schweren Krankheiten unabhängig davon, ob eine medizinische Standardbehandlung existiert oder nicht. Es wäre weder mit diesem Grundsatz noch mit dem verfassungsrechtlichen Schutz der körperlichen Unversehrtheit und der Menschenwürde zu vereinbaren, wenn der Versicherte sich seiner schweren Krankheit widerstandslos überlassen müßte, weil er die die Behandlungskosten selbst zu tragen nicht in der Lage ist.

V. Ergebnis und Folgen für die Kontrolldichte

Der Anspruch des Versicherten bemißt sich, soweit kein medizinischer Standard vorliegt, allein nach §§ 12 Abs. 1 S. 1 und 27 Abs. 1 S. 1 SGB V. Insbesondere bei seltenen Krankheiten und solchen unbekannter Genese, aber auch in Fällen, in denen aus besonderen Gründen eine Behandlung nach einer der Standardmethoden nicht erfolgen kann oder erfolglos vorgenommen wurde, hat die GKV auch Heilversuche zu finanzieren.

Die Voraussetzungen und Rahmenbedingungen der Heilversuche können vom Bundesausschuß abstrakt-generell bestimmt werden. Ihm steht bei der dazu erforderlichen Abwägung zwischen den ökonomischen und kurativen Belangen ein Wertungsspielraum zu. Die Bestimmungen müssen aber sicherstellen, daß die mit einer schweren Krankheit verbundenen finanziellen Risiken auch dann bei der GKV bleiben, wenn für die Krankheit allgemein oder aus Gründen des Einzelfalls bisher keine Behandlung gefunden wurde, die mit Aussicht auf Erfolg angewandt werden kann.

[1105] Schulin, ZSR 1994, S. 546 (548); BSGE 63, 102 (103 und 105) und BSGE 55, 188 (193) zu den §§ 182 Abs. 2, 368c RVO

Kapitel 5: Zusammenfassung der Ergebnisse

Die wesentlichen Ergebnisse der Dissertation sind:

Ergebnisse der Kapitel 1 und 2

- Die Richtlinien des Bundesausschusses der Ärzte und Krankenkassen sind für die Vertragsärzte, Krankenkassen und Versicherten verbindlich.

- Die Verbindlichkeit der Richtlinien ist verfassungsgemäß. Die Richtlinien sind zwar nicht als „klassische" Satzung oder Rechtsverordnung einzustufen. Denn mit der Konkretisierung der Leistungsansprüche der Versicherten gegen die GKV erfüllt der Bundesausschuß eine Allgemeinwohlaufgabe, was sich nicht mit dem Typus der klassischen Satzung vereinbaren läßt. Und mit seiner Besetzung mit und durch Ärzte- sowie Krankenkassenvertreter widerspricht der Bundesausschuß den Anforderungen des Art. 80 Abs. 1 GG an einen möglichen (Sub-) Delegatar und damit einer wesentlichen Voraussetzung für die Charakterisierung der Richtlinien als Rechtsverordnung.
Das Grundgesetz kennt aber keinen „numerus clausus" bzw. Typenzwang der untergesetzlichen Rechtssetzungsformen. Es genügt, daß die Richtlinienermächtigung des Bundesausschusses dem Demokratie- und dem Rechtsstaatgebot entspricht. Seine demokratische Legitimation empfängt der Bundesausschuß nicht durch die von den Richtlinien Betroffenen, weil die Mitbestimmungsrechte der Versicherten nicht die Anforderungen des Art. 20 Abs. 2 GG erfüllen. Die paritätische Besetzung des Bundesausschusses mit Vertretern der Vertragsärzte und der Krankenkassen (sowie drei unabhängigen Mitgliedern) verwirklicht aber grundsätzlich eine interessengerechte und funktionsadäquate Entscheidungsstruktur.

- Zweifel an der Verfassungsmäßigkeit des Entscheidungsverfahrens bestehen allerdings im Hinblick auf die Beteiligung der nicht-ärztlichen Leistungserbringer. Die Gefahr einer einseitigen Bevorzugung der im Bundesausschuß vertretenen Interessen zu ihren Lasten (Interessenmajorisierung) und der Eingriffscharakter der Richtlinien in ihr Grundrecht auf freie Berufsausübung (Art. 12 Abs. 1 GG) begründen einen verfassungsrechtlichen Anspruch auf ein förmliches Verfahren, innerhalb dessen die Berücksichtigung ihrer Interessen ausreichend gewährleistet ist und in dem sie ihre materiellen Rechte in geeigneter Weise geltend machen können.

- Verfassungsrechtlich zu beanstanden ist vor dem Hintergrund des Bestimmtheitsgebotes auch die Ermächtigungsgrundlage des § 92 Abs. 1

SGB V. Zwar erfüllt die Norm in Verbindung mit den §§ 27 Abs. 1 S. 1, 12 Abs. 1 S. 1 und 2 Abs. 1 SGB V grundsätzlich die Anforderungen des Art. 80 Abs. 1 S. 2 GG an ein inhaltlich hinreichend bestimmten Normprogramm. Deshalb ist eine dem Willen des Gesetzgebers entsprechende Aufgabenerfüllung gewährleistet und der Bundesausschuß durch das Parlament demokratisch legitimiert wird (mitgliedschaftlich-partizipatorische Legitimation). Das Wort „insbesondere" in § 92 Abs. 1 S. 2 SGB V ist jedoch im Wege verfassungskonformer Auslegung zu streichen, da die darin begründete „Generalkompetenz" des Bundesausschusses, Richtlinien zu allen Bereichen, die mit der vertragsärztlichen Versorgung in Verbindung stehen zu erlassen, nicht mit Art. 80 Abs. 1 S. 2 GG in Einklang steht.

- Das Ausmaß der Verbindlichkeit hängt von der gerichtlichen Kontrolldichte bei der Prüfung der Richtlinien ab. Soweit die Gerichte zur inhaltlichen Überprüfung und Verwerfung der Richtlinien befugt sind, haben diese keine normative Wirkung.

Ergebnisse des Kapitels 3

- Ausgangspunkt für die Bestimmung der gerichtlichen Kontrolldichte bei der Überprüfung untergesetzlicher Rechtsnormen ist das Gebot umfassender Rechts- und Tatsachenprüfung (Art. 19 Abs. 4 S. 1 GG) und die Bindung der Gerichte an normative Ermächtigungen des Gesetzgebers zu kontrollfreien Entscheidungen der Exekutive (Art. 20 Abs. 3 GG).

- Die (teilweise) Befreiung von der gerichtlichen Kontrolle ist als gesetzliche Übertragung der Kompetenz zur letztverbindlichen Konkretisierung von Gesetzesmerkmalen zu verstehen (Letztentscheidungskompetenz). Die Übertragung der Letztentscheidungskompetenz auf den Normgeber erfolgt nicht durch unbestimmte Rechtsbegriffe, sondern durch eine gesonderte Kompetenzentscheidung des Gesetzgebers. Die Bestimmung der gebotenen Kontrolldichte ist deshalb kein reines Problem der Auslegung des materiellen Normprogramms.

- Für die „klassische" Satzung und Rechtsverordnung kann von einer konkludenten gesetzlichen Beschränkung der gerichtlichen Kontrolle auf deren Plausibilität ausgegangen werden. Atypische Formen untergesetzlicher Rechtssetzung - wie die Richtlinien des Bundesausschusses - gewährleisten aber nicht im gleichen Umfang die Richtigkeit der Entscheidungen und erfordern deshalb eine abweichende Beurteilung der Kontrolldichte.

- Art. 19 Abs. 4 S. 1 GG gebietet dem Gesetzgeber, die Idee „richtiger“ (i. S. v. dem Willen des Volkes entsprechenden) Entscheidungen durch eine organadäquate Aufteilung der Letztentscheidungskompetenz auf die Exekutive und die Judikative zu verwirklichen. Dem Gesetzgeber steht eine Einschätzungsprärogative bei der Entscheidung zu, ob die Letztentscheidungskompetenz bei dem untergesetzlichen Rechtsnormgeber oder bei den Gerichten anzusiedeln ist. Sachwidrig ist eine Übertragung der Letztentscheidungskompetenz auf den Normgeber aber - und im Wege verfassungskonformer Auslegung zu korrigieren -, wenn sie die Funktionalität der Judikative mißachtet. Unabhängigkeit, spezielle Rechtskenntnisse und ein Entscheidungsverfahren, das in hohem Maße die Berücksichtigung der entscheidungserheblichen Interessen und Tatsachen gewährleistet, begründen grundsätzlich eine hohe „Richtigkeitsvermutung“ für die gerichtliche Entscheidung und damit einen Vorbehaltsbereich der Gerichte bei der Konkretisierung des für den Normgeber verbindlichen Entscheidungsprogrammes.

- An Funktionsgrenzen kann die Judikative jedoch bei Wertungsentscheidungen und bei der Konkretisierung fachlicher Unsicherheiten stoßen. Zur Bestimmung der gebotenen Kontrolldichte für untergesetzliche Rechtsnormen ist deshalb zu untersuchen, inwieweit dem Normgeber auferlegt ist, das gesetzliche Normprogramm durch wertende Entscheidungen oder Aussagen bei fachlichen Unsicherheiten zu konkretisieren.

- Soweit Wertungen - also die Abwägung unvergleichbarer Güter - vom Gesetzgeber im Normprogramm bereits vorgenommen worden sind, werden sie von den Gerichten durch Auslegung auf den Einzelfall vollzogen. Soweit der Gesetzgeber aber mit der Ermächtigung zur untergesetzlichen Rechtssetzung dem demokratisch legitimierten Normgeber die Aufgabe übertragen hat, (unwesentliche) Wertungen an seiner Stelle vorzunehmen, sind sie von der gerichtlichen Kontrolle befreit. Gerichtliche Kontrolle ist in diesem Fall darauf beschränkt, die Übereinstimmung der untergesetzlichen Rechtsnorm mit dem formellen und dem eindeutigen materiellen Recht (Abwägungskontrolle) zu überprüfen. Allerdings mit einer - bei atypischen Regelungsformen wichtigen - Ausnahme: Bestehen aus Gründen des Einzelfalls konkrete Zweifel, daß für die Entscheidung des mitgliedschaftlich-partizipatorisch legitimierten Normgebers keine Richtigkeitsvermutung spricht (z. B. weil gegenläufige Interessen im Gremium, auf die die Entscheidungsstruktur angelegt ist, sich ausnahmsweise überlappen), ist die Entscheidung gerichtlich aufzuheben, soweit von diesem Mangel beeinflußt.

- Die Feststellung der entscheidungserheblichen Tatsachen erfolgt grundsätzlich durch das Gericht. Eine Ausnahme gilt aber dann, wenn der untergesetzliche Normgeber gesetzlich beauftragt ist, „unsichere Tatsachen“ zu standardisieren. Zu den „unsicheren Tatsachen“ zählen insbesondere Prognoseentscheidungen und bisher unerforschte Bereiche der Wissenschaft. Versammelt der untergesetzliche Normgeber in hohem Maße Sachkompetenz - was gerichtlich zu prüfen ist - spricht für die Einschätzung des Gremiums eine stärkere Richtigkeitsvermutung als für die des Gerichts. In diesem Fall steht dem Sachverständigengremium eine Einschätzungsprärogative zu und die gerichtliche Kontrolle beschränkt sich auf die nachvollziehende Überprüfung der Plausibilität der Einschätzung.

Ergebnisse des Kapitels 4

- Nach § 27 Abs. 1 S. 1 SGB V hat der Versicherte Anspruch auf Krankenbehandlung. Die Vorschrift begründet keinen Anspruch i. S. d. § 194 BGB, sondern ein „Rahmenrecht“, das durch § 12 Abs. 1 S. 1 SGB V (Wirtschaftlichkeitsgebot) konkretisiert wird. Der Bundesausschuß wird durch § 92 Abs. 1 S. 1 SGB V ermächtigt, das Wirtschaftlichkeitsgebot durch Richtlinien inhaltlich zu bestimmen. Aufgrund der Verbindlichkeit der Richtlinien konkretisieren somit auch diese die Ansprüche der Versicherten.

- Die Ermächtigung des § 92 Abs. 1 S. 1 SGB V umfaßt keine Regelungen, wann eine Krankheit i. S. d. § 27 Abs. 1 S. 1 SGB V vorliegt (und wann eine Behandlung gemäß dieser Vorschrift „notwendig“ ist). Soweit die Richtlinien hierzu Bestimmungen enthalten, sind sie für die Gerichte nicht bindend.

- Nach § 12 Abs. 1 S. 1 SGB V müssen die Leistungen der GKV zweckmäßig und wirtschaftlich sein. Die Vorschrift fordert - grob gesagt - eine Optimierung des Leistungskatalogs der GKV unter Abwägung kurativer und finanzieller Aspekte. Der Bundesausschuß, der zur Konkretisierung des Wirtschaftlichkeitsgebotes auf abstrakt-genereller Ebene berufen ist, hat deshalb bei der Auswahl zulässiger Therapien einerseits deren Effektivität zur Erreichung des Behandlungszieles (vornehmlich: zur Heilung der Krankheit) zu ermitteln und diese in Verhältnis zu ihren Kosten zu setzen. Bei der Ermittlung der Effektivität der verschiedenen zur Verfügung stehenden Therapien handelt es sich um die Feststellung weitestgehend unsicherer Tatsachen. Denn zu weiten Teilen ist die Effektivität von Behandlungsmethoden medizinisch umstritten.

Dennoch steht dem Bundesausschuß bei der Evaluierung der Wirksamkeit und Qualität der möglichen Therapien keine Einschätzungsprärogative zu. Der Grund dafür liegt in § 2 Abs. 1 S. 3 SGB V. Nach dieser Vorschrift haben die Wirksamkeit und Qualität „dem allgemein anerkannten Stand der medizinischen Erkenntnisse" zu entsprechen. Dieser Standard wird durch klinische Experimente, die Erfahrung mit der Therapie in der praktischen Behandlung und deren Anerkennung in Fachkreisen gebildet. Die Aufgabe des Bundesausschuß besteht folglich nicht darin, eine eigene Einschätzung von der Effektivität der Therapien abzugeben, sondern einen vorzufindenden, wenngleich sich ständig ändernden Standard, zu rezipieren. Ob die Rezeption durch den Bundesausschuß dem tatsächlichen medizinischen Standard entspricht, kann von den Gerichten - zur Not unter Zuhilfenahme von Sachverständigen - nach eigener Einschätzung beurteilt werden. Allenfalls für Unsicherheiten, die auch nach Eruierung des vorfindlichen medizinischen Standards verbleiben, kann dem Bundesausschuß – insoweit einem Sachverständigengremium ähnlich – eine Einschätzungsprärogative zukommen.

- Dem Bundesausschuß steht aber ein kontrollfreier Spielraum bei der Bewertung der Wirtschaftlichkeit der jeweiligen Therapie zu. Bei der erforderlichen Abwägung der finanziellen Aspekte mit der Behandlungseffektivität handelt es sich um eine vom Gesetzgeber nur final gesteuerte - und somit weitestgehend „offene" - Wertung. Die mitgliedschaftlich-partizipatorische Legitimation des Bundesausschusses macht ihn für diese Wertungsentscheidung zum funktionsadäquateren Entscheidungsträger als die Gerichte. Die in der Ermächtigung des § 92 Abs. 1 S. 1 SGB V zum Ausdruck gebrachte Letztentscheidungskompetenz des Bundesausschusses ist insoweit von den Gerichten zu respektieren. Die gerichtliche Kontrolle bleibt deshalb grundsätzlich darauf beschränkt, ob der Bundesausschuß die formellen Bestimmungen eingehalten hat, von einer zutreffenden Tatsachengrundlage (also insbesondere vom bestehenden medizinischen Standard) ausgegangen ist und ob seine Entscheidung frei von sachfremden Erwägungen erfolgte (Vertretbarkeitskontrolle). Ausnahmen von der so beschränkten gerichtlichen Kontrolle ergeben sich dann, wenn aus Gründen des Einzelfalles konkrete Zweifel an einer interessengerechten Bewertung durch den Bundesausschuß bestehen. In diesem Fall fehlt es an der für die mitgliedschaftliche-demokratische Legitimation wesentlichen „Richtigkeitsvermutung", weshalb dann die darauf beruhende Letztentscheidungskompetenz des Bundesausschusses entfällt und statt seiner – entsprechend dem verfassungsrechtlichen Grundprinzip des Art. 19 Abs. 4 GG - den Gerichten zukommt.

- Einer gesonderten Betrachtung bedürfen die sog. Außenseitermethoden nach den besonderen Therapierichtungen i. S. v. § 34 Abs. 2 S. 3 SGB V. Die Pflicht zur Leistung dieser Therapierichtungen ist - ungeachtet deren wissenschaftlicher Zweifelhaftigkeit - durch die Regelung des § 2 Abs. 1 S. 2 SGB V anerkannt. Die Regelung räumt den besonderen Therapierichtungen keine Sonderstellung ein, weshalb auch diese grundsätzlich ihre Qualität und Wirksamkeit nach dem medizinischen Standard nachweisen müssen. Die Anerkennung durch die Vertreter der jeweiligen besonderen Therapierichtung kann aber als Nachweis der Wirksamkeit genügen, wenn andere, insbesondere schulmedizinische Therapien, keinen Nachweis auf höherer Evaluationsstufe führen, oder Therapien mit höherwertigem Wirksamkeitsnachweis aus Gründen des Einzelfalls nicht angewendet werden können, bzw. im Einzelfall ohne Erfolg angewendet wurden („eingeschränkte Binnenanerkennung").

- Sonderfälle stellen die schweren Krankheiten mit unbekannter Genese oder großer Seltenheit dar. Bei diesen fehlt es oftmals an einem Mindestmaß der wissenschaftlichen Auseinandersetzung - mit der Folge, daß ein medizinischer Standard nicht herangebildet wurde. § 2 Abs. 1 S. 3 SGB V ist deshalb in diesen Fällen nicht einschlägig. Bei schweren Krankheiten dieser Art sind von der GKV Heilversuche mit Therapien zu erbringen, bei denen zumindest die begründete Hoffnung auf einen Behandlungserfolg besteht.

Entscheidungsregister

I. Entscheidungen des BSG

BSGE 11, 102 (6 RKa 4/58; 27. November 1959)
= BSG-SozR Nr. 16 zu § 144 SGG = MDR 1960, 442 = SGb 1960, 385

BSGE 13, 134 (3 RK 29/59; 28. Oktober 1960)
= BSG-SozR Nr. 1 zu KBG Allg = SGb 1961, 118 = DOK 1961, 240 = NJW 1961, 986 = BKK 1961, 418 = Breith 1961, 298 = NDV 1962, 52

BSGE 17, 79 (6 RKa 24/59; 29. Mai 1962)
= NJW 1963, 410 = Breith 1963, 10 = DOK 1962, 528 =BSG-SozR Nr. 5 zu § 368n RVO

BSGE 19, 123 (6 RKa 21/60; 15. Mai 1963)
= BSG-SozR Nr. 7 zu § 368n RVO = SGb 1965, 19

BSGE 26, 240 (3 RK 12/65; 28. April 1967)
= BSG-SozR Nr. 23 zu § 182 RVO = Breith 1967, 909 = DÄ 1967, 2376 = USK 6733

BSGE 26, 288 (3 RK 15/65; 30. Mai 1967)
= BSG-SozR Nr. 25 zu § 182 RVO = Breith 1968, 1 = SozVers 1968, 60 = BKK 1968, 93 = SGb 1968, 370 = USK 6751

BSGE 35, 10 (3 RK 93/71; 20. Oktober 1972)
= DOK 1972, 978 = Breith 1973, 177 = BSG-SozR Nr. 52 zu § 182 RVO = USK 72138

BSGE 39, 167 (3 RK 68/73; 13. Februar 1975)
= BSG-SozR 2200 § 182 Nr. 9 = MDR 1975, 789 = Breith 1975, 727 = BKK 1975, 288 = NJW 1975, 2267 = JuS 1976, 61 = USK 7519

BSGE 42, 229 (3 RK 9/76; 28. September 1976)
= BSG-SozR 2200 § 182b Nr. 2 = USK 76124 = Breith 1977, 488

BSGE 46, 41 (3 RK 29/77; 15. Februar 1978)
= BSG-SozR 2200 § 184a Nr. 1 = BKK 1978, 212 = USK 7804

BSGE 50, 77 (3 RK 61/79; 26. März 1980)
= BSG-SozR 2200 § 182b Nr. 17 = USK 8026 = NDV 1980, 350 = Breith 1981, 559

BSGE 51, 44 (8a/3 RK 60/78; 27. November 1980)
= BSG-SozR 2200 § 184a Nr. 4 = USK 80217 = BKK 1981, 231

BSGE 52, 134 (11 RK 10/79; 22. September 1981)
= BSG-SozR 2200 § 182 Nr. 76 = USK 81182 = Breith 1982, 559

BSGE 53, 150 (3 RK 64/80; 9. März 1982)
= BKK 1983, 183 = SGb 1983, 250 = USK 82184

BSGE 55, 120 (1 RA 21/82; 19. Mai 1983)
= BSG-SozR 2200 § 1237 Nr. 19 = USK 8385

BSGE 55, 188 (8 RK 22/81; 28. Juni 1983)
= BSG-SozR 2200 § 257a Nr. 10 = USK 8392 = BKK 1984, 260

BSGE 62, 83 (3 RK 15/86; 6. August 1987)
= BSG-SozR 2200 § 182 Nr. 106 = NJW 1988, 1550 = USK 87102 = VersR 1988, 1194 = BKK 1988, 78

BSGE 59, 172 (6 RKa 14/83; 19. November 1985)
= BSG-SozR 2200 § 368 Nr. 9 = NJW 1986, 1574 = MedR 1986, 221 = USK 85205

BSGE 63, 102 (3/8 RK 5/87; 23. März 1988)
= BSG-SozR 2200 § 368e Nr. 11 = BB 1988, 1826 = USK 8836 = BKK 1989, 65 = NJW 1989, 794 = SGb 1989, 394

BSGE 63, 163 (6 RKa 27/87; 5. Mai 1988)
= BSG-SozR 2200 § 368p Nr. 2 = Pharma Recht 1989, 67 = ArztR 1989, 207 = MedR 1989, 338 = USK 88172

BSGE 64, 78 (6 RKa 3/88; 20. September 1988)
= BSG-SozR 1500 § 51 Nr. 50 = NJW 1989, 2771 = USK 88198

BSGE 64, 255 (3 RK 19/87; 9. Februar 1989)
= BSG-SozR 2200 § 182 Nr. 114 = NJW 1989, 2349 = MedR 1989, 262 = BKK 1989, 721 = SGb 1989, 576 = USK 8919

BSGE 65, 56 (9 RV 9/88; 27. April 1989)
= BSG-SozR 3100 § 18 Nr. 11 = NJW 1990, 790 = Breith 1990, 212 = USK 89147

BSGE 65, 154 (6 RKa 11/88; 21. Juni 1989)
= BSG-SozR 2200 § 368e Nr. 13 = USK 8934 = MedR 1990, 104 = Breith 1990, 355

BSGE 66, 245 (3 RK 15/89; 7. März 1990)
= BSG-SozR 3-2500 § 33 Nr. 1 = Breith 1990, 711 = USK 9009

BSGE 67, 251 (6 RKa 22/88; 1. Oktober 1990)
= BSG-SozR 3-2500 § 92 Nr. 2 = NJW 1991, 1254 = USK 90112

BSGE 67, 256 (6 RKa 30/89; 1. Oktober 1990)
= BSG-SozR 3-2500 § 92 Nr. 1 = NJW 1991, 778 = MedR 1991, 100 = ArztR 1991, 152 = SGb 1992, 74 = USK 9098 = JZ 1992, 416

BSGE 69, 170 (1 RR 7/88; 7. August 1991)
= BSG-SozR 3-2200 § 321 Nr. 1 = Breith 1991, 793 = USK 9139 = SGb 1992, 312

BSGE 70, 24 (3 RK 8/90; 21. November 1991)
= BSG-SozR 3-2500 § 12 Nr. 2 = MDR 1992, 495 = NJW 1992, 1584 = MedR 1992, 295 = ArztR 1992, 298 = USK 9192 = SGb 1992, 551

BSGE 71, 42 (14a/6 RKa 1/90; 1. Juli 1992)
= BSG-SozR 3-2500 § 87 Nr. 4 = USK 92170

BSGE 72, 252 (1 RK 21/91; 8. Juni 1993)
= BSG-SozR 3-2200 § 182 Nr. 17 = NVwZ 1994, 936 = NZS 1993, 398 = NJW 1993, 3018 = USK 93102

BSGE 73, 66 (14a RKa 7/92; 8. September 1993)
= BSG-SozR 3-2500 § 2 Nr. 2 = NZS 1994, 125 = BKK 1994, 212 = MDR 1994, 928 = SGb 1994, 527 = USK 93124

BSGE 73, 271 (4 RK 5/92; 16. Dezember 1993)
= BSG-SozR 3-2500 § 13 Nr. 4 = SozVers 1994, 160 = NZS 1994, 507 = USK 93126

BSGE 76, 194 (1 RK 6/95; 5. Juli 1995)
= BSG-SozR 3-2500 § 27 Nr. 5 = DOK 1995, 587 = MDR 1996, 397 = NZS 1996, 169 = MedR 1996, 373 = NJW 1996, 2451 = ArztR 1996, 301 = USK 95168

BSGE 78, 70 (6 RKa 62/94; 20. März 1996)
= BSG-SozR 3-2500 § 92 Nr. 6 = USK 96166

BSGE 79, 41 (1 RS 1/94; 16. Juli 1996)
= BSG-SozR 3-2500 § 34 Nr. 5 = Pharma Recht 1997, 98 = NZS 1997, 172 = USK 96143

BSGE 81, 54 (1 RK 28/95; 16. September 1997)
= BSG-SozR 3-2500 § 135 Nr. 4 = BKK 1998, 188 = Breith 1998, 373 = NZS 1998, 331 = ArztR 1998, 230 = SGb 1999, 31 = NJW 1999, 1805

BSGE 81, 73 (1 RK 32/95; 16. September 1997)
= BSG-SozR 3-2500 § 92 Nr. 7 = RdLH 1998, 30

BSGE 81, 182 (3 RK 6/96; 19. November 1997)
= BSG-SozR 3-2500 § 109 Nr. 5 = NZS 1998, 518 = Breith 1999, 36 = MedR 1999, 43 = NJW 1999, 1811 = USK 97144

BSGE 85, 36 (B 8 KN 9/98 KR R; 30. September 1999)
= G+G 2000, Nr. 1, 46 = Breith 2000, 251 = ArztR 2000, 96 = NJW 2000, 2764

BSGE 86, 223 (B 6 KA 26/99 R; 28. Juni 2000)
= BSG-SozR 3-2500 § 138 Nr. 1 = Breith 2001, 101

BSG, NZS 1995, 502 (3 RK 20/94; 14. Juni 1995)
= DOK 1995, 503 = Pharma Recht 1995, 356

BSG, RdLH 1998, 30 (1 RK 14/96; 16. September 1997)
= ZfS 1998, 211

BSG, RdLH 1998, 30 (1 RK 17/95; 16. September 1997)

BSG-SozR 2200 § 182b Nr. 26 (3 RK 28/82; 26. Oktober 1982)
= BKK 1983, 275 = USK 82164 = Breith 1983, 473

BSG-SozR 3-2200 § 182 Nr. 13 (1 RK 17/91; 10. Februar 1993)
= BKK 1993, 615 = USK 9389

II. Entscheidungen des BVerwG

BVerwGE 14, 84 (II C 6.60; 20. März 1962)
= NJW 1962, 1313 = DVBl 1962, 523 = BayVBl 1962, 243 = JZ 1962, 578

BVerwGE 35, 69 (VII C 75.66; 13. Februar 1970)
= DVBl 1970, 543 = JZ 1971, 222

BVerwGE 39, 197 (I C 31.68; 16. Dezember 1971)
= NJW 1972, 596 = NDV 1972, 109 = JZ 1972, 204 = MDR 1972, 540 = DÖV 1972, 419 = JuS 1972, 414 = NJW 1972, 1587 = DVBl 1972, 388 = JR 1972, 167

BVerwGE 59, 213 (5 C 1/79; 13. Dezember 1979)
= GewArch 1980, 172

BVerwGE 62, 330 (3 C 35/80; 25. Juni 1981)
= DVBl 1982, 29

BVerwGE 70, 4 (7 C 28/83; 20. Juli 1984)
= NVwZ 1985, 577 = DVBl 1985, 57 = Buchholz 421.0 Prüfungswesen Nr. 198

BVerwGE 72, 195 (5 C 29/82; 7. November 1985)
= NVwZ 1986, 742 = JZ 1986, 101 = DVBl 1986, 565 = Buchholz 451.65 Börsenrecht Nr. 4 = NJW-RR 1986, 788 = WM 1986, 963

BVerwGE 72, 300 (7 C 65/82; 19. Dezember 1985)
= NVwZ 1986, 208 = DÖV 1986, 431 = JuS 1988, 495 = Buchholz 451.171 AtG Nr. 15 = DVBl 1986, 190

BVerwGE 78, 177 (7 C 4/85; 22. Oktober 1987)
= NVwZ 1988, 536 = JuS 1988, 746 = DVBl 1988, 148

BVerwGE 8, 272 (VII C 104.58; 24. April 1959)
= NJW 1959, 1842 = BayVBl 1959, 339 = DVBl 1959, 743 = DÖV 1959, 872 = JZ 1959, 781 = Buchholz 421.0 Nr. 5 = VwRspr 12, 243

BVerwGE 80, 207 (7 C 3/86; 9. September 1988)
= NVwZ 1989, 52 = DVBl 1988, 1170 = Buchholz 451.171 AtG Nr. 25 = JuS 1989, 413

BVerwGE 83, 136 (2 WD 11/82; 20. Mai 1983)
= NVwZ 1984, 313 = NJW 1984, 813

BVerwGE 85, 36 (6 P 15/88 ;9. März 1990)
= NVwZ 1990, 1083 = DVBl 1990, 651 = NJW 1990, 2483 = Buchholz 251.8 § 68 RhPPersVG Nr. 2 = DÖV 1990, 928

BVerwGE 91, 211 (7 C 20/92; 26. November 1992)
= NVwZ 1993, 675 = DVBl 1993, 498 = NJW 1993, 1491 = JZ 1993, 790 = JuS 1994, 430

BVerwGE 94, 215 (3 C 21/91; 14. Oktober 1993)
= Pharma Recht 1994, 77 = Buchholz 418.32 AMG Nr. 25 = NJW 1994, 2433

BVerwGE 94, 307(3 C 38/91; 25. November 1993)
= NVwZ 1995, 707 = Buchholz 418.72 WeinG Nr. 24

BVerwGE 38, 174 (V C 56.70; 9. Juni 1971)
= NDV 1971, 316 = Buchholz 436.0 § 37 BSHG Nr. 2 = ZfS 1972, 90

III. Entscheidungen des BVerfG

BVerfGE 3, 58 (1 BvR 147/52; 17. Dezember 1953)

BVerfGE 3, 225 (1 BvL 106/53; 8. Dezember 1953)

BVerfGE 3, 248 (1 BvR 230/511; 8. Dezember 1953)

BVerfGE 6, 32 (1 BvR 253/56; 16. Januar 1957)

BVerfGE 7, 183 (2 BvL 11/56; 28. November 1957)
= BGBl 1 1958, 50 = BSG-SozR Nr. 1 zu Art 20 GG = BSG-SozR Nr. 1 zu § 14 VerwVG = NJW 1958, 97 = DÖV 1958, 114 = DOK 1958, 84 = BayVBl 1958, 79 = JZ 1958, 165 = DVBl 1958, 243 13

BVerfGE 7, 305 (2 BvF 4/56; 5. März 1958)

BVerfGE 8, 274 (2 BvL 4/56, 2 BvL 26/56, 2 BvL 40/56, 2 BvL 1/57, 2 BvL 7/57; 2. November 1958)
= DVBl 1959, 171 = NJW 1959, 475 = MDR 1959, 183 = JZ 1959, 355

BVerfGE 9, 268 (2 BvF 2/58; 27. April 1959)
= BayVBl 1959, 220 = NJW 1959, 1171 = DVBl 1959, 620 = MDR 1959, 907 = JZ 1960, 19

BVerfGE 10, 89 (1 BvR 394/58; 29. Juli 1959)
= NJW 1959, 1675 = DÖV 1959, 698 = MDR 1959, 821 = DVBl 1959, 660

BVerfGE 15, 275 (2 BvR 21/60; 5. Februar 1963)
= BGBl 1 1963, 190 = DVBl 1963, 362 = BayVBl 1963, 182 = NJW 1963, 803 = MDR 1963, 375 = JZ 1963, 443

BVerfGE 16, 332 (1 BvR 265/62; 3. Juli 1963)

BVerfGE 22, 106 (2 BvL 10/64; 20. Juni 1967)
= BStBl III 1967, 591 = BB 1967, 947 = DVBl 1968, 175

BVerfGE 24, 184 (2 BvE 2/66; 9. Oktober 1968)
= NJW 1969, 33 = DVBl 1969, 110 = DÖV 1969, 137 = JuS 1969, 236

BVerfGE 24, 367 (1 BvR 638/64, 1 BvR 673/64, 1 BvR 200/56, 1 BvR 238/56, 1 BvR 249/56; 8. Dezember 1968)
= NJW 1969, 309 = DÖV 1969, 107 = BayVBl 1969, 94 = MDR 1969, 283 = DVBl 1969, 190 = JZ 1969, 228

BVerfGE 29, 198 (2 BvR 618/68; 13. Oktober 1970)
= NJW 1970, 2155 = DÖV 1970, 818 = BayVBl 1971, 18 = MDR 1971, 110 = DVBl 1972, 278

BVerfGE 33, 125 (1 BvR 518/62, 1 BvR 308/64; 9. Mai 1972)
= NJW 1972, 1504= DOK 1972, 647= SGb 1972, 334 = JuS 1972, 666 = DÖV 1972, 748 = DVBl 1972, 917 = USK 7281 = BKK 1973, 45

BVerfGE 34, 307 (2 BvL 27/69; 27. Februar 1973)
= BGBl I 1973, 731 = NJW 1973, 1320

BVerfGE 34, 52 (2 BvL 51/69; 10. Oktober 1972)
= NJW 1973, 451 = DÖV 1973, 132

BVerfGE 35, 202 (1 BvR 536/72; 5. Juni 1973)
= NJW 1973, 1227

BVerfGE 35, 382 (1 BvR 23/73, 1 BvR 155/73; 18. Juli 1973)
= NJW 1974, 1043 = DVBl 1974, 79 = JZ 1974, 258

BVerfGE 37, 1 (1 BvL 27/72; 5. März 1974)
= DÖV 1975, 140 = DVBl 1974, 629 = NJW 1974, 1317

BVerfGE 38, 348 (2 BvL 5/74; 4. Februar 1975)
= NJW 1975, 727

BVerfGE 39, 302 (2 BvR 879/73; 9. April 1975)
= JZ 1975, 601= DOK 1975, 899= JuS 1976, 546 = SGb 1976, 54

BVerfGE 40, 272 (2 BvR 630/73; 29. Oktober 1975)
= BStBl II 1976, 271 = NJW 1976, 141 = JZ 1976, 23 = MDR 1976, 118 = JuS 1976, 327 = EuGRZ 1976, 112

BVerfGE 44, 125 (2 BvE 1/76; 2. März 1977)
= NJW 1977, 751 = DÖV 1977, 282 = JZ 1977, 390 = DVBl 1977, 419 = JuS 1977, 403

BVerfGE 44, 322 (2 BvL 11/74; 24. Mai 1977)
= BGBl 1977, 1547 = BB 1977, 1249 = NJW 1977, 2255 = JuS 1978, 342 = DOK 1977, 796 = JR 1978, 323

BVerfGE 45, 142 (2 BvR 499/74, 2 BvR 1042/75; 8. Juni 1977)
= DVBl 1977, 817 = NJW 1977, 2024 = JuS 1978, 126 = DÖV 1978, 172

BVerfGE 45, 297 (1 BvR 323/69, 1 BvR 514/68; 10. Mai 1977)
= NJW 1977, 2349 = DVBl 1978, 44 = JuS 1978, 412

BVerfGE 49, 220 (1 BvR 361/78; 27. September 1978)
= DÖV 1979, 129 = BB 1979, 16 = NJW 1979, 534 = MDR 1979, 286

BVerfGE 52, 131 (2 BvR 878/74; 25. Juli 1979)
= VersR 1979, 907 = JuS 1981, 290 = JZ 1979, 596

BVerfGE 54, 173 (1 BvR 967/78, 1 BvR 973/78, 1 BvR 627/78, 1 BvR 737/78; 3. Juni 1980)
= NJW 1980, 2693 = DVBl 1980, 913

BVerfGE 61, 82 (2 BvR 1187/80; 8. Juli 1982)
= NVwZ 1982, 554 = JZ 1984, 31 = NJW 1982, 2173 = DÖV 1982, 816 = BayVBl 1982, 621 = DVBl 1982, 940

BVerfGE 63, 1 (2 BvL 23/81; 12. Januar 1983)
= BGBl I 1983, 451 = NVwZ 1983, 537 = DVBl 1983, 539 = DÖV 1983, 809 = SozVers 1983, 188

BVerfGE 67, 43 (2 BvR 1413/83; 2. Mai 1984)
= NVwZ 1984, 642 = DVBl 1984, 673 = JZ 1984, 735 = BayVBl 1984, 462 = DÖV 1984, 627 = NJW 1984, 2028

BVerfGE 68, 1 (2 BvE 13/83; 18. Dezember 1984)
= DVBl 1985, 226 = NJW 1985, 603 = JuS 1985, 807

BVerfGE 68, 193 (1 BvR 35/82; 1 BvR 356/82; 1 BvR 794/82; 31. Oktober 1984)
= BSG-SozR 5495 Art 5 Nr. 1 = BGBl I 1985, 194 = NVwZ 1985, 481 = DVBl 1985, 342 = BayVBl 1985, 271 = NJW 1985, 1385 = SGb 1985, 105

BVerfGE 69, 315 (1 BvR 233/81, 1 BvR 341/81; 14. Mai 1985)
= NVwZ 1985, 898 = DVBl 1985, 1006 = DÖV 1985, 778 = NJW 1985, 2395 = JZ 1986, 27 = JuS 1986, 644

BVerfGE 70, 191 (1 BvL 57/79; 19. Juni 1985)
= BGBl I 1985, 2222 = DVBl 1986, 94

BVerfGE 77, 1 (2 BvR 1178/86, 2 BvR 1179/86, 2 BvR 1191/86, 2 BvR 1178, 1179, 1191/86; 1. Oktober 1987)
= NVwZ 1988, 429 = DÖV 1988, 261 = NJW 1988, 890 = DVBl 1988, 200

BVerfGE 78, 214 (1 BvR 520/83; 31. Mai 1988)
= DVBl 1989, 94 = NJW 1989, 666

BVerfGE 83, 130 (1 BvR 402/87; 27. November 1990)
= BGBl I 1991, 226 = NVwZ 1991, 663 = DVBl 1991, 261 = JZ 1991, 465 = NJW 1991, 1471 = JA 1991, 371

BVerfGE 83, 60 (2 BvF 3/89; 31. Oktober 1990)
= BGBl I 1990, 2554 = NVwZ 1991, 156 = DVBl 1990, 1401 = NJW 1991, 159 = DÖV 1991, 69 = BayVBl 1991, 81

BVerfGE 84, 34 (1 BvR 419/81, 1 BvR 213/83; 17. April 1991)
= NVwZ 1991, 869 = NJW 1991, 2005 = DVBl 1991, 801 = MDR 1991, 805 = DÖV 1991, 794 = JA 1991, 309 = BayVBl 1991, 590 = JZ 1991, 1077

BVerfGE 85, 36 (1 BvR 393/85, 1 BvR 610/85; 22. Oktober 1991)
= NVwZ 1992, 361 = DVBl 1992, 145

BVerfGE 88, 40 (1 BvR 167/87; 16. Dezember 1992)
= NVwZ 1993, 666 = DVBl 1993, 485 = DÖV 1993, 525 = JZ 1993, 784 = JuS 1994, 432

BVerfGE 89, 119 (2 BvR 1952/93; 14. September 1993)

BVerfGE 92, 26 (1 BvF 1/90 1 BvR 342/90 1 BvR 348/90; 10. Januar 1995)
= BGBl I 1995, 137 = NVwZ 1995, 989 = MDR 1995, 289 = JZ 1995, 507 = NJW 1995, 2339

BVerfGE 93, 37 (2 BvF 1/92; 24. Mai 1995)
= BGBl I 1995, 1502 = NVwZ 1996, 574 = DVBl 1995, 1291 = DÖV 1996, 74

BVerfGE 95, 1 (2 BvF 2/93; 17. Juli 1996)
= BGBl I 1997, 5 = NVwZ 1997, 261 = DVBl 1997, 42 = NJW 1997, 383 = DÖV 1997, 117 = BayVBl 1997, 108 = JZ 1997, 300

BVerfGE 95, 267 (1 BvR 48/94; 8. April 1997)
= NVwZ 1997, 885 = DÖV 1997, 545 = NJW 1997, 1974

BVerfGE 98, 218 (1 BvR 1640/97; 14. Juli 1998)
= NVwZ 1998, 946 = NJW 1998, 2515 = DVBl 1998, 955

BVerfG, Pharma Recht 1997, 45 (1 BvR 1179/95; 16. Oktober 1996)
= NVwZ 1997, 261 = NJW 1997, 249 = VersR 1998, 58

BVerfG, NZS 1999, 338 (1 BvR 1472/91, 1 BvR 1510; 25. Februar 1999)
= G+G 1999, Nr. 5, 48 = NJW 1999, 3404 = Pharma Recht 2000, 373

IV. Sonstige Entscheidungen

BGHZ 123, 83 (IV ZR 135/92; 23. Juni 1993)
= NJW 1993, 2369 = MDR 1993, 841 = MedR 1993, 433 = Pharma Recht 1993, 339 = SGb 1993, 563 = USK 9397

BGH VersR 1982, 285 (IVa ZR 206/80; 2. Dezember 1981)
= MDR 1982, 468

LSG Nieders. NZS 1996, 74 (L 4 Kr 11/95; 30. August 1995)
= Breith 1996, 191

LSG NRW NZS 1994, 267 (L 11 Ka 112/92; 10. November 1993)
= Breith 1994, 726

LSG NRW NZS 2000, 245 (L 11 KA 54/99; 30. Juni 1999)
= MedR 2000, 291

VG Kassel NJW 1987, 1436 (IX OE 44/80; 22. Oktober 1985)
= NVwZ 1987, 620 = DÖV 1986, 661 = JuS 1989, 665

VG Wiesbaden NJW 1988, 356 (V/1 E 52/82; 25. September 1986)
= NVwZ 1988, 279

Frankfurter Schriften zur Gesundheitspolitik und zum Gesundheitsrecht

Herausgegeben von Ingwer Ebsen und Roland Eisen

Band 1 Dominik Roters: Die gebotene Kontrolldichte bei der gerichtlichen Prüfung der Richtlinien des Bundesausschusses der Ärzte und Krankenkassen. 2003.

Peter Lang · Europäischer Verlag der Wissenschaften

Christiane Schmaltz

Sterbehilfe, Rechtsvergleich Deutschland – USA

Frankfurt/M., Berlin, Bern, Bruxelles, New York, Oxford, Wien, 2001. 185 S.
Europäische Hochschulschriften: Reihe 2, Rechtswissenschaft. Bd. 3128
ISBN 3-631-37888-2 · br. € 35.30*

Die rasche Entwicklung in Medizin und Technik hat zur Folge, daß der Sterbeprozeß immer häufiger manipulierbar und der Todeszeitpunkt in gewissen Grenzen verschiebbar geworden ist. Die daraus resultierende Zunahme moralisch-ethischer Unsicherheiten in der Bevölkerung hat gerade in letzter Zeit wieder verstärkt Diskussionen über die ärztliche Sterbehilfe hervorgerufen. Die Arbeit bietet in zwei Länderberichten zunächst einen Überblick über die derzeitige Rechtslage in Deutschland und den USA. Im Mitteplunkt steht dabei die Erörterung verfassungsrechtlicher Probleme, insbesondere die Frage nach einem Recht auf Sterbehilfe. Der letzte Teil verdeutlicht die Unterschiede und Gemeinsamkeiten der beiden Rechtsordnungen bei der Lösung des Konfliktes zwischen dem Schutz des menschlichen Lebens auf der einen und dem Selbstbestimmungsrecht und menschenwürdigen Tod des Patienten auf der anderen Seite.

Aus dem Inhalt: Straf- und verfassungsrechtliche Behandlung der Sterbehilfe durch den BGH und die Literatur · Einzelstaatliche Entscheidungen und Urteile des US Supreme Courts, die dortige Rechtslage sowie die Sonderstellung des Bundesstaates Oregon · Unterschiede und Gemeinsamkeiten der beiden Rechtsordnungen bei der rechtlichen Behandlung der Sterbehilfe · Auswertung